国家社会公益性专项基金项目"绿色农业基本理论研究"（2060302200701）

国家自然科学基金项目"生态脆弱地区生态资本运营式扶贫研究"（71303261）

中央高校基本科研业务费专项资金资助项目
"主体功能区规划背景下绿色农业生态补偿研究"（2012063）

绿色农业发展理论论丛 刘连馥 主编

LÜSE NONGYE ZUZHI YU GUANLILUN

绿色农业组织与管理论

严立冬 邓远建 屈志光 肖 锐 著

人民出版社

总　序

新理论·新农业·新农村

——绿色农业发展理论的形成与展望

刘连馥

　　党的十七大报告指出："建设生态文明，基本形成节约能源资源和保护生态环境的产业结构、增长方式、消费模式。"报告强调，要使"生态文明观念在全社会牢固树立"。十七大报告首次提出生态文明，这是我们党科学发展、和谐发展理念的一次升华。树立生态文明观念，统筹城乡经济社会发展，建设生态文明的社会主义新农村的关键在发展，发展的根本在于提高生产力水平，促进农村生产力布局合理化、要素配置最佳化、经济效益最大化，建设社会主义新农村必须确保政治、经济、社会、文化、自然和生态的和谐。

　　建设生态文明的社会主义新农村是解决我国城乡发展失衡矛盾的必然选择，同时也是我国统筹城乡发展的战略决策思路逐步具体化的过程。从党的十六大正式提出统筹城乡经济社会发展，十六届三中全会将"统筹城乡发展"放在"五个统筹"之首，到十六届四中全会上胡锦涛"两个趋向"的论断，指出我国已经进入了以工补农、以城带乡的阶段，再到十六届五中全会提出的"建设社会主义新农村"，国家对于如何统筹城乡发展问题的认识逐层递进。社会主义新农村建设的理念正是对"统筹城乡发展""以工补农、以城带乡"的战略思想的具体化。社会主义新农村建设的目标为

1

"统筹城乡发展""以工补农、以城带乡"的战略思想提供了具体的实施方向和路径，统筹城乡发展就是要通过工业反哺农业、城市支持农村来缩小现有的城乡差距。

2007 年中央一号文件指出：发展现代农业是社会主义新农村建设的首要任务，要用现代物质条件装备农业，用现代科学技术改造农业，用现代产业体系提升农业，用现代经营形式推进农业，用现代发展理念引领农业，用培养新型农民发展农业，提高农业水利化、机械化和信息化水平，提高土地产出率、资源利用率和农业劳动生产率，提高农业素质、效益和竞争力。

中央关于现代农业内涵的科学阐述与绿色农业的发展理念是完全一致的。绿色农业是发展中国特色现代农业的必由之路，在绿色农业理念里，除了"促进农产品安全"之外，还强调了要同时促进"生态安全、资源安全"，因为要实现农业可持续发展，没有这两个"安全"是不行的，当前特别应当强调这个内容。可以说，绿色农业的理念、内涵、目标与中央提出的现代农业建设的思路和要求是一致的。绿色农业是适合中国国情的现代农业建设的具体发展模式。绿色农业提倡农业和谐发展，这与中央提出建设和谐社会的精神相符。绿色象征着和平、和谐和生机，发展绿色农业，能够体现以人为本的科学发展观，不仅是建设现代农业的必然选择，而且是建设生态文明、实现农业生态系统平衡、促进农业可持续发展的根本途径。

人口膨胀、资源紧缺、环境恶化等世界性问题并存是制约世界经济持续发展的主要原因之一。随着人类改造自然、开发资源能力的迅速增强，农业生态系统已超过大自然保持生态平衡的承受力，严重制约着农业乃至整个国民经济的可持续发展，威胁着人类的生存安全，整个国际社会都在积极寻求缓解这种危机，保持经济持续、快速发展的手段与途径。

21 世纪是建立绿色生态文明的时代，发展绿色农业实质是一场新的产业革命和技术革命，是人类进入绿色生态文明时代的重要标志。当前我国农业再次面临道路和模式的新选择。我国是一个农业人口比例高、资源相对短缺、生态持续退化、环境相当严峻的发展中国家，研究绿色农业基本理论问题，就是要用探索农业新的发展模式和新的经营理念来促进农业现代化，提高农产品竞争力，探索如何实现农业的可持续发展和农业的生态系统平衡与良性循环，探索以人为本的科学发展观，构建和谐社会，促进与推动现代农业发展和新农村建设的新举措。

一

发展绿色农业的划时代意义主要体现在以下几个方面：

一是发展绿色农业是社会主义新农村建设的重要组成部分。社会主义新农村建设的目标为：生产发展、生活宽裕、乡风文明、村容整洁、管理民主。在进入全面建成小康社会阶段，生存问题得到基本解决后，农民不仅需要物质生活的进一步改善，而且对农村人居环境、生存环境、生态环境提出了更高的要求。只有大力发展绿色农业，加强农村生态文明建设，整治农村环境，改变农村"脏、乱、差"现象，建设村容整洁、环境优美的绿色生态新农村，才能不断提高广大农民群众的生活水平和生活质量，为促进农业增效、农民增收创造良好的发展环境和生存空间。

二是发展绿色农业是发展现代农业的必然要求。在现代化装备的基础上，运用生态学和生态经济学原理，节约使用资源，减少能量输入，适当减少化肥、农药施用量，多层次利用生物有机质，做到废弃物资源化，物质循环再生，减少农业对环境产生的污染，使农业在为人类生产出健康、安全的绿色农产品的同时，还能安排更多的劳动力，增加农民收入，成为可持续发展的产业。建设现代农业必须以绿色农业为前提，而不能以破坏资源、污染环境来换取急功近利式的"现代农业"，发展农村经济主要是通过延长农业的生产链，由生产初级产品经过加工变成最终产品，通过推进农业产业化经营，使农业提高劳动生产率和增值效益。

三是发展绿色农业是建设生态文明的必要条件。生态文明是指人类遵循人、自然、社会和谐发展这一客观规律而取得的物质与精神成果的总和，也指以人与自然、人与人、人与社会和谐共生、良性循环、全面发展、持续繁荣为基本宗旨的文化伦理形态。绿色生态农村是生态文明的体现，绿色农业的基本理论思想是形成绿色生态农村的思想来源。绿色生态农村是运用农学、生态学、经济学、系统学和社会学的原理，在保证农村生态环境良性循环的前提下，通过对农村自然—经济—社会复合系统结构的优化设计和农村生态文明建设，实现农业高效、农民增收、农村发展的目标，在顺应绿色农业潮流的基础上，用大系统的观点来看待农业生态问题，将农村社会诸多问题，如农民负担、农民基本医疗与生活保障等问题纳入研究范围。发展绿色农业是推动农村生态文明建设的必要条件和行动方案。

四是发展绿色农业是增加农民收入的主要途径。绿色农业注重发展农业产业化经营，着力培育支柱产业，提倡发展龙头企业和农产品精深加工业，通过农产品流通领域的建设、相关具体措施和项目的实施，帮助拓宽农民增收渠道，让农民从绿色农业产业化经营中得到更多的实惠。绿色农业能够挖掘农业内部增收潜力，提高农产品质量和数量，并按照国内外市场需求，发展品质优良、特色明显、附加值高的优势农产品，这是农民增收的重要来源。另外，绿色农业注重对农民进行系统的培训，包括先进实用的农业生产技术、农产品加工技术等，帮助农民掌握一定的劳动技能，提高农业生产水平，增强农民就业能力。

五是发展绿色农业有利于改善我国农业生态环境日益恶化的局面。近些年来，各地农用化学物质不合理使用造成农产品污染已给我国农畜产品出口带来巨大损失。这就要求我们一方面要减少工业污染，另一方面要改变农业生产方式，减少农用化学物质投入，走发展绿色农业的道路。绿色农业的发展及其产生的影响，不仅在我国环境保护相关的绿色事业、绿色产业中发挥着先导作用，而且奠定了在相关领域和行业中的主力军地位。可以说，在一定程度上，绿色农业将绿色生产和绿色消费理念变成了全社会的共同行动。

六是发展绿色农业有利于增强我国农产品的国际竞争力。国际上对农产品的绿色壁垒日趋森严，不符合标准的农产品有可能失去国际市场。国内很多地方对农产品已经实行市场准入制度，不达标的农产品根本不能进入市场。为了进一步保证农产品的质量安全，提高市场竞争力，打造知名品牌，应该积极推行标准化生产，净化产地环境，加强农业投入品管理，实施"从土地到餐桌"全过程的监控，而这些正是绿色农业所要求的。

二

绿色农业的提出，是在总结二十多年绿色食品事业发展的基础上，经过对全球半个多世纪以来各种农业发展模式的分析、研究，结合我国农业发展的新形势，对今后农业发展的取向作出的一个战略判断。

第二次世界大战以后，石油农业作为一种依赖大量的工业产品从农业外部投入，用高耗能量来换取高产量的农业生产方式与增长模式，为人类对食物数量的迫切需求作出了贡献。随着石油农业发展进入鼎盛时期，它危害生态环境及其经济和技术上的弱点也暴露得日益明显。

20世纪60年代以来，世界各国不同程度地试行了多种多样的新的农业生产模式，以克服石油农业模式的负效应。这些生产模式，统称为"替代农业"。其中较为有影响的有生态农业、有机农业、持续农业等。但是这些替代农业在克服石油农业的负效应的同时，也都各有不足，或者产量受到制约，或者没有标准体系和明确的产品目标，均不能同时满足农业生产、生态安全和经济效益三者的要求。

在市场需求的推动下，绿色食品应运而生。20世纪80年代以后，我国大陆城乡居民生活在基本解决温饱问题的基础上加快向小康水平过渡，对食物质量的要求越来越高。在制定"八五"计划时，立足于当时农垦事业发展的客观实际，分析了国内国际食品业发展的趋势，提出了"绿色食品"的理念，并作为一项工程由农业部组织实施。绿色食品是遵循可持续发展原则，按照特定生产方式生产和加工，经专门机构认定，许可使用绿色食品标志商标的无污染的安全、优质、营养类食品。中国发展绿色食品的目的是：保护农业生态环境，探索和推广新的可持续食物生产方式，满足中国城乡居民在生活水准提高的基础上对高质量食物日益增长的需求；密切农业与食品制造业、生产者与消费者之间的联系，为增加农民收入、提高食品企业经济效益、扩大中国食品出口创造新的机会和途径。

绿色食品工程经过二十多年的发展，得到了社会的广泛认可和接受。实践证明，绿色食品的思想理念、管理方式和标准体系是符合我国和其他发展中国家的国情的。21世纪之初，我国开发绿色食品使320万公顷的农田、草场、水面的生态环境受到监控和保护，为相当一部分地区的可持续农业发展创造了条件。绿色食品的发展在我国产生了广泛的影响，其所倡导的消费观念、推行的生产方式、树立的品牌形象受到了广大农户、食品制造企业和消费者的普遍欢迎和积极响应。中国绿色食品的发展也受到了国际有机农业运动联盟、联合国亚太经济社会委员会、联合国粮农组织等国际组织的关注和肯定。

伴随中国改革开放和农业现代化建设的进程，绿色食品这项具有崇高理念和生命活力的事业朝着既定的目标向前迈出了重要一步，既为市场提供了具有一定规模的绿色食品产品，又为企业和农民积累了财富，带来了效益。截至 2013 年底，全国有效使用绿色食品标志的产品总数达到 19076 个，绿色食品实物生产量超过 8115.30 万吨，销售额为 3625.20 亿元，出口额 260386.4 万美元。

实践证明，绿色食品的思想理念、管理方式和标准体系是适合农业发展新形势的。由于绿色食品作为农业产业的终端产品，开展理论研究具有很大的局限性，无法形成较为完整、系统的理论体系，制约了绿色食品事业的进一步发展。这就需要在绿色食品工作的基础上进行总结、扩展和提升，使其系统化，上升到绿色农业的高度。

任何一个概念的提出，任何一项事业的开辟都不是某个人心血来潮、灵机一动的产物，而是社会实践发展到某一阶段的成果在人们头脑中的反映。绿色农业无论是作为一个概念的提出，还是作为一项崭新事业的开辟都有实践基础。中国绿色食品协会在 2003 年 10 月联合国亚太经济社会委员会主办的"亚太地区绿色食品与有机农业市场通道建设国际研讨会"上提出的"绿色农业"概念，得到了与会代表和亚太经社理事会官员的广泛赞同。所谓绿色农业是指充分运用先进科学技术、先进工业装备和先进管理理念，以促进农产品安全、生态安全、资源安全和提高农业综合经济效益的协调统一为目标，以倡导农产品标准化为手段，推动人类社会和经济全面、协调、可持续发展的农业发展模式。在经济全球化的背景下，迫切需要一种既能保证粮食产量，又能维护食品安全和生态环境安全，并且具有完整、科学的标准体系，用市场经济规律来推动农业全面、协调、可持续发展的更加科学的农业发展新模式。从当今世界农业发展来看，现阶段世界农业正处于由生产生态协调型农业增长模式向生产生态经济协调型农业增长模式的转变过程中，之所以提出"绿色农业"，正是为了能够充分满足农业生产、生态安全和经济效益三者的要求。

绿色农业是在借鉴了传统农业、现代农业、有机农业、自然农业、生态农业、可持续农业等成功经验的基础上，以维护和建设优良生态环境的产地为基础，以生产安全、优质的产品和保障人体健康为核心，以稳产、高产、高效和改善整体农业生态环境为目标，达到人与自然协调，实现生态环境效益、经济效益和社会效益相互促进的农、林、牧、渔、工（加工）业综合发展的，施行标准化生产的新型农业生产模式。绿色农业发展的实质是绿色农业作为一项产业逐步实现商品化、市场化和社会化，最终成为一个实体经济门类。它是我国农业由传统的生产部门转变为现代产业的一个历史演进的过程，是在家庭经营基础上和市场经济条件下现代农业的一种生产经营方式。

三

绿色农业概念正式提出后，得到了国内诸多专家、学者的关注。2005年5月，卢良恕院士、关君蔚院士等六位专家、学者，提出了《关于绿色农业科学研究与示范基地建设的建议》，报送时任国务院副总理回良玉，回副总理阅后立即予以批示。批示全文是："绿色农业的研究和示范工作，是探索以新的发展模式和新的经营理念来促进农业发展，提高农产品竞争力的实践。望科学安排，精心组织，以取得实效。请发改委、农业部、财政部、科技部等有关部门关心和支持中国绿色食品协会办好此事。"

回副总理的批示充分表明国务院领导对绿色农业的肯定和支持。为了落实回副总理的批示精神，中国绿色食品协会先后在全国成立了九个绿色农业研究中心，多次召开绿色农业示范区建设工作会议，举办各种培训班、现场交流会、规划工作座谈会议、学术研讨会、专家咨询会，听取专家学者、各级领导、科技人员和农民群众的意见，宣传绿色农业理念，加深对绿色农业的理解，并取得共识，即以绿色食品为基础，兼容并蓄，合理调节，发展绿色农业。兼容并蓄，合理调节，是针对现存所有的农业生产模式而言。之所以讲"兼容并蓄"，是因为每种模式都有其合理之处；之所以讲"合理调节"，是为了使各种模式之间能够相互影响，达到均衡。

　　绿色农业的发展目标，概括起来讲，就是"三个确保、一个提高"。

　　——确保农产品安全。农产品安全主要包括数量安全和质量安全，绿色农业的发展之所以适合亚太地区发展中国家的国情，重要的原因是它能够有效解决资源短缺与人口增长的矛盾，这就要求绿色农业必须以科技为支撑，利用有限的资源保障农产品的大量产出，满足人类对农产品数量的需求。

　　——确保生态安全。生态系统中的能量流和物质循环在通常情况下总是平稳地进行着，与此同时生态系统的结构也保持相对的稳定状态，称为生态平衡。生态平衡最明显的表现就是系统中的物种数量和种群规模相对平稳。

　　——确保资源安全。绿色农业发展要满足人类需要的一定数量和质量的农产品，就必然需要确保相应数量和质量的耕地、水资源等生产要素。

　　——提高农业的综合经济效益。对于亚太地区特别是大多数发展中国家，农业在国民经济中的比重尽管随着经济发展在逐渐降低，但由于农业连接的是社会的弱势群体——农民，而且农业担负着人类生存和发展的物质基础——食物的生产，因此，农业综合经济效益的提高对于国家安全、社会发展的作用十分重要。提高农业综合经济效益，必然成为绿色农业发展的重要目标之一。同时，绿色农业由于倡导农产品加工和农产品的国际流通等，提高农业综合经济效益也是其必然的结果。

　　作为中国绿色食品的首倡者，我们认为当前人们往往只看到城市的工业污染，忽视了农业污染。从某种程度上说，农业污染已超过工业污染，工业污染是点对点的污染，而农业污染是面上的污染。绿色农业产品开发利用了我国部分地区农业生态环境资源、劳动力资源、生物资源和高新农业技术资源，通过合理配置，将资源优势通过产品载体由市场转变成经济优势，获得了良好的综合效益。因此，应及时发展农业产业化，准确把握市场需求和消费观念的变化，密切生产与市场的关系，通过扩大消费需求促进绿色农业产品开发，发挥龙头企业的主导和带动作用。绿色农业的发展应确保农产品安全，确保生态安全，确保资源安全，在确保安全的前提下提高农业的综合效益，这是绿色农业的核心。

　　在借鉴国内外农业理论成果，总结我国绿色食品多年的发展经验的基础上，列入国家社会公益研究项目的《绿色农业科学研究与示范》课题组通过组织多学科的专家，开展了多领域、多层次的科学研究工作，在绿色农业理论的内涵、模式、发展目标等方面达成共识，初步建立了绿色农业的基本理论框架。这套由人民出版社出版发行的《绿色农业发展理论论丛》，是全国九大绿色农业研究中心之一的绿色农业武汉研究中心承担的"绿色农业基本理论研究"（CZB2060302200701）课题的重要成果，也是我国绿色农业理论框架构建的阶段性总结，对推动我国绿色农业的进一步发展具有理论支撑与指导作用。

四

绿色农业的科学研究与示范，需要理论作指导。从目前整个绿色农业发展来看，还缺乏系统完善的理论体系，绿色农业的技术体系、发展模式、重点领域等诸多方面需要进一步研究、示范与理论化。绿色农业基本理论问题研究，旨在理论上突破现有的农业发展思维，提出和论证绿色农业所特有的基本范畴和基本原理，构建具有中国特色的绿色农业理论体系。绿色农业理论体系的建立与完善，实现农业理论创新质的飞跃，从更深层次上定位农业发展方向，是中国农业发展理论史上一场新的革命，为中国农业的可持续发展提供了新的理论基础。

《绿色农业发展理论论丛》站在农业发展现实前沿与理论前沿的高度，从农业发展模式演变的历史轨迹入手，对农业自然再生产与经济再生产过程中的绿色产品开发、绿色产品生产、绿色产品流通、绿色产品贸易、绿色产品消费等方面进行了比较系统的研究和探讨，构建了比较完整的绿色农业发展的理论体系。

该丛书中的《绿色农业导论》，综合性地评述了绿色农业与相关农业的区别与联系，阐述了绿色农业理论研究在绿色农业科学研究与示范中的重要作用，认为绿色农业的生态发展是绿色农业发展的基础，绿色农业的经济发展是绿色农业发展的最终目的或目标，绿色农业产业化经营、绿色农业营销与贸易、绿色农业组织与管理是绿色农业发展的重要保障。绿色农业基本理论的核心内容主要包括绿色农业生态发展论和绿色农业经济发展论、绿色农业产业化经营论、绿色农业营销与贸易论和绿色农业组织与管理论。

《绿色农业生态发展论》在国内首次系统地研究探讨了绿色农业生态化发展理论的基本问题，从根本上确立绿色农业可持续发展的生态基础作用，揭示了在绿色农业生态系统优化过程中，绿色农业发展与生态建设之间的互动关系，解决生态破坏与环境恶化对绿色农业健康运行与可持续发展带来的影响，以此推动我国农业朝着可持续的绿色生态化方向发展，为绿色农业科学研究与示范提供理论支撑。

《绿色农业经济发展论》在国内首次系统地研究探讨了绿色农业经济发展理论的基本问题，从根本上确立了绿色农业经济运行机理与价值取向等绿色农业的经济理论范畴，揭示了绿色农业自然再生产与绿色农业经济再生产过程中的生产、交换、分配、消费之间的相互关系，为提高我国绿色农业的经济效益，构建较为完善的绿色农业经济发展理论体系，为把绿色农业纳入国家农业发展战略提供了理论依据。

《绿色农业产业化经营论》在国内首次系统地研究探讨了绿色农业产业化经营理论的基本问题，从根本上确立了绿色农业是现代农业的主导模式的产业发展地位，揭示了绿色农业产业化经营过程中绿色农产品商品化、市场化和社会化运营规律，为减少绿色农产品的交易环节，实现外部交易内部化，节约交易成本，从而达到绿色农业既能高效增长，又能保护和改善生态环境，实现农业可持续发展的目的。

《绿色农业营销与贸易论》在国内首次系统地研究探讨了绿色农业营销与贸易理论的基本问题，从根本上确立了农业的绿色消费理念，揭示了生态建设与环境保护发展绿色农业的指导思想，以绿色文化为价值观念，以消费者绿色消费为中心和出发点的营销观念、营销方式和营销策略，以遵循绿色农业企业在经营中贯彻自身利益、消费者利益和环境利益相结合的原则，构建符合我国国情的绿色农业的营销与贸易理论体系，以此推动我国现代农业的营销与贸易向绿色化、国际化方向发展。

《绿色农业组织与管理论》在国内首次系统地研究探讨了绿色农业组织与管理的基本问题，从根本上确立了绿色农业的组织与管理理念，以及进行现代化的绿色农业组织管理，揭示了绿色农业组织与管理在绿色农业科学研究与示范中的重要作用，以倡导绿色农产品的标准化为手段，对绿色农业产业的方方面面进行计划、控制、组织、协调、领导，以此达到绿色农业及现代农业可持续发展目标，推动人类社会和经济全面、协调与可持续发展。

该丛书的理论体系较为完整，内容丰富，观点鲜明新颖，可读性强，适合于农业理论工作者、科研工作者、各级政府部门的农业管理人员、政策研究人员阅读，也可作为农林大专院校有关专业的教科书或教学参考书。我们相信，这套丛书的出版，必将有力地推动我国绿色农业的科学研究与示范的理论与实践探索，对我国现代农业的可持续发展也必将发挥着重要的指导作用。

五

绿色农业在我国的提出和发展过程是渐进的，因为它的发展受到一些条件的制约。首先，绿色农业的生产条件是逐步成熟的。粮油、果菜产品有土壤、大气、灌溉水条件及种植过程中的管理条件要求；鱼、肉、蛋、奶等产品有饲养和饲料条件要求。这些条件有些是天然具备的，有些是不完全具备的，需要按要求强制改善的。有些要逐步减少污染程序和公害残留，有些则需要改善环境和生产加工条件，这些都是一个渐进的过程。其次，绿色农业的市场是逐步发育的。绿色农业市场有两方面，一是国际，二是国内。国际市场变量较多，竞争也比较激烈；国内市场的发育与人们生活水平的提高相关联。所以，绿色农业的市场扩展也是一个渐进的过程。

绿色农业在我国的迅速发展是必然的，到 2010 年，全球绿色农产品销售额已超过 1000 亿美元。美国是全球最大的绿色农产品市场，绿色农业产品销售到 2010 年已达到 430 亿美元，亚洲太平洋地区被认为是发展最快的绿色农业产品市场，绿色农业产品逐渐占领市场成为主流，到 2010 年达到 330 亿美元。人们越来越关心食品安全问题，包括转基因食品的安全问题，对绿色农业产品市场的需求不仅发达国家呈现快速增长趋势，即使是像我国这样的一些发展中国家，绿色农业产品市场也正在悄然发展。我国地域辽阔，人口众多，传统农业基础好，又有绿色农业的基础，目前又正值加入世界贸易组织后的关键时期，农业生产面临着严峻的挑战，发展绿色农业是一个很好的切入点，市场潜力和发展空间巨大。据估计，年发展速度可达 20%~30%，甚至更高。毫无疑问，发展绿色农业是实现我国农业可持续发展的战略选择。绿色农业的核心是绿色农业发展模式。研究绿色农业模式的设计方法，就是要探讨如何因时、因地进行科学决策，选择特定时空条件下最优的发展模式。绿色农业发展模式设计的基本原则应该是"三个确保、一个提高"，即确保农产品质量安全、确保生态安全、确保资源安全，提高农业的综合经济效益。各地区要因地制宜，在绿色农业发展理论的指导下，建立适合当地特色的绿色农业发展模式。

当前，发展绿色农业面临着新的良好机遇。党中央提出建设社会主义新农村的重大战略任务，这为发展绿色农业提供了极为重要的政策环境；国家采取退耕还林、退田还湖、退牧还草以及治理污染、保护环境等重要举措，为发展绿色农业创造了有利条件；党的十八大再一次提出建设生态文明的号召和部署，必将迎来绿色农业发展的新一轮高潮。我们一定要抓住机遇，总结实践经验，把绿色农业推向新阶段，扩大覆盖面，造福子孙后代。

《绿色农业发展理论论丛》，是我国绿色农业基本理论体系研究的第一套系列丛书，无论对作者，还是对出版者来说，都是件具有开拓性和导向性的工作。每部书所要探讨的问题，都具有相当大的难度，尽管作者和出版者已经尽了最大的努力，但仍可能会存在不尽如人意之处，恳请广大读者批评指正。

目　录

绪 论

改革开放以来，中国经济取得了举世瞩目的成就，一跃成为世界第二大经济体。在经过了三十多年的高速增长之后，中国经济已经进入了中高速增长的"新常态"，必须协同推进新型工业化、城镇化、信息化、农业现代化和绿色化。在"五化"①协同推进的过程中，发展绿色农业不仅是迎接经济全球化的需要，而且是深化农村综合改革和建设美丽乡村的重要途径。本章分析了新形势下如何将深化农村综合改革与发展绿色农业紧密结合起来，阐述了绿色农业组织与管理的主要内容，指出绿色农业组织与管理是绿色农业发展的重要保障。其主要内容包括深化农村综合改革与绿色农业发展，组织与管理对绿色农业发展的作用和意义，绿色农业组织与管理研究的基本问题等。

第一节　深化农村综合改革与绿色农业发展

农村综合改革涉及农村政治、经济、文化、社会等诸多领域，关系到新农村建设的进程，是新农村建设的重要保证。当前，中国进入了全面建设小康社会的关键时期和深化改革开放、加快转变经济发展方式的攻坚阶段，农村发展稳定的任务更加繁重，农村改革面临诸多挑战。发展绿色农

---

① 协同推进"五化"是"四化同步"（即新型工业化、城镇化、信息化、农业现代化同步发展）的升级版，是中国生态文明建设理论的进一步丰富发展，对于绿色农业组织与管理具有重要的指导意义。

业既是进一步深化农村综合改革的基本要求，也是农村综合改革的一个重要方向。

一、新形势下深化农村综合改革的主要内容

2006 年，随着农业税的全面取消，中国开始大力推进农村综合改革，这是继农村家庭承包经营、农村税费改革后，中国农村改革的再次起航。[①] 这一改革以乡镇机构、农村义务教育、县乡财政体制等领域改革为突破口，旨在解决农村上层建筑与经济基础不相适应的一些深层次问题。从改革实施的整体情况来看，全国农村综合改革进展顺利、逐步深化，取得了重要阶段性成效，为加快形成城乡经济社会发展一体化新格局作出了重要贡献。但同时也要看到，当前农业农村经济发展正处在一个关键时期，在各项工作扎实向前推进的同时不断面临新情况、新问题、新矛盾和新挑战。当前尤为突出的是：虽然农产品总量供求基本平衡，但农业资源短缺、基础薄弱的矛盾日益显现，农产品供给总量平衡的压力不断加大、结构平衡的难度越来越大，质量提升的任务十分艰巨；虽然农民收入走出低谷，保持快速增长态势，但农民增收后劲不足，城乡居民收入差距继续扩大；虽然随着农业科技的广泛使用使得农村生产力不断提高，农村经济稳步发展，但是农村环境却日益恶化，农业生态遭到破坏的现象触目惊心；虽然中国农业基本经营制度稳定完善，有利于调动农民积极性、保护农民利益，但农业生产组织化程度低的问题突出，农村市场和农业社会化服务体系薄弱，不适应现代农业发展需要；虽然农业进出口贸易大幅增加，对外开放有利于促进农业发展，但国际农产品市场对中国农业的影响日益加深，市场风险增大，贸易摩擦增多；虽然国家对农业投入总量增长，但支农支出占财政总支出的比例降低、直接农业投入偏少、农业基础设施欠账太多的问题还没有根本解决。[②]

随着新型工业化、城镇化、信息化、农业现代化和绿色化的协同推进，农业分工越来越细致，用工业的理念谋划农业，转变传统农业发展方式、

---

① 谢旭人：《新形势下亟待进一步深化农村综合改革》，《中国农业会计》2012 年第 9 期。
② 孙政才 2007 年 11 月 9 日在农业部党组中心组学习会上发言。

谋划绿色农业发展，既是城镇化发展的要求，又是建设现代农业的根本依靠。从这个意义上说，没有农业的现代化，就不可能实现全国的现代化，而建设现代农业必须是以绿色农业为前提，绝不能以牺牲资源与环境为代价。在农村全面建设小康社会，便需要以发展多种形式农业适度规模经营为核心，以构建绿色农业经营体系、生产体系和产业体系为重点，着力转变农业经营方式、生产方式、资源利用方式和管理方式，推动农业发展由数量增长为主转到数量质量效益并重上来，由主要依靠物质要素投入转到依靠科技创新和提高劳动者素质上来，由依赖资源消耗的粗放经营转到可持续发展上来，走产出高效、产品安全、资源节约、环境友好的绿色农业发展道路。可以预期，通过进一步深化农村综合改革，破除制约绿色农业发展的体制机制弊端，必将激发农村经济社会活力，进而推动绿色农业科学发展。

二、深化农村综合改革对绿色农业发展的要求

新形势下深化农村综合改革是为了全面发展农村事业，加速推进农业现代化的步伐。农村的深化改革离不开农业稳步发展，离不开农村经济结构的调整，离不开绿色农业的全面发展，绿色农业的发展应按照全面建设小康社会的要求，进一步夯实农业的基础地位，使农产品在数量、品种、质量方面都能够同全国人民小康生活水平的要求相适应，同整个国民经济发展的要求相适应。

（一）确保绿色农业产品保质保量供应

绿色农产品数量安全是农产品安全的第一道防线，是关系到中国国民经济发展、社会稳定和国家安全的全局性重大战略问题。随着中国工业化、城镇化进程不断加快，耕地和淡水等自然资源变得越来越稀缺。加之受到人口刚性增长，劳动力老龄化趋势加剧，农产品品种结构不平衡，自然灾害频繁以及国际农产品市场价格大幅波动等诸多因素的影响，农产品数量安全问题日益突出，将引发农产品安全危机。

农产品质量安全问题，是新世纪新阶段农业和农村经济工作中迫切需

要解决的一个重大问题。俗话说："民以食为先，食以安为先。"中国是全球最大的粮食生产国，更是全球最大的粮食消费国。农产品质量安全问题，不仅关系到人民群众的生命安全和身体健康，关系到企业的经济利益及农产品的国内外竞争力，而且关系到广大农民、农村、农业的持续发展及国民经济的发展和社会安定，农产品质量安全问题是关系到国计民生的问题。

随着农产品供求基本平衡，丰年有余，人们生活水平日益提高，农产品国际贸易的快速发展，农产品质量安全问题也日益突出，农产品质量安全已成为农业发展新阶段乃至经济和社会发展新阶段亟待解决的主要矛盾之一。由于农业投入品的不合理使用，农产品的不科学生产、收获、储运、加工，工业"三废"和城市垃圾的不合理排放，市场准入制度不健全以及市场监督管理不严，农产品生产者和消费者的质量安全意识不高等，导致农产品污染比较严重，因食用有毒有害物质超标的农产品引发的人畜中毒事件，以及出口农产品及加工品因农（兽）药残留超标被拒收、扣留、退货、索赔、终止合同、停止贸易交往的事件时有发生，农产品质量安全面临着前所未有的挑战。加强农产品质量安全监督和管理，提高农产品质量安全水平迫在眉睫，已经成为新时期社会各界和广大人民群众普遍关注的热点问题。

（二）进一步提高绿色农业组织化程度

绿色农业组织是指从事绿色农业生产、经营、管理、服务等活动的机构或实体。合理的农业生产经营组织是提高绿色农业生产效率的关键。绿色农业生产经营需要依靠一定的组织支撑，并按照相应的制度运行。组织是制度安排的主要内容和高效管理的重要因素。中国绿色农业生产经营的水平提升，必须借助一定的组织及其相应的运行机制做保障。如果把绿色农业生产经营作为一个系统过程，那么绿色农业组织就是这个系统工程的基础设备。没有这个基础，绿色农业生产经营的水平提升就成为一句空话。绿色农业的发展需要培育适应市场经济的，具有合格市场主体地位、平等社会地位、先进生产力载体地位的绿色农业微观生产经营主体。

各种绿色农业组织形式的聚合是建立在一定的层次与网络中的，并且各个层次与网络之间形成一种风险共担、利益均沾①的协调与平衡机制，从而形成绿色农业组织体系。农业组织体系包含围绕绿色农业生产经营的一切经济组织，其在不同的绿色农业生产经营环节上有着不同的表现形式：从生产过程来看，它包括土地、投资、劳动力和技术要素的不同构成形式所形成的生产组织，如现行家庭联产承包责任制条件下的农户、农场（专业大户）及直接参与绿色农业生产的企业等；从流通环节来看，包括个人机构及政府不同层次所参与的绿色农产品流通组织；从社会化服务及管理来看，包括生产资料的供应、技术服务、生产服务、市场服务和政策服务等中介组织和政府管理组织。绿色农业组织的建设没有标准化、统一化，在不同时期绿色农业组织的类型也是不同的，应有主有次，因地制宜地进行选择。在新的时期深化农村综合改革，必须通过一定的政策导向，鼓励和引导绿色农业组织的发展壮大，进一步发挥其正向外部性作用。

（三）保障农业生产过程节约集约、绿色环保

传统农业采取的是粗放型增长方式，又称外延增长，是指主要依靠农业生产要素投入规模（土地投入、劳动投入、资本投入）的扩大来增加农业产出的增长方式。绿色农业发展要求采取集约型增长方式，节约利用资源。所谓集约型增长，又称内涵增长，是指主要依靠农业生产要素生产率（土地生产率、劳动生产率、资本生产率）的提高来增加农业产出的增长方式。

深化农村综合改革，发展绿色农业，要求当前农业生产过程必须节约集约。这既是结合中国国情得出的结论，也是未来农业可持续发展的必然要求。随着农业生产对要素投入需求的加大，有限的资源必将制约农业效益的提高。以土地投入要素为例，"没有面积就没有产量"，耕地面积是保证农产品数量的根本。中国快速的工业化、城镇化进程已引发了一系列农村土地问题，导致耕地资源大量损失、土地质量急剧退化、土地利用效率低下。因此党的十七届三中全会以前所未有的重视程度提出了耕地质量保护的一系列重大措施，将"资源节约型、环境友好型农业生产体系基本形成"作为2020年中国农村现代化建设的重要目标之一。基于此，明确将"确保

---

① 利益均沾是指平等合理地取得各自应有的利益。

基本农田总量不减少、用途不改变、质量有提高",作为耕地保护的三大任务之一;将"大规模实施土地整治,搞好规划、统筹安排、连片推进,加快中低产田改造,鼓励农民开展土壤改良,推广测土配方施肥和保护性耕作,提高耕地质量",作为提高中国农业综合生产能力的重大措施之一;并进一步提出"建设生态文明,发展节约型农业、循环农业、生态农业,加强生态环境保护"和"加大国家对农业支持保护力度,深入实施科教兴农战略"等重大决策。党的十八大报告也明确指出:"严守耕地保护红线,严格土地用途管制。……建立国土空间开发保护制度,完善最严格的耕地保护制度、水资源管理制度、环境保护制度。"

(四) 提高绿色农业经济效益,促进农民收入水平提高

农村改革的最后落脚点是农民,深化农村综合改革必须确保农民享受到改革的实惠,让农民成为深化农村综合改革最大的受益群体。因此,新形势下的农村综合改革也必然要求绿色农业创造更大的经济效益,惠及广大农民群体,提高他们的收入。没有农业的现代化,就不可能实现全国的现代化,而建设现代农业必须是以绿色农业为前提,不能是牺牲资源与环境为代价的现代农业。经济发展是绿色农业发展的最终目的或目标,如果没有经济的发展,再好的生态环境也是不切实际的。绿色农业要求在保障生态环境的基础上发展经济,是一种可持续有效益的农业发展模式。农村的改革要继续、要深入,就是要抓住城乡二元结构中的突出矛盾,从解决广大农民生存发展的基本问题出发,提高农民收入,这也是绿色农业发展的内涵。

发展农村经济主要是通过延长农业的产业链,形成生产、加工、销售"三位一体"的产业化经营模式,而农产品的生产又是农业产业化经营的基础,通过推进农业产业化经营,提高劳动生产率和增值效益,吸纳农业劳动力,增加农民收入。绿色农业通过建设绿色生产基地,兴办绿色加工企业,建立绿色流通通道等来提高农产品加工率和产值,加速农村工业化进程,从而为实现全面建设小康社会的目标奠定良好的基础。

三、绿色农业组织与管理问题的提出

（一）绿色农业组织与管理出现问题的原因

1. 绿色农业的外部性

农业的外部性有正负之分，涉及许多方面。从农业对生态环境的外部性来看，正外部性包括形成农业景观、生物多样性的保持、二氧化碳吸收、防汛抗洪等，绿色农业体现的正外部性非常显著；负外部性包括水土流失、水资源枯竭、地表水和地下水污染、野生动物栖息地被破坏、农业化学品污染等。从农业经济外部性来看，包括经济缓冲作用、国土空间上的平衡发展、确保农村活力等。从农业的社会外部性来看，包括社会的稳定作用、确保农业劳动力就业和社会福利的替代等。在没有特定的政策干预和特殊制度安排的情况下，经济活动主体既没有获得来自正外部性的经济补偿，也没有承担相关费用，即市场和价格机制没有反映或没有全面反映这一经济活动的全部成本和收益。从整个社会来看，资源配置无法达到最佳状态，从而引起社会福利的下降。农业外部性的出现取决于许多因素，特别是农业的生态环境外部性取决于农业生产活动的类型、使用的农业技术、作物品种、集约水平、农业资源状况以及产权制度等因素。绿色农业对于经济缓冲、扶贫、农业劳动力就业以及社会福利替代所具有的外部性，在很大程度上取决于经济发展水平。一般而言，发展中国家经济发展水平较低，农业人口比重较大，农村社会保障体系不完善，农村贫困问题较严重，农村对于经济缓冲、扶贫、农业劳动力就业以及社会保障替代具有较大的正外部效应。

2. 绿色农业的公共产品性

绿色农业所提供的许多非商品产出具有不同程度的非排他性和非竞争性，即具有公共产品或准公共产品的部分特性。因为绿色农业的非商品性产出不同于商品产出，很难对其进行产权界定，它作为农业的溢出效应[①]对

---

① 溢出效应（Spillover Effect）是指一个组织在进行某项活动时，不仅会产生活动所预期的效果，而且会对组织之外的人或社会产生的影响。

生产者以外的其他人发生影响或使其受益，难以排除特定的人不支付报酬就不让他消费，因而在其作用范围内具有非排他性；由于其影响或受益范围因非商品产出的不同而不同，因而农业非商品产出在不同的范围内具有不同程度的非排他性。绿色农业的非商品产出的特点也决定了其具有不同程度的非竞争性，如粮食安全带来的社会稳定，良好的生态环境所带来的高质量生活，生物多样性所带来的选择价值和存在价值等。在一定程度上，一个人对这些非商品产出的消费不会影响其他人对它们的消费，即具有不同程度的非竞争性，因而社会无法剥夺任何人消费该商品的权利。绿色农业非商品性产出的公共产品性，要求政府行使宏观调控的职能。

3. 绿色农业的弱质性

绿色农业作为现代农业的组成部分，同样具有弱质性的特征。在与其他产业的竞争中，农业处于相对不利地位。随着经济的发展，城市和非农业用地的不断增加，土地价格不断上涨，土地在非农产业的价值远远高于农业，使农地的流失不断增加；由于农业的比较利益低下，使得农业中的资金和较高素质的劳动力流向非农产业，造成农业的资金短缺和高素质劳动力的缺乏，农业发展后劲不足；相对于新兴非农产业来说，农业科研周期较长，技术进步相对较慢，农业劳动力的转移又相对滞后于非农产业产值份额的增加，使得农业劳动生产率较低；农产品需求弹性较小、恩格尔定律的作用、农产品不耐储运等特点，使得农业的贸易条件不断恶化，农民收入增长乏力，农民与非农业就业者的收入差距拉大。绿色农业的弱质性需要依靠政府的宏观调控来解决。

4. 绿色农业的不稳定性

由于农业的自然再生产与经济再生产交织在一起，使得农业受自然条件影响很大。而自然条件是变化无常的，加上农业生产本身具有周期性，且生产周期长，生产不易调整，导致农业生产相对不稳定。其次，宏观调控环境的变化，对农业极易造成冲击。如经济不景气时，劳动力市场受到冲击，大量劳动力涌向非农产业，由于比较利益的驱动可能会出现耕地的撂荒。再次，由于土地等自然条件的限制，以及动植物本身生物学特性的制约，使得农产品短期供给的弹性较小。但由于人们对农产品的刚性需求，价格对供给量的反应非常敏感；同时，农产品的需求弹性小，难以实现农产品市场的供需均衡。当某些因素导致价格和产量出现一定程度的波动时，会产生"蛛网效应"①。另外，农产品价格与供给之间的互动关系还受动植物生理机能的影响，由于农产品生产周期较长，许多农民对价格的反应又具有滞后性，市场的自行调节难以使农产品的供给与市场价格的变化保持一致，会造成农产品的短缺和过剩效应的放大，使农业生产产生较大的波动。最后，农产品大多具有易腐蚀性，不耐储存，且储存费用高，所以收获后应立即出售，即使市场价格低廉也必须出售。反之，产品供不应求时，虽然市场价格高，但在短期内无多余的库存供应市场，无法满足市场需求。因此，农产品一经产出，其供给即已固定。农业生产的不稳定性要求政府建立农业保障机制和农业市场调控机制。

（二）绿色农业组织与管理的研究范畴

绿色农业是现代农业的最新模式，作为一种新的农业模式，更加强调系统地解决中国农业问题，农产品安全、生态安全、资源安全和农业综合效益的提高是一个不可分割的整体。而这些问题的解决，需要政府和相关组织站在管理者的角度去对待、去处理。政府是公共权力和公共利益的代表者，应充分发挥其在保护自然资源和生态环境以及促进社会可持续发展方面的作用，这是政府的基本职责之一，是政府的政治责任、行政责任和道德责任等诸多责任的一种延伸。当前政府在行使自身职能时还有很多不适应经济、社会发展需要的方面，如政府职能的"越位""错位""缺位"，必须及时加以纠正。

在促进绿色农业发展方面，需要政府转变职能，抓好绿色农业组织和管理工作。绿色农业组织与管理研究主要涵盖绿色农业的组织形式、绿色农业的管理目标、绿色农业的系统分析、绿色农业的发展规划、绿色农业的模式设计、绿色农业的综合评价与绩效管理、绿色农业推广组织与人员管理、绿色农业的信息管理、绿色农业的质量管理、绿色农业的绩效管理、政府对绿色农业发展的政策导向与管理思路等内容。

---

① 蛛网效应是指某些商品的价格与产量变动相互影响，引起规律性的循环变动的理论。

第二节　组织与管理对绿色农业发展的作用和意义

一、有效组织是绿色农业持续发展的基石

（一）有利于培养绿色农业生产队伍

绿色农业是以生态农业为基础，以高新技术为先导，以生产绿色产品为特征，且树立全民族绿色意识，进行绿色生产，产出绿色食品，开辟国内外绿色市场的"大农业"[1]。党的十六大提出："统筹城乡经济社会发展，建设现代农业，发展农村经济，增加农民收入，是全面建设小康社会的重大任务。"全面建设小康社会的重点在农村，难点也在农村，没有农村的小康，就不可能有全面的小康。在农村建设小康社会，就要在统筹城乡经济社会发展的前提下解决好"三农"问题，而"三农"问题的核心是农民问题，农民问题的关键是增收。通过发展"绿色农业"发展农村经济主要是通过延长农业的生产链，通过促进农业生产、加工、销售的一体化（包括建设绿色生产基地、兴办绿色加工企业、建立绿色流通通道等），提高农产品加工率和加工业产值与农业生产值的比率，加速农村工业化进程，推进农业产业化经营，提高农业劳动生产率和经济效益，吸纳农业劳动力，增加农民收入，"绿色农业"只有给农民带来实在的好处才能得到农民的支持和拥护。作为一切农业生产活动主体的农民，他们的积极性、他们的认可度，是"绿色农业"能否实现的关键。因此，农民是绿色农业的重要参与者，绿色农业的实现必须具有一大批从事农业生产的农民。而目前的中国，"谁来种地、怎么种地"成为一个重大而紧迫的课题。

2011年，中国城镇人口占总人口的比重首次超过农业人口，达到51.27%。这是中国城市化发展史上具有里程碑意义的一年，标志着中国开始进入以城市社会为主的新发展阶段。

继工业化、市场化之后，城市化成为推动中国经济社会发展的巨大引

---

[1]　刘连馥：《绿色农业初探》，中国财政经济出版社2005年版，第54页。

擎。在城市化进程中，部分的农业户籍人口已经居住在城镇，他们不再务农。调查显示，只有40%的农业人口完全从事农业劳动。对农民来说，非农就业已经成为主流方向，超过了在农业领域的就业数量。农民的经营收入、打工收入，成为推动农民现金收入快速增长的两大动力。随着城镇化进程的加快，将会有更多农村人口进入城市，传统农业经营主体正在逐步退出生产领域，农业经营主体正在发生变化。当前农业经济发展面临着巨大挑战是谁来种地、怎么种地。谁来种地：不是没人种地，而是这地由什么人来种，这体现了农村劳动力结构性不足；怎么种地：不是不会种，而是怎么种得更好，这是对创新农业生产经营方式的期盼。通过组织化运营，能够将农村劳动力集中起来，组成一支有文化、懂技术、会经营，有公益心和社会责任感的农民。这些农民积极投身于绿色农业的生产活动，从事规模化经营，生产绿色农产品，确保绿色农产品保质保量供应。

（二）有利于促进绿色农业技术创新

加快推进绿色农业技术创新是建设新农村，实现农业农村经济可持续发展的必由之路，是提升绿色农业科技含量，促进绿色农业科技成果转化，提高绿色农业国际竞争力的关键举措，是农业转变发展方式的重要基础。

绿色农业技术创新可表述为将农业技术发明应用到农业经济活动中所引起的农业生产要素的重新组合，包括新品种或生产方法的研究开发、试验、推广、生产应用和扩散等一系列前后相继、相互关联的技术发展过程。技术创新是生产要素与生产条件的重新组合，其目的在于获取潜在的超额利润。在中国农业生产领域，由于农业生产资料为农户所有，生产单位也表现为零散的农户，因而这种连续的技术创新链条往往被分为两段，即前期技术创新活动和后期技术创新活动。前期技术创新的任务是从根本上和全局上实现技术变革或改良。前期技术创新活动的主体主要是农业高等院校、农业科研部门。前期技术创新活动包括农业技术的研究、试验、中试、推广等，其中既包括节约农业生产成本的农艺方法的变革和农业生物品种改良等，也包括这些方法、技术的推广。后期技术创新的主体是农户及少量农场等。后期技术创新活动则主要包括农业技术成果的应用、扩散等，是前期技术创新活动的具体化，是农业技术与农户生产条件的具体结合。农民是绿色农业技术的需求者，但是绿色农业技术一般都掌握在农业高等院校和农业科研部门手中，部门与部门之间条块分割很严重，容易各自为政，难以最大限度地实现绿色农业技术的扩散与传播，这就需要将各个部门组织起来，合并相似的职能部门，统一管理绿色农业技术，使技术能够最大化的服务绿色农业，促进绿色农业的蓬勃发展。

（三）有利于整合绿色农业市场信息

绿色农业生产需要信息，而农民往往信息缺乏，市场信息的不对称导致农业需求和供给失调，农民利益受损。在绿色农业生产、营销与贸易的过程中，市场信息往往是零散、不充分的，信息的需求和供给不能有效对接，这就需要一定的信息平台，将信息资源组织起来，及时发布有效信息，引导绿色农业生产、销售，实现绿色农业产值最大化。

绿色农业市场信息供求矛盾的出现，有许多原因，但笔者认为，绿色农业市场信息本身的特殊性质是根本原因。绿色农业市场信息的特殊性质表现在它既可能是私人产品，由市场提供；也可能是公共产品，由政府提供；或者是准公共产品，由政府和市场共同提供。显然，不同性质的农业市场信息其供给主体也不同，作为公共产品①，农业市场信息主要由政府或者公益部门负责提供；作为私人产品，可以由企业或者市场中介组织提供。如果农业市场信息的供给主体发展不平衡，政府的力量过于强大，企业和市场中介组织的力量过于弱小，都会影响农业市场信息的供给水平，这也就是中国当前农业市场信息供求矛盾存在的主要原因。因此，积极培育企业、市场中介组织等供给主体，建设社会化的市场信息服务体系是解决农业市场信息供求矛盾的根本途径。

二、有效管理是绿色农业稳定发展的保证

绿色农产品生产基地建设、三品一标②认证、违法行为打击及物流体系建设，都需要相关部门的管理。没有政府来管理，绿色农产品基地就无法建成。绿色农产品基地建设的主要目的是联合农业生产主体，集约生产要

---

① 公共产品是指具有消费或使用上的非竞争性和受益上的非排他性的产品。
② 无公害农产品、绿色食品、有机食品和农产品地理标志统称"三品一标"。

素，实现绿色农业生产的管理科学化，以获得规模收益，促进绿色农业产业化经营，为走中国特色农业现代化道路奠定基础。为达到这个目的，绿色农产品基地的建设目标可描述为：通过建立企业法人制度，使农户、政府、市场以绿色农产品基地作为企业整体与外部环境交流，实施科学生产、提高农民组织化程度和劳动生产率，进而推动绿色农业主导产业发展和农业区域化，实现农产品基地发展的稳定与持续，使农民增收、农业增产、农村增色。绿色农产品基地的好坏直接影响绿色农业产业化经营的规模和效益，影响绿色农业产业结构的升级、农民收入水平的提升、城市化水平的提高等，从而影响区域经济发展。

随着经济、贸易全球化和农产品贸易的迅速发展，农产品质量安全不仅涉及人类身体健康、生命安全，也关系到国家经济发展、社会稳定，各国政府都非常重视农产品质量安全问题。当前，中国农业农村经济已进入了一个新的发展阶段，发展效益农业，实现农业农村现代化是当今农业发展的主题。农业的现代化要以生态农业为基石才能实现农业的可持续发展。在绿色农产品数量安全问题得到基本解决之后，提高绿色农产品质量安全水平，就成了中国新时期推动农业发展的关键环节。不仅要追求绿色农产品的质量提高，更要形成品牌、规模、扩大市场销售份额，提高绿色农产品的市场竞争力。因此，只有通过有效的政府管理和市场管理，才能确保绿色农业有序稳定发展。

绿色农产品物流的建设需要庞大资金，只有政府才能调动这么多资源，改善相关基础设施条件是发展现代农产品物流体系的首要任务，需要各级政府资金的大力投入。农产品物流基础设施主要涉及运输线路设施、节点设施、信息设施等三个方面，而政府的管理是绿色农产品物流体系建设的重要保障。

第三节　绿色农业组织与管理研究的基本问题

绿色农业组织与管理涵盖绿色农业的组织形式、管理目标、系统分析、发展规划、模式设计、绩效管理、风险管理等众多内容，并在中国绿色农业发展进程中发挥着重要的作用，因此绿色农业组织与管理研究受到了社会的普遍关心和重视。然而，绿色农业组织与管理研究仍然是一个比较新的课题，在研究过程中难免会有所遗漏，本书的研究内容主要包括以下几个部分：

一、绿色农业发展的系统分析与模式设计

（一）绿色农业组织与管理的系统分析

随着系统科学的不断发展，系统分析逐渐成为一种重要的分析方法，在绿色农业组织与管理等诸多领域中发挥着日益重要的作用。系统分析最早是由美国兰德公司提出的一套对复合确定目标的不同方案从费用和效果两个方面进行评价的方法，这种分析方法把要解决的问题作为一个系统，对系统要素进行综合分析，最终找出解决问题的可行方案。本章从绿色农业组织与管理系统的内涵与特征入手，着重分析了绿色农业组织与管理系统逻辑、系统决策。其主要内容包括绿色农业组织与管理系统的类型、形式，绿色农业组织与管理系统结构分析、目标分析、环境分析，绿色农业组织与管理系统决策类型、决策方法，绿色农业组织与管理系统分析技术等。

总之，绿色农业组织与管理系统分析是一种研究方略，它能在不确定的情况下，确定问题的本质和起因，明确咨询目标，找出各种可行方案，并通过一定标准对这些方案进行比较，帮助绿色农业组织与管理的决策者在复杂的问题和环境中作出科学抉择。在具体的系统分析技术方面，专家系统、人工智能、决策支持系统等技术的发展为绿色农业组织与管理系统分析提供了有力的工具。当然，在绿色农业组织与管理系统的规划、设计、生产经营、运行管理等环节，包含有数据采集与处理、模型优化与模拟等大量的计算工作，正是由于计算机技术、互联网和可视化技术的发展才为绿色农业组织与管理系统分析提供了更为广阔的应用前景。

（二）绿色农业发展规划与模式设计

绿色农业发展规划是以绿色农业生产理念、绿色农业科技为支撑进行合理的生产流程安排及布局，绿色农业发展模式则是对前人积累经验的抽

象和升华，二者对于绿色农业组织与管理具有重要的指导意义。

具体而言，绿色农业发展规划是以充分利用资源、促进绿色农业的可持续发展为着眼点，充分利用现状条件、规避不利因素的前提下利用一切自然资源进行适地规划，以绿色农业生产理念、绿色农业科技为支撑进行合理的生产流程安排及布局，形成集绿色农业生产、培训推广、科研开发为一体，最终达到可持续发展的目的。就此而言，绿色农业发展规划是一种指导性的计划，需要充分考虑到绿色农业进一步改造利用的潜力和可能性，依据科学基础，拟定的具有长远性、战略性、综合性的农业计划和部署。

而绿色农业发展模式则是对前人积累的经验的抽象和升华，运用绿色农业模式对发展绿色农业进行研究，有助于观察、实验、调查、模拟和理论分析，有助于简化问题和较好地解决问题，因而更容易被人们了解、掌握和操作。绿色农业发展模式的推广和普及有利于促进绿色农业的发展。因为农民是最现实、最讲实惠的，而绿色农业发展模式强调的是形式上的规律，并非实质上的规律，因而要让农民显而易见地感受到发展绿色农业产生的效益，让农民更容易接受，从而起到更好的指导和示范作用。

二、绿色农业组织的形式创新与人员管理

（一）绿色农业组织的形式创新

绿色农业组织除了提供消费者所需的产品、服务外，还为消费者提供了丰富的社会价值，如绿色农产品的消费者在人际交往中所获得的社会形象价值和对自然生态环境的保护价值等。为了获得这些价值，绿色农产品的消费者要向绿色农业组织支付相对较高的绿色农产品价格。然而，非绿色农产品的消费者也获得了收益，这种外部收益的形式主要表现在：一是非绿色农产品消费者从绿色农产品消费者对自然生态环境的保护中受益；二是非绿色农产品消费者从非绿色农产品的低价中受益，由于绿色农产品的生产成本较高，绿色农产品的价格通常高于非绿色农产品；三是随着绿色农产品市场的不断扩大，绿色农产品将成为普遍的标准，绿色农产品与非绿色农产品之间的价格差异将不断缩小，非绿色农产品消费者可以不需

要支付高价就能享受绿色农产品带来的利益，从而激发了他们开始购买绿色农产品的欲望或不断购买绿色农产品的积极性。

绿色农业组织会受到自然和市场的双重影响。一方面，绿色农业组织受到各种自然灾害的影响，农业生产和农民收入预期存在不稳定性；另一方面，绿色农产品需求弹性小，价格波动大的特性不会改变，绿色农业组织仍然面临市场风险。尤其是在绿色农业组织发展初期农户投入有限的情况下，政府应担负起投入的重任，帮助绿色农业组织吸引社会资金，降低风险，改善绿色农业生产、经营的条件，维护良好的市场环境，加大财政扶持力度，提高绿色农业组织自身抵御风险的能力。另外，政府导向也是对绿色农业组织在生产、营销、服务过程中的一种监督，以保障绿色农产品消费者的利益和绿色农产品市场的稳定。

绿色农业组织政策导向的思路是通过政策创新，引导市场需求、促进有效供给、营造公平竞争的市场环境。政策创新要以培育市场和增强市场拉动力为目标，针对绿色农产品的市场定位采取不同的推动措施。一方面，政府要通过强有力的经济手段、行政手段和法律手段等宏观调控手段，及时克服市场失灵问题，引导社会资金向绿色农业组织流入，降低绿色农业组织的风险。另一方面，政府应加大对绿色农业龙头企业的扶持力度，提升绿色农业的产业化程度和整体竞争力，促进绿色农业组织的进一步发展壮大。

（二）绿色农业组织的人员管理

人员管理是绿色农业组织研究的核心问题之一。绿色农业组织作为一个系统工程，涵盖了绿色农业从育种、栽培、加工、仓储、运输到营销的各个环节，而且各个环节要求严、成本高，需要先进的工艺和设备，发展起步初期需要的投资相对较多，仅仅依靠农民和企业的力量是不够的，需要政府的扶持。目前，绿色农业组织大多处于发展初期，组织规模较小，且获益能力有待加强，因此更需要依靠政府的宏观调控，加大政府投入是绿色农业组织得以顺利发展的重要支撑。而现阶段，政府在绿色农业组织的引导和管理方面的努力是不够的，如绿色农业组织的管理体系不够健全，标准制定和颁发、环境监测、生产过程监控、质量认证等组织机构还没有建立起来，还存在一些管理上的真空。

在绿色农业组织当中，绿色农业推广组织起着至关重要的作用。绿色农业推广组织的组织形式、机构设置、运行机制以及它的管理方式、人员素质等都对农业推广工作有着很大影响，因此，世界各国对此都比较重视，并建立起了与自己国家国情相适应的组织体系。根据农业推广人员工作性质的差异可以划分为农业推广行政管理人员、农业推广督导人员、农业推广技术专家和农业推广指导员等四种类型。绿色农业推广人员的管理就是通过对绿色农业推广人员的发现、使用、培养、考核、晋升以发挥其主动性和积极性，从而提高工作效率，多出成果，快出人才的过程。

三、绿色农业发展的信息管理和质量管理

（一）绿色农业发展的信息管理

根据"信息管理"的内在含义，可以把绿色农业信息管理定义为：一种可以进行绿色农业信息搜集、传递、存储、加工、维护和使用的辅助管理，它可以为绿色农业政策制定者、绿色农业企业以及农民提供必要的绿色农产品市场供求信息，从而为绿色农业政策制定者制定科学的决策提供依据，为绿色农业企业及时作出战略调整提供洞察先机，为农民顺应形势提供参考，从而满足不同绿色农业主体对于不同信息的需求，促进绿色农业的稳定发展。

绿色农业的信息化管理对"三农"的发展有重要影响。信息的投入量越大，信息方法运用得越恰当，信息利用效率越高，信息功能发挥得就越好，决策就越科学，从而形成的生产力也就越大。因此，对绿色农业信息管理系统作出科学规划和建设是实现绿色农业信息化，充分发挥信息在绿色农业中的作用的有力保障，进而引导农民适应市场需求，降低农民生产的盲目性。绿色农业信息管理系统是专业知识、信息科技与绿色农业生产相结合的新产物，有利于绿色农产品走向全国和世界，绿色农业信息管理系统的建设必将促进绿色农业生产发展，增加农户的收入，使农业现代化的发展迈出重要一步，对推动绿色农业科技进步和现代农业的建设具有重要意义。

绿色农业是一个不同工业的社会生产部门，它包括农、林、牧、渔，

涉及绿色农产品生产、绿色农产品加工和销售等不同环节的产业部门。此外，绿色农业对环境，尤其是自然环境，比工业具有更大的依赖性。绿色农业的发展要求更高，条件更苛刻，因此，绿色农业的信息化管理难度更大。绿色农业管理信息系统的核心是信息，人们普遍意识到，信息能为它的拥有者赢得时间和创造财富。谁能及时而又准确地占有大量的信息，谁就能取得主动权，就能使计划安排周密，目标规划合理，决策措施选择恰当，否则，不仅无法进行有效的生产管理，还可能失去良好的机遇，造成巨大的损失。绿色农业信息管理系统肩负着把绿色农业资源、生产者和消费者连接起来的重要任务，包括绿色农业信息源的开发，信息的收集、分析、加工和传递，以及决策信息的使用与反馈调整三大部分，是组织和指导绿色农业生产的有效手段。因此，开发和使用绿色农业信息管理系统，对于绿色农业的持续发展，具有巨大而深远的影响。

在市场经济体制条件下，绿色农业信息有效需求不足，信息资源难以达到最优配置。因此，市场机制是农业管理信息系统发展的动力，从长远看，当绿色农业信息化发展到一定程度后，政府对绿色农业信息系统管理的调控将逐步弱化，市场拉动牵引机制将逐步增强。目前绿色农业信息管理系统存在一些虚假信息如生产资料信息、市场供求信息等，给农民造成了一定的经济损失，又使农民的心理受到了极大伤害，挫伤了农民接受信息服务的积极性。在原有绿色农业信息系统运行体制下，绿色农业信息共享机制不够完善，信息资源配置不合理，条块分割各自为政的现象严重，不少绿色农业信息管理部门、服务部门封锁、垄断信息，导致信息资源重复建设、资源不足和闲置共存。因此，应该以市场为导向、以信息开发为纽带、以利益结合为原则建立一种新型的信息服务部门合作关系。通过信息共享、联合开发，达到信息资源的有效配置，争取效用最大化。

（二）绿色农业发展的质量管理

近年来，农产品质量安全事件频繁发生，直接威胁到广大消费者的身体健康甚至生命安全，而且还给农产品生产者带来巨大的经济损失。同时，也使中国农产品市场以及整个农业产业发展受到严重打击，阻碍农业产业可持续发展，损害农民的合法利益。因此，加强农产品质量安全监测已成为当前农业和农村经济发展的重要内容。绿色农产品质量安全监测问题能否顺利解决，是关系"三农"问题的解决乃至整个中国经济社会长远发展的关键。为了确保绿色农产品质量安全，必须加强绿色农产品质量监测体系的建设，强化监管的技术支撑，落实监管的法律责任，有效维护绿色农业产业安全、促进绿色农业产业可持续发展。

绿色农产品质量管理涵盖质量技术标准体系、绿色农产品质量检验检测体系、绿色农产品质量认证体系、绿色农产品质量追溯体系以及农产品质量安全法规体系。质量技术标准体系是保障农业可持续发展的技术基础和行为规范，是农业行政执政的重要技术依据。没有完善的技术标准体系，检验检测体系建设、认证认可工作也无从谈起。近年来，为致力于提升绿色农产品质量，中国政府加大力度建设了农业标准化体系，促进农业标准化工作的开展。在全社会的共同推进下，农产品质量标准体系建设工作取得了一系列成绩。绿色农产品质量检验检测体系是实施农产品质量监管的重要技术支撑，是发展现代农业、强化公共服务、确保食品安全的重要保障。国家发改委和农业部自 2006 年起，就着手构建全国农产品质量监管检测体系。认证是保证产品、服务和管理体系符合技术法规和标准要求的合格评定活动，是国际通行的对产品、服务和管理体系进行评价的有效方法。近年来，农产品质量认证工作不断改善，过去各部门各自为政、多头管理、多重标准、重复认证、重复收费的现象得到改善。为提升绿色农产品质量，中国农产品质量认证工作主要围绕"三品一标"认证和管理来开展，并以此推动农产品标准化生产。目前，中国在建设绿色农产品质量追溯体系过程中的方针是加快农产品质量追溯公共信息平台建设，制定和完善质量追溯管理制度规范。

2006 年 4 月 29 日第十届全国人大常委会第二十一次会议审议通过《中华人民共和国农产品质量安全法》，这是中国第一部为农产品质量安全专门制定的法律。尽管《安全法》对农产品产地环境、农产品生产过程、农产品市场准入、监督检查和法律责任等内容进行了比较具体的规定，但是农产品质量安检的法律体系严重滞后。其主要表现在监测中缺乏相应的法律法规作为保障，处罚检测到不合格的农产品、使用违禁农药、违法生产的经营者难以做到"有法可依"，检测检验也缺乏法律保障，执法人员无章可循、无法可依，这是造成目前农产品安全质量监管落后的主要原因之一。虽然近年来中国陆续颁布了有关绿色农产品质量安全的法律法规，但农产品安全监测的法律法规中依然存在真空地带，比如《食品卫生法》和《产品质量法》都没有涵盖大多数农产品，缺乏有效的监督管理。同时农业执法中无法可依、执法不力的现象依然严重，对那些给人民健康造成伤害的行为缺乏严厉的打击。

四、绿色农业发展的绩效管理和风险管理

（一）绿色农业发展的绩效管理

绿色农业发展涉及的主体部门繁多，实施具有困难性和长期性的特征，引入完善的绩效评价机制很有必要。绿色农业发展是一个长期的工作，进行绿色农业绩效评价可以检验绿色农业实施的效果，发现不足之处，及时修正，从而保证绿色农业的可持续发展。

通过绿色农业绩效评价，期望能够产生以下效用：（1）能了解经济社会活动对农业生态环境的影响，分析农业环境状况变化的趋势；（2）对绿色农业发展状况有比较全面、客观的认识，检验现阶段绿色农业实施的成效；（3）考核各级绿色农业管理者的业绩和管理水平，识别被评价对象间的差距和优势，达到发挥优势，克服劣势，充分挖掘潜力，进一步提高绿色农业组织与管理水平；（4）能够将农业生产信息传递给社会公众，让社会公众了解当前的农业环境状况及其对人类健康和生活的影响，有助于培养社会公众关注农业环境的兴趣，提高社会公众的农业环境保护意识，促进社会公众积极参与农业环境保护行动；（5）能够把绿色农产品品种、加工、物流、消费情况反馈给社会，让大众提高绿色消费意识，提高生活质量；（6）通过绩效评价工作，寻找绿色农业发展新的突破点，引进新的管理理念与管理方法。①

因此，绿色农业发展不仅要维持一定的经济利益和社会利益，同时也要保护农业生态环境、使生态效益最大化，也就是要保证生态效益、经济效益与社会效益的统一。绿色农业的价值取向就决定了绿色农业绩效评价方向，有什么样的价值取向就必须要有什么样的绩效评价指标。绿色农业

---

① 张小红：《青海省绿色农业可持续发展的影响因素分析》，《中国商贸》2014年第21期。

发展遵循经济效用价值取向、社会效用价值取向以及生态效用价值取向，其本质就是体现绿色农业要实现生态效益、经济效益与社会效益的统一。因而对绿色农业绩效评价不能仅仅从经济效益维度来衡量，还要全面考虑社会效益维度与生态效益维度。

（二）绿色农业发展的风险管理

绿色农业风险管理是指绿色农业风险管理主体通过对风险的认识、衡量和分析，优化组合最佳风险管理技术，以最小成本使绿色农业生产经营者获得最大安全保障的一系列经济管理活动。绿色农业风险管理既是影响农业发展以及国民经济发展状况的一个基本管理范畴，也是现代农业生产活动中一项不可或缺的组成部分。其主要功能有两个：一是减少农业风险发生的可能性；二是降低农业风险给农民造成意外损失的程度。就管理层次而言，绿色农业风险管理可以分为微观风险管理、中观风险管理和宏观风险管理。

实现农业经济可持续发展，就是要提高农业生产效率和农业经济效益，增加农民收入，扩大农村就业机会，摆脱贫困与脱贫致富，其前提则是农业生产与收入稳定。农业风险管理是人们通过对农业风险的认识、衡量和分析，优化组合最佳农业风险管理技术，以最小成本达到最大安全保障的管理方法。其总目标是以最小的风险管理成本将预期的农业损失减少到最低限度，并且使一旦出现的农业损失获得经济补偿的最大保证。通过农业风险管理，可使农业生产经营活动不因风险事故的影响而中断，保证农业生产和农民生活的正常进行，并采取必要的和有效的风险处理措施使损失得到及时补偿，从而维持农业收益的稳定性。通过农业风险管理，可以消除或减轻风险损失，提高农业经济效益。通过合理运用财务型风险管理技术，使农业提留和自保基金①及保险费支出保持在合理水平上，既减少因过多支出所造成的浪费，又避免因支出不足而影响农业正常经营，提高农业经济效益。可见，农业风险管理不仅能保证农业生产和收入稳定，还可以为农业的进一步发展和持续增长创造良好的条件，是农业经济可持续发展

---

① 自保是指经济单位预测在未来一定时期内将会发生某种灾害或意外事故造成损失时，自己预先提留一定的货币和实物，作为对可能发生的损失进行补偿的后备基金。

的基本前提。

五、绿色农业组织与管理的政策导向

绿色农业是现代农业的主导模式。[①] 绿色农业的组织与管理有利于解决中国农业发展面临的一系列问题，确保农业持续、稳定、健康发展；有利于农村生态环境的保护，实现农业及农村可持续发展；有利于推动农业科技进步和农民素质的提高，促进农民增收和致富。而这些目标的实现都离不开政府职能的发挥。因此，要充分发挥政府在绿色农业组织与管理中的政策导向作用，大力促进绿色农业发展，加快实现农业现代化。绿色农业组织与管理政策支持包含的内容非常丰富，涉及的部门也较多，总的来说，政策支持的内容涵盖政府调控、市场机制和社会参与三个大的方面。

在绿色农业政府宏观政策导向方面，一是要加强绿色农产品基地建设力度；二是要加大打击假冒绿色农产品的力度，维护绿色农产品市场主体利益；三是要制定合理的绿色农产品价格。

在绿色农业组织与管理的市场机制方面，存在以下几个问题：一是绿色农产品生产规模小，产品结构不尽合理。绿色农产品生产规模小，产品结构不合理，一定程度上制约了绿色农产品市场的发育。相对于普通农产品，绿色农产品生产规模太小，绿色农产品实物年产量远远低于全国普通农产品年产量。即使发展较快的粮油、蔬菜类产品，所占的比例也很小。二是绿色农业流通体系不够完善，制约了绿色农业市场的进一步发展。因此，一方面，必须大力扶持绿色农业产业化龙头企业发展；另一方面，必须构建绿色农业物流体系。

在绿色农业的社会参与方面，绿色消费观念尚未普遍树立。消费者对绿色农产品缺乏进一步认识，绿色农产品有效需求不足，制约了绿色农产品市场的进一步拓展。按照消费者购买行为心理学说，认知是消费者产生购买行为的基础（如消费者听说"绿色农产品"），只有当消费者较全面感知了某种产品或某种消费确能极大化地满足其生理需求和社会需求时，才

---

① 严立冬:《绿色农业：现代农业可持续发展的主导模式》，亚太地区农业可持续发展模式国际研讨会，2011 年 4 月 26 日。

能产生积极的购买行为。由于绿色农产品整体宣传不够，消费者对绿色农产品价值缺乏进一步的感知，未能形成稳定的绿色农产品消费信念，造成有效需求不足。同时，绿色农产品生产经营分散，缺乏统一的协调和组织，产品跨地区经营困难。绿色农产品区域化生产虽初见雏形，但总体上分布仍很分散。由于对产地环境的特殊要求，绿色农产品产地主要分布在开放区。生产者和消费者的空间距离增加了绿色农产品供货困难，造成产供销脱节，消费市场发展缓慢。绿色农产品企业及其产品尚未形成进入市场的合力，影响了绿色农产品市场的发育程度和扩张规模。

第一章 绿色农业组织与管理的理论基础

进入 21 世纪以来，人们随着生活理念的不断提升，对农产品质量有了更高的要求，传统农产品的质量已经很难满足人们的要求，绿色农业孕育而生。本章从农业产业化经营理论及其对绿色农业组织的相关要求入手，重点介绍了生态系统管理理论、系统控制理论、企业管理理论、农户行为理论等对绿色农业管理的指导与启示。其主要内容包括绿色农业组织与管理中应该贯穿的目标管理、规范化、分类组织与管理、过渡转型等原则，以及追求卓越、提高农业组织化程度、推进农村民主化管理等核心理念。

第一节 绿色农业组织的基础理论

"组织"一词在《现代汉语词典》中有安排和调整、系统配合关系、纺织品经纬纱线结构、机体器官构成单位、集体等多种含义。在管理学中，组织是指是在一定的环境中，群体为实现某种共同的目标，按照一定的结构形式、活动规律结合起来的具有特定功能的开放系统，这一概念更倾向名词形式的组织。但在绿色农业组织与管理中的"组织"一词除了包含管理学中名词形式"系统"的概念外，还具有"安排""调整"等动词形式的含义，不过这两种含义间并没有明显的界限。不管是动词形式的组织，还是名词形式的组织都对绿色农业发展有着重要的意义。绿色农业组织的基础理论至少应该包括名词形式的产业组织理论、农业合作组织理论和动词形式的产业集群理论、农业产业化经营理论等内容。

一、产业组织理论与绿色农业组织

（一）产业组织理论

1. 产业组织的内涵

产业组织理论（Industrial Organization）是研究市场在不完全竞争条件下的企业行为和市场构造，是微观经济学（个体经济学）中的一个重要分支。产业组织理论的研究对象就是产业组织。产业组织理论主要是为了解决所谓的"马歇尔冲突"[①] 难题，即产业内企业的规模经济效应与企业之间的竞争活力的冲突。

产业组织理论发展主要经历了两个阶段。传统的产业组织理论以贝恩（Joe S. Bain）为代表，出现在 20 世纪 60 年代，主要研究组织之间经济行为和关系，强调市场结构对行为和绩效的影响，被视为"结构主义"。新产业组织理论则出现在 20 世纪 70 年代后期，该理论大量引入了新分析方法，包括可竞争市场理论、博弈论、新制度理论（产权理论和交易成本理论）、信息理论，通过整合组织内外部关系，进一步考察组织行为的多重复杂关系。

2. 产业组织的研究方法与对象

产业组织理论保持了主流理论的"理性人"[②] 的假定。在传统的产业组织理论中，将这一假定贯穿于组织之间的经济行为分析中。在组织理性中，关键的线索是"利润最大化"假定，企业具有完全的理性偏好。这是产业组织理论中最有争论的领域之一，大量的分析表明如果仅仅将产业中的企业作为理性人是不够的，企业内部的组织结构和权威机制及企业决策的"有限理性"都不能满足"最大化"行为的假定。但新产业组织理论仍然保持着单个人的"理性"假定，在此基础上，对企业组织和企业行为进行进

[①]　马歇尔认为，自由竞争会导致生产规模扩大，形成规模经济，提高产品的市场占有率，又不可避免地造成市场垄断，而垄断发展到一定程度又必然阻止竞争，扼杀企业活力，造成资源的不合理配置。

[②]　"理性人"是指作为经济决策的主体都是充满理智的，既不会感情用事，也不会盲从，而是精于判断和计算，其行为是理性的。

一步的扩展。

边际分析、比较静态分析、局部均衡仍然是产业组织中的主要分析方法。不论是贝恩模型还是新产业组织理论由于研究对象和范围的限制，在大量地采用了主流理论的分析方法时，特别强调了局部均衡。局部分析是建立在给定条件下，对解释的因素进行一阶条件和二阶条件分析，产业组织理论并没有对主流经济分析理论的常用分析工具进行扩展。不同的是在产业组织理论分析中，解释的因素不仅仅是价格，还包括质量、广告、研发等更多的变量，新产业组织理论则引入了信息。产业组织理论也大量地运用了博弈论分析工具。但博弈论分析方法也是以局部均衡为基础，不论是局中人函数的采用，反应函数的对策行为及博弈均衡都反映了局部均衡的逻辑。因此，在研究方法上，产业组织理论基本上都是围绕着主流经济学理论工具，并没有开拓性的进展。

产业组织主要侧重于从供给角度分析单个产业内部的市场结构、厂商行为和经济绩效。贝恩模型以主流微观经济理论的主要推论为基础，更多地重视了实证研究，将产业分解为特定的市场，并开创性地通过结构—行为—绩效"三分法"（S—C—P）对市场进行分析。强调不同的市场结构会导致不同的定价和非价格行为，也会导致不同的经济效率，这一思路与主流的价格理论推论基本一致。在主流的价格理论中，完全竞争、垄断竞争、寡头垄断和垄断市场中的基本假定是不同的。根据这些假定，通过形式化的模型分析演绎出企业不同的定价行为。在新产业组织理论中，尽管不再强调"S—C—P"的直线关联，但仍然以其为主要分析对象，并深入分析后三种市场结构垄断竞争、寡头垄断和垄断下的组织行为，而不孤立地区分市场结构状态。在绩效评价上，也与主流价格理论保持一致，强调边际定价的效率。因此，产业组织理论基本遵循了这一套价格理论的逻辑，但从另一角度，它也强化了主流理论分析。

（二）绿色农业组织中的产业组织思想

虽然绿色农业组织更强调对绿色农业相关内外部资源进行整合、调整的过程，但其仍然偏向于在微观经济学领域的框架下，研究在不完全竞争市场中的绿色农业组织行为和市场结构。绿色农业组织研究的主要对象和方法必须要以产业组织的相关理论为依据，边际分析、比较静态分析、局部均衡等产业组织的主要分析方法也适用于绿色农业组织的研究。其主要研究的问题包括绿色农业企业内外部的结构、农户的经济行为和经济绩效、绿色农产品国际与国内市场价格波动等问题。

二、产业集群理论与绿色农业组织

（一）产业集群理论

1. 产业集群的内涵

产业集群理论最早出现于 20 世纪 20 年代的西方经济学理论中，20 世纪 90 年代由美国哈佛商学院迈克尔·波特（Michael E. Porter）正式提出，并定义为在一个特定区域的一个特别领域，集聚着一组相互关联的企业、供应商、关联产业和专门化的制度和协会，通过这种区域集聚形成有效的市场竞争，构建出专业化生产要素优化集聚洼地，使企业共享区域公共设施、市场环境和外部经济，降低信息交流和物流成本，形成区域集聚效应、规模效应、外部效应和区域竞争力。他从竞争力这个全新的角度来看待和分析产业集群现象，并提出了由四种关键要素所形成的"钻石体系"理论，从竞争力角度对集群的现象进行分析和研究，产业集群不仅降低交易成本、提高效率、改进激励方式，而且创造出信息、专业化制度、名声等集体财富，更重要的是集群能够改善创新的条件，加速生产率的成长。

最早的产业集群思想可以追溯到亚当·斯密（Adam Smith）所著的《国富论》一书，斯密指出："劳动生产率上最大的增进，以及运用劳动时所表现的更大的熟练、技巧和判断力，似乎都是分工的结果。"[①] 他将分工分为三种：一是企业内分工；二是企业间分工，即企业间劳动和生产的专业化；三是产业分工或社会分工。第二种分工形式实质是企业集群形成的理论依据所在。马歇尔（Marshall）也在 1890 年出版的《经济学原理》中提出"外部规模经济"，其是指在特定区域的由于某种产业的集聚发展所引起的该区域内生产企业的整体成本下降。马歇尔认为外部规模经济与内部规模经济同样具有产业组织效率，因此是十分重要的。德国经济学家阿尔弗

---

① ［英］亚当·斯密：《国富论》，唐日松译，华夏出版社 2005 年版，第 113 页。

雷德·韦伯（Alfred Weber）在其《工业区位论》中提出：一个企业规模的增大能给工厂带来利益或节约成本，而若干个企业集群在一个地点同样也能给各个企业带来更多的收益或节省更多的成本，技术设备发展的专业化、搜寻劳动力的相关成本的降低，也都促进了企业集聚。熊彼特（Schumpeter）认为，技术创新及其扩散促使具有产业关联性的各部门的众多企业形成集群。因为创新不是孤立事件，并且不在时间上均匀分布，而是相反，它们趋于群集。

2. 产业集群的研究内容

产业集群的研究主要集中在产业集群的机理、技术创新、组织创新、社会资本以及经济增长与产业集群的关系研究、产业集群的产业政策和实证研究等。概括起来可分为三大部分：

一是外部经济效应。集群区域内企业数量众多，从单个企业来看，规模也许并不大，但集群区内的企业彼此实行高度的分工协作，生产效率极高，产品不断出口到区域外的市场，从而使整个产业集群获得一种外部规模经济。

二是空间交易成本节约。空间交易成本包括运输成本、信息成本、寻找成本以及和约谈判成本与执行成本。产业集群区[①]内企业地理邻近，容易建立信用机制和相互信赖关系，从而大大减少机会主义行为。集群区内企业之间保持着一种充满灵活性的非正式关系。在一个环境快速变化的动态环境里，这种产业集群现象相对于垂直一体化安排和远距离的企业联盟安排，更加具有效率。

三是学习与创新效应。产业集群是培育企业学习能力与创新能力的摇篮。企业彼此接近，激烈竞争的压力，不甘人后的自尊需要，迫使企业不断进行技术创新和组织管理创新。一家企业的知识创新很容易外溢到区内的其他企业，这种创新的外部效应是产业集群获得竞争优势的一个重要原因。此外，产业集群也刺激了企业家才能的培育和新企业的不断诞生。

（二）绿色农业组织中的产业集群思想

绿色农业组织是基于系统论而提出的，绿色农业组织过程则依赖于绿

---

① 产业集聚区是指政府统一规划，企业相对比较集中，实现资源集约利用，提高整体效益的区域。

色产业中各个子系统的相互配合。产业集群理论为绿色农业做大、做强，实现跨区域发展提供了很好的理论支撑。相对于工业产业而言，农业本来就是一个弱势的产业，绿色农业更是如此。工业产业的发展尚且需要产业集群来实现不同行业间的分工协作，农业特别是具有现代化意义的绿色农业，在追求产品质量、区域协同发展的过程中也必须注重产业集群理论的运用。主要表现为：一是产业集群的外部经济效应理论为绿色农业组织的"走出去"战略提供了良好理论支撑；二是产业集群的空间交易成本节约理论为绿色农业组织实现跨区域贸易提供了理论指导；三是产业集群的学习与创新理论为激活绿色农业内外部组织，为组织结构创新和组织过程优化提供了新思路。

三、农业合作组织理论与绿色农业组织

（一）农业合作组织理论

农民合作组织是农民自愿参加的，以农户经营为基础，以某一产业或产品为纽带，以增加成员收入为目的，实行资金、技术、采购、生产、加工、销售等互助合作经济组织。农民合作组织的主要特征有：不改变成员的财产所有权关系，退社自由，专业性强，民办、民营、民受益，部分可以突破社区界限，在更大的范围内实行专业合作。目前，中国农村有各类农民专业合作经济组织 140 多万个，其中较为规范的有 14 万多个①，广泛分布于种植业、畜牧业、水产业、林业、运输业、加工业以及销售服务行业等各领域，成为实施农业产业化经营的一支新生的组织。中国目前主要有三种类型的农业合作组织，分别是专业合社、股份合社、专业协会。农业合作组织在农业产业化经营中的作用与功能主要表现在以下四个方面：

一是组织功能。农业合作组织在农业产业化经营中，其组织功能作用十分明显。首先按照国家产业政策，组织成员进行生产与销售，促使农业生产由行政管理过渡到由合作经济组织协调管理；其次根据国家产业规划

---

① 农业部产业政策与法规司：《农村政策法规调查与研究 2006》，中国农业出版社 2007 年版，第 37 页。

以及市场信息，组织和协调农户进行专业生产；再次根据市场需求和农民意愿，把分散的专业户、专业村，通过专业合作，组织起各种类型的专业农协，参与市场竞争；最后在经济发达的地区，通过各类合作经济组织，直接组织农业劳动力有序地流动到二、三产业，实现农业规模经营，为农业产业化经营奠定基础。

二是中介功能。由于农户经营的分散性，不可能直接加入大企业的经营序列或纷纷进入大市场销售农产品。在市场需求与市场竞争中，农户为避免自然与市场风险，需要"合作经济"这一中介组织。同样，企业也需要一个中介组织，以节约交易成本，无论哪一种农业经营模式，都需要一个中介组织，使企业与农户、市场与农户对接。

三是载体功能。所谓载体功能，是指农业专业合作经济组织从单纯的组织功能、中介功能中跳出来，逐步向产前和产后延伸，兴办各种经济实体。逐步将自身的组织演变成社区性的产业一体化组织或专业性的产业一体化组织。

四是服务功能。向农户提供产前、产中、产后服务，是实施农业产业化经营不可或缺的手段。由于农民专业合作组织的根扎在农民之土壤中，因此它对农户的服务最直接、最具体，从而成为农业社会化服务体系中不可取代的重要组成部分，成为维系农业产业化链条各环节得以稳固相连并延伸的生命线。

（二）绿色农业发展中的农业合作组织思想

从功能上讲，农业合作组织和绿色农业组织有着众多的交集，农业合作组织所要具备的组织、中介、载体以及服务功能是农业组织实现绿色化的最基本要求。绿色农业组织除了以上功能外还维系着农业生态系统安全、保障农产品质量等功能，农业合作组织是绿色农业组织的基础起点，而绿色农业组织是农业合作组织的优化选择；从组织形式上来讲，中国的农业合作组织主要有改革开放前的农业合作社、人民公社和改革开放后的农业专业合作社、家庭农场等。而绿色农业组织主要是近年来，在中国生态文明发展思路指导下形成的生态农业庄园、生态家庭农场、龙头企业带动型绿色农业组织以及中国绿色农业服务机构。绿色农业组织和农业合作组织之间没有明显的界限，绿色农业组织是农业合作组织的高级发展形势。

四、农业产业化经营理论与绿色农业组织

（一）农业产业化经营理论

1. 农业产业化经营的内涵

农业产业化作为一种来自于实践的农业生产经营的形式，它的产生和发展有着其内在理论基础和客观必然性。农业产业化是以市场为导向，以经济效益为中心，以主导产业、产品为重点，优化组合各种生产要素，实行区域化布局、专业化生产、规模化建设、系列化加工、社会化服务、企业化管理，形成种养加、产供销、贸工农、农工商、农科教一体化经营体系，使农业走上自我发展、自我积累、自我约束、自我调节的良性发展轨道的现代化经营方式和产业组织形式。① 它实质上是指对传统农业进行技术改造，推动农业科技进步的过程。这种经营模式从整体上推进传统农业向现代农业的转变，是加速农业现代化的有效途径。农业产业化的基本思路是：确定主导产业，实行区域布局，依靠龙头带动，发展规模经营，实行市场牵龙头，龙头带动基地，基地连农户的产业组织形式。它的基本类型主要有市场连接型、龙头企业带动型、农科教结合型、专业协会带动型。

2. 农业产业化经营的特点

农业产业化经营与传统的农业生产经营相比，具有以下一些基本特征：

一是市场化。市场是农业产业化的起点和归宿。农业产业化的经营必须以国内外市场为导向，改变传统的小农经济自给自足、自我服务的封闭式状态，其资源配置、生产要素组合、生产资料和产品购销等都要依靠市场机制进行配置和实现。

二是区域化。即农业产业化的农副产品生产，要在一定区域范围内相对集中连片，形成比较稳定的区域化的生产基地，以防生产布局过于分散造成管理不便和生产不稳定。

---

① 王平：《农村经济管理教程》，中国环境科学出版社 2010 年版，第 22 页。

三是专业化。即生产、加工、销售、服务专业化。农业产业化经营要求提高劳动生产率、土地生产率、资源利用率和农产品商品率等等，这些只有通过专业化才能实现。特别是作为农业产业化经营基础的农副产品生产，要求把小而分散的农户组织起来，进行区域化布局和专业化生产，在保持家庭联产承包责任制稳定的基础上，扩大农户经营规模，解决农户经营规模狭小与现代农业要求的适度规模之间的矛盾。

四是规模化。生产经营规模化是农业产业化的必要条件，其生产基地和加工企业只有达到相当的规模，才能达到产业化的标准。农业产业化只有具备一定的规模，才能增强辐射力、带动力和竞争力，提高规模效益。

五是一体化。即产加销一条龙、贸工农一体化经营，把农业的产前、产中、产后环节有机地结合起来，形成"一条龙"产业链，使各环节参与主体真正形成风险共担、利益均沾、同兴衰、共命运的利益共同体。这是农业产业化的实质。

六是集约化。农业产业化的生产经营活动要符合"三高"要求，即科技含量高，资源综合利用率高，效益高。

七是社会化。即服务体系社会化。农业产业化经营要求建立社会化的服务体系，对一体化的各组成部分提供产前、产中、产后的信息、技术、资金、物资、经营、管理等全方位服务，促进各生产经营要素直接、紧密、有效结合和运行。

八是企业化。即生产经营管理企业化。不仅农业产业的龙头企业应是规范的企业化运作，而且其农副产品生产基地为了适应龙头企业的工商业运行的计划性、规范性和标准化的要求，应由传统农业向规模化的设施农业、工厂化农业发展，要求加强企业化经营与管理。

（二）绿色农业组织中的产业化经营思想

农业产业化生产是传统农业向现代农业转变的有效途径，是实现绿色农业低投、高产、优质的重要保障。绿色农业是传统农业产业化发展的发展方向，可以说农业产业化是中国传统黑色农业①向现代化绿色农业发展的

---

① 传统的高度依赖大型农机具、化肥农药的即为"黑色农业"。

桥梁。绿色农业组织既包括绿色农业生产经营的主体，也包括绿色农业的中介与服务机构，其主要功能能否有效发挥，主要看其能否适应绿色农业产业发展的要求，而绿色农业组织功能的有效发挥能使传统农业实现跨越式发展，加速实现农业产业化发展步伐。

第二节　绿色农业管理的基础理论

绿色农业的管理是一个复杂的系统过程，既包括绿色农业发展规划管理、绿色农业发展模式设计、绿色农业生产绩效管理、绿色农业生产质量监督与管理等一系列生产性管理过程，也包括绿色农产品的财政支持政策管理、绿色农业信息服务系统管理等非生产性的管理过程。目前绿色农业管理问题还缺乏系统性的理论体系。对绿色农业管理基础理论的研究旨在从理论上突破现有的农业管理思维，提出和论证绿色农业管理的基本范畴和基本原理，构建符合中国国情的绿色农业管理理论体系。

一、生态系统管理理论与绿色农业管理

（一）生态系统管理理论

生态系统管理理论起源于 20 世纪 70 年代的美国，20 世纪 90 年代成为研究和实践的热门。但由于自身的复杂性，生态系统管理无论是作为理论还是实践至今仍处于不断探索中。

1. 生态系统管理的定义

简单地说，生态系统管理（Ecological Management，Eco-management），就是指人类按照生态系统的生态学原理与系统学原理，对生态系统进行科学合理的开发利用与保护，使生态系统的结构、功能得以高效、和谐、持续运行。具体来说，不同的机构和学者从不同的视角给出了关于生态系统管理的定义，其中比较有影响的有：

美国森林服务局从森林管理的角度认为，生态系统管理为自然资源管理的一种整体性方法，它超越了森林的各单个部分的分割性方法，融合了

自然资源管理的人类学、生态学和物理维度，目的是获得所有资源的可持续性。生态系统管理是一种基于生态系统知识的管理和评价方法，这种方法将生态系统结构、功能和过程、社会和经济目标的可持续性融合在一起。

美国生态学会认为，生态系统管理有明确的管理目标，并执行一定的政策和规划，基于实践和研究并根据实际情况做调整，根据对生态系统作用和过程的最佳理解，管理过程必须维持生态系统组成、结构和功能的可持续性。

美国环境保护署认为，生态系统管理是指恢复和维持生态系统的健康、可持续性和生物多样性，同时支撑可持续的经济和社会。

罗伯特·萨罗（Robert C. Szaro）等人认为，生态系统管理是这样一种方法，它试图让所有的利益相关者都为人们与其生活环境的互动来参与制定可持续的方案，目的是修复和维持健康、生产率、生物多样性和全面的生活。

任海等和于贵瑞认为，生态系统管理是把复杂的生态学、环境学和资源科学的有关知识融合为一体，在充分认识生态系统组成、结构与生态过程的基本关系和作用规律、生态系统的时空动态特征、生态系统结构和功能与多样性的相互关系基础上，利用生态系统中的物种和种群间的共生相克关系、物质的循环再生原理、结构功能与生态学过程的协调原则以及系统工程的动态最优化思想和方法，通过实施对生态系统的管理行动，以维持生态系统的良好动态行为，获得可持续的生态系统产品生产（食物、纤维和能源）与环境服务功能产出（资源更新和生存环境）。[①]

综合目前主要生态系统管理观点，可以看出，生态系统管理就是运用当前已有的科学技术，充分认识并深入理解生态系统的结构、功能与过程，在尊重生态系统运行规律的基础上，管理人类社会的发展行为，使得生态系统保持持续健康，并为人类社会发展提供更多的功能与服务。生态系统管理可以理解为一种对具体生态系统的管理策略、管理方式和管理过程（行动计划），也可以理解为一种管理生态系统和资源的理论和方法。作为与生态系统管理相似的概念，还有生态系统保育（Ecosystem Health）、生物多样性管理（Biodiversity Management）和适应性管理（Adaptive Man-

---

① 于贵瑞：《生态系统管理学的概念框架及其生态学基础》，《应用生态学报》2001年第5期。

agement）等术语也被广泛地使用。

2. 生态系统管理的目标

自然界的生态系统类型和具体的管理目标多种多样，总体来说，生态系统管理的主要目标有：一是维持现有自然生态系统的健康，即保护自然范围内的所有天然生态系统，包括自然景观和自然资源，维持良性的系统演替和生态学过程；二是可持续地为人类提供物品、生存空间及环境服务功能。由于生态系统功能类型、环境条件及其时空尺度大小差异很大，人类对不同生态系统干预能力和利用目的也有所差异。因此，各类生态系统的管理目标、管理强度也就大不相同。于贵瑞根据不同的生态系统类型初步提出了不同类型生态系统的管理目标与输入、输出概念框架，笔者在此基础上稍作整理，形成了各类型生态系统管理目标，具体见表1-1。

表1-1 各类型生态系统管理目标

管理模式	分类	管理目标	输入	输出
集约管理	城市生态系统 农田生态系统 渔场生态系统	持续提供食品、物品、生活空间	大量投入能源、物质和劳动	食品、水、生产生活物品，废弃物
适度管理	森林生态系统 草原生态系统 湿地生态系统	维持资源生产力和生态系统活力	适当投入能源、物质和劳动	生态服务，尤其是自然资源与废弃物的消纳
保护	自然保护区 生态脆弱区 特殊功能区	维护生态系统多样性	以保护为主	生态服务
恢复	破坏型生态系统	恢复生态系统健康	大量投入能源、物质和劳动	近似地恢复原有的生态服务

3. 生态系统管理的原理

一是整体性原理。任何生态系统都是作为一个相对独立的整体存在于特定的环境之中，系统内的诸要素构成了一个有机整体，各个组成要素仅仅是作为整体的一个特定部分而存在。[①] 生态系统内部的要素之间是相互关联的，其中任何一个要素的变化必然会以不同的方式和程度影响其他要素甚至整个系统。同时各要素特定状态的最佳组合秩序构成了生态系统整体的最优化，在这种整体最优化状态下，维持生态系统健康，表现出最佳的功能状态。二是动态性原理。生态系统管理必须承认系统的变化和进化是生态系统持续性所固有的属性，管理就是企图动态地调控生态系统的演化进程和演化方向，避免它冻结在某个特定的状态或结构上。根据生态系统调控管理的要求，必须对生态系统进化过程机制有深入理解，寻找控制生态系统动态变化的关键因素，以及生态系统对外界环境胁迫的反应方式。三是时空关联原理。生态系统管理是对应于某个特定生态学过程所定义的生态学边界和时空尺度，对于其他生态系统的生态学过程而言往往并不一定适合。正因为这种生态学过程间的空间区域变异，要想确定一个对所有生态学过程都适合的、完美的空间尺度是非常困难的。因此，生态系统管理的研究必须具有一个广泛的视野，科学地定义适当的生态系统时空界域，以保证其完整性，达到便于有效调控的目的。[②]

4. 生态系统管理的基本步骤

生态系统管理的基本步骤包括：（1）确定可持续的、明确的和可操作的管理目标；（2）收集适当的数据，在对生态系统复杂性和系统内各种要素相互作用关系充分理解的基础上，提出合理的生态系统模型，分析并检测生态系统的动态行为；（3）明确被管理生态系统的空间尺度和空间边界，尤其是要合理确定生态系统管理的等级系统结构，以核心层次为主，考虑其相邻层次的内容；（4）分析和整合生态系统的生态、经济和社会信息，制定合理的生态系统管理政策、法规和法律；（5）确定管理的时间尺度并制定年度财政预算和长期财政计划；（6）履行生态系统适应性管理责任分工，注意协调管理部门与生态系统管理者、公众的合作关系；（7）发挥科学家的科学研究和组织实施作用，及时对生态系统管理的效果进行正确的评价和提出生态系统管理的修正意见。

---

① 潘祥武：《生态管理：传统项目管理应对挑战的新选择》，《管理现代化》2002 年第 5 期。

② 戈峰：《现代生态学》，科学出版社 2002 年版，第 72 页。

（二）生态系统管理理论对绿色农业管理的指导作用

绿色农业不是传统农业的回归，也不是对生态农业、有机农业、自然农业等各种类型农业的否定，而是避免各类农业种种弊端，取长补短，内涵丰富的一种新型农业，其主要目标是为实现节能、高产、稳产、高效。为了更好实现这一目标，绿色农业管理必须充分了解承载其发展所赖以生存的生态环境。不仅要认识各类型生态系统的运行规律与特点，还要充分了解各类型系统对绿色农业的作用机理。绿色农业的管理必须以生态系统规律为根本的理论指导，在遵循生态系统规律的前提下，不断增加科学技术、信息、人才等软硬件投入，使现代高科技机械设备充分发挥功效，最终使绿色农业成为这个时代最鲜明的特征。

二、系统控制理论与绿色农业管理

（一）系统控制理论

1. 系统控制的内涵

系统控制理论是在接受系统论和控制论的思想和工作方法的基础之上发展起来的预防和控制交通事故的理论。系统论认为，现实世界实际上是由各种系统组成的。一个问题的产生往往不是一个孤立的现象，而是系统内某部分出现问题，产生相互作用的结果。因此，要解决某个问题，不仅仅要注意这个问题，而且更要注意系统内相互关联的状况，只有理清了脉络，找出问题的相互关系，分清主次，才能得到预期的结果。系统控制论的思想和方法在安全系统功能分析、危险辨识与控制、不安全行为与失误操作的预防与控制、人机适配系统优化等方面得到了充分的应用。系统论和控制论的思想和方法在安全系统功能分析、危险辨识与控制、不安全行为与失误操作的预防与控制、人机适配系统优化等方面得到了充分的应用，从而推动安全科学向更高层次发展并取得了良好的效果。①

---

① 张亚:《管理学原理与实务》，北京理工大学出版社 2009 年版，第 84 页。

2. 系统控制的特点

一是有序性。系统内部的各组成部分称为子系统。在各子系统之间总存在着有一定秩序的相互作用。通过能量或物质的传递和信息的交换，各子系统相互作用导致它们的状态随时间发生变化，从而形成系统的演变。在不同的非受控系统的演化中，有序性可以增加，也可以减少。关于保持系统稳定性的理论和方法，即保持持久的高度的有序性，曾经是早期控制论系统首先关注的命题。最优控制理论和最优化方法、线性规划和动态规划、对策论、排队论等，都是使受控系统达到最大有序性的理论和方法。二是边界性。处于系统以外的部分叫作系统的环境。系统与环境的分界称作系统的边界。环境通过边界对系统施加的影响称作摄动。在自然界和人类社会中，绝对封闭和孤立的系统实际上是不存在的，任何系统都要受外界环境的影响，因而都是开放的。系统控制论所研究和追求的重要目标之一是赋予系统以自适应性，这就是说使系统在外界环境的摄动作用和内部结构不断变化的情况下保持受控系统能正常地、稳定地运转，原定的目标不至于受到干扰和破坏。在系统控制论中，运用状态信息反馈的理论和方法是使系统获得自适应能力的最重要和最有效的措施之一。反馈原理的应用能使受控系统的功能不受或少受环境摄动变化和内部结构变化的影响。此外，人们还发明了很多专门性的技术，以提高系统对特定的环境变化和内部结构变化的适应性。三是智能性。关于系统的概念和论述早在古代哲学家的著作中即已有所涉及，19 世纪和 20 世纪上半叶更有众多的思想家和自然科学家对系统学做过研究。但是，系统学特别是系统控制论之所以能够成为有实际应用价值的科学技术，主要是由于控制论及其相邻学科的发展、电子计算机科学和微电子技术的巨大进步并实用化。

（二）系统控制理论对绿色农业管理的指导作用

绿色农业管理是一个十分复杂的过程，其管理的对象既包括自然生态系统，也涉及社会经济系统。通过对自然生态系统的有效管理，能有效缓解人类在农田中繁重体力劳动投入，通过对社会经济系统的有效管理能帮助人们有效理顺绿色农产品市场中的价格、结构等错综复杂的管理问题，提高市场运作效率。特别是自动控制技术的不断发展，使得系统控制能够在绿色农业管理中应用于更加广阔的领域，通过对自然生态系统的研究使得绿色农业的发展受到来自于外部环境的约束越来越少，人类在细胞工程和分子生物学中一系列新的突破，使人类已能在细胞和分子水平上控制生物种的遗传，大大提高了绿色农业自然生态系统的管理绩效。自动控制技术在社会经济系统中的广泛应用，有利于识别绿色农产品价格调整机制，让人们更好地控制绿色农产品的国内与国际价格波动，保障绿色农产品农户的利益。

三、企业管理理论与绿色农业管理

（一）企业管理理论

1. 企业管理的内涵

企业管理是对企业的生产经营活动进行计划、组织、指挥、协调和控制等一系列职能的总称。[①] 从绿色农业管理来看，可以将管理分为绿色农业业务管理和行为管理。其中，业务管理是对绿色农业企业的各种资源的管理，比如材料、产品等相关的管理。而绿色农业行为管理则更侧重于绿色农业企业中成员行为的管理，包括组织的设计、机制的变革、激励、工作计划、个人与团队的协作、文化等的管理。业务管理和行为管理没有明显的界限，而是相辅相成的，就像人的双手一样，要配合起来才能更好地发挥管理的作用。如果其中任何一只手出了问题，都会对绿色农业企业管理的整体带来损失，甚至让其管理停滞不前，受到严重的阻力。

2. 企业管理理论的发展

就企业管理理论的发展阶段而言，可将其划分为古典企业管理理论、现代企业管理理论和当代企业管理理论这样三个阶段。

（1）古典企业管理理论。古典企业管理理论阶段是企业管理理论的最初形成阶段，在这一阶段，侧重于从管理职能、组织方式等方面研究企业的效率问题，对人的心理因素考虑很少或根本不去考虑。其间，在美国、法国、德国分别活跃着具有奠基人地位的管理大师，即"科学管理之父"泰罗（Taylor）、"管理理论之父"亨利·法约尔（Henry Fayol）以及"组织

---

① 陈晓坤、蔡成喜：《企业管理学》，清华大学出版社 2007 年版，第 36 页。

理论之父"马克斯·韦伯（Max Weber）。泰罗重点研究在工厂管理中如何提高效率，提出了科学管理理论，科学管理的中心问题是提高劳动生产率，而科学管理的关键在于变原来的经验工作方法为科学工作方法。为此，泰罗提出了任务管理法和配备"第一流"的工人。法约尔对组织管理进行了系统的研究，提出了管理过程的职能划分理论，他在著作《工业管理与一般管理》中阐述了管理职能的划分，法约尔认为管理的五大职能是计划、组织、指挥、协调和控制。马克斯·韦伯在管理思想方面的主要贡献是在《社会组织和经济组织理论》一书中提出了理想官僚组织体系理论，他认为建立一种高度结构化的、正式的、非人格化的理想的官僚组织体系是提高劳动生产率的最有效形式。

（2）现代企业管理理论。现代企业管理理论阶段主要指行为科学学派及管理理论丛林阶段，行为科学学派阶段主要研究个体行为、团体行为与组织行为，重视研究人的心理、行为等对高效率地实现组织目标的影响作用。行为科学的主要成果有乔治·埃尔顿·梅奥（George Elton Mayo）的人际关系理论、马斯洛（Maslow）的需求层次理论、赫茨伯格（Herzberg）的双因素理论、麦格雷戈（McGregor）的"X理论—Y理论"等。20世纪40年代到80年代，除了行为科学学派得到长足发展以外，许多管理学者都从各自不同的角度发表自己对管理学的见解。这其中主要的代表学派有管理过程学派、管理科学学派、社会系统学派、决策理论学派、系统理论学派、经验主义学派、经理角色学派和权变理论学派等。这些管理学派研究方法众多，管理理论不统一，各个学派都各有自己的代表人物，各有自己的用词意义，各有自己所主张的理论、概念和方法，哈罗德·孔茨（Harold Koontz）称其为管理理论丛林。

（3）当代企业管理理论。进入20世纪70年代后，由于国际环境的剧变，尤其是石油危机对国际环境产生了重要的影响。这时的管理理论以战略管理为主，研究企业组织与环境关系，重点研究企业如何适应充满危机和动荡的环境的不断变化。迈克尔·波特的《竞争战略》把战略管理的理论推向了高峰，他强调通过对产业演进的说明和各种基本产业环境的分析，得出不同的战略决策；20世纪80年代为企业再造时代，该理论的创始人是原美国麻省理工学院教授迈克尔·哈默（Michael Hammer）与詹姆斯·钱皮（James Champy），他们认为企业应以工作流程为中心，重新设计企业的经营、管理及运作方式，进行所谓的"再造工程"。美国企业从 20 世纪 80 年代起开始了大规模的企业重组革命；20 世纪 80 年代末以来，信息化和全球化浪潮迅速席卷全球，消费者的个性化、消费的多元化决定了企业必须适应不断变化的消费者的需要，在全球市场上争得消费者的信任，才有生存和发展的可能。这一时期，管理理论研究主要针对学习型组织而展开。彼得·圣吉（Peter M. Senge）在所著的《第五项修炼》中更是明确指出企业唯一持久的竞争优势源于比竞争对手学得更快更好的能力，学习型组织正是人们从工作中获得生命意义、实现共同愿景和获取竞争优势的组织蓝图。针对西方管理理论缺乏中国人性基因的先天不足问题，中国管理界逐渐开始反思，着重分析应用中国已有的优秀管理思想并形成了论权者谋等管理理论。

（二）企业管理理论对绿色农业管理的指导作用

当今世界中国的农业正在发生着巨大的变化，传统的小农户生产模式在逐渐退出，取而代之是规模化、产业化、集约化的大中型企业逐渐进入农业领域，绿色农业管理为适应这一趋势，也必须走企业化运作的道路。一方面，绿色农业相对于传统农业而言，投资更大，周期更长，自然风险和市场风险更大，单一的农户很难胜任；另一方面，绿色农业是一种高品质的农业，其农产品的价格会高于其他同类型农产品，为了能让广大消费者接受，绿色农产品管理的主要工作就是在保证农产品质量的同时，要通过国内、国际的相关质量认证来不断提高其知名度，这不是普通小农户能顺利完成的。绿色农业发展的过程就是小农户单独耕作的简单农业模式逐渐向企业+农户、大型企业化经营模式转型的过程。绿色农业企业化发展的过程必然要依赖于企业管理的相关知识，在保障绿色农产品质量的前提下，不断提高生产效率，不断提高企业利润，不断使农民增收。

四、农户行为理论与绿色农业管理

（一）农户行为理论

1. 农户行为的内涵

农户即农民家庭，是由血缘组合而成的一种社会组织单位，有着不同于城市家庭的典型特征，农户不仅是一种生活组织更是一种生产组织，农户的行为也不只是个体的行为更是有组织的群体生产行为。农户行为是指农户在农村经济活动和生活中进行的各种选择决策。农户行为体系可分为生产行为和消费行为。农户的生产行为主要包括经营投入行为、种植选择行为、资源利用行为和技术应用行为。农户的消费行为有投资消费行为、经营消费行为、日常消费行为等，这些归根到底都可以看成是经济行为，所以可以从经济学知识来分析农户的行为理论。

2. 农户行为理论的流派

从农户是否符合经济学假设前提——理性人，目前学术界的研究主要分为三派：以美国著名经济学家诺贝尔经济学奖得主西奥多·舒尔茨（Theodore W. Schultz）为代表的形式经济学派；以苏联著名经济学家亚历山大·恰亚诺夫（Alexander Chayanov）为代表的实体经济学派；以加州大学洛杉矶分校的黄宗智为代表的历史学派。

（1）形式经济学派。该学派以舒尔茨的《改造传统农业》为代表作，从研究传统农业的特征入手，沿用西方形式主义经济学关于人的假设，认为小农像企业家一样都是"经济人"①，其生产要素的配置行为符合帕累托最优原则，是最有效率的贫穷的小农经济。舒尔茨引用索尔·塔克斯（Sot Tax）对危地马拉一个小手工业比较发达的村庄的研究材料来论证其观点。塔克斯的研究材料中提到：小农和完全竞争条件下的企业家、商人一样，总是竭力寻求能赚到哪怕只有一个便士的新途径。他们在购买生产或生活资料时，非常注意不同市场上的价格。在生产以前，通常把自己的劳动价值与雇佣工人的工资相比较，然后才行动。所有这些商业活动都可以作为在一个非常发达的倾向于完全竞争的市场条件下，由既是消费单位又是生产单位的居民中所组织的货币经济的特征。在舒尔茨看来小农是一个在传统农业范畴内有进取精神并对资源作出适度运用的人，传统农业贫穷，但是有效的。据此，舒尔茨认为改造传统农业的正确途径是引进先进技术，向小农提供可以合理利用的现代生产要素。后来，波普金进一步论述了舒尔茨的观点，他认为：小农农场最宜于用资本主义的"企业"来比拟描述，

---

① 经济人即假定人思考和行为都是目标理性的，唯一地试图获得的经济好处就是物质性补偿的最大化。

小农是一个在权衡长短利益之后，为追求最大利益而作出合理抉择的人，是理性的小农。

波普金（S. Popkin）1979 年在《理性的小农》中提出中心假设：农户是理性的个人或家庭福利的最大化者，并指明这里的理性意味着，个人根据其偏好和价值观来评估其选择的后果，进而作出能够最大化其期望效用的选择，由于以上两者的观点接近，学术界将其概括为"舒尔茨—波普金命题"。该学派的特点是强调小农的理性动机。按照这一命题，可以想象到的是只要外部条件具备了，农户就会自觉出现"进取精神"，并合理使用和有效配置他们掌握的资源，追求利润最大化。

（2）实体经济学派。该学派产生于 20 世纪 20 年代末，以苏联农业经济学家恰亚诺夫为主要代表人物，他的代表作是《农民经济组织》，该学派的研究视角主要侧重于农业经济结构和家庭经济组织。一方面，从消费意义看，它能满足家庭消费需要，带来享受与愉快，恰亚诺夫称之为"收入正效用"；另一方面，从生产过程看，为获得每一个单位的收入，农户得付出艰辛的劳动，这对他们是一种负担，恰亚诺夫称之为"劳动负效用"。一般地说，随着收入的增加，收入正效用递减，而劳动负效用递增，两者渐渐趋于均衡。农户在权衡收入正效用与劳动负效用之后才决定其劳动投入量，当收入正效用大于劳动负效用时，农民主观评估觉得有利可图，将会追加劳动投入；当收入正效用小于劳动负效用时，尽管继续投入劳动会增加总收入，但要付出更大的劳动代价，忍受更大的劳累，农民主观评估是不合算的，将会减少劳动投入，只有达到均衡点的劳动投入量为最佳。农户对收入正效用与劳动负效用的主观评估主要取决于家庭收入水平。

恰亚诺夫经过长达 30 年的农户跟踪调查得出结论：小农的生产目的是以满足家庭消费为主，在满足家庭消费的时候等同于自给自足的自然经济，追求的是生产上的低风险而并非利益最大化，当家庭需要得到满足以后就缺乏了增加生产投入的动力，因而小农经济是保守的、落后的、非理性的低效率。在此种情况下，小农的最优化选择取决于自身的消费满足于劳动辛苦程度之间的均衡，而并非成本—收益间的比较。相比之下，一个资本主义农场在边际收益低于市场工资时就会停止劳动力的投入，而对小农农场来说，只要家庭消费需要（即指生存需要）没有得到满足时，依然会投入劳动力，不论此时的边际收益是否已经低于市场工资，并且认为小农经济的发展方式具有特殊性，它既非集体化也非市场化，而是小型合作化。在恰亚诺夫的著作问世后的 30 年，K. 波兰尼（Karl Polanyi）等从另一个视角作出了回应，他秉承恰亚诺夫从小农问题的哲学层面和制度维度来分析小农行为，但相比恰亚诺夫则更为尖锐和深刻，他认为在资本主义市场出现之前的社会中，经济行为植根于当时特定的社会关系之中，因而研究这种经济就需要能把经济过程作为社会的制度过程来看待的特殊方法和框架。又过了 20 年之后，美国经济学家詹姆斯·C. 斯科特（James C. Scott）通过细致的案例考察进一步阐释和扩展了波兰尼的逻辑，并提出明确的"道义经济"命题，在《农民的道义经济学：东南亚的反叛与生存》一书中指出，在"安全第一"的生存伦理下，农民追求的不是收入的最大化，而是较低的风险分配与较高的生存保障。随后，作者从东南亚的缅甸和越南农业社会的历史发展轨迹，特别是农民的反叛和起义入手，探究了市场资本主义的兴起对传统农业社会的巨大冲击。作者据此认为，贫困本身并不是农民反叛的原因，农业商品化和官僚国家的发展所催生的租佃和税收制度，侵犯了农民生存的伦理道德和社会公正感，迫使农民铤而走险，奋起反抗。此学派特点是强调坚守小农的生存逻辑，亦称"生存小农"学派。此外，有些学者将"风险厌恶理论"中"风险"与"不确定"条件下的"决策论"运用到农户经济行为研究中。①

（3）历史学派。美国加州大学洛杉矶分校的黄宗智教授于 1985 年提出了自己独特的小农命题——"拐杖逻辑"②，即中国的小农家庭的收入是农业家庭收入加上非农佣工收入，后者是前者的拐杖，其核心是对小农经济的半无产化的定义和刻画，由于过密化现象的普遍存在，使得多余的劳动无法独立成为一个新的阶层，他们依然会继续附着在小农经济之上，不能成为真正意义上的雇佣劳动者。他的小农命题形成于《华北的小农经济与社会变迁》，成熟于《长江三角洲小农家庭与乡村发展》。他在对中国 20 世纪 30 年代至 70 年代的小农经济进行大量调查研究的基础上，提出要分析小农动机与行为，必须将企业行为理论和消费者行为理论结合起来，前者追

---

① 郑杭生、汪雁：《农户经济理论再议》，《学海》2005 年第 3 期。

② 拐杖逻辑是指一个贫农当无法单从家庭农场或单从佣工满足最起码的生活需要，他就只好同时牢牢地抓住农业与家庭手工业、外出务工这两条生计不放，缺一便无法维持家庭生活，这是农户维持生存的"两根拐杖"，"拐杖说"也可以归为打工的"生存说"。

求利润最大化，后者追求效用最大化，他认为中国的农民既不完全是恰亚诺夫式的生计生产者，也不是舒尔茨意义上的利润最大追逐者。他在分析了新中国成立前几个世纪的农业发展后提出了中国农业是"没有发展的增长"和"过密型的商品化"概念，认为20世纪80年代中国农村改革就是一种反过密化的过程。史清华在1999年的论著综述中，基于对黄崇智的总结，对农户研究的学派又做了进一步总结，提出了历史学派这一学说，得到学术界的普遍认可。

（4）其他有关农户行为的理论。郑风田探讨了"道义小农""理性小农"的缺陷，并吸收了西蒙的有限理性假说和新制度经济学派的制度变迁理论，进而提出了小农经济的制度理性假说，认为不同制度下农民的理性有异质性，完全自给自足的制度下，农民的理性是家庭效用最高；在完全商品经济的市场制度下，小农行为追求利润最大化，是理性的"经济人"行为；而在半自给自足的制度下，小农既为家庭生产又为社会生产，此时的农民理性行为具有双重性，不同制度变迁的结果使小农的理性行为也发生变化。

徐勇、邓大才从当今中国农村处于一个社会化程度高、土地均等化、税费全免等制度安排下的现实出发，提出了农户行为理论假说。认为中国农村改革开放以来，出现了两个显著的变化：一是按照人口均分土地，农户基本解决了生存问题；二是社会化程度迅速提高，渗透到了农户生产、生活、交往的各个环节和各个领域。小农约束条件由生存约束转为货币约束，小农经济伦理由"生存"伦理转为"货币"伦理，小农目标由生存、效用最大化转为货币收入最大化。传统经典小农理论对此变化无能为力，因为它们假定小农生存问题没有解决，假定社会化、市场化水平较低。对此，需要提出新的分析框架解释假定条件变化后的小农行为及其动机。认为判断小农动机与行为要因"户"、因"地"、因"时"、因"需求层次"、因"发展阶段"确定，并据此抽象出一个时期大部分小农的行为与动机。

（二）农户行为理论对绿色农业管理的指导作用

中国绿色农业虽然在向企业化、专业化、集约化方向发展，但目前中国绿色农业的主体绝大部分依然还是以农户为主体，而且由于中国农业人口基数庞大，小农户向大型农业企业的转型需要一个相对长的历史过程。

农户作为中国绿色农业运行的最小单位，其行为不是单一往复的运动，而是多种社会、经济行为并存的复杂过程，只有掌握农户社会、经济行为的一般特点，才能对农户行为进行有效的管理，使得农户行为更加符合绿色农业发展方向。传统经济学理论分析了农户生产行为和消费行为的过程，从农户追求利润最大化和产量最大化出发，对农户经济行为的可分性作出归纳，认为市场是分解农户经济行为的关键。大量实证研究表明，农户的社会经济行为有着明显的不可分性的特点，不仅表现在农村居民的生活水平上，同时也表现在推进着中国劳动力向城市转移的进程上。不断研究和分析农户的经济、社会行为将对中国绿色农业发展和绿色农业管理起到十分重要的意义。

第三节　绿色农业组织与管理的基本原则

绿色农业是按照生态学原理和经济学原理，运用现代科学技术成果和现代管理手段以及传统农业的有效经验建立起来的，能获得较高的经济效益、生态效益和社会效益的现代化高效农业。它要求把发展粮食与多种经济作物生产，发展大田种植与林、牧、副、渔业，发展大农业与第二、第三产业结合起来，利用传统农业精华和现代科技成果，通过人工设计生态工程，协调发展与环境之间、资源利用与保护之间的矛盾，形成生态上与经济上两个良性循环，是经济、生态、社会三大效益的统一。为实现高效、高质的目标，绿色农业的生产、经营必须要按照一定的组织原则进行。这些原则不仅是实现目标的前提条件，也是绿色农业组织与管理的重要保证。

一、目标管理原则

（一）目标管理的原理

1. 目标管理的内涵

目标管理亦称"成果管理"，俗称责任制。是指在组织个体职工的积极参与下，自上而下地确定工作目标，并在工作中实行"自我控制"，自下而上地保证目标实现的一种管理办法。① 一方面，管理者应该通过目标对下级进行管理，当组织最高层管理者确定了组织目标后，必须对其进行有效分解，转变成各个部门以及个人的分目标，管理者根据分目标的完成情况对下级进行考核、评价和奖惩。组织的使命和任务，必须转化为目标，如果一个领域没有目标，这个领域的工作必然被忽视。另一方面，管理过程中职责不要分散，不能实行多头领导，造成互相扯皮推诿。机构要互相协调、互相衔接，发挥组织整体功能，使组织内部既有分工，又有合作，协调一致，实现一个共同目标。要确定科学的管理幅度和管理层次，坚持必要的集中统一领导，使领导人指挥决策的实施有效而迅速。要实行分级管理，调动各方面的积极性；坚持政企分工，企业日常的生产经营活动由各具体部门负责。

2. 目标管理的特点

第一，重视人的因素。目标管理是一种参与的、民主的、自我控制的管理制度，也是一种把个人需求与组织目标结合起来的管理制度。在这一制度下，上级与下级的关系是平等、尊重、依赖、支持，下级在承诺目标和被授权之后是自觉、自主和自治的。第二，建立目标锁链与目标体。目标管理通过专门设计的过程，将组织的整体目标逐级分解，转换为各单位、各员工的分目标。从组织目标到经营单位目标，再到部门目标，最后到个人目标。在目标分解过程中，权、责、利三者已经明确，而且相互对称。这些目标方向一致，环环相扣，相互配合，形成协调统一的目标体系。只有每个人员完成了自己的分目标，整个企业的总目标才有完成的希望。第三，重视成果。目标管理以制定目标为起点，以目标完成情况的考核为终结。工作成果是评定目标完成程度的标准，也是人事考核和奖评的依据，成为评价管理工作绩效的唯一标志。至于完成目标的具体过程、途径和方法，上级并不过多干预。所以，在目标管理制度下，监督的成分很少，而控制目标实现的能力却很强。

3. 目标管理的过程

一是明确目标。研究人员和实际工作者早已认识到制定个人目标的重要性。美国马里兰大学的早期研究发现，明确的目标要比只要求人们尽力

---

① 王兆峰:《管理学原理》，中南大学出版社 2007 年版，第 125 页。

去做有更高的业绩，而且高水平的业绩是和高的目标相联系的。人们注意到，在企业中，目标技能的改善会继续提高生产率。然而，目标制定的重要性并不限于企业，而且在公共组织中也是有用的。

二是参与决策。目标管理中的目标不是像传统的目标设定那样，单向由上级给下级规定目标，然后分解成子目标落实到组织的各个层次上，而是用参与的方式决定目标，上级与下级共同参与选择设定各对应层次的目标，即通过上下协商，逐级制定出整体组织目标、经营单位目标、部门目标直至个人目标。因此，MBO 的目标转化过程既是"自上而下"的，又是"自下而上"的。

三是规定时限。目标管理强调时间性，制定的每一个目标都有明确的时间期限要求，如一个季度、一年、五年，或在已知环境下的任何适当期限。在大多数情况下，目标的制定可与年度预算或主要项目的完成期限一致。但结果并非必须如此，这主要是要依实际情况来定。某些目标应该安排在很短的时期内完成，而另一些则要安排在更长的时期内完成。同样，在典型的情况下，组织层次的位置越低，为完成任务而设置的时间往往越短。

四是评价绩效。目标管理寻求不断地将实现目标的进展情况反馈给个人，以便他们能够调整自己的行动。也就是说，下属人员承担为自己设置具体的个人绩效目标的责任并具有同他们的上级领导人一起检查这些目标的责任。因此每个人对他所在部门的贡献就变得非常明确。尤其重要的是，管理人员要努力吸引下属人员对照预先设立的目标来评价业绩，积极参加评价过程，用这种鼓励自我评价和自我发展的方法，鞭策员工对工作的投入，并创造一种激励的环境。

（二）绿色农业目标管理的要求

总体来说，绿色农业的目标管理原则要求绿色农业生产、经营、组织、管理过程中以人与自然的协调发展为核心，以不断提升农产品质量为出发点，以满足人们不断提升的对绿色农产品质量要求为标准，不断提升绿色农业企业组织和管理的效率，实现绿色农产品企业和农户的良好收益。

具体来说，一方面，绿色农业的目标管理要求绿色农业的发展必须在保证农产品质量安全的基础上跟国际接轨，以国际有机农业①作为参考标准，不断提高农产品质量，提升绿色农产品的国际竞争力，顺利实现绿色农业走出去战略；另一方面，中国绿色农业要实现走出去这一宏伟的目标，不能仅仅只靠一句口号，而应该有无数的绿色农业企业、农户以及政府的共同努力，政府积极引导，加大扶持，严格监管。企业积极参与，开拓创新，主动适应国际市场。农户积极配合，充分发挥主观能动性，主动提升绿色农产品质量。最后，政府、企业、农户应定期进行绩效考评，了解自己工作的成效和工作进展，不断总结经验教训，为下一步工作的开展拟订详细的计划。

二、科学规范原则

（一）科学规范的内涵

所谓规范，就是规则和标准。没有规矩不成方圆，没有规范就没有秩序。如果规范、标准缺失，不仅会冲击正常社会秩序，使人们无所适从，乱了分寸，还会影响到社会的发展和生存质量。良好的社会秩序需要人们遵循一定的行为规范，从而调整一系列的利益关系，建立正常的社会关系。在社会活动中，个人与群体的关系、个人与个人之间的关系，实质上是一种利益关系。正确处理人与人及个人与群体的利益关系就需要行为规范发挥协调作用。行为规范是用以调节人际交往，实现社会控制，维持社会秩序的工具，它来自于主体和客体相互作用的交往经验，是人们说话、做事所依据的标准，也就是社会成员都应遵守的行为。现代社会的各种活动都是建立在分工协作的基础上的，随着生产社会化的发展，现代化大生产的分工协作越来越细。没有分工协作，也就没有现代化生产。怎样才能"分工"而不"分家"，"协作"而不"扯皮"呢？这就需要行为规范来确立成员之间的分工协作关系。

---

① 有机农业（Organic Agriculture）是指在生产中完全或基本不用人工合成的肥料、农药、生长调节剂和畜禽饲料添加剂，而采用有机肥满足作物营养需求的种植业，或采用有机饲料满足畜禽营养需求的养殖业。

组织规范是指组织中形成的每个成员自觉遵守的行为标准和准则。组织规范大多是不成文的或约定俗成的非正式的行为准则，这种准则对成员具有较强的约束力，能调节成员的行为。一般来说，组织规范对成员的有效约束力越强，组织凝聚力越强，合力越强；反之，组织规范对成员的约束力越弱或缺乏规范，组织凝聚力越弱，合力越弱。

表 1-2　组织管理规范的范畴及积极与消极规范举例

范　畴	例　证	
	积极规范	消极规范
组织及个人的荣誉	当企业受到不公正批评时，成员们能挺身而出，为企业辩护	成员们对企业的问题漠不关心
绩效/业绩	成员们虽然已经干得相当不错了，但还是精益求精	企业成员们追求最低绩效水平
协调合作/信息交流	成员们乐于听取并接受别人的意见和观点	成员们不是坦率地讨论问题，而是在别人背后窃窃私议
领导/监督	成员们在需要帮助时会提出请求	成员们掩饰问题，回避他们的主管人
同事/同伴关系	成员们不占一起工作的人的便宜	成员间互不关心彼此的福利
消费者/消费者的关系	成员们关心为消费者服务	成员们对消费者态度冷淡，而且有时可能甚至怀有敌意
诚实与安全	成员们关心不诚实和小偷小摸的行为	估计成员们是有些偷窃行为，而且只有必要时才老实
培养和发展	成员们确实关心培训与发展	对培训和发展的议论是不少，可是并没有人真正认真看待
革新与变革	成员们经常寻找工作的办法	成员们总是按老一套办法行事

（二）绿色农业组织与管理中的科学规范原则

党的十八大提出构建新型农业经营体系，即逐步形成以家庭承包经营为基础，专业大户、家庭农场、农民合作社、农业产业化龙头企业为骨干的新型农业发展模式，并进一步指出新型农业经营体系应该具备集约化、专业化、组织化、社会化的特点，绿色农业代表了中国先进农业的发展方向和国际市场的高标准农业的要求，也是未来中国新型农业经营主体的最佳选择。由于绿色农业高质量和高产出双重目标间的矛盾性，很多时候为了追求绿色农产品的质量，就不得不牺牲其产量，这样的结果很有可能就会出现非可持续发展，实现高品质和高效率的双向丰收，不是一件简单的事情。中国的新型农业经营主体为了更好应对绿色农业高质量、高产量的双重压力，一方面，从转型初期就必须开始制定田间种植、精深加工、市场运营等方面的规范化操作标准和流程；另一方面，跨越转型期后，不仅要不断调整相关规范标准和流程，而且还要不断学习和引进更加先进的管理科学与技术，使绿色农产品在保证质量的同时，不断突破产量的限制。

三、分类管理原则

（一）分类管理的内涵

分类管理就是指将事物分门别类，针对不同的分类适用不同的管理方法进行管理。分类的目的是便于管理以及提升管理效率。社会分工也属于分类管理。而具体到个人，其自身的事务分门别类就是一种管理。分类管理有助于更好地利用知识以及更快地得到信息。[1]

分类可以根据不同的目的，按不同的分类标准来进行。如超市商品群分类，就是按不同类别商品在卖场销售中的比重与作用来划分的，其目的是通过经营单位或经营区域的组合，提高卖场整体销售业绩。在大部分超级商品管理中，商品分类一般采用综合分类标准，将所有商品划分成大分类、中分类、小分类和单品四个层次，目的是为了便于管理，提高管理效率。

---

① 刘会亚:《管理学原理》，中国工商出版社 2009 年版，第 116 页。

表 1-3　超市商品分类标准

	大分类	中分类	小分类	单品
分类标准	商品特征	功能与用途、制造方法、商品产地	功能用途、规格包装、商品成分、商品口味、重量	不可再分

（二）分类管理对绿色农业组织与管理的要求

分类管理原则是对绿色农业组织与管理的目标性原则与规范性原则的落实。一方面，要实现中国绿色农业"走出去"以及实现绿色农业企业、农户利润最大化，必须将总目标不断细化成一个个具体的分目标，并派专人负责逐个落实，只有这样才有可能完成总目标；另一方面，绿色农业要实现规范化管理，也必须将绿色农业企业、农户的生产、经营过程分解成各个不同的单元，先实现各个单元规范化管理，再实现整个企业的系统性规范化管理。

绿色农业分类管理要求企业不断提高专业人员的工作效率，既要保留企业中传统等级制度的优势，又要认可人才更为重要的价值，让这些富有想法、思路创新的人才积极与同事合作，创造更新更高效的管理模式来优化组织结构，降低组织内部互动的复杂程度，提高内部协同工作的质量。绿色农业分类管理要求农户在生产绿色农产品过程中，要不断实践不同绿色农产品在当地的经济效益，不断实践同种类型农产品的不同型号种子对土壤的适应程度，农作物对不同种类肥料吸收程度，以及各种生物或者物理的方法对害虫的作用效果等，从而找到合适当地的一套绿色农业种植模式。绿色农业分类管理还要求企业和农户不断学习新的知识和技术，借助网络等现代新型通信工具，了解消费者对绿色农产品的消费需求的分类变化情况。

四、过渡转型原则

（一）过渡转型的内涵

过渡转型是指事物由一个阶段或一种状态逐渐发展变化而转入另一个

阶段或另一种状态的过程。不同转型主体的状态及对客观环境的适应程度，决定了转型内容和方向的多样性。转型是主动求新求变的过程，是一个创新的过程。传统农业向绿色农业的过渡与转型也是农业产业转型升级，即向更有利于经济、社会发展方向转型升级。产业转型升级必须依赖于政府行政法规的指导以及资金、政策支持，需要把产业转型升级与职工培训、再就业结合起来，从低附加值向高附加值升级，从高能耗高污染向低能耗低污染升级，从粗放型向集约型升级。

事实上，产业结构转型升级中的"转型"，其核心是转变经济增长的"类型"，即把高投入、高消耗、高污染、低产出、低质量、低效益转为低投入、低消耗、低污染、高产出、高质量、高效益，把粗放型转为集约型，而不是单纯的转行业。转行业与转型之间没有必然联系，转了行业未必就能转型，要转型未必就要转行业。产业结构转型升级中的"升级"，既包括产业之间的升级，如在整个产业结构中由第一产业占优势比重逐级向第二、第三产业占优势比重演进；也包括产业内的升级，即某一产业内部的加工和再加工程度逐步向纵深化发展，实现技术集约化，不断提高生产效率。只有正确理解产业结构转型升级的这些内涵，才能在实践中避免出现偏差。

目前，中国许多地方都在大力推进农业产业结构转型升级并取得了积极进展，但也存在一些误区，如一些地方认为转型升级就是淘汰传统的农业转而发展新兴工业，因而一哄而上去追逐新兴工业①。发展新兴产业当然是产业结构转型升级的重要途径，但不是唯一途径。

（二）过渡转型对绿色农业组织与管理的要求

1. 从"朝阳产业"向"战略产业"转型

绿色农业是朝阳产业，代表农业未来发展的趋势，具有强大的生命力，虽然市场前景广阔，但由于其投资大、周期长、不确定因素多等特点，风险依然十分巨大，如果技术、自然、市场风险无法得到有效的规避，就会误入陷阱，使投资血本无归。当人们说某一个产业是战略产业时，实质是

---

①　新兴工业相对于传统工业而言，指随当代科技进步而迅速发展起来的富有生命力的工业部门。

说该产业不是从个人、企业、地方或部门的局部利益出发，而是从国家整体利益出发，有条件要上，没有条件创造条件也要上的产业。这类产业的存亡，不仅关系到利润，而且关系到国家的安危，关系到国家在世界经济政治乃至军事事务中的战略行动能力，所有绿色农业要实现从朝阳产业向战略产业过渡，政府必须给予更多的政策支持，绿色农业企业必须要不断开拓创新，农户必须要积极适应。

2. 从"跳跃式发展"向"可持续发展"转型

长期以来，在追求经济高速增长的背景下，中国到处可见跳跃式发展的提法，也似乎中国的一切都在跳跃式发展，但由于管控能力难以扩张，带来了中国各行业都存在抵抗风险能力差的特点，尤其以农业更为严重，一遇到"风吹草动"就可能走向衰败。过渡性发展原则要求现阶段中国的绿色农业要追求从"跳跃式发展"的思路转向追求"可持续发展"转变，先打好基础，再追求成长速度与成长质量。

3. 从"低成本战略"向"差异化战略"转型

长期以来，中国由于劳动力成本优势，在国际农产品市场竞争中取得一席之地，但伴随着中国经济社会的发展，劳动力成本优势逐渐消失，农村劳动力的大量外流，已严重威胁到了中国粮食安全。绿色农业是高端农业，现阶段不仅中国的劳动力数量难以满足其需求，而且劳动力素质相对低下。新形势下，绿色农业发展必须根据市场供求状况和发展趋势，结合地方特点，因地制宜采取差异化战略，最大限度发挥地方性绿色农业的优势，取得国际、国内市场竞争的一席之地。

4. 从"弱、小、散"向"高集中"转型

改革开放以来，家庭联产责任承包制为解决中国农民的温饱问题作出了巨大的贡献，但传统的"弱、小、散"的小农户生产、经营模式已经不适应现阶段的经济的发展形势，严重阻碍了中国农产品质量的提高，进而严重影响到中国农产品的国际竞争力。绿色农业是从传统农业发展起来的一种低投入、高效率、高质量的农业，传统的"弱、小、散"小农户经营模式由于生产、经营分散，缺乏规模生产优势，缺乏专业技术人才对生产、经营过程进行有效控制，很难实现绿色农业低投、高产、高质的目标，必须向专业化、集约化、产业化的"高集中"企业化经营转型。

第四节　绿色农业组织与管理的核心理念

随着经济全球化步伐的加快，国内外消费者对农产品提出了更高的要求。高效的绿色农业组织与管理不仅是顺利实现绿色农业产业化经营和绿色农业国际营销贸易的重要保证，也是实现中国绿色农业可持续发展的基本条件。现阶段绿色农业要实现高效的组织与管理必须要贯彻绿色农业组织与管理的理念。

一、追求卓越的理念

（一）追求卓越的内涵

在绿色农业组织与管理当中，最主要的一个理念就是追求卓越。在中国文化史上有人把追求某种产品质量当成比自己的生命更重要的事来看待，中国古代的干将、莫邪用自己的生命去铸剑。而且中国古代有一种匠人精神：一是把自己生产的东西当作生命一样重要；二是当匠人对某种东西特别重视的时候，他就把这个东西当作宝贝，在某些情况下宁可不卖高价，而更愿意把这个东西送给跟自己同样通晓它的人。

组织与管理当中追求卓越和追求完美主义是不一样的东西。完美主义它有可能对所有人的做法进行挑剔，它用一种完美的眼光来衡量所有的东西；而追求卓越是一个主观的态度，就是只对自己要求去不断创新。完美主义不仅自己要做好，而且还要求别人都要做好，而追求卓越就是想办法自己把它做得更好，这是一个很大的区别。完美主义有时候做到最后就变得没办法跟人家沟通，但是追求卓越它可能是希望别人做得更好，但是与别人之间不会发生障碍，这是很重要的一个理念。

中国农产品国际贸易市场频频受挫，不完全是国际市场有意识排斥中国，而是因为中国一定程度上失去了追求卓越、精益求精的精神，凡事觉得差不多就行了，致使本来优秀的产品慢慢都退化了。中国绿色农业组织与管理中追求卓越不仅是企业的事，也包括农户、政府等都要追求卓越。

追求卓越的理念对于提高绿色农产品质量，提升绿色农业组织管理效率具有非常重要的意义。

（二）绿色农业组织管理追求卓越的主要方式

1. 亲近消费者

处于中国农业最高端、最前沿的绿色农业，为了能更好地了解国内、国际市场消费者需求的动态变化过程，必须努力用各种方式不间断地亲近消费者。一方面，绿色农产品营销人员应该直接面对消费者提出有关问题，通过提问的形式激发消费者的注意力和兴趣点，进而顺利和他们洽谈；另一方面，绿色农产品营销人员应充分利用消费者好为人师的心理，虚心向消费者请教；最后，绿色农产品营销人员应把绿色农产品给消费者带来的利益放在第一位，把顾客购买绿色农产品能获得利益真实地告诉他们，引发顾客兴趣，增强购买欲望，这种迎合了大多数顾客求利心态的利益接近法是一种十分有效的方法。

2. 自主创新

绿色农业的自主创新是相对于引进、模仿的新技术发明、新工艺流程、新管理方法的创造活动，是指通过拥有独特的技术、工艺、管理以及在此基础上实现绿色农产品价值的过程。创新所需的技术、工艺、管理来源于组织内部突破，摆脱引进、模仿对外部环境的依赖，依靠自身力量，通过独立的研究开发活动而获得的，其本质就是牢牢把握创新核心环节的主动权，掌握核心技术、工艺、管理的所有权。绿色农产品自主创新包括原始创新、集成创新和引进技术再创新等方式。

3. 以人促产

企业管理的部分理论认为，在企业的众多投入要素中资本是最有效率的，其他要素是相对缺乏效率的，这一理论是不适应绿色农业发展的。绿色农业作为劳动密集型产业，不论是管理者还是普通员工，都是提高产品质量和劳动效率的源泉。所以绿色农业要求其企业必须协调好劳资关系，重视人在生产过程中的作用，多种途径激励农户、员工，提高效率，实现以人促产。

二、提高农民组织化程度的理念

（一）农民组织化

农民组织化是组织主体依据一定的原则，采取不同方式将生产经营规模狭小、经营分散、经济实力较弱、科技水平滞后等传统的农民转变为有组织进入市场与社会并且能够获得与其他阶层同等待遇的现代农民的过程。一方面，农民组织化是一定的组织主体从事农业生产与经营活动的状态；另一方面，农民组织化是在一定原则指导下进行的组织创新；最后，农民组织化是农民争取与其他阶层同等待遇的一场经济社会革命。

农民组织化程度已经成为西方国家农业现代化水平的一个重要标志。而在中国，一是农民从事生产与经营呈现出分散化、低效率，现代农业科技成果并未大面积地用于农产品生产、包装、仓储、加工、运输和销售中；二是农业产业化经营中的龙头企业起到了连接大市场与农民的作用，但是总体而言，尚未形成与农民利益共享、风险共担的机制，未能向农民提供及时、廉价、有效的农业社会化服务；三是农业技术服务部门、农业银行、农业教育部门由于来自自身运行机制和外部环境的压力较大，尽管政府经济技术部门在提高农民组织化程度方面发挥了重要作用，但是在引导农民拓展更大的农业生产资料和农产品市场领域仍有"政府失灵"现象的发生。特别是行业分割、贸工农脱节、产加销分离的农业管理体制已严重不适应农业产业结构调整。在众多因素的制约下，中国农业的专业化、区域化、社会化水平较低，使得中国的农民组织化程度低下，这一现实情况严重影响并将持续影响农民收入的持续性增加。

农民组织化生产与经营的提高也要有所差异，这与企业以营利最大化为目的的价值取向有着直接的关系。企业在市场上面临的激烈竞争传导到农民生产策略选择的结果使农民愿意为获得更高收益而提高组织化程度。特别是当购买农业生产资料成本在农业总成本中所占比重较高或者农产品销售渠道不畅时，农民将更加急切地表现出参与组织的偏好。农民组织化不仅有利于农民增加农业收入，也有利于农民在非农产业中增加收益，更有利于农民争得与其他阶层同等的待遇。

（二）绿色农业实现组织化的主要模式

绿色农业组织与管理过程中农民组织化的形成必须考虑三个因素：其一，从家庭联产承包经营制与地区农业生产特征来解决绿色农业生产者的激励问题，这是中国绿色农业发展的必备前提，是提高农民组织化程度的最基础性保障。其二，提升农民组织化程度既要考虑传统意义上的农民组织对生产与流通的限制，又要考虑在现代化经济条件下，新型农民组织的生产经营理念与传统农民之间的衔接问题。其三，中国地缘辽阔，不同区域间经济社会条件不同，农业和农村经济发展的基础千差万别，在绿色农业组织化程度提升上，必须考虑到各地的差异性，赋予农民充分的自主选择权。目前而言大致有以下几种模式可供选择。

1. 产业化经营带动模式

绿色农业产业化经营是中国的独创，它既与国外的农工商一体化经营方式有相似之处，也有其自身鲜明的特点。为适应社会化大生产和市场组织化程度提高的要求，龙头企业需要组织起来的农户，农户也需要组织起来与龙头企业对接，这为绿色农业实现组织化提供了良好的发展机会。在"公司＋农户"这一产业化经营基本模式的基础上，已经衍生出"公司＋基地＋农户""公司＋中介组织＋农户""专业市场＋农户"等不同类型的绿色农业组织化模式。这些模式与中国农业基本经营制度相衔接，具有旺盛的生命力，农业产业化经营带动模式是中国绿色农业农民组织化的重要选择。

2. 农民专业合作社模式

农民专业合作社是在农村家庭承包经营基础上，同类农产品的生产经营者或者同类农业生产经营服务的提供者、利用者，通过自愿联合、民主管理的方式成立互助性绿色农业经济组织，也是现阶段农民经济组织的主流形式。农民专业合作社以其成员为主要服务对象，提供农业生产资料的购买，农产品的销售、加工、运输、贮藏以及与农业生产经营有关的技术、信息等服务。经过多年的发展，中国农民专业合作社已经具备了一定的数量规模，并表现出不同类型、类别和专业分工的组织形态。可以预见，未来一个时期农民专业合作社的发展壮大将得到较大的发展，各种类型的农民专业合作社将大大提高中国绿色农业的组织化程度。

3. 现代公司制企业模式

公司制企业是现代市场经济中的基本主体，也将是中国绿色农业经营、管理的主体，公司制企业以资本作为运营与分配利润的核心，通过自愿入股的形式，把分散经营的农民组织起来，形成新型的农业企业或企业集团，在追求自身利益最大化的同时，提高了农民的组织化程度。企业化经营也是当今发达国家农民组织发展的一种基本趋向。目前，在中国很多农村地区，特别是东部经济发达地区，公司制企业成为农村经济发展的主导力量。随着中国市场经济体制的完善，公司制在农村经济发展中的作用将日益凸显，对绿色农业组织化程度的提高将发挥重要的带动的作用。

4. 传统农村合作组织的改造转型模式

在计划经济体制下，中国存在独立的农村供销、信用合作系统。这两类组织系统尽管冠以"农村"与"合作"字样，但实践中，既很难以为农民服务为根本宗旨，农民也似乎从来没有将其当作自己的组织。在新形势下，借助于这类组织的组织网络、人力资本、信息传导等资源要素，按照市场经济的原则，通过新型农民专业合作经济组织来融合改造这类组织资源，也是提升中国绿色农业农民组织化程度的另一可能选择。

5. 社区性集体经济组织化模式

现阶段中国农村还存在数量众多、规模不一的社区性集体经济组织。一些地方依靠强大的财力扶持村社经济，通过先期的"输血"，焕发集体经济的活力，进而通过兴办集体企业①，变"输血"为"造血"，再建新型的社区集体经济；社区性集体经济组织在一些地区和特定条件下还具有生命力，以发展社区性集体经济组织提高农民组织化程度也是绿色农业组织化模式的可能途径之一。

6. 生产服务的组织化模式

中国农户经营规模小，通过土地经营规模扩张，组织化程度提高获取规模效应的空间有限。但在具体的生产环节上，通过组织化的方式提供社会化服务，获取农业生产的规模效益，不仅具有理论上的可行性，而且也

---

① 集体所有制企业（简称"集体企业"）是指财产属于劳动群众集体所有、实行共同劳动、在分配方式上以按劳分配为主体的社会主义经济组织，并按《中华人民共和国企业法人登记管理条例》规定登记注册的经济组织。

为实践探索所证明。随着农村劳动力向城镇和非农产业转移步伐的加快，农业特别是绿色农业生产的劳动力成本必然呈上升趋势，类似农机跨区作业这样的组织化提供生产服务的模式具有广阔的发展空间。这种模式克服了日、韩农业资源规模狭小，农业机械利用不足，生产成本高昂的局限，是在中国家庭承包经营基础上的重大制度创新。

三、推动农村民主化管理的理念

（一）农村民主化对绿色农业组织与管理的意义

中国不仅是农业大国，更是农业人口大国，中国农业人口很难在短期内有大幅下降。改革开放以来，中国实行家庭联产责任承包制使得绝大部分土地使用权分散在农民手中，中国要大力发展绿色农业，主角依然是农民这一现实状况很难在短期内改变。中国的绿色农业发展离不开农民，只有农民真正参与其中，充分发挥主观能动性并积极适应绿色农业的生产标准，中国才能大面积实现农业的绿色化发展，提升中国绿色农产品的国际竞争力，推动中国绿色农业走向国际化。近年来，中国的农民文化素质普遍有了大幅提高，通过外出打工让他们学到新的经营管理理念，政府部门的农民培训提高了农民的种、养技能，中国的新型农民有能力也有欲望加入中国绿色农业的生产、经营体系中。

在众多农民加入绿色农业组织的方式中，农村民主化是最为有效的方式之一。一方面，农村民主化管理让农民有更多的自主权，能更大程度发挥农民的生产积极性和创造性；另一方面，农村民主化能让农民更充分地学习和了解绿色农业的发展理念、发展思路、发展方式等，使他们中的部分人能够从生产环节解放出来，更多参与到绿色农业的组织、经营、管理过程中来，获得更多收益。

（二）推进农村民主化的主要途径

1. 群众议事

群众议事是指在充分表达个人意愿的基础上，体现农民群众的发言权和参与权。发展绿色农业需要有充满活力的村民自治机制，让农民享有一定的知情权和参与权。推进民主化管理的进程中，让农民对本村绿色农业发展的特点、组织与管理过程享有充分的知情权和参与权。这不能搞传统的老套路，仅仅走走形式，必须想方设法打消农民的顾虑，放下包袱，让他们把想说的话说出来，真正了解村民对绿色农业发展的态度和想法。

2. 群众管事

群众管事要求在引导农民参与绿色农业生产、经营决策过程中，正确行使监督权和管理权。绿色农业发展把农村民主管理的要求同农村实际利益紧密结合起来，顺应了农村民主管理的新形势，让农民也参与监督和管理，并把其监督权和管理权落到实处，使绿色农业发展体现了民意，集中了民智，激发了民力，增强了农民的主人翁意识。具体来说，一是让农民相互监督各自绿色农业生产流程、标准；二是让部分有能力的新型农民代表集体负责对种子、肥料等绿色农业发展关键项目进行统一采购、降低生产成本。走出一条农民、农村、小集体独立管理的绿色农业发展新路，推进农户与绿色农业企业顺利对接。

3. 群众谋事

群众谋事是指在农村绿色农业发展过程中，让农民充分享有发展权。发展绿色农业在农村的一个主要目的是为了更快建设好生产发展、生活宽裕、乡风文明、村容整洁、管理民主的新农村。农村绿色农业发展的主体是农民，新农村建设的主体还是农民，自然利益受众者也是农民，所有在解决绿色农业如何使农村更快实现新农村建设的问题上，他们应该更多参与其中，提出宝贵意见。

第二章 绿色农业组织与管理系统分析

随着系统科学的不断发展，系统分析逐渐成为一种重要的分析方法，在绿色农业组织与管理等诸多领域中发挥着日益重要的作用。系统分析最早是由美国兰德公司提出的一套对复合确定目标的不同方案从费用和效果两个方面进行评价的方法，这种分析方法把要解决的问题作为一个系统，对系统要素进行综合分析，最终找出解决问题的可行方案。本章从绿色农业组织与管理系统的内涵与特征入手，着重分析了绿色农业组织与管理系统逻辑、系统决策。其主要内容包括绿色农业组织与管理系统的类型、形式，绿色农业组织与管理系统结构分析、目标分析、环境分析，绿色农业组织与管理系决策类型、决策方法，绿色农业组织与管理系统分析技术等。

第一节 绿色农业组织与管理系统的特征分析

绿色农业的组织与管理是一项巨大的系统工程，因此，有必要通过开展绿色农业组织与管理系统分析来促进绿色农业科学发展。

一、绿色农业组织与管理系统的内涵

（一）系统和系统思想

系统是由两个或两个以上相互联系、相互依赖、相互制约、相互作用

的元素（事物或过程）组成的，且有某种特定功能，朝着某个特定目标运动发展的有机整体（组合）。韦氏大辞典解释为："有组织的或被组织化的整体；结合着的整体所形成的各种概念和原理的综合，由有规则的相互作用，相互依存的形式织成的诸要素集合等等。"钱学森教授认为，系统是"由相互作用和相互依赖的若干组成部分结合而成的具有特定功能的整体，而且这个'系统'本身又是它所从属的一个更大系统的组成部分"①。

系统思想并不是新鲜的事物，在世界文明史上曾有过很多著名的系统管理思想实例，但是真正使得系统管理成为一门科学的，却是近代的事。关于系统的研究奠定了系统科学的基础，在系统科学的指导下，系统思想逐步理论化并且逐步产生了诸多学科分支，在各个学科领域中指导着研究实践。系统思维就是把认识对象作为一个有机系统，从系统和要素、要素和要素、系统和环境的相互联系、相互作用中综合地考察认识对象的一种思维方法。系统思维以系统论为思维基本模式和思维形态，它不同于创造思维或形象思维等本能思维形态，它能极大地简化人们对事物的认知程序，从而使人们获得对事物的整体认识。

（二）系统工程及其管理

系统工程是把自然科学和社会科学的某些思想、理论、方法、策略和手段等根据总体协调的需要有机地联系起来，把人们的生产、科研、经济和社会活动有效组织起来，运用定性和定量分析相结合的方法，利用计算机等技术工具对系统的构成要素、组织结构、信息交换和反馈控制等功能进行分析、设计、制造和服务。从而达到最优设计、最优控制和最优管理的目的，以便充分地发挥人力、物力和信息的潜力，通过各种组织管理技术，是局部和整体之间的关系协调配合，以实现系统的综合最优化。钱学森指出："系统工程是一门组织管理技术，是组织管理系统的规划、研究、设计、制造、试验和使用的科学方法，是一种对所有系统都具有普遍意义的方法。"②系统工程是运用现代系统理论和方法，定性和定量相结合地研究系统的开发、组织、管理和评价等问题，使系统更好地实现预期目标的

---

① 钱学森：《论系统工程》（新世纪版），上海交通大学出版社 2007 年版，第 37 页。
② 钱学森：《论系统工程》（新世纪版），上海交通大学出版社 2007 年版，第 5 页。

工程技术。

虽然系统科学理论产生于 20 世纪初，但是在人类辉煌的文明史中，运用系统工程管理的思想解决实际问题的例子有很多，如中国古代的丁渭造宫和都江堰水利工程、古埃及的金字塔工程、现代的美国的阿波罗登月工程等等，都体现了系统工程管理的巨大力量。总结来说，系统工程管理就是坚持整体观念、统筹兼顾，运用有关优化分析方法，实现系统整体功能的提高。

（三）绿色农业的组织与管理系统

农业生产是一项复杂的工作，直观的是农业生产者的辛勤劳作，而更重要的是农业生产者的生产经验，这些经验包括对农业生产所涉及的土地、水、气象气候条件等各方面天时地利的综合把握。在农业生产方式落后的传统农业阶段，风调雨顺成为农业生产者甚至全国人民最美好的期盼，虽然现代农业科技的进步为农业生产带来了诸多改进，但是这种对农业生产各要素良好组合的期望到现在仍然是农业生产者的夙愿。特别是在绿色农业的发展过程中，不仅仅需要对农业生产的自然要素，如水热光气土等有要求，而更多的是强调这些自然要素如何有序配置和合理组合以实现绿色农业的"两低一高"的绿色生产目标，而这就需要强调人的因素，如何实现绿色农业的组织与管理关乎绿色农业的发展水平和未来。

绿色农业的组织和管理是对参与绿色农业生产产前、产中、产后各环节的生产要素进行配置以实现绿色农业产出优化的活动，这就表明绿色农业组织与管理的对象的广泛性，既包含一切参与绿色农业生产的要素和力量，如土地、水等基础自然资源，也包括如农业企业、农户、农业合作组织等人和组织。绿色农业组织与管理既包含传统意义上的组织结构和机构的功能，又包含对农业生产资源的合理规划、优化配置。绿色农业组织与管理系统就是在整体观、系统观指导下，运用系统工程理论对参与绿色农业生产的自然要素如土地、水，社会经济因素如资本、劳动力、政策，以及生产技术如化肥、农药、农机等进行综合管理，以实现并优化绿色农业发展的目标而进行的整体性的组织与管理体系。

二、绿色农业组织与管理系统的特征

(一) 系统的一般特点

1. 整体性

系统的整体性指的是系统整体是由部分所构成，且具有各组成部分自身独立存在时所不具有的性质。系统的整体性包含着两层意思：第一，系统整体由部分构成，整体是包含部分的整体；第二，系统整体并不是部分的简单加总，而是按照一定的机制形成的组合，整体的功能大于部分之和。系统的整体性具有独立性，整体是独立物，部分只是这个统一的环节，但是整体性也是相对的，在系统整体之中，部分也同样是独立物，每一个部分在其独立性中都完全是相对于他物的东西。部分只有在整体中才具有独立性，但整体同时又具有不同于部分的独立性。因此，整体和部分是互为条件的。整体中部分的内在的、必然的、互为条件的联系，构成一个有机的系统。

2. 关联性

系统是由系统内各元素构成的整体，但是系统元素构成系统整体并不是杂乱无章的，系统的关联性既表现在系统内各元素之间相互联系构成一个整体，也包含系统与系统之间、系统与系统外要素的联系。系统内要素之间的联系构成了系统的运行机制，形成了系统的结构，系统和外部的信息、物质流等输入、输出交换则构成了系统的存在性。

系统的关联性决定了系统运行的稳定性和系统整体的功能。系统的内部联系表现为系统要素的配置，系统要素有序构造形成的系统稳态能够使得系统各要素正常运行发挥出系统整体的功能，否则系统便出现失衡等问题。同样，系统整体与外部的关联性决定了系统运行的效率和方向，只有系统和外部环境输入、输出流有序进行，系统和周围环境才会和谐共生，否则便会造成物质流、信息流等的扰动。系统的正常运行离不开内部元素和外部环境的合理构造和有序关联。

3. 层次性

系统的整体性和关联性蕴涵着系统的层次性。由于组成系统的诸要素的种种差异使系统组织在地位与作用、结构与功能上表现出等级秩序性，形成了具有质的差异的系统等级，层次概念就反映了这种有质的差异的不同系统等级或系统中的等级差异性。系统的整体和部分的关系决定了系统高于部分，但是部分内部也是有更小的元素所构成的子系统，一方面，这一系统是上一级系统的子系统，即要素，而这个上一级系统又只是更大系统的要素；另一方面，这一系统的要素却又是由低一层的要素组成的系统。正是这种部分、元素之间的关联性形成了系统的层次性。这种层次性即表现在逻辑上由下到上、由简单到复杂的系统构造，也表现在时空域上的系统的广度和深度。

系统的不同层次，往往发挥着不同层次的系统功能，并且与层次的结合强度有关，也与层次的结构有关，结合强度反映的是相互作用即系统组织的内容，层次结构反映的是组织方式即组织结构的形式。[1] 一般而言，低层次系统的要素之间具有较大的结合强度，而高层次系统的要素之间的结合强度则要小一些，随着层次的升高，结合强度也就越来越小。系统具有层次性，系统的层次又是相对的，这就意味着，任何一个系统都具有双重功能。一方面，它需要该系统中的要素联系起来，形成一个协同整合的统一系统，也只有这样，才称其为系统；另一方面，它又是更大系统的子系统，它在这个大系统中起着要素的作用，构成了这个更大系统的基础。

（二）绿色农业组织与管理系统的特征

绿色农业组织与管理系统具有一般系统所有的特征，还由于绿色农业的特殊性而具备不同于一般系统的特征。

1. 目的性

绿色农业组织与管理系统的存在是为了实现绿色农业发展的目标，这使得绿色农业组织与管理系统带有很强的目的性。这既表现在对系统目标的实现上，也表现在绿色农业的功能上。绿色农业组织与管理系统的目的性基于绿色农业的绿色发展目标。绿色农业所主张的"两高一低"对其生产过程和环节有着很高的要求，这就决定了绿色农业的组织和管理系统要以实现绿色的基本目标而发挥功能。

---

① 魏宏森、曾国屏：《试论系统的层次性原理》，《系统辩证学学报》1995 年第 1 期。

2. 开放性

绿色农业组织管理系统的开放性是指系统具有不断地与外界环境进行物质、能量、信息交换的性质和功能。系统向环境开放是系统得以向上发展的前提，也是系统得以稳定存在的条件。系统的开放性是系统自组织演化的前提条件之一。实际上，系统的开放与系统的远离平衡是一个问题的两个方面，系统远离平衡离不开系统的充分开放。完全不开放的系统，也就是封闭系统，由于与外界缺乏物质、能量的交换，没有负熵流进入系统，根据热力学第二定律，系统的熵将逐渐增大，直到走向热寂（平衡态）。而开放性系统中，系统不断地与外界（环境）进行物质、能量的交换，系统不断地有负熵流流入，当流入的负熵流大于系统自身演化所产生的负熵的情况下，则系统总的熵的变化减小，系统产生自组织，向有序化方向演化。系统向环境开放，使得内因和外因联系起来，才有了内因和外因之间的辩证关系。对于事物的发展变化，对于一个系统的发展变化，内因是变化的依据，外因是变化的条件，外因通过内因起作用。为使外因通过内因起作用，就需要系统与环境之间、内因与外因之间发生相互联系和相互作用。一个封闭的系统，系统与环境之间是没有任何联系的，内因与外因是不可能发生任何联系的，但是开放的系统可以使内因和外因发生相互作用、相互转化，引起系统发生质量互变。最初是系统从环境引入某种量的变化，发生某种量的变化，通过进一步地发展，终于发生了质的变化，量变转化为质变，进而又开始了新的量变。

3. 可控性与不可控性

农业不同于其他产业最大的差异在于参与农业生产过程中有着诸多非人为可控的自然要素参与，地理条件、气象条件等作为农业生产的重要基础具有很强的随机性，目前为止人类还无法控制农业生产过程中的降雨、温度、湿度等条件。绿色农业组织管理系统的目的是对参与绿色农业生产的各要素进行优化配置，但是这种组织和管理是有限的，绿色农业组织与管理对人类可控的部分进行组织及优化，而对于不可控要素只能尽力认清其影响，遵循其运行规律。

三、绿色农业组织与管理系统的类型

绿色农业组织与管理系统是一个由人和自然等组成的复杂系统，按照不同的划分标准可以分为不同的系统类型。

（一）按照系统内容划分为自然系统、人工系统及自然—人工复合系统

自然系统是由自然物质组成的、自然过程产生的系统，如海洋系统、山地系统等；人造系统则是人们将有关元素，为了达到某种目的组合成的系统，如经济系统、工程系统等；复合系统是由人造系统和自然系统复合而成的，既有人造系统的特性，又有自然系统的特性，如农田生态系统、气象预报系统等。

（二）按照层次划分为国民经济系统、农业经济系统、农业生态系统

农业系统是一个巨大而复杂的多层次系统，绿色农业更是一个农业和生态、经济复合的复杂系统，在这个复杂的复合系统中，从生态视角看有生态系统、群落、种群、有机体、组织、细胞和细胞内含物等层次。作为农业经济系统又可从农业生产部门结构、农业生产力结构、农业生产关系结构等不同方面分别进行研究。此外，由于农业系统存在于特定空间之中，便可以按农业系统在空间上的分布将其划分为全球、大洲、国家、全国性大地区、省一级区、省二级区等多种层次。绿色农业的结构中，在第一个层次可以把绿色农业区分为种植业、林业、牧业、渔业和副业。第二个层次上，以种植业为例又可分为粮食作物、经济作物。第三个层次，以经济作物为例，又可分为棉、油、麻、糖、菜、药等。

（三）按照系统形态划分为实体系统与概念系统

以实物为构成要素的系统称之为实体系统。以概念、原理、方法、制度、程序等概念性的、非物质所构成的系统称为概念系统，如数学中的空间几何公理系统。在实际生活中，实体系统和概念系统在多数情况下是结

合的，实体系统是概念系统的物质基础，而概念系统是实体系统的抽象，并可指导实体系统的行为。

（四）按照系统运行物质流划分为动态系统与静态系统

动态系统是一个不断发生物质和能量流动、转移的系统，系统处于不断的运动变化之中，这类系统通过内部各子系统的不断调整来适应环境的变化，并谋求发展。这里的动态和静态也是一个相对的概念，绿色农业本身就是一个动态的复合系统，绿色农业组织与管理中也存在着静态的系统，在某个时间维度内不会发生明显的变化，相对来说是静态的系统。

（五）按照系统与环境的关系划分为封闭系统与开放系统

封闭系统是指系统与环境之间没有物质、能量和信息的交换，由系统的界限与环境隔开，因而呈现一种封闭状态的系统。这类系统要能存在，要求系统内部的各子系统及其相互之间存在均衡关系，以保持系统的持续运行。开放系统是持续地与周围环境产生物质、能量、信息的输入和输出联系，通过物质信息流完成系统之间的交换。

四、绿色农业组织与管理系统的形式

绿色农业的发展离不开科学的组织和管理。绿色农业的组织与管理包含有形的组织和无形的组织等多层次、多形式的组织管理体系。

（一）有形的组织管理系统

绿色农业作为一种生产活动，遵循着一定的规律，离不开合理的规划。有形的绿色农业组织与管理系统是基于绿色农业的发展目标而设置的，促进绿色农业资源合理有效配置，充分发挥绿色农业的多功能效应而进行的机构设置。这种系统以组织绿色农业生产和管理绿色农业实践活动为主要责任，包括农业生产组织、生产规划、产业促进等部门。

1. 政府管理部门

政府管理机构作为绿色农业发展的重要支持力量，特别是涉及农业部门、财政部门、水利部门等与农业发展息息相关的机构，在绿色农业发展过程中发挥着重要的作用。政府作为政策制定和执行机构，能够从政策层面对绿色农业的发展进行方向性的规划和指导。政府机构对绿色农业的发展规划、财政政策等对绿色农业的效率有重大影响，甚至决定着绿色农业的发展水平。

2. 农业合作组织

随着农业产业化的推进，农业合作组织在农业生产中的作用越来越大，农业生产方式的改善、农业生产力的提高、绿色农业的生产效率提升都和农业协作组织的发展程度有着密切联系。农业合作组织作为农业生产者自发的合作性组织，在绿色农业的发展中充当着生产服务、市场中介、信息提供、技术指导等多种角色，提供多功能支持。这些服务和支持一方面直接进行绿色农业的生产，另一方面也不断完善绿色农业的生产经验和实践水平。

3. 农户家庭

家庭生产作为中国实行自家庭承包经营责任制以来的重要经营方式，即使在农业合作化取得巨大发展的今天，仍然是中国农业经营的基本组织形式。家庭作为绿色农业的经营主体和中国农村家庭结构有着分不开的联系，在解决劳动激励和产品分配方面有着很大的便利性。中央一号文件也将家庭经营作为农业生产主体，发展家庭农场作为农业发展方向。农户家庭作为农业的直接生产者，在农业生产方式选择和农业技术采用上有着经营决策权，但这也是绿色农业发展的重点和难点，就是要解决普通农户对绿色农业生产方式的采纳和绿色农业的推广普及，让绿色农业的生产取代传统的石油农业生产方式，并且提高农户的农业经营效率和管理水平，这是绿色农业发展中必须要解决的问题。

（二）无形的组织管理系统

有形的组织与管理系统作为一种机构而存在，除了这种人为可控的组织机构之外，绿色农业组织与管理系统还以无形的方式存在，它们没有具体的形式，影响着绿色农业各个系统要素以及系统结构。如生产过程中人们所遵循的农事经验对农事活动的指导性、绿色农产品生产中的市场规律、消费者与生产者之间的相互影响及博弈等，这些虽然没有实体的形式，但是却深刻影响着绿色农业的生产活动和效率。进行绿色农业的组织与管理也需要认清这些无形的系统，发挥其作用。

第二节 绿色农业组织与管理系统的逻辑分析

根据系统的本质及其基本特征，可以将系统分析的内容相应地划分为系统的整体分析、结构分析、层次分析、相关分析和环境分析等几个方面。整体分析就是从全局出发，从系统、子系统、单元、元素之间以及它们与周围环境之间的相互关系和相互作用中，探求系统整体的本质和规律，提高整体效应，追求整体目标的优化。结构分析是对系统内部诸要素的排列组合方式进行的分析，其目的是找出系统构成上的整体性、环境适应性、相关性和层次性等特征，使系统的组成因素及其相互关联在分布上达到最优结合和最优输出。环境分析主要是确定环境因素影响范围以确定系统边界。在系统研究的过程中，理清各种因素对系统功能可能产生的影响，从而设计出理想的或较优的系统优化方案。[①]

一、绿色农业组织与管理系统的结构分析

结构是指系统内各个组成要素之间的相互联系、相互作用的框架。绿色农业的组织与管理同样也是按照一定的规律进行组合以实现其功能，而其组合的形式和合理程度决定着绿色农业组织及管理的效率。

（一）绿色农业组织与管理系统的要素

绿色农业的组织与管理是对绿色农业发展过程中参与绿色农业的所有要素进行科学合理组合及配置，以实现要素集合功能的实现和优化。这些要素包括诸多方面，从组织与管理的对象上可以分为人的要素和物的要素；人的要素即参与绿色农业的人员因素，包括绿色农业的直接生产者、绿色农业的相关从业者、绿色农业经营组织人员以及农业管理机构等；物的要素包括一切参与绿色农业生产、储运、零售等环节和过程的物质要件，不

---

① 崔晓青：《城市住宅开发政府干预系统理论与实践》，知识产权出版社2012年版，第53页。

仅包含着绿色农业生产资料要素，如土地、水、肥料等，也包含绿色农业产业化、现代化发展中的科技要素、资本要素等。对绿色农业的组织和管理就是将这些要素按照一定的规律，遵循着一定的原则合理配置以实现绿色农业的发展目标。

（二）绿色农业组织与管理系统的结构

组织结构是指对于工作任务如何进行分工、分组和协调合作，是表明组织各部分排列顺序、空间位置、聚散状态、联系方式以及各要素之间相互关系的一种模式，是整个管理系统的"框架"，是资源要素的整合形式。组织结构是组织的全体成员为实现系统目标，在组织与管理工作中进行分工协作，在职务范围、责任、权利方面所形成的结构体系。组织结构是职、责、权方面的动态结构体系，其本质是为实现系统目标而采取的一种分工协作体系，必须随着组织的重大战略调整而调整。一般的组织结构分为职能结构、层次结构、部门结构、职权结构四个方面：职能结构是指实现组织目标所需的各项业务工作和比例以及关系。对于组织的结构主要考虑的是组织中的各部门是否存在职能交叉（重叠）、职能冗余、职能缺失、职能割裂（或衔接不足）、职能分散、职能分工过细、职能错位、职能弱化等方面。层次结构是指管理层次的构成及管理者所管理的人数（纵向结构）。其考量维度包括管理人员分管职能的相似性、管理幅度、授权范围、决策复杂性、指导与控制的工作量、下属专业分工的相近性。部门结构是指各管理部门的构成（横向结构），主要是一些关键部门是否缺失或需要优化，部门的设置和存在是否有利于实现组织的整体目标。职权结构是指各层次、各部门在权力和责任方面的分工及相互关系。主要考量部门、岗位之间权责关系是否对等。

（三）绿色农业组织与管理系统的结构优化

组织与管理系统结构的优化涉及政府、绿色农业合作组织以及农户家庭等多方面、多层级的组织与管理工作。

就政府层面而言，政府在绿色农业的组织与管理中发挥着重要作用，在绿色农业发展中扮演者多重角色，既是绿色农业的倡导者、推动者，也是绿色农业的管理者，作为农业管理部门而存在的政府机构在绿色农业的组织与管理的优化中和政府本身的机构效率及改革有着紧密的联系。当前政府机构繁杂、职能不清、权责交叉重叠等现象给绿色农业的管理带来混乱，政府机构的优化就要以政府的机构改革为契机，以服务型政府为改革方向，在对绿色农业的管理中要实现职责明确、管理高效、服务到位的现代型机构。

作为现代农业的经营主体，现代农业经营组织如合作社、农业协会等在绿色农业的组织与管理中的作用越来越明显。作为绿色农业的重要管理者，现代经营组织在绿色农业的产前、产中、产后都发挥着一定的管理功能，绿色农业的现代经营组织结构的优化关乎其功能的实现。现代管理理论的发展和现代公司治理结构实践为绿色农业的经营组织提供了很好的管理理论和案例参考。

同样，作为绿色农业的直接参与者和生产者，对农户的管理和农户对所拥有的农业资源的管理同样决定着绿色农业的生产效率。农户与农户之间的协作、农户的家庭分工以及家庭资源的配置、对农业资源的分配及使用都需要从组织与管理的角度进行考虑，这就需要一定的现代经营理念和科学知识作为基础，就要求农民由传统农民向现代型农业生产者转变。

二、绿色农业组织与管理系统的目标分析

（一）绿色农业组织与管理系统的可能性空间集与多目标性

系统的发展变化有多种可能性，由于对系统要素施加的影响和作用力使得系统结构发生改变，系统的运行便会出现多方向的不确定性，每一个方向上都存在着一种可能性，系统发展的诸多可能性构成了可能性集合，系统发展变化的可能性是呈树形展开的，这种反映系统变化可能性"树"被称为系统可能性空间（见图2-1）。

系统的可能性和系统的目标之间是人的价值选择，在众多的可能性中，人们为了获得所需要的系统功能和某一种可能性，就需要促成该可能性的实现，创造条件使其由"可能"转变为"现实"，这就决定了这种转化为现实的可能性就是系统发展的目标，或者说系统目标指的就是系统发展所要达到的结果。一般来说，系统目标决定了系统的发展方向，它对系统的发

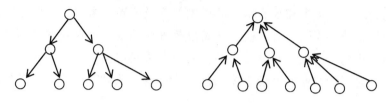

图 2-1　系统可能性树示意图

展起到决定性的作用，系统目标一旦确定，系统将朝着系统目标所规定的方向发展。系统的目标并不是只有一个，众多的可能性都可能成为系统的目标，但是在众多的目标中必会有一个主要目标，系统目标分析就是解决系统发展目标问题的分析方法。

　　系统目标是系统分析的基础，系统目标决定了系统发展的主要方向，它对系统方案的提出、系统模型的建立及最优决策的选择起到决定性作用。系统目标也是系统分析与系统设计的出发点，是系统目的的具体化（见图2-2）。系统目标分析的作用就是经过分析和论证，说明总目标建立的合理性，确定系统建立的社会价值。这样就可防止系统建立时的盲目性，避免可能出现的各种损失和浪费，提高系统开发的效率。在处理实际问题时，常常会遇到系统目标不止一个，而是多个，从而构成一个目标集合。通过制定目标就可把系统所应达到的要求落到实处，系统目标分析的目的就是要论证系统目标的合理性、可行性和经济性，最终获得系统目标分析的结果——目标集。

　　对目标集合的处理，往往是从总目标开始将总目标逐级分解，按子集、分层次画成树状的层次结构，称为目标树或目标集。做总目标分解时，要按目标的性质将目标子集进行分类，把同一类目标划分在同一目标子集内还需要考虑系统管理的必要性和管理能力以及目标的可度量性，不同目标按照层次和重要性排列构成了一个目标树（见图2-3）。目标树是按照树形结构对目标或者设计标准进行组织的方法，它把不同的目标均归类到更高级的目标之下。通过可视化的方式和分支层次来表示项目目标之间的逻辑关联。目标树是直接来源于问题树且与问题树有对等的结构。

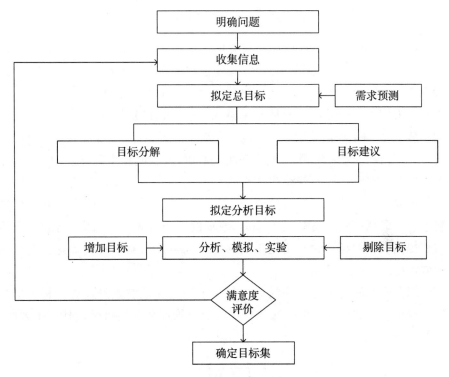

图 2-2　系统目标确定示意图

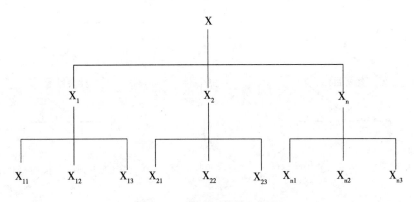

图 2-3　系统的目标树示意图

75

（二）绿色农业组织与管理系统的目标定位

绿色农业的发展目标概括起来就是"三个确保，一个提高"，即确保农产品安全，确保生态安全，确保资源安全和提高农业的综合经济效益。（1）确保农产品安全。主要包括足够数量和产品质量安全，使得绿色农业产出能满足人们对农产品数量和质量的需求，有效地解决资源短缺与人口增长的矛盾。（2）确保生态安全。绿色农业要通过优化农业环境，改善生态环境，强调植物、动物和微生物间的能量自然转移，确保生态安全。（3）确保资源安全。农业资源的安全主要是水土资源的安全。绿色农业发展要满足人类需要的一定数量和质量的农产品，就必然需要确保相应数量和质量的耕地、水资源等生产要素。（4）提高农业的综合经济效益。发展绿色农业不仅要提高农业的经济效益，更重要的是提高生态效益和社会效益，这是绿色农业发展的最终目标。

绿色农业的组织与管理活动也是基于上述绿色农业的发展目标，最终为了绿色农业的更好发展。绿色农业组织与管理系统的目标包括三个方面，如图2-4所示。

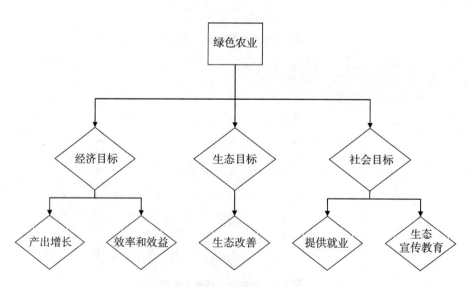

图2-4　绿色农业组织与管理的目标

1. 经济目标

促进绿色农业产出增长：绿色农业作为一种更先进的生产方式和现代农业的发展新阶段，应该有着更高的产出效益。实现绿色农产品的产量目标和绿色价值，必须以科技为支撑，增加农产品产量，加强标准化生产和产地建设。

提高绿色农业生产效率：绿色农业的经济发展目标不仅限于产出量，还需要保证绿色农业的产出效率，这就需要对绿色农业的生产方式、要素投入进行科学合理的管理、对资源进行合理优化配置以实现绿色农业的投入产出的高效率，以实现良好的经济效益。

2. 生态目标

推动绿色农业作为一种环境友好型的农业生产方式，减少农业生产对自然生态的负面影响和人为干扰，保持生态的自然恢复力，同时通过绿色生产方式的促进生态系统的恢复，实现土壤、水、生物系统的修复与改善，促进整个生态系统的改进，力求达到优化生态、改善环境的目标。

3. 社会目标

提供就业：在绿色农业的发展理念下，农业作为一种产业，实施产业化经营、市场化运作，传统农业从业者转变为新型职业农民，农业产业化经营企业等的发展为农村劳动人口提供了就业渠道和就业机会，给农民就近就业提供了便利，同时也对农村经济的发展作出贡献。

社会宣传教育：绿色农业的大力发展另一个重大的影响是社会宣传和理念号召，特别是绿色的理念逐渐深入人心，绿色生产、绿色消费逐渐成为现代社会的主导理念，绿色农业的发展使得绿色理念不断深入人心，对全社会关注生态、参与生态建设有着重大的引导作用。

三、绿色农业组织与管理系统的环境分析

作为系统而存在的诸多构成要素，除了系统内部各要素之间的紧密联系之外，系统还与系统外因素有着复杂联系，因而系统功能的发挥受到外界环境的影响和制约。

（一）环境影响范围与系统边界

构成系统的重要部分应作为系统的内部要素，同样对系统分析问题有重大影响的部分也应看作系统的内部要素，如果忽略了这部分，把它当作环境看待，往往会使系统的性质发生质的变化。而对于那些和被研究分析的问题有关联却无重大影响而又不可忽略的非重要部分，可视为系统的环境。一般地，凡是系统无法控制的因素，多属于环境部分。对系统影响甚微的部分，可从环境中略去，便于简化研究。

环境因素影响系统功能的发挥，但是环境对系统的影响都是有限的，在系统的一定范围内外部环境能够对系统的状况产生影响作用，而超出了这个范围，外部环境对系统的影响就很小甚至没有了，这就是系统的边界，如图2-5所示。

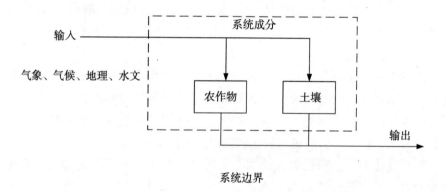

图2-5　系统边界示意图

系统与其生存的环境之间存在着信息和物质的交换，表现为系统与环境之间的输入和输出。通过输入和输出实现特定的功能，发挥应有的职能。环境是外部的约束条件，是影响系统的重要因素，环境分析是要找出系统的外部约束。系统的边界构成了系统与其生存的环境之间的分界线，找到了完整的系统边界，也就界定了系统的规模或范围。

系统与环境的界限很大程度上取决于系统的总体目标，目标的范围扩大时，自然会使一部分环境要素被划到系统中来了。系统的目标往往是划分系统与环境的参考，目标往往是系统本身决定的，环境则是约束条件。

环境可以约束和控制系统，而系统只能适应环境，系统一般无法控制环境。当系统与环境的边界划清了，系统的输入与输出就明确了。输入是环境对系统施加影响的部分，输出是系统对环境施加影响的部分。

（二）绿色农业组织与管理系统的环境因素

绿色农业与环境联系得比任何其他系统都要直接和紧密，因而绿色农业组织与管理系统对环境要素非常敏感。作为依靠自然而进行的农业生产活动，绿色农业的组织和管理对自然环境有着严重依赖，同时作为一种经济活动，绿色农业的组织和管理也受到社会经济环境、政策环境、文化环境等的影响。

自然环境要素包括地质地理要素、气象气候要素、水资源要素等方面，自然环境影响甚至决定着绿色农业的布局和生产可能，因而在绿色农业的组织与管理中要充分考虑到自然条件，因地制宜发展绿色农业，遵循自然规律发展农业，而不是跟大流、盲目推行绿色农业。

社会经济环境因素和政策因素等在绿色农业的发展中有着重要的影响作用，特别是政策因素对绿色农业的发展有着不可替代的影响力。农业本身的弱质性使得农业很大程度上依靠政府的力量，这就使得政策的变动对农业有着重大的影响。绿色农业作为一种新型的农业模式，更是对政策有着强依赖性。同时，社会经济状况和发展水平也对绿色农业的投入有着密切的联系，影响着绿色农业的发展状况。

其他环境因素如文化因素、风俗宗教信仰等也间接地通过诸多方式，如消费习惯、饮食习惯、节日习俗、社会文化理念等影响着绿色农业的组织与管理功能的实现。

第三节　绿色农业组织与管理系统决策分析

一、系统决策的内涵

从狭义上讲，决策即作出决定，广义上的决策是一个过程，它是人类的基本行为。决策是以问题为导向，决策主体在一定的环境与条件下，为实现一定的目标而制订行动方案，进行方案选择并准备方案实施的活动，是一个提出问题、分析问题、解决问题的过程。

为实现特定的系统目标，运用系统工程方法对涉及的诸因素进行系统分析，对若干可行方案进行综合评价，从中选择最佳方案或满意方案作出决定。系统决策作为一个过程，分为四个阶段：（1）情报阶段：调查环境，寻求决策的条件和依据；（2）设计阶段：制订和分析可行方案；（3）抉择阶段：从可行方案中选一个行动方案；（4）实施与评价阶段：将行动方案付诸实施并评审。

按照不同的决策对象，系统决策可以分为人和大自然各为一方时的决策，人和人各为一方的对策；按照重要性不同分为战略决策——关系全局、长远、方向性的决策，策略决策——为战略决策服务的，执行决策——为策略决策服务的；按照目标的多少可以分为单目标决策和多目标决策；按照自然状态不同分为确定型决策——未来状态是完全确定的，风险型决策——未来状态不能准确确定，但其出现的概率可以估计，以及完全不确定型决策——未来状态是完全不确定的。通常而言，决策分析方法就是确定型决策分析、风险型决策分析和不确定型决策分析三种类型。

二、绿色农业组织与管理系统的决策类型

（一）确定型决策

确定性决策是对未来状态已有确定把握时的决策，它具备以下四个条件：（1）存在着一个明确的目标；（2）未来只有一种确定的自然状态；（3）有两个以上的可行方案；（4）各方案的收益值和损失值可测。

确定型决策问题通常都可转化为在一定的条件（约束条件）下求收益的最大值或损失最小值的问题，因此对于确定型决策问题完全可以用线性规划方法去解决。

（二）不确定型决策

当决策者只能掌握可能出现的各种状态，而各种状态发生的概率无从

知晓。这类决策就是不确定型决策，或叫概率未知情况下的决策。不确定型决策方法是人为制定的原则，带有某种程度上的主观随意性。

不确定型决策的方法一般有：

1. "大中取大"（好中求好）决策方法

"大中取大"决策准则，又叫乐观决策准则，这种决策准则就是充分考虑可能出现的最大利益，在各个最大利益中选取最大者，将其对应的方案作为最优方案。

2. "小中取大"（坏中求好）决策方法

"小中取大"决策准则，又叫悲观决策准则，这种决策准则就是充分考虑可能出现的最坏情况，从每个方案的最坏结果中选择一个最佳值，将其对应的方案作为最优方案。

3. "α系数"决策准则法

"α系数"决策准则，是对"小中取大"和"大中取大"决策准则进行折中的一种决策准则。α系数依决策者认定情况是乐观还是悲观而取不同的值。若 $\alpha=1$，则认定情况完全乐观；$\alpha=0$，则认定情况完全悲观；一般情况下，则 $0<\alpha<1$。

4. 最小的最大遗憾值法

该方法又称为最小的最大后悔值法。遗憾值是所选方案的收益值与该状态下真正的最优方案的收益值之差。"最小的最大遗憾值"决策方法的基本原理是决策者先计算出各方案在不同自然状态下的遗憾值，然后分别找出各方案对应不同自然状态下的遗憾值中最大值，最后从这些最大遗憾值中找出最小的最大遗憾值，将其对应的方案作为最优方案。

（三）风险型决策

如所面临的未来状态不是完全不确定的，而是具有随机性，且其概率可以估计，则可根据概率计算得到的结果进行决策，其把握性比完全不确定型决策的把握性要大一些，但也还是要冒一定的风险。因此，将随机性决策称为风险型决策。风险型决策需要满足以下条件：（1）存在决策者企图达到的明确目标；（2）存在决策者可选择的两个以上方案；（3）存在不以决策者意志为转移的两种以上状态；（4）不同方案在不同状态下的收益值和损失值可以计算出来；（5）可以估算出来各种状态出现的概率。

三、绿色农业组织与管理系统的决策方法

风险型决策方法主要有最大可能法和期望值法。

(一) 最大可能法

最大可能法是将决策对象可能出现的结果中概率最大的状态当作未来的必然状态,而把其他概率较小的自然状态忽略,这样就可以通过比较各行动方案在那个最大概率的自然状态下的收益值和损失值进行决策,此时已不考虑其他状态的出现,如表 2-1 所示。

表 2-1 不同天气类型发生的概率及种植各种农作物的收益

天气类型		旱灾年	旱年	平年	湿润年	涝灾年
发生概率		0.1	0.2	0.4	0.2	0.1
农作物的收益 (千元/公顷)	水稻	10	12.6	18	20	22
	小麦	25	21	17	12	8
	大豆	12	17	23	17	11
	燕麦	11.8	13	17	19	21

在表 2-1 中,天气作为一种概率事件,"旱灾年""旱年""平年""湿润年""涝灾年"5 种自然状态发生的概率分别为 0.1、0.2、0.4、0.2、0.1,显然,"平年"状态的概率最大。按照最大可能法,可以将"平年"状态的发生看成是必然事件。而在"平年"状态下,各行动方案的收益分别是:水稻为 18 千元/公顷,小麦为 17 千元/公顷,大豆为 23 千元/公顷,燕麦为 17 千元/公顷,显然,大豆的收益最大。所以,该农场应该选择种植大豆为最佳决策方案。因此,确定型决策可以看作是风险型决策的一个特例,即认为某状态出现概率 $P_j = 1$。在一组状态中,某个状态的出现概率比其他状态的出现概率大得多,且相应的收益值和损失值差别不大时,采用最大可能法的效果才较好;如果几种状态的出现概率很接近时,不能用此法决策,而必须采用期望值法进行决策。

（二）期望值法

期望值是指概率中随机变量的数学期望，它代表了在概率意义下的每一种可能性下最终收益和损失的均值。每个方案的目标变量看成是离散的随机变量，其取值就是每个行动的方案所对应的收益值和损失值，每个行动方案的收益和损失期望值为：$\sum_{i=1}^{m} P_i X_i$，其中 P_i 是第 i 个状态发生的概率，X_i 为该方案在此状态下的收益值和损失值。期望值法就是利用上述公式计算出每个方案的收益和损失期望值，如决策准则是期望收益值和损失值最大，则选择收益和损失期望值最大的方案为最优方案；反之，若决策准则是费用期望值最小，则选择费用期望值最小的方案为最优方案。期望值法有决策表法、决策树法和决策矩阵法。

1. 决策表法

决策表法是最大值法的延伸，它将各种可能性的概率考虑进去之后，通过期望模型计算各方案的收益和损失期望值，然后按照期望值法进行方案选择（见表2-2）。

表2-2　某农场的生产计划

	畅销	一般	滞销	$E(A_i)$
	$P_1 = 0.3$	$P_2 = 0.5$	$P_3 = 0.2$	
小规模种植(A_1)	50	40	30	41
一般规模(A_2)	60	30	40	39
大规模种植(A_3)	80	50	20	63

在表2-2中分别计算出三个方案在不同自然状态下的收益和损失期望值分别为41万元、39万元和63万元，选择收益期望值最大的 A_3 方案即大规模种植为最优方案。

2. 决策树法

所谓决策树法，就是利用树形图模型来描述决策分析问题，并直接在决策树图上进行决策分析。其目标可以是损失期望或者经过变化的其他指标。相较于决策表，决策树法在面对较多目标时有着诸多的优势，利用决策树模型可以构成简单、明了、清晰的决策过程，使决策者有步骤、有顺序地进行决策，且直观、形象，可使决策者以科学的逻辑推理去周密地思考各种有关因素，同时也可以为集体决策集思广益，集中群众智慧和统一不同意见。

用决策树方法进行决策分析的步骤是：

第一步，绘制决策树。即按问题所给信息，由左至右顺序绘制决策树。所用符号有：

□——表示决策节点，从这里引出的分枝为方案分枝。在分枝上要标明方案名称。

○——表示状态节点，从这里引出的分枝为状态分枝或概率分枝，在每一分枝上应标明状态名称及其出现概率。

△——表示结果结点，它标明各种自然状态下所取得的结果（如收益值和损失值）。

结合表2-2，可得决策树如图2-6所示。

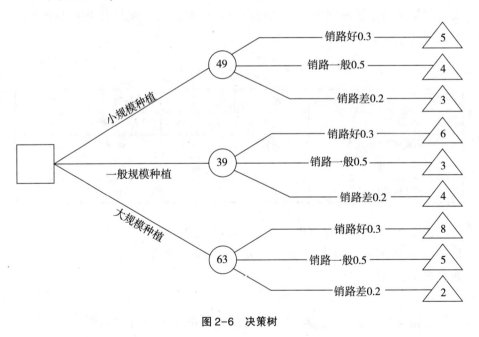

图2-6 决策树

第二步，计算方案的收益和损失期望值，并将计算结果标注在相应的状态节点上端。

第三步，对收益和损失期望值进行比较并选取最优的期望值填在决策节点上，相应的方案即为最优方案。

第四节 绿色农业组织与管理系统的分析技术

下文将重点介绍绿色农业组织与管理的线性规划技术、系统评价技术和系统预测技术。

一、绿色农业组织与管理的线性规划技术

线性规划是一种辅助人们进行科学管理、合理利用资源、合理调配资源的定量分析的数学规划方法，适用于多因素系统宏观经济管理，可以用来研究在同时使用多种投入资源，运用不同的生产方式，生产多种产品，并且具有竞争性时的资源配置问题。线性规划也是一种优化技术，研究的对象主要包括两类问题：

第一类是当一个系统目标确定后，如何以耗费最少的人力、物力、财力和时间，去完成这一目标，并能取得最好效果。

第二类是对系统内现有的人力、物力和财力如何进行统筹安排，做到最合理地利用这些资源，使它们发挥最大效益。

绿色农业生产通常面临着种什么和种多少的问题，对于一个理性的绿色农业经营者，在有限的资源条件下其所追求的是各种作物的种植安排使得获得的总收益最大。下面以一个虚拟例子来说明线性规划在绿色农业生产安排中的应用（见表2-3）。

表2-3 绿色农业生产作物与资源投入表

投入＼产出	作物			
	小麦	玉米	水稻	大豆
土地（公顷）	X_1	X_2	X_3	X_4

产出＼投入	作物			
	小麦	玉米	水稻	大豆
资金（千元/公顷）	3	3	5	4
劳动（小时/公顷）	4	5	10	8
单位收益（千元/公顷）	94	120	244	74

如表 2-3 所示，该农场有可用土地 100 公顷，自有生产资金 50 万元，在当年的农业生产安排中拟种植小麦、玉米、水稻、大豆等作物，作物种植需要土地、化肥、农药和劳动力等投入，各种农产品的不同市场价格下，在这 100 公顷的土地上如何安排各种作物的种植面积才能实现农业经营收益的最大化呢？此时就可以根据线性规划技术，制订一个能获得最大利润的生产计划。

这个问题就是一个典型的规划问题，在有限的资源条件下，本例中土地和资金在不考虑再购买和贷款的情况下是既定的，这构成了对生产布局的约束，如何配置土地、资本和劳动力等要素，实现在既定条件下收益最大化，这就需要通过线性规划的方式进行分析。对该问题的建模过程如下：

第一步，确定决策变量。该问题是一个在给定的资源条件下，求小麦、玉米、水稻和大豆的综合收益问题，而其综合收益取决于土地的分配。因此，决策变量应为各种作物的种植面积，依次表示为 X_1、X_2、X_3、X_4。

第二步，确定目标函数。该问题的目标要求确定小麦、玉米、水稻和大豆的种植面积，以获得最大利润。种植面积为 X_1、X_2、X_3、X_4 单位的各作物可获利润分别为 94、120、244 和 74，总收益为 $Z = 94 \times X_1 + 120 \times X_2 + 244 \times X_3 + 74 \times X_4$，问题便转化为确定一组 X_1、X_2、X_3、X_4，使得总收益 Z 达到最大。

第三步，列出约束条件。约束条件是实现目标的制约因素，在该农场中所面对的制约因素为土地总量和自有生产资金既定。

通过将实际中的决策问题转化为线性规划的数学模型，就可以通过数学求解线性规划，在所有的可行解中找出最优解。常用的线性规划模型的求解方法有图解法和单纯形法。用图解法求解线性规划问题，需要两个步骤：首先要画出满足约束条件的可行解区域，然后从可行解区域中找出最优解，但是图解法只适用于解决有 2 到 3 个变量的线性规划问题，如上例中多个变量的规划时，图解法就无法有效求解，此时就需要应用单纯形法求解多变量的线性规划最优解问题。

单纯形法是求解线性规划问题的迭代算法。所谓迭代算法的基本思路是从可行解域中先找出一个初始可行解，然后通过迭代求得一个比前一个解更好的可行解（目标函数较前一个可行解大），直至得到问题的最优解。线性规划的单纯形法就是从某个基本可行解（可行域的某个顶点）开始，迭代得到另外一个相邻的、具有更大目标函数值的基本可行解，最后得到最优的基本可行解的迭代过程。

由上述思路可知，用单纯形法求解线性规划问题需要两个步骤：第一步是求得一个基本可行解，作为迭代的初始基本可行解（该步骤称为单纯形法的第一阶段问题）。第二步则从初始基本可行解出发，通过迭代逐步得到最优的基本可行解。

二、绿色农业组织与管理的系统评价技术

系统评价就是根据确定的目的，利用最优化的结果和各种资料，用技术经济的观点对比各种替代方案，考虑成本与效果之间的关系，权衡各种方案的利弊得失，选择出技术上先进、经济上合理、现实中可行的或满意的方案。系统评价是系统决策的基础，是方案实施的前提和决策人员进行理性决策的依据。

系统评价包含着诸多的内容，如经济评价、社会评价、技术评价、财务评价、可持续评价、综合评价等，按照系统所处的阶段和评价时间又可以分为事前评价、中间评价、事后评价和跟踪评价：

事前评价：在计划阶段的评价，这时由于没有实际的系统，一般只能参考已有资料或者用仿真的方法进行预测评价，有时也用投票表决的方法，综合人们的直观判断而进行评价。

中间评价：在计划实施阶段进行的评价，着重检验是否按照计划实施，例如用计划协调技术对工程进度进行评价。

事后评价：在系统实施即工程完成之后进行的评价，评价系统是否达到了预期目标。因为可以测定实际系统的性能，所以作出评价较为容易。

对于系统有关社会因素的定性评价，也可通过调查接触该系统的人们的意见来进行。

跟踪评价：系统投入运行后对其他方面造成的影响的评价。如大型水利工程完成后对生态造成的影响。

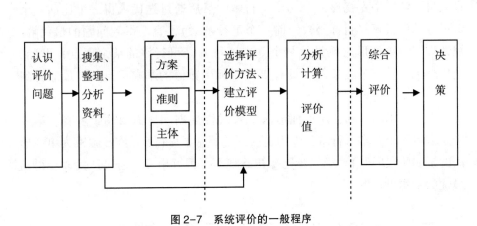

图2-7 系统评价的一般程序

绿色农业组织与管理常用的系统评价方法有层次分析法和模糊综合评价法等。

（一）层次分析法

层次分析法是指将一个复杂的多目标决策问题作为一个系统，将目标分解为多个目标或准则，进而分解为多指标（或准则、约束）的若干层次，通过定性指标模糊量化方法算出层次单排序（权数）和总排序，以作为目标（多指标）、多方案优化决策的系统方法。运用层次分析法评价时，将问题按总目标、各层子目标、评价准则直至具体的候选方案的顺序分解为不同的层次结构，然后用求解判断矩阵特征向量的办法，求得每一层次的各元素对上一层次某元素的优先权重，最后再用加权和的方法归并各候选方案对总目标的最终权重，此最终权重最大者即为最优方案。这里所谓"优先权重"是一种相对的量度，它表明各候选方案在某一特点的评价准则或子目标下优越程度的相对量度，以及各子目标对上一层目标而言重要程度的相对量度。层次分析法比较适合于具有分层交错评价指标的目标系统，

88

而且目标值又难以定量描述的决策问题。其用法是构造判断矩阵，求出其最大特征值及其所对应的特征向量 W，归一化后，即为某一层次指标对于上一层次某相关指标的相对重要性。

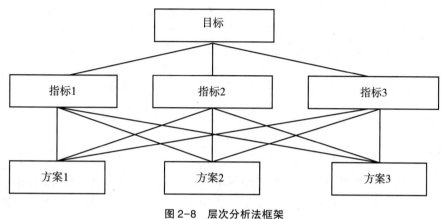

图 2-8　层次分析法框架

层次分析法的一般步骤包括建立层次结构、构造对比矩阵、计算权向量、一致性检验、构造判断矩阵等。

（二）模糊综合评价

模糊综合评价是借助模糊数学的概念，以模糊数学为基础，应用模糊关系合成的原理，将一些边界不清、不易定量的因素定量化，从多个因素对被评价事物隶属等级状况进行综合性评价的一种方法。它包括单层次模糊综合评判模型和多层次模糊综合评判模型。

1. 单层次模糊评判

在进行单层次模糊评判时，在给定两个有限论域：

$$U = \{u_1,\ u_2,\ \cdots,\ u_m\} \tag{2.1}$$

$$V = \{v_1,\ v_2,\ \cdots,\ v_n\} \tag{2.2}$$

（2.1）式中，U 代表所有的评判因素的集合；（2.2）式中，V 代表所有的评语等级所组成的集合。对于评价体系中的第 $i(i = 1,\ 2,\ \cdots,\ m)$ 个评价指标 u_i，其单因素评判结果为 $R_i = [r_{i1},\ r_{i2},\ \cdots,\ r_{in}]$，则 m 个评判因素的评判决策矩阵为：

$$R = \begin{bmatrix} R_1 \\ R_2 \\ \cdots \\ R_m \end{bmatrix} = \begin{bmatrix} r_{11} & r_{12} & \cdots & r_{1n} \\ r_{21} & r_{22} & \cdots & r_{2n} \\ \cdots & \cdots & \ddots & \cdots \\ r_{m1} & r_{m2} & \cdots & r_{mn} \end{bmatrix} \qquad (2.3)$$

就是 U 到 V 上的一个模糊关系。

如果对各评判因数的权数分配为：$A = [a_1, a_2, \cdots, a_m]$（显然，$A$ 是论域 U 上的一个模糊子集，且 $0 \leqslant a_i \leqslant 1$, $\sum_{i=1}^{m} a_i = 1$）则应用模糊变换的合成运算，可以得到论域 V 上的一个模糊子集，即综合评判结果：

$$B = A \times R = [b_1, b_2, \cdots, b_n] \qquad (2.4)$$

2. 多层次模糊综合评判模型

在复杂大系统中，需要考虑的因素往往是很多的，而且因素之间还存在着不同的层次。这时，应用单层次模糊综合评判模型就很难得出正确的评判结果。所以，在这种情况下，就需要将评判因素集合按照某种属性分成几类，先对每一类进行综合评判，然后再对各类评判结果进行类之间的高层次综合评判。这样，就产生了多层次模糊综合评判问题。

多层次模糊综合评判模型的建立，可按以下步骤进行：

首先，对评判因素集合 U，按某个属性，将其划分成 m 个子集，使它们满足：

$$\begin{cases} \sum_{i=1}^{m} U_i = U \\ U_i \cap U_j = \phi (i \neq j) \end{cases} \qquad (2.5)$$

这样，就得到了第二级评判因素集合：

$$U = \{U_1, U_2, \cdots, U_m\} \qquad (2.6)$$

在（2.6）式中，$U_i = \{U_{ik}\}$（$i = 1, 2, \cdots, m$; $k = 1, 2, \cdots, n_k$）表示子集 U_i 中含有 n_k 个评判因素。

其次，对于每一个子集 U_i 中的 n_k 个评判因素，按单层次模糊综合评判模型进行评判，如果 U_i 中的诸因数的权数分配为 A_i，其评判决策矩阵为 R_i，则得到第 i 个子集 U_i 的综合评判结果：

$$B_i = A_i \times R_i = [b_{i1}, b_{i2}, \cdots, b_{in}] \qquad (2.7)$$

因而，对 U 中的 m 个评判因素子集 U_i（$i = 1, 2, \cdots, m$），进行综合评

判，其评判决策矩阵为：

$$R = \begin{bmatrix} B_1 \\ B_2 \\ \cdots \\ B_m \end{bmatrix} = \begin{bmatrix} b_{11} & b_{12} & \cdots & b_{1n} \\ b_{21} & b_{22} & \cdots & b_{2n} \\ \cdots & \cdots & \ddots & \cdots \\ b_{m1} & b_{m2} & \cdots & b_{mn} \end{bmatrix} \qquad (2.8)$$

如果 U 中的各因数子集的权数分配为 A，则可得综合评判结果：

$$B^* = A \times R \qquad (2.9)$$

在（2.9）式中，B^* 既是 U 的综合评判结果，也是 U 中的所有评判因数的综合评判结果。这里需要强调的是，在（2.7）或（2.9）式中，矩阵合成运算的方法通常有两种：一是主因素决定模型法，即利用逻辑算子 M（∧，∨）进行取大或取小合成，该方法一般仅适合于单项最优的选择；二是普通矩阵模型法，即利用普通矩阵算法进行运算，这种方法兼顾了各方面的因素，因此适宜于多因素的排序。若 U 中仍含有很多因素，则可以对它再进行划分，得到三级以至更多层次的模糊综合评判模型。多层次的模糊综合评判模型，不仅可以反映评判因素的不同层次，而且避免了由于因素过多而难于分配权重的弊病。

三、绿色农业组织与管理的系统预测技术

科学的预测是在广泛调查研究的基础上进行的，涉及方法的选择、资料的收集、数据的整理、预测建立模型、利用模型预测和对预测结果进行分析等一系列工作。总的来说，预测的步骤为：

第一步，确定目标。该阶段的内容为确定预测对象、提出预测目的和目标，明确预测要求等。

第二步，选择预测方法。预测方法很多，到目前为止，各类预测方法不下几百种。因此应根据预测的目的和要求，考虑预测工作的组织情况，合理地选择效果较好的、既经济又方便的一种或几种预测方法。

第三步，收集和分析数据。该阶段根据预测目标和所选择预测方法的要求去收集所需原始数据。原始数据是进行预测的重要依据，所收集原始数据的质量和可靠性将直接影响预测的结果。对原始数据的要求是数据量

足、质量高，只有这样，才能贴切地反映事物的规律。因此收集足够数量的可靠性高的数据是这阶段的任务。数据的分析和整理是发现系统发展变化规律性和系统各组成部分内在联系的关键，是建立预测模型的根据，因此要选择合适的数据处理方法。

第四步，建立预测模型。建立预测模型是预测的关键工作，它取决于所选择的预测方法和所收集到的数据。建立模型的过程分为建立模型和模型的检验分析两个阶段。目前一部分人建立预测模型时，只建模型，不进行检验，这样的预测是不令人信服的。只有通过检验的模型，才能用于预测。

第五步，模型的分析。模型的分析是指对系统内部、外部的因素进行评定，找出使系统转变的内部因素和客观环境对系统的影响，以分析预测对象的整体规律性。

第六步，利用模型预测。所建立的模型是在一定假设条件下得到的，因此也只适用于一定条件和一定预测期限。如果将其推广到更大范围，就要利用分析、类比、推理等方法来确定模型的适用性。只有在确认模型符合预测要求时，才可利用模型进行预测。

第七步，预测结果的分析。利用预测模型所得的预测结果并不一定与实际情况符合，因为在建立模型时，往往有些因素考虑不周或因资料缺乏以及在处理系统问题时的片面性等使预测结果与实际情况偏离较大，故需从两个方面进行分析，一方面，用多种预测方法预测同一事物，将预测结果进行对比分析、综合研究之后加以修正和改进；另一方面，应用反馈原理及时用实际数据修正模型，使预测模型更完善。

概括起来，绿色农业组织与管理的系统预测技术可以大致分为定性预测和定量预测两大类。

（一）定性预测

定性预测是基于过去和现在的经验、判断和直觉，以人的逻辑判断力，通过归纳、总结对事物发展趋势进行大致的判断，提供系统发展的方向、状态、形势等定性结果。该方法适用于缺乏历史统计数据的系统对象，利用诸如市场调查、专家打分、主观评价等作出预测。其主要方法有德尔菲法、主观概率法和交叉影响法等。

1. 德尔菲法

德尔菲法（Delphi）又称专家意见法，是美国兰德公司研究人员赫尔马（O. Helmet）和达尔奇（N. Dalkey）于 20 世纪 40 年代开发的一种预测方法。目前该方法已广泛用于军事预测、人口预测、医疗卫生保健预测、经营和需求预测、教育预测以及方案评价的决策分析等领域。该方法的过程是预测机构或人员预先选定与预测问题有关的专家一般 10 至 15 人，采用信函方式与其建立联系，将他们的意见进行整理、综合、归纳后再匿名反馈给各位专家再次征求意见，按这种方式多次反复，直至使专家们的意见趋于一致为止，最后得出预测结论。该方法的具体实施步骤一般包括：

（1）选择专家。专家人数的确定依据所预测问题的复杂性和所需知识面的宽窄，一般以 10 至 15 人为宜。所选择的专家彼此不发生联系，只用书信的方式与预测人员直接发生联系。

（2）编制并邮寄"专家应答表"。首次交往需向专家介绍预测的目的，提供现有的相关资料，并邮寄"专家应答表"。为避免浪费专家的时间，"专家应答表"应力求简练，只需专家用"是""否"之类的简单词句或符号回答或给予简单的评分。

（3）分析整理"专家应答表"。收集专家的意见和反应，整理"专家应答表"，进行综合、分析、归纳等工作。

（4）与专家反复交换意见。将整理、分析、归纳和综合的结果反馈给各专家并进一步提供有关资料，让专家修订自己的意见，填写"专家应答表"，如此反复进行直至得出预测结论。

（5）将最终预测结论函告各专家并致谢。

采用德尔菲法整理专家所提供的资料，有时需将定性资料转化为定量数据，定量数据一般采用中位数、上、下四分位数来反映预测结果及其分散程度。由定性资料转化为定量数据的方法是对预测中的每个因素给定一个分值 c_j，对应投票的专家数为 B_j，则均值为 $E = \dfrac{\sum c_j B_j}{\sum B_j}$，方差为 $D = \dfrac{\sum\limits_j (c_j - E_j)^2 B_j}{\sum B_j}$。

采用德尔菲法的好处是：第一，可以消除专家之间的相互干扰，避免专家讨论会所出现的随声附和、固执己见和有顾虑等弊病；第二，可使意见迅速集中。但是这种方法是在假设预测项目的各因素之间无交互作用的前提下进行的，因此有一定的局限性。

2. 主观概率法

主观概率是某人对某事件发生可能性的主观估计值。对同一事物来说，不同的人因知识、阅历、看问题的角度不同等原因造成对问题的估计值也不同，这就是主观因素在起作用。主观概率法就是在调查专家主观概率的基础上，寻求最佳主观估计的科学方法。如果要预测某一事件发生的可能性，先调查一组专家的主观概率，然后加权平均即得某事件发生的概率，即：

$$P = \frac{\sum_{j} P_j B_j}{\sum_{j} B_j} \qquad (2.10)$$

（2.10）式中：P 为事件发生概率的预测值；P_j 即第 j 种概率分级；B_j 为选第 j 种概率分级为主观概率的专家数。

3. 交叉概率法

交叉概率法是对在交互影响因素作用下的事物进行预测的一种定性预测技术。很多事物的发生或发展对其他事物将产生各种各样的影响，根据各事物之间的相互影响研究事物发生的概率，并用以修正专家的主观概率。从而对事物的发展作出较客观的评价则是该方法的基本思想。

该方法的步骤为：（1）确定各事物之间的影响关系；（2）确定各事物之间的影响程度；（3）计算某事物发生时对其他事物发生概率的影响；（4）分析其他事件对该事件的影响；（5）确定修正后的主观概率。

（二）定量预测

系统是复杂的，只靠经验对其进行定性预测是不够的，还必须从数量上研究系统的变化，因此还需定量预测。定量预测主要有：时间关系预测和因果关系预测。时间关系预测的是某事物随时间而变化的动态，把时间序列作为影响因子，根据系统对象随时间变化的历史资料，只考虑系统变量随时间的变化规律，对系统未来的表现时间进行定量预测。因果关系预测是基于系统变量之间存在的某种前因后果关系，找出影响某种结果的几个因素，建立因果之间的数学模型，根据因素变量的变化预测结果变量的变化，即预测系统发展的方向又确定具体的数值变化规律。常用的定性预测方法包括时间序列分析，如移动平均法、指数平滑法等，线性回归分析，如一元回归分析、多元回归分析，以及其他诸如概率统计方法、计量经济学方法、系统动力学仿真、神经网络技术等。

　　总之，绿色农业组织与管理系统分析是一种研究方略，它能在不确定的情况下，确定问题的本质和起因，明确咨询目标，找出各种可行方案，并通过一定标准对这些方案进行比较，帮助绿色农业组织与管理的决策者在复杂的问题和环境中作出科学抉择。在具体的系统分析技术方面，专家系统、人工智能、决策支持系统等技术的发展为绿色农业组织与管理系统分析提供了有力的工具。当然，在绿色农业组织与管理系统的规划、设计、生产经营、运行管理等环节，包含有数据采集与处理、模型优化与模拟等大量的计算工作，正是由于计算机技术、互联网和可视化技术的发展才为绿色农业组织与管理系统分析提供了更为广阔的应用前景。

第三章 绿色农业发展规划 与模式设计

　　绿色农业发展规划是以绿色农业生产理念、绿色农业科技为支撑进行合理的生产流程安排及布局，绿色农业发展模式则是对前人积累经验的抽象和升华，二者对于绿色农业组织与管理具有重要的指导意义。本章从绿色农业发展规划与模式设计的概述入手，着重探讨了绿色农业发展规划及实施、绿色农业发展模式设计与选择。其主要内容包括绿色农业发展规划的理念与实现方法，绿色农业区域规划、产业规划、园区规划，绿色农业发展模式运行机制，绿色农业发展模式的完善及推广等内容。

第一节 绿色农业发展规划与模式设计概述

一、绿色农业发展规划概述

（一）发展规划及绿色农业发展规划

1. 发展规划的内涵

　　发展规划是对一个体系或对象的发展战略所做的设计。发展规划强调的是全局的把握，重点研究该体系或对象的发展方向和功能定位，综合考虑经济、资源、文化、环境、社会等综合问题，侧重于宏观框架和引导策略，具有战略性、创新性、长期不落后性等特点。

2. 绿色农业发展规划的内涵

绿色农业发展规划是指根据国家和地区在一定时期内国民经济发展的需要，在充分考虑现有绿色农业生产基础，以及自然、经济、技术条件，对区域内的绿色农业资源、相关配套设施以及与农业相关的部门和产业，进行合理的配置和综合的部署，以确定绿色农业的发展定位及方向，合理布局绿色农业产业，提高绿色农业发展水平和促进绿色农业可持续发展的计划和安排。

绿色农业发展规划是以充分利用资源、促进绿色农业的可持续发展为着眼点，充分利用现状条件、规避不利因素的前提下利用一切自然资源进行适地规划，以绿色农业生产理念、绿色农业科技为支撑进行合理的生产流程安排及布局，形成集绿色农业生产、培训推广、科研开发为一体，最终达到可持续发展的目的。

绿色农业发展规划是一种指导性的计划，需要充分考虑到绿色农业进一步改造利用的潜力和可能性，依据科学基础，拟定的具有长远性、战略性、综合性的农业计划和部署。

3. 绿色农业发展规划的意义

绿色农业是一场新的产业革命和技术革命，是中国实现农业与农村可持续发展的必然选择。绿色农业的实践需要绿色农业理论作指导，将绿色生态发展贯穿到农业的整个产业链条中，推动人类社会和经济全面、协调、可持续发展。通过编制绿色农业发展规划，可以为绿色农业的发展提供一个具有宏观性、方向性和指导性的决策依据，避免盲目性，促进绿色农业朝着高效、稳定的方向发展。

第一，有利于资源保护、农业可持续发展。作为农业生产的一种模式和发展理念，绿色农业更加注重农业生产过程中对资源的合理利用和对环境的保护，促进高产、优质、低耗、生态、安全的新型现代农业发展，对实现农业可持续协调发展具有重要意义。通过编制绿色农业发展规划，可以引导农业朝向绿色农业方向发展，减少资源的浪费，在保证经济的同时，合理利用资源，走可持续发展道路。

第二，有利于调整绿色农业产业结构。相比传统农业，绿色农业的发展在经济、生态、社会等各个方面都更高效。绿色农业发展规划的编制，可以指导各地充分利用资源比较优势，深化农业结构战略性调整，进一步选择地域性强、品质优和市场前景好的绿色农产品，加快培育绿色农业优势产区，促进绿色农业区域专业分工，因地制宜构建绿色农业产业链，转变农业增长方式和农产品消费方式，解决农业发展与环境保护的矛盾，加快形成科学合理的绿色农业生产力布局。

第三，有利于农业增效、农民增收。绿色农业是实现生态保护与农业生产发展良性循环，提高农业可持续发展能力的经济模式。绿色农业发展规划的编制和实施，通过政府引导与市场运作相结合的方式，在绿色农业产前和产中各个环节引入社会资本，深度挖掘区域绿色农业的潜力，加快培育特色鲜明、类型多样、竞争力强的绿色农产品，打造绿色农产品产业链。通过科学规划，资源得到合理利用，效益明显提高，为实现农民的农业经营收入稳步增长和绿色农业的长远发展奠定基础。

（二）绿色农业发展规划的具体原则

总的来说，一份好的规划必须是在正确贯彻国家和地区发展绿色农业的方针政策，正确评价当地绿色农业的现有基础和发展潜力的前提下，以提高效益为前提，通过多种方案的对比与选择，量力而行，积极可靠、留有余地的选择最优方案。除了遵循以上的宏观原则，在编制绿色农业发展规划时，还需要坚持以下具体原则：

1. 生态优先、绿色发展

绿色农业发展规划需要始终坚持绿色农业理念，并以绿色农业理念为指导。绿色农业发展规划首先要突出绿色的特点，遵循绿色发展理念，转变传统发展方式，把生态建设和环境保护放在首要位置，把资源承载能力和生态环境容量作为绿色农业发展的重要衡量依据，大力推广节水、节地、节肥、节能技术，促进资源综合利用，建设绿色家园，推动生态文明建设。

2. 因地制宜、特色发展

绿色农业发展规划必须结合各地区的自然条件、产业基础、发展潜力，优化配置各自农业资源，发挥各地区独特的优势，抓住重点支柱产业和产品，选择合理的绿色农业发展模式，打造绿色生态品牌，推广先进实用技术，实现环境保护、农村发展、农业增效和农民增收协同发展。力争在农业技术、产品生产、运行管理模式上与国内外先进技术接轨，做到"高起点，高标准，高质量，高效率"。其功能定位是以高效绿色农产品生产为主，兼顾休闲观光旅游、科学研究等多种功能。

3. 立足近期、着眼长远

规划可以分为短期、中期、长期三类，不同期限的规划侧重也是不一样的。绿色农业发展规划的编制，是对未来一定时间内绿色农业发展的指导性计划和部署，首先需要立足当前的绿色农业发展情况，对近期绿色农业的发展情况进行一定的预期和规划，为绿色农业的发展提供一定的指导意见。其次，绿色农业发展规划的拟定还需要着眼长远，规划的时间范围不能局限在较短时间，远期规划更多的是方向性的，将近期项目与远期计划结合起来，逐步实施。

4. 政府主导、社会参与

一方面，绿色农业的发展对地区经济、环境、资源等各方面都起到积极的作用，具有正向外部性，需要政府给予一定的支持。另一方面，绿色农业发展规划是一项细致且庞杂的工程，需要对当地绿色农业的发展现状及潜力等方面有详细的了解，需要大量的数据和实地调研，在人力、物力和资金上需要有较大的投入，因此需要政府给予一定的扶持，在规划指导、资金投入和组织协调等方面发挥主导作用，加强政策引导和扶持，调动社会各方面的积极性，号召发动社会各界参与到绿色农业发展建设中来。规划要充分体现"政府引导、企业运作、中介参与、农民收益"的基本原则。应坚持"政府引导、市场驱动"的方针，在强化政府的宏观指导和监管职能的同时，应充分发挥企业和农民的自主性和积极性。政府要进行宏观指导、组织协调和规范管理，并提供政策、技术等多方面的支持和服务，为绿色农业发展规划的制定创造良好的环境。[①]

（三）绿色农业发展规划的编制方法

1. 确立绿色农业发展规划的编制组织

绿色农业发展规划的编制需要一定的组织进行编制工作，由规划专家和绿色农业领域专家学者，按照总体规划的要求，根据规划进度，收集所需资料，进行实地调研，负责编制绿色农业发展规划。

---

① 王敏、翟耀、王鹏飞：《河南神农高效农业生态园规划研究》，《湖南农业科学》2011 年第2 期。

2. 编制绿色农业发展规划的主体内容

编制绿色农业发展规划的前期，需要对当地气候、生物、水土等资源从质和量两方面进行分析，对绿色农业的现状，主要是绿色农产品的质与量，种类与结构，产出与效益等方面深入了解。在此基础上，考虑绿色农业发展所需要的科技、市场、外部环境等因素，结合当地经济、社会的发展，以及国内国际绿色农业的发展趋势，进一步确立绿色农业发展规划的定位、目标、指导思想，在空间、时间和举措三方面确定绿色农业发展规划的指导性部署，从功能区划与布局、进度、产业、项目、支撑体系等方面详细编制绿色农业发展规划。

3. 评估绿色农业发展规划的主体内容

当绿色农业发展规划的主体部分完成后，需要对其进行审视和检验。评估时，需要从经济、生态、社会三方面的效益进行估测，同时，也应该包括风险评估，提出相应的规避策略。倘若评估没有通过，需要对逐个环节进行修订和补充，直至评估结果满意；倘若能顺利通过评估，规划的初稿就基本形成，之后还要组织专家进行深入讨论，形成最终定稿。

4. 实施与监督绿色农业发展规划进程

当绿色农业发展规划最终定稿后，就进入了实施阶段。在实施过程中，要注意监督是否有按照规划设计的进度及项目开展，如有偏差要及时调整和修改。

二、绿色农业发展模式设计概述

（一）绿色农业发展模式的内涵

模式是指对客观事物的内外部机制的直观而简洁的描述，它是理论的简化形式，可以向人们提供客观事物的整体内容，从不断重复出现的事件中发现和抽象出的规律，是解决问题经验的总结。只要是一再重复出现的事物，就可能存在某种模式。各个学科和行业均有自己固定模式，但任何模式都是在不断发展和创新的。

绿色农业发展模式，是指运用先进科学技术、先进工业装备和先进管理理念，以体制、机制变革为保障，以农产品安全、生态安全、资源安全和提高农业综合效益为目标，把标准化贯穿到农业的整个产业链条中，实现农业发展和生态环境相互适应与协调的农业类型。绿色农业发展模式是绿色农业生产理论的简明表达形式，是来源于现实的一种理论，而不是单纯的方法、方案或计划。绿色农业发展模式的运行机理自始至终要体现在农业生产管理、销售的全过程以及与周围环境的协调上。

绿色农业发展模式是对前人积累的经验的抽象和升华，运用绿色农业模式对发展绿色农业进行研究，有助于观察、实验、调查、模拟和理论分析，有助于简化问题和较好地解决问题，因而更容易被人们了解、掌握和操作。绿色农业发展模式的推广和普及，有利于促进绿色农业的发展。因为农民是最现实、最讲实惠的，而绿色农业发展模式强调的是形式上的规律，并非实质上的规律，因而要让农民显而易见地感受到发展绿色农业产生的效益，让农民更容易接受，从而起到更好的指导和示范作用。

（二）绿色农业发展模式的特点

1. 整体性与可调控性

绿色农业作为一种农业生态系统，应重视其整体功能，维护和提高整个系统的微观和宏观生态平衡，按生态和经济规律的要求，对生产经济系统内部各要素及其结构进行调控。通过工程措施和生物措施的应用，把不利因素转变为有利因素，使生物与环境之间、生物物种之间、区域内各子系统之间以及经济、技术与生物之间达到相互有机配合，保证整个农业经济体系协调发展。

2. 稳定性与高效性

绿色农业系统追求组成与结构合理，功能协调，具有较强的自我调节能力和抗干扰能力，保持一定的稳定性并实现可持续发展。该系统能够实现物质和能量的多层次高效利用，具有较高的生产率和社会、经济及生态效率。

3. 地域性与多样性

地域性决定了系统的空间异质性和生物多样性，因此，绿色农业必须因地制宜。中国地域辽阔，各地的自然条件、资源基础、经济与社会发展水平差异较大，所以不同地区在继承当地传统农业经营方式精华的基础上，应用适合当地环境的绿色农业技术体系，建立具有地方特点的绿色农业发展模式。

（三）绿色农业发展模式的驱动因子

绿色农业发展模式是由农业内在要素、农业系统自身、绿色农业相关主体之间的利益拉动，以及推动绿色农业发展的外部激励等方面共同驱动发展的，从而会产生促进绿色农业的建设和激励行为。

1. 绿色农业内在要素的演变

农业是人类最古老的产业，经历了原始农业、传统农业到现代农业的漫长发展过程。而这是社会经济发展的必然产物，绿色农业也会随着经济发展，经历变迁和转型。绿色农业内在的生产机理相互作用，当某一要素无法满足于当前绿色农业发展需要时，将对其他内在要素产生作用，致使农业生产的发展转型。目前，绿色农业内在要素的要求和演变的必然要求是绿色农业的发展。

2. 绿色农业系统自身的演变

随着中国经济的发展和对农业基础地位认识的不断提升，农业的发展模式也在不断自我发展和完善。农业的发展应该由原来的传统农业向组织化、两型化、科技化、精细化和产业化的绿色农业转变。此外，绿色农业的发展会使农业经济与资源、环境形成一种和谐的发展模式。绿色农业的内在要求以及自身的演变将会促使农业形成一种稳定发展的内在驱动力，因为绿色农业是一种可持续发展农业。

3. 绿色农业相关主体之间的利益拉动

在绿色农业发展的过程中，推动绿色农业主体发展的主要要素为主体间的利益。通过利益的诱导，指导绿色农业主体的投资方向，并且改变其行为方式，从而不断优化绿色农业产业结构，最终促进绿色农业的可持续发展。绿色农业的发展是通过市场的作用以实现利润最大化的目标。此外，政府在市场作用下运用"有形"的手，引导农业市场的运行和制定农业政策规范，有利于提升利益拉动的效果。

4. 绿色农业的外部激励

绿色农业发展模式的外部激励因素主要包括政府和非政府组织的引导和推动、消费需求的拉动、政府扶持并支持农业产业结构调整、农业科技推动、农业产业化优化、农业信息化引导以及新型农民的人力资源保障。①

（四）绿色农业发展模式的应用前景与发展趋势

绿色农业的发展具有丰富的内容和完整的理论体系，是中国现代农业可持续发展的最佳选择与主导模式。在全球气候变化背景下，以低能耗、低排放为基础的"低碳发展"模式成为全球热点。欧美等发达国家大力推行以高能效、低污染、低排放为核心的"低碳革命"，着力进行"低碳技术"研究与开发，并在产业、能源、技术、贸易等诸方面作出重大政策调整，以抢占市场先机和产业制高点。为了防止食品污染，保护生态环境，增进人类健康，发展绿色农业是当前及今后一个时期的必然选择。

1. 绿色农业的发展将更加体现社会公益事业性质

由于绿色农业体现了社会公益性，绿色农业的发展趋势将会像国际社会为"保护臭氧层""控制温室气体排放"和"保护生物多样性"等方面所做的努力那样，将推动绿色农业工程作为一项社会政策，并有可能引发一场社会运动。

2. 绿色农业发展的目标将更加明确

绿色农业是现代农业的主导模式，应向适应性更强，发展前景更广，规模更大的，以生产无污染、安全和有利于人类健康的最终产品为目标的生产模式和管理体系方向发展。

3. 中国绿色农业将对亚洲农业产生较大影响

农业的可持续发展是亚太地区乃至全人类社会可持续发展的基础，满足人类不断增长的物质需求是可持续发展的重要前提。对于亚洲发达国家和发展中国家来说，既要坚持发展优先，又要在发展中保护环境。基于这样的认识，中国坚持农业发展、保护环境、增进健康有机结合，经济效益、社会效益、环境效益同步实现，这是生产力发展的必然趋势。它不仅是中国绿色农业必须坚持的基本指导思想，也为亚洲许多发展中国家的农业发展提供了理论基础和可以借鉴的模式。

4. 中国绿色农业发展必然走向国际化

自 20 世纪 80 年代以来，中国的可持续发展思想得到了世界各国的响

---

① 侯胜鹏：《中部地区现代农业的发展模式及运行机理研究》，湖南农业大学，硕士学位论文，2013 年。

应，受到了国际有机农业运动联盟、联合国粮农组织等国际组织的关注和肯定。中国的绿色农产品产业开发按照国际市场的需求，遵守国际有机农业运动联盟的基本要求，特别是 AA 级绿色食品接近有机食品的标准。要按照国际规则，进一步完善有关政策法规，重视国际有机农业运动联盟的作用及其授权组织的影响，抓好国际互认证工作，增强中国绿色农产品参与国际有机食品贸易的主动权，使中国的绿色农业迅速走向国际化。①

第二节　绿色农业发展规划及其实施

一个完整的绿色农业发展规划应该包含现规划区的自然及社会经济发展概要、现状分析、资源优劣势评价、规划基本思路框架及定位、重点内容专题规划、环境保护规划、投入产出分析和实施对策分析等方面的内容。在绿色农业发展规划及其实施的过程中，绿色农业发展规划的设计分析起着基础性作用。

一、绿色农业发展规划的设计分析

（一）绿色农业发展规划的基本理念

绿色农业发展规划离不开自然条件的制约，在规划的初级阶段应充分考虑自然条件的制约和科学技术的革新，立足于当地的资源和生态优势，以市场为导向，以科技为支撑，通过科学规划和合理布局，提高科技含量和经济效益，在发展绿色农业的同时，对生态环境加以保护和适当开发，以带动当地的发展，增强可持续发展的动力。绿色农业发展规划在设计之初，会对当地的绿色农业发展情况、科技水平、区位选择和发展定位等诸多方面进行研究分析，因地制宜是规划方案设计的重要原则。

绿色农业发展规划势必会对区域内的多方面产生影响，基础设施的完

---

① 严立冬、屈志光、邓远建：《现代农业建设中的绿色农业发展模式研究》，《农产品质量与安全》2011 年第 4 期。

善、生产方式的变化、自然环境的差异等因素，均可制约或促进绿色农业发展规划的实施效果，呈现正反两方面的作用，影响的深度和广度都对绿色农业发展规划的制定和推进产生作用，进而逐步实现绿色农业的链条式发展，带动中下游的相关产业。[①]

（二）绿色农业发展规划的实现方法

1. 资源调查与评价方法

针对规划区的范围和面积确定调查方法。一般在县域层面上，涉及面积比较大的，可以采用典型调查方法，对重点区域、重点产业和重点村镇进行实地调研，获取规划的第一手资料；对面积不大，在乡镇层面上的规划，可以就重点村子和企业进行实地调研；如果是一个行政村层面上的规划，需要对整个村子进行详查或者逐村进行调研。

在调研的过程中，重点搜集规划区的气候、土地类型、生态环境、人口、种植业、养殖业和农业废弃物资源量等方面的基础资料，同时要求对方提供涉及规划区内的其他相关规划，并针对规划的主体，召开县、乡（镇）、村层面上的座谈会，通过座谈会了解规划委托单位的规划意图和想法，有助于规划的定位。在规划调研完成后，根据调研获取的资料，对规划区的自然资源和生态环境作出科学、客观的评价。资源环境的评价方法很多，一般有AHP层次分析法、环境质量指数分析法、人工神经网络方法等。

2. 区位优劣势分析法

区位优劣势分析包括资源、人力、技术、资金、环境、交通等方面的分析。当前关于优劣势分析的方法一般采用SWOT分析方法。

3. 主导产业确定方法

在绿色农业的主导产业确定方面，主要遵循以下原则：第一，该产业在农业生产部门中的经济总量或贡献份额；第二，从事该产业的人口占区域内总人口的比例；第三，该产业的社会基础；第四，该产业的发展潜力或前景。这是循环农业规划确定主导产业一般需要考虑到的几个原则，通过这些原则结合规划区的自然资源状况、社会经济发展和国家经济发展的趋势，确定主导产业。在确定主导产业的基础上，构建区域循环农业发展

[①]　孙碧荣：《日本农业区域规划发展分析》，《世界农业》2013年第6期。

规划的框架和循环模式。

4. 专题图制作方法

作为一个规划，专题图的制作是非常重要的一环，也是让规划从文本走向图纸的重要表现形式，是规划不可缺少的一部分。专题图的制作主要有 CAD、PHOTOSHOP 等绘图软件。一个规划需要配置总体布局图、局部规划图、效果图等几个层面上的图。①

二、绿色农业发展规划与开发功能体系构建

（一）绿色农业区域规划

1. 绿色农业区域规划的主要任务

绿色农业区域规划是对一定区域范围内，不同阶段国民经济建设的总体布局，研究区域内生产力的空间配置，拟定各阶段绿色农业发展的规模、速度、比例以及所需要的人力、物力和财力，对绿色农业发展、绿色农业资源开发和生产力布局所做的总体部署。

绿色农业区域规划的主要任务是：根据国民经济发展需要和绿色农业地域差异，确定绿色农业生产的区域分工，有效利用绿色农业资源，合理配置生产力，发挥区域优势，改善绿色农业生态环境，统筹安排绿色农业开发和建设，使绿色农业同整个国民经济以及农村经济有关部门相互协调。

2. 绿色农业区域规划的具体内容

绿色农业区域规划首先需要开展绿色农业资源的综合性评价，全面分析评价绿色农业自然资源与社会经济技术条件，从本地区的农业生产条件的实际可能出发，强调因地制宜、扬长避短，充分发挥自然优势，研究确定区域的发展方向、重点和战略目标，继而提出合理调整绿色农业生产结构与布局的方案，并确定合理利用绿色农业资源、绿色农业综合开发的目标与内容。

绿色农业区域规划的一项重要内容就是进行区域内的农副产品加工、储运设施的远景布局，提出建设绿色农业商品生产基地、增强农业物质技

---

① 张海成：《县域循环农业发展规划原理与实践》，西北农林科技大学，硕士学位论文，2012 年。

术基础、改善生态环境的方案，综合协调农林牧渔业和绿色农产品加工业、农用工业以及整个经济社会发展的关系。最后还需要进行开发建设项目的效益分析，提出实现区域开发与建设的政策与措施。需要注意的是，不同区域的资源条件、生产特点、发展战略不同，规划内容也有所侧重。概括起来，绿色农业规划的区域范围，有不同等级（全国、省、地、县等），不同层次（一级区、二级区、三级区等）的差别。

3. 绿色农业区域规划的基本特性

绿色农业区域规划作为对一个区域性绿色农业的指导性布局，对区域范围内的绿色农业生产性和非生产性建设有着重要的意义，具有四个基本特性：

（1）战略性。绿色农业区域规划是对绿色农业地区的经济建设的布局作出的重要决策，规划方案选择的合理与否，将对该地区绿色农业的发展产生重大而深远的影响。

（2）地域性。绿色农业区域规划不仅仅需要指出绿色农业地区生产发展方向，更重要的是还要把各项农村生产和建设项目落实到具体的区域，使"因地制宜"发展生产的指导方针更接近于实际。

（3）综合性。绿色农业区域规划不是以农村单项生产项目为目的，而是所有生产项目在区域上的总体布局，各项项目相互影响、相互作用，形成绿色农业区域经济综合体。另外，由于绿色农业区域规划设计项目及范围很广，需要经济、农业、水利、林业、地理、工业、交通等各部门共同参与。该项工作是多因素、多变量、多目标、多层次并随时间变化的复杂动态系统，要随时监测各因子的变化，修改、充实绿色农业区域规划。

（4）反馈性。绿色农业区域规划可以为绿色农业区域近、中、远期发展规划提供依据，并由发展规划反馈信息，从而不断地为绿色农业区域规划提出修改意见。①

4. 绿色农业区域规划的主要原则

在编制作为国家规划最终阶段的区域规划方案时，应当提出一系列有关改善绿色农业行政区生产力配置的具体建议。土地规划工作者和其他农业专家在编制农业区域规划方案时应当遵循生产力配置原则，考虑到具体

---

① 毕于运：《对农业区域规划的认识》，《中国农业资源与区划》1986年第2期。

农业行政区自然和经济条件而制定。

（1）绿色农业区域规划确定正确利用土地和保护自然资源的综合措施。以企业的生产类型为依据，确定种植面积的正确结构、实行轮作制和多年生栽培牧场。土地规划工作者和其他专家一起共同制订区域规划方案，同时还要考虑地区各企业的发展利益和自然保护措施。

（2）在编制绿色农业区域规划方案时，研究制定投资在工业和农业企业间的正确分配计划，即在乡村建设、修造工厂、仓库、道路、土壤改良、水保设施、煤气管道和其他必需的交通线方面所占的必要份额，规定各部分参加建设的份额。同时，要拟定加速补偿消耗的途径。

（3）绿色农业区域规划设计，其设计决策应是最经济的，无论是在地区生产和地域组织消耗上、降低地区各种产品成本方面，还是在压缩乡村建设、地区间、企业间、动力和水利设施、服务网点、绿色农产品加工企业和建筑材料加工企业（就地取材）建设方面都应如此。

（4）拟定绿色农业区域规划设计，应该规定绿色农产品生产规模、有计划地进行设计和建设工作的种类和期限、农作物产量的增长速度、提高动物产量，所有过渡年代消耗补偿程序。尽管对绿色农业区域农业规划所提出的所有要求并不仅局限这些基本原则，但遵循这些原则，在很大程度上能保障提高绿色农业区域规划设计的质量及有计划地实施。①

（二）绿色农业产业规划

1. 绿色农业产业规划的内容

绿色农业产业化是以市场为导向，以绿色农产品基地为基础，以龙头企业（市场）及各种经济组织为依托，以经济效益为中心，以系列化服务为手段，通过实行产供销、农工商一体化经营，将绿色农业再生产过程的产前、产中、产后诸环节联结为一个完整的产业系统。从功能和本质上看，绿色农业产业化是引导分散的农户小生产转变为社会化大生产的组织形式，是市场农业自我积累、自我调节、自我发展的基本运转机制，是多个参与主体自愿结成的经济利益共同体。

---

① Г. А. 库芝聂召娃、范志书：《农业区域规划的内容和基本原则》，《地理科学进展》1988 年第 1 期。

绿色农业产业规划就是对绿色农业产业要素、配置结构及产业布局等进行的整体部署，以提高资源利用率为重点，以实现高效益和绿色农业可持续发展为目标。绿色农业产业规划突破了农业区划和土地规划的局限，既重视从宏观层面把握绿色农业产业化与区域农业发展总体战略的衔接，又注重自身效益；既重视短期经济效益，又重视长期效益和绿色农业的可持续发展，重视内部结构优化和技术的创新。

绿色农业产业规划内容主要包括以下几个方面：绿色农业生产条件及生产潜力的分析评价和前景预测；绿色农业发展方向、战略目标、战略重点、区域布局；绿色农业部门结构、规模、发展速度及水平；绿色农业基本建设投资和战略实施步骤。绿色农业产业规划作为一种专项规划，对一个国家或地区经济发展具有较为深远的影响，科学合理的规划可以促进优势产业和相关产业发展。

2. 绿色农业产业规划的目的与任务

在可预见的未来，对某一级行政区域范围内的绿色农业产业发展进行分析研究，提出该区域绿色农业发展战略、方针和方向，以更高层次的区域规划和社会经济发展计划为指导，确立绿色农业产业发展方向。

合理开发利用绿色农业资源，确保绿色农业资源永续利用和不断增值。绿色农业产业规划依据市场和绿色农业自身发展的需要，通过农、林、牧、副、渔、农村能源等多产业的综合规划设计及技术组装，实现农林业及农林牧业的综合发展，并达到物质循环利用；通过生产与生态的良性循环及山水林田路的综合治理与建设，达到土地的最优化利用和农林牧副渔各产业协调发展，实现资源保护与经济发展的统一。

此外，通过充分开发区域优势绿色农业资源，逐步形成新的产业和产业链，开发新兴产业，培植新的经济生长点。以合理调整农业产业结构为契机，选用加强农作系统内部循环的先进技术，积极营建绿色农业生产基地，创造一个农田集中成片、地块方整规范、沟渠路网完善、生产环境清洁的新农村景观。

（三）绿色农业园区规划

1. 绿色农业园区规划的内容

农业产业开发和农业园区建设是现代农业发展的重要模式和载体，在现代农业科技的试验和示范中发挥了重要作用。绿色农业园区规划以"政府推动、市场运作、项目支持、示范引导、统一规划、多元投资、共同建园、自我滚动、自我发展"为宗旨，按照"谁投资、谁建设、谁管理、谁受益"的原则进行运作，逐步建立"完善市场导向，科技支撑，利益诱导，目标规范，政策保证"的运行机制和"核心区+企业（协会）+基地+农户"的运行模式，成立园区带基地、基地连农户的发展路子，继续发展以合作社为主体的农民专业合作组织，依靠农业新技术，调整生产结构，发展现代高效农业，增加农民收入。

2. 绿色农业园区规划的功能定位

绿色农业园区规划是通过对绿色农业的选择与分析，确定园区的发展内容，实现园区产业化发展，以此来获得经济效益、社会效益。它决定着园区的战略发展方向，其功能定位要立足于当地社会经济等的实际条件，因地制宜，选择恰当的建设内容和技术路线，根据园区规划的指导思想和发展目标，全面协调、突出重点，指导园区规划建设，使园区发挥其应有的作用和影响。

绿色农业园区规划是绿色农业园区建设的龙头，规划决定着绿色农业园区建设规模、方向和品位，所以园区在基础设施建设过程中也应始终坚持"规划先行"的指导原则。通过整合宏观环境和微观环境要素，以前瞻的眼光、科学的理论、客观的实践和翔实的数据，对绿色农业产业项目作出宏观的、方向性的计划和部署。绿色农业园区规划通过构建绿色农业发展，在特定的地理空间上为绿色农业集群化发展奠定基础。

3. 绿色农业园区的主要模式及其运行

绿色农业园区可以根据组建主体的不同分为：以推广管理部门筹资组建的部门组建型、由科研院所组建的院所带动型、引资或工商资本建设的个私投资型和由农民专业合作经济组织和种植大户牵头组建的民间合伙型。其中，院所带动型既是自身进行新品种、新技术试验示范的基地，又可以为当地树立发展绿色农业的样板，个私投资型既是新农村建设的主体，又是发展绿色农业的典范，民间合伙型模式是规模推进高效农业的主要形式。[①]

① 陈良根：《镇江现代农业示范园区建设透视》，《江苏农村经济》2010 年第 7 期。

　　绿色农业园区采取"统一规划，成片开发，统一管理"的运行模式。具体运作方式是政府及其协调指导小组对区域进行统一规划，根据区域现状特点划分功能区，并在完善内部公共设施、基础设施和重点项目建设的基础上，按照项目招标的方式，采取优惠政策和举措吸引企业和农民参与各示范园建设。管理服务中心对园区内的各类企业提供周到细致的服务。绿色农业园区规划关键是创新机制，促进土地流转集中。为此，应在园区管理中心专门设立土地流转机构，主要为入区企业解决土地规模化集中问题，同时还要建好绿色农产品交流信息平台和物流中心。

三、绿色农业发展规划的保障与实施

（一）构建绿色农业发展规划的保障体系

1. 绿色农业发展规划的法律保障

　　绿色农业发展规划是一项具有不可预见的存在风险因素的长期性的发展目标，所以稳定是保障规划顺利实施和绿色农业发展的重中之重。在绿色农业发展规划方案实施过程中，政府需要从绿色农业土地使用规划、生活和生产基础设施规划、绿色农业生产规模规划和生态环境规划方面入手，整合和优化日常生活和绿色农业生产等诸多因素。需要注意的是，单一的相关法律无法适合各地区的绿色农业发展需要，所以多样化的具有地域特点的规划细则成为各地区规划实施的重要依据。

2. 绿色农业发展规划的经济保障

　　经济发展是推动绿色农业发展规划实施的重要措施和重要目标，绿色农业经济发展和绿色农业发展规划相互促进，最终实现绿色农业的发展。在保障绿色农业规划的实施中，政府可以通过建立较为完善的农业金融体系，通过政策性金融机构和合作性金融机构的相互补充与合作，为绿色农业发展规划的顺利实施提供资金支持，同时，政府还可以采取加大对绿色农业发展的补贴力度，发放低息贷款等措施，提高农户的生产发展积极性。

3. 绿色农业发展规划的服务保障

　　由于中国绿色农业的生产主要是以小农经济为主的发展模式，在实施绿色农业发展规划方案时，必然会出现农户生产分散、居住聚集情况，加强区域内农户的生产生活的联系成为需要解决的现实问题。可以通过建立以服务为核心的绿色农业合作社，把农户与农户、农户与企业紧密联系起来，联合服务型绿色农业协作社与专业型绿色农业协作社，形成技术指导、统一采购、产品加工销售、保险购买和其他金融服务等为主业务线的服务体系，有效降低和规避农户因规划造成的生产经营风险。

（二）强化绿色农业发展规划的保障措施

1. 坚持生态学观点

诚然，绿色农业发展规划的编制、推进、落实，是一项涉及面广、专业性强的工作，因此需要相关部门各司其职、各级组织有序分工，做到责任、措施和投入到位，从而确保发展绿色农业各项工作有序推进。需要指出的是，无论是绿色农业区域规划、产业规划，还是园区规划，都需要以生态学规律为指导，严禁破坏重要生态功能区的林草植被，促进土地生态系统的良性循环，以达到最佳生态效益，确保原生态环境的完整性，为绿色农业实现可持续发展战略打造基础。

2. 制定发展政策

绿色农业发展规划需要国家制定相应的政策给予支持。加强对绿色农业发展的宏观调控和指导，在绿色农业发展规划确定后，制定相应的扶持政策，对经济和社会效益好的产业或园区或项目，实施政策倾斜，以鼓励和刺激其发展。充分利用国家关于绿色农业的相关优惠政策，发挥出优惠政策的引导和扶持作用。政府可以建立专项资金用来发展绿色农业经济，加大政府资金投入力度，对发展绿色农业的重大项目和示范工程给予支持，提供直接投资或资金补助、贷款贴息等措施，政府投资可以对社会投资起到引导的作用。

3. 完善体制管理

在绿色农业发展方面，充分发挥市场在资源配置中的决定性作用，强化政府的综合协调职能，解决执法不统一、责任不落实等问题。加快构建环境影响评价、清洁生产环境审计和污染排放许可等管理制度。完善资金管理体制，合理安排使用，提高资金使用效益，对重点项目实行重点发展。充分利用专家咨询，为政府和管理部门提供相关必要的信息服务，收集分析绿色农业发展的国内外发展动态和相关信息。

4. 依靠科技进步

发挥科学技术是第一生产力的作用，通过科学技术的进步转变经济增长方式，提高绿色农业发展水平。加快发展绿色农业的资源减量化技术、清洁生产技术、环境污染治理技术和资源综合利用技术的开发研究和推广应用。按照绿色农业的理念培养和建造一批示范区，实施绿色农业科技产业核心园区的建设示范工程。重点攻关清洁生产、环境无害化、废弃物回收利用、节能、节水和新能源开发等领域，重点组织开发和示范，打破制约绿色农业技术发展的瓶颈。支持建立绿色咨询服务体系和信息系统，及时发布绿色农业相关的技术、管理和政策等方面的信息。

5. 拓展多元化投融资渠道

增加绿色农业发展的投入，制订绿色农业发展重点项目的年度投资计划，将绿色农业发展重点项目纳入财政预算和经济社会发展计划。在资源配置中充分发挥市场机制的作用，积极推进经济发展的市场化、产业化。积极申请银行信贷和国家专项资金支持绿色农业项目。鼓励各类投资主体以及不同经济成分以不同形式参与绿色农业发展。

6. 优化绿色农业考核机制

加快建立科学、合理、全面的绿色农业核算机制、纳入统计体系、评价体系和考核体系，积极探索绿色 GDP 核算制度和建立相关的统计制度。将绿色农业建设纳入目标管理考核的重要内容，加强目标考核督察，确保绿色农业建设工作有序推进。建立健全奖惩与监督机制，建立规划实施工作业绩考核制度，在规划实施中对各乡镇、各部门的工作绩效进行年度考核，实行绩效与奖惩相挂钩。[1]

第三节　绿色农业发展的模式设计与选择

一、绿色农业发展模式的设计思路

与传统农业相比，绿色农业发展模式具有明显的特点：充分利用人类

---

[1]　张海成：《县域循环农业发展规划原理与实践》，西北农林科技大学，硕士学位论文，2012 年。

文明进步特别是科技发展的一切优秀成果，依靠科技进步和物质投入来保障较高的生产能力，以满足人类对农产品的数量和质量的需求；在追求农产品的优质、高产、安全、生态的基础上，通过建立市场准入制度、发展农产品加工业和农产品国际贸易等，提高农业的综合经济效益；同时在强调农业发展时，将保护环境与资源密切地结合起来，特别对水土和生物资源给予更多的重视；注意利用生物系统中能量的自然转移，重视资源的合理利用和保护，并维持良好的生态环境，既考虑当前利益，又考虑长远影响，把当前利益和长远利益结合起来，兼顾生态效益、经济效益和社会效益。

（一）绿色农业发展模式的设计原则

1. 生态经济原则

绿色需求将逐渐成为主要需求，绿色消费将成为主要的消费趋势。绿色农业发展模式能够充分满足农业生产、生态安全和经济效益的要求，因此必须把绿色农业提升到战略和全局性的高度来认识。在发展优质高产高效生态安全农业方面，绿色农业居于首要地位；在保障人民健康、提高生活水平方面，绿色农业居于基础地位；在实施可持续发展战略方面，绿色农业居于重要地位。

绿色农业发展模式的实质是生产绿色食品，对农产品实行"从土地到餐桌"的全程质量控制，包括选择无"三废"污染的种植区域，使用无公害、无残留的生物农药和有机肥料，淘汰和禁用对环境和人体有害的化学农药和无机肥料等。因此，设计绿色农业发展模式时应遵循生态经济原则，即将当前利益与长远利益相结合，或者说将生态利益与经济利益相结合。这是绿色农业的本质决定的，背离了这一原则，也就丧失了绿色农业发展的必要条件，也就谈不上发展绿色农业了。

2. 比较优势原则

各地区绿色农业发展模式的选择，要遵循比较优势原则，最先需要考虑的便是当地的自然优势与社会经济优势能否得到充分利用，能否获得较高的经济效益。绿色农业发展模式在追求生态效益的同时也注重经济效益，这是在市场经济条件下，发展绿色农业的基本原则。

在设计绿色农业发展模式时，要用经营企业的思维和工业化理念谋划绿色农业，走大企业带动、大基地联动、大产业运作的产业化发展的路子；整合农产品的生产、加工、包装、储藏、运输、销售以及相关的教育、科研等环节，形成一个完善的无污染、无公害的安全、营养、优质的食品产销管理体系。

3. 因地制宜原则

由于各地区的自然环境条件和自然资源各有不同，因此，绿色农业发展模式的选择应该灵活多变，不能简单地强调整齐划一，应结合不同地区的不同生态和社会经济条件因地制宜，建立合适的绿色农业发展模式：受到污染较少或无污染、自然风光好、农家特色鲜明的地区应优先发展观光休闲农业模式；投资者具有一定经济实力的地区可以考虑发展设施农业模式等。

实践表明，绿色农业发展模式必须注意选择资源优势明显、市场竞争力强的产品集中进行开发，不断扩大规模，形成优势，培植品牌产品。同时，绿色农业发展模式鲜明地提出农业要实行标准化全程控制，特别强调农业发展的终端产品，即农产品的标准化，通过标准化来提高农产品的形象和价格，实现"优质优价"，提高农产品竞争力。

4. 市场导向原则

绿色农业发展模式的选择必须适应市场需求，以市场为导向，根据市场需求确定绿色农业的发展规模及结构体系，并通过扩大规模、降低生产成本来取得市场价格优势。[①]

在设计绿色农业发展模式时，必须进一步解放思想，克服小农意识、计划经济思想和官本位观念，尊重经济规律，按照民有、民营、民享的原则，把种植大户、养殖大户、加工大户、营销大户、科技示范户，有效地组织起来，在自愿互利的前提下，积极发展多种形式的专业合作经济组织和绿色行业协会，组建一批基础雄厚、辐射面广、带动能力强的绿色食品加工营销龙头企业，逐步形成贸工农、产加销、农科贸一体化、一条龙的生产经营体系。积极创造条件，吸引工商企业、民间资本进入绿色农业开发的主战场，充分利用其技术、人才和市场网络等方面的优势，参与开发

---

① 徐长勇：《中国主要生态功能区绿色农业发展模式研究》，《生态经济》2009 年第 6 期。

绿色食品。[①]

(二) 绿色农业发展模式的主要类型

概括起来，绿色农业发展模式主要包括时空结构型、食物链型和时空食物链综合型等三种类型。

1. 时空结构型

这是一种根据生物种群的生物学、生态学特征和生物之间的互利共生关系而合理组建的农业生态系统，使处于不同生态位置的生物种群在系统中各得其所，相得益彰，能更加充分地利用太阳能、水分和矿物质营养元素，是在时间上多序列、空间上多层次的三维结构，其经济效益和生态效益均佳。具体有果林地立体间套模式和农田立体间套模式、水域立体养殖模式和农户庭院立体种养模式等。

2. 食物链型

这是一种按照农业生态系统的能量流动和物质循环规律而设计的一种良性循环的农业生态系统。系统中一个生产环节的产出是另一个生产环节的投入，使得系统中的废弃物多次循环利用，从而提高能量的转换率和资源利用率，获得较大的经济效益，并有效地防止农业废弃物对农业生态环境的污染。具体有种植业内部物质循环利用模式、养殖业内部物质循环利用模式、种养加工三结合的物质循环利用模式等。

3. 时空食物链综合型

这是时空结构型和食物链型的有机结合，使系统中的物质得以高效生产和多次利用，是一种适度投入、高产出、少废物、无污染、高效益的模式类型。

二、绿色农业发展模式的运行机制

(一) 产业化经营主导型模式

产业化经营主导型绿色农业模式是一种比较普遍适用的模式，它是以

---

① 晁团光：《陕北绿色农业模式研究》，西北农林科技大学，硕士学位论文，2009 年。

市场需求为导向，产业基地为基础，绿色生产为手段，加工转化为龙头，效益农业为目标，按照"基地化建设、标准化生产、区域化布局、市场化运作"的要求，把产业链条有机地连接起来，实现农业生产的高产、优质、高效和可持续发展。从发展产业化经营主导型模式的牵引力来分，可分为市场品牌带动、专业协会带动和加工龙头带动三个类别。

1. 品牌带动模式

品牌带动模式就是以市场为导向，以农产品的生产、加工、销售全过程的绿色化为手段，通过整合资源优势，创建一个市场品牌，以品牌来拉动农产品生产和开拓农产品市场，最终促进关联产业共同发展的绿色农业发展模式。

这种模式的显著特征是，具有一个有影响力的品牌，关键在于品牌的打造，重点要解决的问题是质量标准体系和监控体系的建设、利益联结机制的建立和完善、信息反馈系统的构建、营销网点的选址、分布等。该模式的优势是，能发挥品牌效应，迅速占领市场，带动农民增收。缺点是一旦有个别关联企业在生产过程中不按标准操作，产品不符合质量要求，流入市场后，将影响整个品牌的形象。该模式适用于有绿色农产品生产基地，在周边农产品市场占有相当份额的地区。

2. 农业专业协会型

农业专业协会型是指在绿色农产品规模生产过程中，根据自愿原则，组建农业专业协会，协会根据绿色农产品的生产要求，统一标准生产，统一注册商标、统一包装、统一质检、统一销售，甚至可以统一购买生产资料，从而很好地推进绿色农产品的生产与经营。

这种模式的最显著特征是具有一个能提供相关服务的专业协会，关键在于协会的培育，重点是要选好领头雁，解决好协会与会员间的利益分配、商标品牌与产品质量、市场需求与种养规模等的关系。该模式的优势是把弱小、分散的各个市场主体通过协会有机地联合起来，通过行业自律，规范行业行为，打造出一个应对市场风险能力强的市场主体。缺点是一旦有个别会员在利益的驱使下使用了禁用药品或添加剂等，将影响协会在市场上的整体形象。该模式适用于规模生产具有一定基础，群众联合意愿比较强烈的地区。

3. 农业龙头企业型

通过农业"龙头企业+基地+农户"等形式，在生产、加工、质检、销售等环节，按照绿色农产品的质量标准，实行全程管理。基地可由龙头企业出资申报、建设，产品由龙头企业统一收购、统一加工分装、统一使用绿色农产品标志、统一销售，使绿色农产品的生产与经营顺利进行。

这种模式的最显著特征是具有生产绿色食品且带动辐射能量强的龙头企业，关键在于龙头企业的培育，重点要解决好龙头企业与农户之间的利益调整、产品与市场的对接、生产加工能力与基地规模三方面的关系。该模式的优势是提高农产品的附加值，延伸农业产业链条，促进农民增收。缺点是龙头企业与农户的利益调整难以把握，一旦市场发生较大变化，就会产生加工龙头企业的原料不足或是农户产品难卖的现象。该模式适用于农产品加工具有一定基础，产品市场潜力大的地区。

（二）循环农业发展模式

物质循环利用型绿色农业模式是一种在物质循环链条中适用的模式，它是应用生态系统的物质循环原理，把清洁生产、资源及其废弃物综合利用、生态设计和可持续消费等融为一体，使农业生产和谐地纳入到自然生态系统的物质循环过程中，实现"资源—产品—再生资源—再生产品"的物质反复循环流动，达到污染低排放或零排放的一种农业生产经营模式。常见的模式有：

1. 平原"猪—沼—作物"循环模式

"猪—沼—作物"模式是通过种植面积、养猪规模、沼气池容积合理组合，以沼气为能源，沼液和沼渣为肥源，开发优质有机肥料用于作物生产，实行种植业与养殖业结合，能流物流良性循环，资源高效利用，有效治理养殖污染，改善生态环境，同时促进发展无公害农产品生产，提高农产品质量，综合效益明显。

2. 丘陵山区"猪—沼—果"循环模式

利用山地资源，发展无公害水果和有机茶生产，采用"沼气池、猪舍、厕所"三连通，因地制宜开展"三沼"（沼气、沼液、沼渣）综合利用，沼液和沼渣主要用于果园施肥，沼气供农户日常烧饭点灯，达到农业废弃物资源化利用和生态环境建设，提高农产品质量，增加农民收入等效果。

3. 生态庭院模式

以生活污水净化沼气池和太阳能热水器利用为主要内容，实行太阳能热水器、生活污水净化沼气池（或户用沼气池）和优质燃气（沼气、石油液化气、秸秆气等）三配套，与农村"改厕、改厨、改院"相结合，形成农户生态良性循环，有效处理污水，改善农村人居环境，营造生态家园，增加清洁能源供给，提高农民的生活质量，同时为农村环境整治和全面实现小康社会提供有效途径。

（三）观光休闲农业模式

该模式指以生态农业为基础，利用区域内特有的自然和特色农业优势，经过科学规划和建设，集赏花、垂钓、采摘、餐饮、健身、狩猎、宠物乐园等设施与活动于一体，形成具有生产、观光、休闲度假、娱乐乃至承办会议等综合功能的一种农业生产经营模式。该模式的优势是利用自然资源优势，实现农业发展与休闲娱乐的有机结合，提高了农业经济效益。如保定的昌利农业旅游示范园，是集农业观光旅游和特色农业、新技术推广为一体的农业科技示范基地。园区建设分为现代农业示范景点和休闲度假娱乐场所两部分，以面向发达地区市民"周末游"为出发点和立足点，将定兴独特的乡土民情和地域文化与园区建设巧妙结合，提高旅游附加值。

这种模式的最显著特征是把农业生产与观光旅游有机地结合起来，关键是处理好投资方向与市场需求的关系，重点要解决好农业项目的选择、消费群体的选择、娱乐设施匹配、自然风光保护与基础设施配套建设等问题。该模式的优势是利用自然资源优势，实现农业发展与休闲娱乐的有机结合，提高了农业经济效益。缺点是需要的资金量大，投资主体有限，主打农业项目、娱乐设施、配套基础设施的建设要达到较好的结合，才能满足消费群体的需求。该模式适用于受到污染较少或无污染、自然风光好、农家特色鲜明的地区。

（四）设施农业模式

设施农业模式是通过采用现代化农业工程和机械技术，人为地创造出相对可控的动、植物生长环境，以有机肥料全部或部分替代化学肥料

（无机营养液）、以生物防治和物理防治措施为主要手段进行病虫害防治，以动、植物的共生互补促进良性循环，从而实现在一定程度上摆脱农业生产依赖自然环境的一种新型高效农业生产模式。它具有高投入、高科技、高品质、高产量和高效益等特点，其栽培主要对象为蔬菜、花卉和果树。①

这种模式最显著的特征是，人为地创造出相对可控制的动植物生长环境，关键是处理好投资方向与市场需求二者的关系。重点要解决好农业项目的选择、市场销路、病虫害防治、无公害生产与基础设施建设等问题。该模式的优势是利用现代化农业工程和机械技术，摆脱了农业生产对自然环境的依赖，提高了农业经济效益。缺点是需要的资金量大，投资主体有限，需要掌握的技术性要求高。该模式适用范围广，但要求投资者具有一定的经济实力。

三、绿色农业发展模式的制约因素

绿色农业发展模式的制约因素，主要包括自然方面的资源环境因素与社会方面的经济体制因素。各地区在制定绿色农业发展模式时，需要综合考虑各种因素，选择与当地条件最适合的绿色发展模式。

（一）资源环境因素

显然，绿色农业发展模式离不开最基本的气候、降水和土壤等环境因素，不同模式对水分、土壤等的要求各有不同，因此要因地制宜地选择适合绿色农业发展的模式，而不是仅仅依据市场需求而随意选择绿色农业发展模式。

绿色农业发展模式离不开土地②和高素质劳动力等资源。农村土地是绿色农业发展的重要资源保障，随着工业化、城镇化进程的不断扩大，对农村土地的占用使得农村可用土地不断减少，对绿色农业发展模式产生一定的制约。绿色农业作为一种集约式农业，在土地的利用方面采取高效、集

① 张志鹏、李静：《保定市绿色农业发展模式研究》，《经济研究导刊》2008 年第 7 期。
② 此处的土地资源主要强调的是土地的数量，而在上文自然环境中的土地则主要强调土壤的质量，侧重点不同，特此说明。

约的方式，尽可能发挥土地最大的利用效率，但是绿色农业发展模式在突出土地高效利用的前提下，强调具有一定规模的发展，而不是小规模的、一门一户式的发展，因此，绿色农业发展模式对土地数量有一定的要求，使得绿色农业发展模式能够得到大规模的推广。建立健全农村土地流转管理机制是依法、科学、有序推进农村土地流转的关键，要在稳定家庭承包经营制度的基础上允许土地使用权依法合理流转，将绿色农业发展模式做大、做强，打造绿色农产品品牌，进一步拉长绿色农业产业"链条"，加速绿色农业发展。

高素质的农业劳动力资源也是制约绿色农业发展模式选择的另一重要资源因素。在年轻力壮的农业劳动力大部分外出务工的背景下，留在农村从事农业生产的普遍是受教育水平低、知识老化、缺乏对绿色农业认知的老龄农民，这些人对农业科学技术接受度低，在一定程度上阻碍着新技术的推广和使用，导致农业生产率低下。另一方面，绿色农业发展模式作为一种高技术的农业，对从业劳动力在教育、素质等方面有较高的要求。因此，高素质劳动力资源也是绿色农业发展模式的影响因素。

（二）经济体制因素

农业设施的准公共产品特性使得现代农业的发展受体制、机制的影响较大。当前，涉农财政金融体制改革是影响绿色农业发展的重要因素之一。绿色农业发展模式具有投资成本大、回收期长的特点，加上对环境、资源的保护所具有的正向外部性，使得绿色农业发展模式需要依靠政府的大力支持。中国对农业发展的财政投入力度远远不够，对农业的投入与实际需求严重不符，并且有限的财政支农资金存在名目繁杂、渠道过多、投入分散、权责不清、管理混乱等问题。农业银行、农村信用社、农业发展银行作为农村金融的供给主体，其作用在逐渐减弱。农业银行的上市使得其支持农村发展的作用日趋式微；农村信用社则主要存在产权不清和商业化严重的问题，其服务对象渐渐变成了较大型的农业企业与富裕的农民；农业发展银行也将主要精力放在收购农副产品上，对农村公共项目、开发与扶贫的支持力度不够，导致绿色农业发展的资金来源严重短缺。绿色农业发展模式离不开保险市场，然而当前农业保险承保品范围覆盖太小，很多地方是空白，而且农业保险比较难以勘灾定损，即便认定，其赔付标准也过低，保障力度不够。

四、绿色农业发展模式的完善及推广

绿色农业发展模式的完善和推广，必须立足实际，着眼于构建以生态化为基础，以科技为支撑，以市场需求为导向的现代农业经济制度，并形成与之相适应的比较完善的绿色农业运行机制；着眼于产业的联动发展，不仅要提供优质安全的农产品和工业原料，还要营造优美宜人的生态环境，实现人与自然的和谐统一；着眼于生产主体收入的持续稳定增加，既要为人们生产提供品种丰富的优质农产品，又要实现与市场需求的有效对接，集产供销、贸工农于一体，增强抗市场风险的能力。针对现有模式存在的问题，借鉴先进经验，达到品牌与市场并进，科技与人才并重，借鉴与创新并举，不断完善绿色农业发展模式。

（一）注重制度创新

制度与模式是内容与形式的关系，制度具有广谱性，是根本性的东西，对模式起着规范和制约作用，而模式则是制度的具体表现形式。因此，完善和推广绿色农业发展模式，必须注重制度创新。要以产权制度为核心，逐步建立和完善农业经营制度、管理制度和生态环境制度，重点构建生态化和市场化有机统一的绿色农业发展动力机制、联结机制、协调机制、保障机制、效益评价机制和合理评价机制；构建生态经济市场机制、微观运行机制和宏观调控机制。目前，首先必须构建好标准化体系、投入机制和利益分配机制。标准化体系是产品品质保证的基础，是满足市场需求、占领市场、开拓市场的关键性措施。投入机制是调动社会资源投向农业的有效手段，是为农业发展注入新动力的源泉。利益分配机制是调动生产者、企业、经营者积极性的最有效途径。

（二）学习先进经验

应加强与绿色农业发达的国家和地区的技术交流，加快对其先进的绿色农业发展模式和技术的引进和吸收。学习和借鉴国际生态保护与建设的经验，鼓励投资者建立绿色农业研究中心及开展项目合作，聘请专家学者前来进行学术交流。积极引进国内外先进技术、先进设备、优良品种与经营管理理念。目前欧美和台湾在农业科技、种植养殖、品种选育、仓储物流、加工保鲜及市场营销等方面所拥有的科研技术和经营管理经验都值得很好地借鉴。已有的实践证明，学习和借鉴绿色农业发达的国家和地区的先进经验和技术是发展和推广绿色农业发展模式的有效措施。

（三）依靠科技进步

绿色农业是高技术、知识经济型农业，发展绿色农业，重要的是通过发展高科技农业，进一步发挥现代农业的生态、经济和社会作用。要加大农业科研攻关的力度，鼓励和支持农业干部采取技术入股、技术承包等方式进入生产一线，加快科技融入绿色农业生产的速度，从根本上提高农业产业的整体素质。要强化培训，重点强化新聘用农民技术员的培训，满足绿色农业对技术的要求。要加强新技术及其适用技术的应用，如绿色耕作技术，节水灌溉技术，配方施肥技术，病虫害综合防治技术，农、林、牧品种遗传改良技术等，提高转化资源优势为经济优势的科技产业化能力，进而带动农业产业结构调整，从根本上保障各类绿色农业模式的有效应用、发展和完善。

（四）促进品牌建设与推广

完善和推广绿色农业发展模式，必须整合资源优势，放大产业亮点，打造产业品牌。首先，在绿色食品的品牌命名、商标设计、标准色彩设计上应反映绿色文化内涵，容易引起消费者对健康、安全、环保、希望的联想。其次，在分销上应建立和利用绿色通道。同时，通过国内外绿色食品批发市场与交易会、绿色专卖连锁店、连锁超市等建立绿色食品交易平台，并利用网络平台，实现绿色食品加工企业和原料基地、绿色食品生产基地和绿色农产品分销之间的网上交易。此外，应充分利用现代促销手段，如广告宣传、公共关系、销售促进、推广绿色品牌形象等来突出绿色食品健康、安全、卫生、环保的特点。最后，一些绿色农产品基地在条件允许的情况下，可开展生态旅游，既增加当地旅游收入，又可为基地宣传绿色食品，提高品牌与产品的知名度。

（五）加强标准化建设

完善和推广绿色农业发展模式，必须加强标准化建设，通过标准的制定、发布、实施和监督，改进产品、过程和服务的适用性，破除贸易壁垒，开拓国内外市场，促进技术合作。在标准的制定方面，不仅要考虑其是否能适应农业生产技术发展的需要，还要参照国际标准化组织（ISO）及国外有关国家、区域组织已有的农业标准；不仅要考虑本地现实情况，也要注意吸收发达国家的先进农业技术。实施技术管理与国际接轨，增强农产品在国际市场的竞争力。同时，要根据情况的变化适时适当修改农业技术标准。在标准的实施方面，首先要加大宣传和示范力度，其次在具体实施过程中，要把标准化的实施与发展农业产业化有机结合起来。在标准的监督方面，首先要建立和完善农业质检中心和监测机构，其次是建立政府宏观干预下的企业化微观效益驱动管理体制，同时要以科学、求实、公正、公平为准则，加强对农业标准监测工作的管理。

第四章 绿色农业发展的组织形式创新

规范和发展绿色农业，实质上是对绿色农业组织形式的不断探索。创新绿色农业组织形式是社会经济发展的必然要求，是绿色农业组织发展的必然趋势，更是加快绿色农业建设和促进其稳定发展的重要保障。本章重点讨论了农业组织化的内涵、绿色农业组织演进、绿色农业组织创新的动因、新型绿色农业组织的具体形式及其运行管理等问题。其内容主要包括农业组织化的定义，国内外绿色农业组织的发展进程，绿色农业组织的职能与发展趋势，新型绿色农业组织的含义，单家独户、合作类型、公司运作的绿色农业组织形式，以及新型绿色农业组织运行管理的基本原则、存在问题及制度建设等。

第一节 农业组织化与绿色农业的组织演进

一、农业组织化的内涵

（一）组织与组织化的概念

"组织"一词从字面上理解指一个团体。然而，不同学者在各自研究领域内又有着不一样的见解。管理学家认为，组织是以目的为导向的社会实体，是具有特定结构的活动系统。新制度经济学的创始人道格拉斯·诺斯认为组织是为一定目标所组成，用以解决一定问题的人群，包括政治团体、

125

经济团体和教育团体等。为各方所普遍认同的组织的定义，从广义上说，组织是指由诸多要素按照一定方式相互联系起来的系统；从狭义上说，组织是指人们为实现一定目标，互相协作结合而成的集体或团体，如党团组织、工会组织、企业、军事组织等。①

谈到组织化，大多数学者会把组织与组织化相等同。也有学者将组织化理解为一个动态概念，既是一个"过程"概念，也是一个"程度"概念。是依托一类或几类社会经济组织来进行社会分工和规模生产，为实现资源的优化配置组合而构成的一个相互联系、相互依赖的有机的、整体的发展过程。

具体而言，组织化的特性包括以下五点：（1）组织化具有动态性。当遇到有利的发展条件或技术上、体制上的障碍时，组织化便会呈现动态的变化过程。（2）组织化具有差异性和阶段性。既有低级阶段和高级阶段的差别，也是一个由低级阶段向高级阶段、低水平向高水平不断完善的过程。（3）组织化不仅是组织形成的过程，更是组织促进资源优化配置的过程。（4）组织化是通过社会分工和规模化生产两个手段实现资源优化配置的。（5）组织化水平的提高不是仅仅依靠一个组织就能实现，而是通过一类组织或几类组织的共同努力才能实现。

（二）农业组织化的定义

20 世纪 90 年代农业组织化在中国兴起后，各领域学者对农业组织化的内涵、模式、发展原因、发展过程等问题进行了一系列探究。在前人研究的基础上，本书认为，农业组织化是指在中国市场经济体制下，农民为获得最佳农业经济效益，在农业产业化背景下，遵照家庭承包责任制的制度约束而聚合为一体并相互协作从事农业经济活动，进行农业微观经营主体再造的过程。

农业组织化呈现出以下四个主要特征：（1）农业组织化是一个由低级阶段向高级阶段、低水平向高水平不断发展的过程。（2）农业组织化发展的过程不仅是农业微观经营主体再造的过程，更是农民间相互协调与合作，为同一目标而共同努力的过程，是农业资源（包括土地、资本、人员、技术、

---

① 孟执芳：《管理学基础》，高等教育出版社 2009 年版，第 42 页。

制度等）不断整合和优化配置的过程。（3）农业组织化的形成是各种农业生产经营组织不断创新的过程，并在技术传递、信息集合、产业开发、规模经营、资源共享等方面发挥重要作用。[1]（4）农业组织化的过程既可以是单纯的农业生产者的联系与联合，也可以是包含农业产、供、销全过程的联系与联合。

（三）推进农业组织化的必要性

1. 市场经济的发展要求农业组织化

自 1992 年中国共产党第十四次全国代表大会召开，确立建立社会主义市场经济体制以来，资源配置得到不断优化，到现在形成了中国特有的市场经济体制且呈现出良性发展态势。然而，农民作为市场主体参与市场经济活动时，对市场经济体制的不适应日益显露。农民的生产经营活动主要由市场安排，囿于自身素质水平和市场经验的不足，农民难以捕捉千变万化的市场信息，再加上缺少足够的资本、有效的技术等生产要素，便产生了小规模经营的农民与市场对接困难的问题。

解决农民与市场对接困难的较为有效的办法是农业组织化。通过组织的力量，农民能够获取更多的市场信息，筹集到足够的生产资本，享受知识培训服务，取得实用技术，这不仅改变了单个农户的弱势地位，还提高了农户的市场谈判和抗御风险的意识与能力，维护了广大农民的利益。

2. 家庭联产承包责任制的完善离不开农业组织化

家庭联产承包责任制是将生产单位独立到户，节省了生产过程中的监督成本，调动了农民的劳动积极性。但产生了主体分散、组织化程度低等问题。在市场经济体制下，要得到资源的优化配置，便不能盲目地废除这一制度，进而将之前农村改革的成果化为乌有。倘若充分利用它的优点，在坚持家庭承包责任制的前提下，在农业产业化框架内实行农业组织化，聚合农业资源以求规模经营之效，改变单个农户在市场谈判中的弱势地位，借以应对各种风险。[2]将局面打开，使家庭联产承包责任制得到完善。

---

[1] 温琦:《我国农业生产经营组织化: 理论基础与实践方略》，西南财经大学，博士学位论文，2009 年。

[2] 吴学凡:《我国新型农业组织化: 现实的必然选择》，《石家庄学院学报》2006 年第 5 期。

3. 农业产业化的兴起需要农业组织化

国内外实践证明，农业产业化利于有组织的农户作为平等的经营主体共同进入大市场，帮助其利用现代企业形式、现代生产手段和科学技术发展集中连片的种植和养殖，进行大规模的加工和销售，提高农业的比较效益。此外，农业产业化内部的种养加、产供销、农工商、农科教各环节联系十分紧密，据此可以设想，如果没有农业组织化会使农业产业化的实施存在难度，而且难以达到预期绩效。

二、国内外绿色农业组织的发展进程

根据马斯洛的需求层次理论，人类的需求像阶梯一样从低到高按层次分为五种，分别是生理需求、安全需求、社交需求、尊重需求和自我实现需求。每个人都有需求，在某层需求获得满足后，另一层需要就会出现。20世纪以来，随着经济飞速发展，人民生活水平不断提高，需求层次随之上升。现代人们已不再满足于食品仅能解决温饱，转向更加注重健康和食品的多样性，需要更多绿色健康有营养的安全食品。如何满足人民对高品质、多样化食品的需求，是各国政府需要尽快解决的问题。

常规农业通过施用化肥、农药来提高农产品产量，但受到污染的农产品会给人类生存和生活留下隐患。同时，由于农药化肥的利用率低，使用过程中造成大量流失污染环境。为了克服常规农业发展带来的各种问题，许多国家发展了多种新型农业形式以期替代常规农业，例如"生态农业、生物农业、有机农业"等，统称绿色农业，生产的食品统称绿色食品。尽管叫法不同，但其宗旨和目的均是在环境与经济协调发展思想的指导下，依据"整体、协调、循环、再生"原则，因地制宜地将现代科学技术与传统农业技术相结合，实现农业高产优质高效持续发展，达到生态和经济两个系统的良性循环和"三个效益"的统一。至20世纪90年代，发展绿色农业，走农业可持续发展道路已成为世界各国的共同选择。绿色农业是广义的"大农业"，包括绿色动植物农业、白色农业、蓝色农业、黑色农业、园艺农业、观光农业、信息农业等。在具体应用上一般将"三品"，即无公害农产品、绿色食品和有机食品，合称为绿色农产品。

绿色农业组织的发展与完善为世界各国更好地发展绿色农业奠定了基

础。从宏观上说，绿色农业组织管理职责主要包括设置绿色农业管理部门、制定绿色农业发展政策、加强绿色农业宏观调控、制定绿色农业发展规划、组织绿色农业培训、考核绿色农业实施效果等。从微观上说，绿色农业组织牵线搭桥，作为农户与市场、与行业协会、与龙头企业之间的纽带，在农产品生产、加工、销售等方面协调农户与市场、与行业协会之间的关系，实现规模效益。

（一）国外绿色农业组织发展概况

1. 农业合作社

合作主义思想最早兴起于 19 世纪中叶西欧的空想社会主义运动中。合作主义者认为，人类社会并不存在阶级差别，只有生产者和消费者之分，主张建立合作社把消费者联合起来，本着自助互助的精神，以协同合作来确保他们的社会地位和经济利益，并幻想通过合作社的办法来解决社会问题，取消利润，消灭剥削，消除两极分化，最终使资本主义自行灭亡。①

不同国家或地区有着多种合作社类型，大致可分为两类：一类是以欧美的合作社为代表的专业合作社。突出特征是规模较大，专业性强，具有规模优势。合作社之间有意识注重联合或合作，已形成了比较完整的合作社体系。另一类是以日本的合作社为代表的综合性合作社，以职能综合性为主要特征。亚洲的日本、韩国、印度以及中国台湾地区的合作社都属于这一类型。

美国的农业合作社，也叫作农场主合作社，其形式多种多样，有供销合作社、信贷合作社和其他合作社（农村电力电话合作社、技术服务合作社、奶牛改良协会等），在农村几乎无处不在。合作社的主要特点是跨区域专业合作与联合，以共同销售为主。实行非营利原则，收益在年终会按照社员同合作社交往的业务量返还给社员。

法国农业合作社分为生产领域的合作社和流通领域的合作社。农民入社可以得到合作的优惠，按出售的商品量获得返利，但也必须承担一定比例的流动资金。合作社一半以上用于收购、生产和销售的主要农产品和农用生产资料涉及农业生产主要部门，以粮、油、奶业为主。

日本的农业合作社称为"农业协同组合"，简称"农协"，有综合农协

---

① 方天堃：《国外农业合作社概况》，《现代畜牧兽医》2009 年第 9 期。

和专业农协之分，以综合农协为主。经营原则为加入自由原则，民主管理原则，控制股金分红原则和利润分配原则。日本农协的业务包括购销服务、指导服务、信用保险服务和共同利用事业。

2. 家庭农场

国外的家庭农场根据各国资源禀赋差异，形式多样。典型的家庭农场有美国、德国的大中型家庭农场，法国的中型家庭农场和日本的小型农场。

美国于1820年实施了将共有土地以低价出售给农户的政策，建立了家庭农场的农业经济制度。目前，美国家庭农场表现出数量逐年减少、集中化程度越来越高、大型农场市场占有比例过大等特点。德国的家庭农场构成了德国农业的实体基础，全面实现了机械化、信息化、精准化和知识化。发展呈现出数量减少、规模扩增的趋势。目前，德国运用现代工业装备和新型管理方式发展和规范现代化的家庭农场，农民都具有较高的科学文化素质和技能。同时，德国的家庭农场一直努力建设农民专业合作社，积极提高农民组织化程度。

根据法国农会提供的信息，法国约有50万个家庭农场，中小农场占很大比重，且专业化程度很高，大部分农场为突出各自产品特点只经营一种农产品。同时，企业承担了之前农场的工作，如耕种、收获、运输、营销等，帮助农场由原来的自给性生产转变为商品化生产。

1952年，日本将"强制购买地主土地转卖给无地、少地的农户"这一规定以法律形式确定下来，实行专业化集约经营，标志着日本形成小规模家庭经营为特征的农业经营方式。为避免土地分散经营给农业发展带来不利因素，从20世纪70年代开始，日本政府连续出台了一系列促进土地经营权流动，促进农地的集中连片经营和共同基础设施的建设的法律法规，以农协为主，帮助核心农户妥善经营耕地。这种以租赁为主要方式的规模经营战略很快获得了成功。

3. 生态庄园

庄园农业模式起源于15世纪的英国，当时"羊吃人运动"使大量土地集中在少数人手中，从而使西方农业走向集约化经营，并实现了农业现代化。[①]

---

① 郭飞、周秉根、韩钦臣：《生态庄园——新农村建设的现实选择》，《中国农村小康科技》2007年第10期。

欧洲国家虽数量多、国土面积较小，但具有绚丽旖旎的自然风光，古老的人文和历史底蕴。休闲生态农庄因此相对简洁、精致，会提供诸如露营、狩猎、赛马、钓鱼、园艺等项目供旅游者休闲放松。欧洲的生态农庄经济经历了三个主要阶段：19世纪末兴起的生态农庄以家庭经营居多，提供的服务较单一，属萌芽期；20世纪中期，生态农庄数量剧增，经营范围开始多样化，属发展期；20世纪80年代后，生态农庄走上了连锁经营和产业化发展的轨道。

美国自20世纪60年代政府提供政策上的支持后，农庄旅游迅速发展。美国国土幅员辽阔而人口较少，农业旅游最主要的形式是较大型的度假农场及观光牧场。人们可以在一些生态农场中体验自然生态旅游、农业科普旅游和乡村文化遗产旅游等。

亚洲国家生态农庄总体发展较迟。为振兴农村经济，实现城乡协调发展，1984年，韩国开始发展农庄经济，韩国的生态农庄集休闲、体验、收获、观光、销售为一体，发展初期以小型个体农庄项目类型为主。20世纪90年代后农业旅游产品数量和形式才逐渐丰富起来。

（二）国内绿色农业组织化演进

中国绿色农业的发展始于2005年，但从20世纪70年代就开始对其进行探索，至2000年建立了不同类型、不同级别的生态农业试点两千多个。生态农业示范面积超过650万公顷，占全国耕地面积的7%左右，生态农业户、生态农业村、生态农业县遍布全国31个省（区、市）。在组织建设与管理方面，绿色农业的发展始终得到了中国各级政府强有力的支持。1984年，国务院颁布了促进生态农业发展的决定，并在其后不久制定的《国民经济和社会发展第八个五年计划》中，明确提出了建立生态农业示范工程。在1994年3月25日由国务院第十六次常务会议上批准的《21世纪议程》中，对可持续农业的发展进行了特别的强调。

改革开放前，中国对发展绿色农业缺乏明确的意识，对一些农业组织的探索不完全针对绿色农业。改革开放后，随着人们对绿色健康农产品需求的增加和绿色农业的快速发展，才出现专门的绿色农业组织。

1. 农业合作社

农业合作社是在新中国成立初期，为恢复生产，增强农民抵御自然灾害的能力而成立的农村生产互助组织，是人民公社的较低级形式。随着1953年中国土地改革的基本完成，农民获得了土地，极大提高了生产积极性，但分散、脆弱的农业个体经济不能满足工业发展对农产品的需求。于是，中国共产党先后颁布了《中共中央　关于农业生产互助合作的决议》和《中共中央关于发展农业合作社的决议》，开始了中国农村互助合作运动。到1956年底，中国基本实现了农业合作化（见表4-1）。

表4-1　中国农业合作社变迁过程

时期	农业合作社主要形式
农业合作社 （1950~1958年）	互助组：带有某些社会主义因素的劳动经济组织。其特点是土地私有，个人经营，按等价交换原则实行联合劳动和共同使用生产资料 　初级社：半社会主义性质的劳动经济组织。其特点是农民将土地等主要生产资料作股入社，由合作社实行统一经营，劳动报酬实行按劳分配 　高级社：是以生产资料集体公有为基础的完全社会主义性质的劳动经济组织。其特点是生产资料为合作社公有，劳动报酬实行按劳分配，农民私有的土地、耕畜、大型农具等主要生产资料为合作社集体所有 中国农业的社会主义改造在全国范围内已基本完成
人民公社 （1958~1983年）	1958年开始的人民公社经营模式，确立了生产资料的公社所有制，彻底否定了农民家庭作为基本生产经营单位的地位，统一经营，集中劳动。为中国完成工业化原始积累作出了很多贡献
农民专业合作社 （1983年至今）	在农村家庭承包经营基础上，同类农产品的生产经营者或者同类农业生产经营服务的提供者、利用者，自愿联合、民主管理的互助性经济组织。为其成员提供农业生产资料，农产品的销售、加工、运输、贮藏以及与农业生产经营有关的技术、信息等服务。农民专业合作社在农村流通领域撮合成交或直接组织农产品交易，迎合了农业、农村和农民的发展需求，在厂商和农民，城市和农村之间筑起金色的经济桥梁

2. 家庭农场

中国早期家庭农场是独立的个体生产，在农业中占有重要地位。实行家庭承包经营后，有的农户向集体承包较多土地，实行规模经营，也被称之为家庭农场。2013 年发布的《中共中央　国务院关于加快发展现代农业进一步增强农村发展活力的若干意见》中提出，鼓励和支持土地流转至专业大户、家庭农场、农民合作社等。"家庭农场"的概念首次在"一号文件"中出现。时隔两年，中共中央 2015 年"一号文件"指出，加快构建新型农业经营体系，鼓励发展适度规模的农户家庭农场。据中国农业部统计，至 2013 年，确定的 33 个农村土地流转规范化管理和服务试点地区中已有家庭农场 6600 多个。[①]

概括而言，近年来中国家庭农场发展呈现出以下特点：

（1）经营规模差异较大，经营品种逐步增加。一方面，由于中国地形复杂，气候多样，地域特征差异明显。因此，各地家庭农场经营规模差异较大，经营规模小的不到 1 公顷，大到几十甚至上百公顷。如山东栖霞果农，不雇用员工，一对夫妇最多只能经营 0.33 公顷规模的果园；而黑龙江农民由于机械化作业，每个劳动力可以种 20 公顷以上；江苏常熟古里镇田娘农场直接经营面积 136.67 公顷。另一方面，家庭农场经营的农产品品种逐步扩大，涉及农业的诸多产业。如上海松江家庭农场除生产粮食外，还从事养猪等等。

（2）经济效益好，产品市场竞争力较强。由于中国的家庭农场实现了土地规模经营，经济效益大幅度提高。如湖北武汉市家庭农场户均农业收入均达 20 万元以上；[②] 安徽省郎溪县 2012 年家庭农场人均纯收入达 28910元，是农民人均纯收入的近 5.7 倍，大大超过普通农户的收入水平。而且，由于家庭农场采用新装备和管理经验，进一步降低了农产品成本，大大提高了农产品品质。有些家庭农场积极发展绿色农业和循环经济，实现了社会效益、经济效益和生态效益的统一，大大提高了产品的市场竞争力。

（3）发展速度快，地区间发展不平衡。随着中国市场经济和现代农业

---

① 岳正华、杨建利：《我国发展家庭农场的现状和问题及政策建议》，《农业现代化研究》2013年第 4 期。

② 数据来源：中国农经信息网，2013 年 2 月 25 日。

的快速发展，政策扶持环境的不断优化，中国家庭农场发展速度逐步加快，但地区间发展不平衡的问题也日益凸显。截至 2012 年 6 月底，上海松江区家庭农场已经发展到 1173 户，经营面积占全区粮田总面积的 77.3%，每个家庭平均经营面积 7.61 公顷；截至 2012 年底，浙江省宁波市通过工商注册登记的种植、畜牧养殖的家庭农场 687 家，湖北省武汉市各类农业家庭农场共 167 家。① 家庭农场发展较快的地区还有东北地区，家庭农场的发展呈现出区域间的不均衡性。

3. 龙头企业带动型绿色农业组织

自从家庭联产承包责任制得到确立后，中国农业经济最重要的组织制度创新便是中国农业产业化经营。农业产业化的基本代表形式是源自于农村的生产经营实践的"公司+农户"和"公司+基地+农户"形式。这些形式以龙头企业为核心，采取"贸工农一体化""产加销一条龙"的形式参与市场竞争，很好地降低了"小农户"进入"大市场"的交易成本。截至 2009 年底，中国龙头企业近 9 万家，带动农户 1.03 亿户，户均年增收 1900 多元。成为促进农民增收、引导农业增长方式转型的重要路径。

（1）"公司+农户"模式。该模式在农民学习生产技术、规避市场风险和规模经营增收等方面发挥了积极作用。但由于农户与公司之间各方面实力相差很远，农户在生产经营过程中缺乏自主意识，缺少话语权，且农户与公司的权责严重不对等，利益分配一般都由公司单方决定、向公司方倾斜等，这势必影响到两者"双赢"的预期效果。

（2）"公司+基地+农户"模式。"公司+基地+农户"的组织形式在各地又衍生出多种不同具体形式。其一，科学技术带动型。首先利用国家为科技下乡制定的一些规划，如"星火计划""燎原计划"和"火炬计划"，建立一批科技含量高、辐射面广、示范性强的项目，之后科技部门、科研单位、高等院校开始创办科技实体和开展科技服务，实施科技产业化，为农民提供良种和先进技术，促使农技结合、科农工贸结合。其二，市场营销推动型。通过建设农产品的批发市场、专业市场、农贸集市，发展运销专业户和经营实体，为农户提供产品收购、销售和农用物资供应服务，形成

---

① 岳正华、杨建利：《我国发展家庭农场的现状和问题及政策建议》，《农业现代化研究》2013年第 4 期。

农贸结合，带动区域专业化生产和产加销一体化经营。其三，主导产业带动型。运用当地资源，致力于发展特色产业和市场口碑较好的产品，逐步扩大经营规模，改善产品品质，实现基地化生产，一体化经营。其四，农民组织带动型。通过地区合作经济组织、专业生产合作社和专业协会或一些中介组织，为农民提供信息、资金、生产资料以及技术服务，帮助农民走向市场。

4. 生态庄园

在中国，生态庄园经济产生于山西省左权县、延伸于山西省晋中市榆次区。左权县是国家贫困县，在城镇化的发展过程中"空壳村"、耕地撂荒、资源闲置等问题严重。2005年，左权县委、县政府以建设生态文明为目标，多方筹集社会资本，以租赁、购买土地使用权等形式集中流转一定规模的土地，开始探索农业产业开发与农村经济发展的新模式——生态庄园经济。截至目前，左权县生态庄园累计已达241处，经营面积达2.3万公顷，完成投资3亿元。[①]

生态庄园经济是兼具了经济效益和生态效益，是乡村生态文明建设的一种具体表现形式。中国生态庄园发展模式分为初级生态农庄、中级生态农庄和高级生态农庄三种模式。主要发展形式有，推广以沼气为纽带的"四位一体"的生态农业模式，农牧加工业结合的模式和观光旅游为主的生态庄园模式等等。

生态庄园经济在一定程度上解决了中国城镇化进程中"三农"问题。一是生态庄园经济不断引导分散的家庭经营转变为适度规模经营，同时也在一定程度上打破了传统的农户独立经营的小农格局，完成了土地所有权、承包权、使用权的逐步分离，极大地增强了农业农村发展的信心与活力。二是生态庄园经济改变了原来单一的农业生产方式，促使第一、第二及第三产业协同发展。现代化农业成为农村经济的支撑，彻底改变了农民的生活和生产方式。三是促使传统的低效率的农业转变为生产要素高效整合的现代农业。生态庄园经济吸收了资金、技术和管理等现代生产要素，逐步对传统农业进行改造，加快了现代农业进程。

---

① 孙光堂：《生态庄园经济：发展现代农业的一条新路》，《求是》2013年第11期。

5. 中国绿色农业服务联盟

中国绿色农业服务联盟是国内第一家致力于绿色农业产业链全程服务的开放的战略联盟组织。(1) 联盟成员及组成方式。中国多个涉农研究院所、多个涉及农业发展、流通、服务的企业和热衷绿色农业的组织、单位的领导和专家自发参与组成。(2) 联盟性质。开放的非政府战略合作联盟组织,是一个国际化的现代农业综合服务平台。(3) 运行方式。中国绿色农业服务联盟严格尊重并依据世界各地法律依法授权当地合法机构在该地负责运行,服务和助力各地的绿色农业,推动中国绿色农业和食品安全事业的发展。(4) 联盟细分。绿色果业产业链专业服务团、绿色蔬菜产业链专业服务团和绿色粮食作物产业链服务团。(5) 联盟宗旨。联合起来,服务绿色农业,整合行业内最优质资源,力争成为绿色农业发展的助推加速器。(6) 联盟成立目的。以联盟内单位和专家为骨干,致力于推动绿色农业的大发展,实现绿色植保及基地全程服务在全国的广泛推广,共同助力和扶持众多已建和在建的绿色农产品基地的健康发展;致力于农业生态可持续发展;致力于从根本上提高农产品品质,增加农民收入;致力于探索中国绿色农业服务发展的新模式,形成联盟成员间的优势资源互补,互利共赢,促进联盟成员的自身发展及绿色农业的繁荣。

三、绿色农业组织的职能与发展趋势

随着社会经济的迅猛发展,厌倦了灯红酒绿、车水马龙生活的人们渴望回归自然,希望在大自然中放松身心,净化心灵,将自己生活与自然结合起来。从这一层面来说,绿色农业组织的发展就为其提供了一个良好的实践环境,一些生态庄园①、家庭农场和生态农业公司等所采用的集休闲、体验、观光、销售为一体的农业体验模式,可为人们提供诸如自己采摘果实、种植农作物、钓鱼、爬山等与自然、农业息息相关的项目,满足客人对亲近自然,缓解生活和工作压力的需求。与此同时,人们对食品的要求的提升,急需优质、高效、生态、安全、无污染的绿色农业的大力发展。

---

① 生态庄园是以绿色、生态、环保为目标,以资源有效利用为载体,以科技创新为支撑,以市场化运作为手段,集农业生产深加工与观光旅游为一体的规模集约化农业公司。

目前，无公害农产品、绿色食品和有机食品虽然因为价格、成本、运输等问题，还未覆盖整个市场，但其在被消费者逐渐接受的同时，未来的发展趋势与前景不容小觑。

（一）绿色农业组织的职能

作为农民的联合体和农民利益的代表，绿色农业组织有如下五个职能：

1. 服务职能

绿色农业组织是农民的自助和互助组织，要负责为其成员提供先进的种养殖技术、市场信息、营销机遇和销售渠道等，以降低农民的生产成本，使农民能够以低廉的价格购置所需要的生产资料和生活资料，促进农民增收。

2. 纽带职能

作为农民的组织，绿色农业组织也必须成为农民与政府、农民与市场、农民与龙头企业之间的纽带，使双方或多方形成利益联结机制，为他们架起一座双赢的金桥，达到利益共享的目标。

3. 保护职能

作为弱势群体的代表，绿色农业组织不仅要成为农民利益的代表，还要成为农村的利益代表。发挥农民的联合体的作用，保护农村的环境与资源，确保农业的可持续发展。

4. 教育职能

绿色农业的结构调整、科技转化、技术普及、生产经营及管理水准的提高，都离不开农民素质的提高。这就要求中国必须加快农业现代化的步伐，绿色农业组织在带动农民致富的同时，也要注重提升农民自身素质，培养新型农民[1]。

5. 社会职能

由于绿色农业组织可以为社员提供平等、公平、互助的发展平台和一系列有关产品生产、销售的内部化服务，是服务性而非营利性组织，使其在解决就业问题及提供社会保障尤其是农村社会保障等方面能够充分发挥

---

[1]　指有文化、懂技术、会经营、高素质的农民。传统的农民与自然经济相契合，日出而作，日落而息。生产的产品主要用于自己消费，是一种自然产品经济。

其社会功能。同时，绿色农业组织的发展也保护了生态环境，促进了社会、经济、生态三方面协调发展，产生了良好的综合效益。

（二）创新绿色农业组织的意义

1. 规范绿色农业的发展

宏观层面的绿色农业组织包括国家级、省级、市（县）级的农业组织。可以制定农业发展决策，制定规章制度；规划农业生产方向；组织协调各区域、各农业组织之间的合作关系，合理分配各方职责；对农业组织内部管理进行监督与检查等。微观层面的绿色农业组织有农业推广组织、农业服务组织、农业生产经营组织等。在绿色农业发展的不同阶段为其提供便利与支持。不同层次的组织管理在任务与分工上各有侧重，共同规范绿色农业的发展。

2. 推动绿色农业产业的形成

由于单个农户缺乏有效的市场信息来源，每次都要支付相应的人工费、信息搜寻费、谈判费等各种相关交易费用，由此形成了高昂的经济成本。使单个农户与市场交易时的成功率非常低，挫伤农户的生产积极性。绿色农业组织可根据市场需求和农民意愿，把分散的个体户、生产大户，通过合作的形式组织起来，以实现农业规模经营，降低生产成本，推动绿色农业产业的形成。

3. 加快技术转移

中国几千年来农业的发展主要依靠世代相传的经验，农业产出不高。现代农业的发展则取决于技术进步的速度，尤其是更加有利于生态和环境可持续发展的绿色农业。绿色农产品因限时、限量、限品种的施用农药和化肥，对选种、育种、人工培育以及周围环境都有着严格、苛刻的要求。这就需要农业技术的快速发展。在发达国家，其强大的农业技术开发实力和完善的农业技术推广体系使农业产出的技术贡献率已经达到80%以上。

绿色农业组织主导的技术推广工作不会强迫农户使用，而是采取"示范式"的农技推广方式，更易得到农民的认可。且由于组织自身的非营利性特征，使得其在农业技术的转移与扩散过程中能始终保持相对独立的地位。在提高技术推广的效率的同时，增加了农民对组织的信任程度。

（三）绿色农业组织的发展趋势

通过对国内外绿色农业组织演进的分析，可将绿色农业组织概括为三种类型：第一种是公司运作型，如"公司+农户""公司+基地+农户"；第二种是合作服务型，如各种服务组织、中国绿色农业服务联盟；第三种是独立生产型，如家庭农场、生态庄园等。这三种绿色农业组织形式随着经济、科技的发展，其演进变化如图4-1所示。

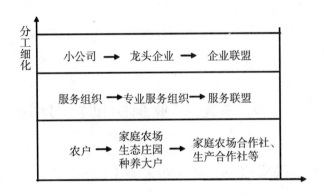

图4-1 绿色农业组织的发展趋势示意图

从横向看，绿色农业组织经过一段时间的发展，整体规模扩大，技术和管理水平得到提升，实现了规模效应。从纵向看，规模扩大，分工细化，共同对绿色农业的发展起作用。纵向发展和横向发展相互影响，共同促进着绿色农业组织朝着合作经营、产权联结、开放式运营和现代化管理的方向发展。

1. 合作式经营

家庭式生产模式出现的小规模生产与大市场间的矛盾决定了随绿色农业经营模式的创新与发展，家庭生产经营必定会逐渐退出历史舞台，取而代之的是合作经营模式。通过合作，可扩大经营规模，在家庭生产基础上实现交易成本的节约。在自愿基础上的合作经营符合"帕累托最优"的经济原理，是中国绿色农业组织化的必然选择。

2. 产权联结

产权是界定人们在经济活动中如何收益、如何受损以及他们之间如何进行补偿的规则。只有实现了产权联结,做到产权清晰,才能形成紧密型的经济实体,才能充分发挥产权的激励作用,推动绿色农业组织发展。

3. 开放式运营

绿色农业组织开放式运营是充分利用社会资源的基础,也适应国际一体化发展和市场竞争的需要。

4. 现代化管理

绿色农业组织的生存和发展也避免不了要参与市场竞争,竞争才能促发展。因此,农业组织管理必须吸收现代企业的先进管理经验,建立"产权清晰、权责明确、政企分开、管理科学"的现代企业制度,确保其在市场上强有力的竞争力。

第二节 绿色农业组织创新的动因

一、创新是绿色农业组织发展的必由之路

任何一种农业组织形式都不可能是全能的,在制度安排和功能上必然存在某些不足和缺陷,且不同环境条件需要有不同的组织模式与之相适应。中国地广人多,农业资源丰富,产业门类齐全,地区之间经济社会差别大,农民的需求也多种多样。因此,在这种情况下,便不能寄希望于一种所谓的最佳组织来解决农民和农业中遇到的各种问题,而应该鼓励发展各种农业组织形式,形成百花齐放的局面。

目前,创新农业组织除了鼓励农户和涉农企业开展多种形式的经济合作,大力发展各种形式的农业合作经济组织以外,还迫切需要提升农业中各个行业的整体组织化水平,积极培育和发展那些能超越于市场个体力量且具有较强服务与协调功能的各类农业行业协会。

(一) 政策和制度引导是首要条件

绿色农业组织创新是绿色农业发展的关键环节,加强政府政策和制度的引导,鼓励支持各类绿色农业组织发展,是推进中国绿色农业产业不断

前进的首要条件。

根据国外的一些发展模式和经验，在发展初期，各类绿色农业组织得不到大家重视，规模小、数量多的现象是正常的，此时便需要政府的政策和制度引导，创新体制经营机制，重视农业组织与农户间利益机制联合。在绿色农业组织发展进入成熟阶段后，农业组织数量随之增加，规模扩大，再将其进行分类与规划，便能够推进绿色农业发展，在增加产出方面发挥促进作用。

（二）组织形式多元化是必然结果

与日本农业组织的发展相似，中国大多数绿色农业组织在发展初期是通过"自上而下"的方式建立起来的，都由政府推动和支持。这种体系实现了组织的专业化和规模化经营，但组织内部缺乏调节机制，组织之间也缺乏竞争，经过多年的发展，仍不适应中国人多地广、需求差异巨大的具体国情，很难满足各地的不同需要。因此，组织形式的多元化是中国绿色农业组织创新的必然结果。

（三）组织形式之间相互协调是关键因素

当前中国绿色农业组织数量多，经营规模小，各自为政，农业组织间合作机制有所欠缺，加快绿色农业组织体系的构建，完善各组织间相互协调、相互促进的合作交流机制将更好地发挥绿色农业组织的集约化、专业化和社会化机能，实现最大经营效益。

由于中国幅员辽阔，区域差异明显，可以考虑建立全国性组织、省一级组织和县一级组织三级组织。后两级组织的组建主要决定于该协会服务对象的实际分布。在当前中国行政管理壁垒较多的情况下，可以允许先按行政区域进行设立。① 协会发展到一定程度，取得一定规模后，再通过合并逐步消除行政界限。对规模较小的农户和企业，则可由协会的会员单位如农业龙头企业、专业合作社和专业大户来带动。这样，将有利于在农业中形成政府组织—协调性组织—（合作）经济组织分工协作的有效的组织

---

① 胡剑锋、黄祖辉：《建立我国农业行业协会的思路与方案研究》，《浙江学刊》2004 年第1 期。

体系。

二、绿色农业组织形式创新的内在动因

六十多年来，中国农业的生产结构和组织制度经历了一系列戏剧性的变化，由此出现了若干形式各异的农业组织。为什么会出现组织？为什么会出现多元化的组织？怎样的条件会促成组织的形成？探究组织形成条件和组织内部规律，有利于更好实践组织形式，有利于创新与现代绿色农业发展、与农户利益相契合的农业组织形式。中国农业组织多元化发展的内在原因主要是社会分工和劳动分工的需要和结果，农业产业链的发展也是绿色农业组织创新动力之一。

（一）农业的弱质性制约了农业分工和专业化

自 20 世纪 80 年代中国实行家庭联产承包责任制以来，将土地承包到户，各户分散经营，提高了农民积极性的同时也阻碍了农业规模效益的实现，影响了农业的分工合作。农户作为独立的经济个体，在不断变化的市场中难以集中买卖交易信息，作出的决定往往滞后于市场，处于劣势地位。此外，由于中国大部分农村较为偏远，基础设施条件较差，交通不畅，信息蔽塞。使农业分工一直处于未分工或局部分工阶段，阻碍了农业组织发展的专业化和精细化。

（二）农业产业链组织的推动

产业链是指从初始资源直到最终消费路径上，由若干相关产业部门基于经济活动内在的技术经济联系，客观形成的前后顺序关联的、有序的经济活动的集合。

农业产业链组织形成的内在动因主要有：一是分散风险。各农业企业面临的风险有市场风险、决策风险、社会风险、政策风险等，要分散风险就必须进行分散投资和多元化经营，而形成产业链也是分散风险的方法之一。二是优势互补。只有进行有效的整合，才能获取企业需要的资源而不致成本过高。一方面，企业联合带来的规模效应远大于单个企业，不论是组织层面、技术层面还是资金层面；另一方面，不同农业组织资源需求各

不相同，当农业产业链进行纵向或横向扩张时，通过产业链的联合可有效获得所需的优势资源，通过资源共享，组织经行整合后可弥补自身缺陷，增强整体竞争力。三是得到竞争优势。直观地说就是一个农业组织在某方面的特质都可能成为竞争优势，比如说组织中的专利、信誉这些有形或无形资产等。产业链①产生协同效应和规模效应可以获得比其他非产业链企业更多的利润，同时更意味着企业拥有更强的竞争优势。

现代农业产业链组织的纵向一体化模式，如"合作组织+农户"模式和"公司+合作组织+农户"模式。合作组织的目的是要在小农户与大市场之间构建桥梁，培养在沟通信息、协调关系等方面发挥产业协会作用的中介组织，使分散的农户借助合作社的联系和媒介来应对瞬息万变的市场，并与之对接。农业产业链组织的横向一体化模式，包括专业化农户、农民专业合作社与股份合作社等。

（三）交易成本理论推动组织的产生与发展

交易成本理论的一个基本观点就是组织可以节约交易成本，具体包括：在不确定状况下组织可以支持决策的制定；在有限交换状况下组织可以抑制机会主义的出现。

分工驱动内生增长理论认为农户在农产品交易过程中的不确定性和信息不对称等因素产生了额外的交易成本。随着经济的发展，这种交易成本对农户本身及经济运行的影响越来越大，为了降低交易成本，经济发展到一定程度就会内生地要求专业化组织的形成和发展。这也意味着，当市场的交易成本过高时，便会出现一种组织形式将其"内部化"为管理费用。

农民合作经济组织的发展在很大程度上提高了农业生产经营的组织化程度，改变了长期以来农民在购买生产资料、生产和销售农产品等各个方面单家独户分散进行的局面，使降低农户的市场交易成本，小生产与大市场的有效对接成为现实。与此同时，农民合作经济组织在发展壮大过程中，内部管理费用会逐渐增加，成员之间会产生一些机会主义行为，如偷懒、"搭便车"、道德风险等，所以发展农业组织还要注重控制其规模，以保证通过合作带来的交易成本的节约能够补偿组织内部产生的管理费用的增加。

---

① 产业链是产业经济学中的一个概念，是各个产业部门之间基于一定的技术经济关联。

三、绿色农业组织形式创新的外在动因

事物的发展是内因和外因共同作用的结果，内因是决定事物发展的基本趋向，外因对事物发展起着加速或延缓的作用，双方都不可忽视。在绿色农业组织创新的过程中，其外在动因主要包括以下三个方面：

（一）绿色农业组织创新是适应世界贸易组织规则的内在要求

世界贸易组织（World Trade Organization，以下简称 WTO）秉承互惠原则、透明度原则、市场准入原则、公平竞争原则、非歧视原则等一系列原则，制定优惠的国际贸易政策与制度，公平、客观、合理地协调与解决两国或多国间的贸易摩擦，营造良好的经贸发展环境，规范国际贸易发展。自 2001 年中国加入 WTO 以来，随着关税的下降和非关税壁垒逐步削减，很多国外产品进入中国市场，同中国企业抢占市场份额，为中国企业的发展增添不小的压力，与此同时，中国也因加入 WTO 而享受到更多出口他国的优惠政策，刺激中国各产业的快速发展和企业产品质量和品质的提升。

农业在经济发展过程中处于基础地位，加入 WTO 对中国农业的影响是全方位的、持久的。不合理的绿色农业组织制度是影响绿色农业竞争力的重要因素，也是中国农业比较效益低、后劲不足的原因所在。因此，有理由认为中国绿色农业组织制度层面上的缺陷是发展绿色农业面临的最大挑战，也是实施绿色农业组织形式创新的强大的外部动因。一是加入 WTO 以后，中国绿色农业发展面临的对手不只是国内的绿色农业企业和机构，还有国外的规模化的家庭农场、合作社联盟、跨国公司等等，与之竞争的不仅是绿色农产品的品质与价格，还包括营销策略与营销手段，这就要求中国拥有规模化家庭农场、大型龙头企业和行业协会等新型绿色农业组织。二是中国缺少实施"绿箱政策"① 的载体。根据 WTO 农业框架协议的要求，政府对农业的支持主要表现为实施"绿箱政策"，即以一般政府服务、粮食安全、农业环保、农业科技教育等为主要内容。而这些政策的实施必须依

---

① 绿箱政策，是用来描述在乌拉圭回合农业协议下不需要作出减让承诺的国内支持政策的术语。

靠政府与农户间的组织来进行。但在中国的"政府—农户"主体结构之间的绿色农业组织基础脆弱、发展缓慢、组织规范欠健全，这对于中国在国际贸易的谈判中是十分不利的。

(二) 绿色农业组织创新是现代农业建设的重要保障

现代农业是指在家庭经营的基础上，应用现代科学技术、现代组织管理方法和现代工业装备进行生产经营，以保障农产品供给，增加农民收入，促进农业可持续发展为目标的社会化、商品化的农业，是国民经济中具有较强竞争力的现代产业，包括绿色农业、特色农业、观光农业、立体农业等。

一方面，加快现代农业建设就是要求加快绿色农业、立体农业、观光农业等具体农业形式的大发展，促进农产品生产、加工的集中化、专业化、规模化和标准化经营。创新绿色农业组织形式可降低绿色农业的生产成本，优化绿色农业的资源配置，利于形成绿色农业产业化链条。这符合绿色农业发展的需要，更符合现代农业发展的要求。另一方面，在现代农业发展过程中，农户经营与农业现代化矛盾突出，创新绿色农业组织形式是解决该问题的重要保障。单家独户进行绿色农业生产受限于分工水平和专业化程度，高的技术改良风险决定了传统农业的生产规模较小，与现代农业要求的规模化、专业化、社会化、国际化的发展趋势相距甚远。因此，完善和创新绿色农业组织形式，有利于现代农业的生产和经营。

(三) 绿色农业组织创新是发展绿色农业产业化的必要条件

绿色农业产业化是指在市场经济条件下，通过将绿色农业的产前、产中、产后诸环节联结整合为一个完整的产业化系统，增强绿色农业的增值能力，增进绿色农业的比较收益，形成自我扩张和发展的内在良性循环发展机制。[①] 表现为绿色农业生产专业化、布局区域化、经营一体化、服务社会化、管理企业化。绿色农业产业化基本特征的实现需要满足绿色农业规模化生产这一基本条件，而加快绿色农业组织创新将使农业规模化生产成

---

① 严立冬、邓远建、李胜强、杜巍:《绿色农业产业化经营论》，人民出版社 2009 年版，第11 页。

为可能。

在推进绿色农业规模化生产的过程中，最重要的是建立规范的土地流转机制。在农民保留承包权的条件下，将无力耕种或不愿耕种的土地流转给生产大户或专业合作社，促进了土地适度集中和规模经营的实现。组建股份制合作社，创办家庭农场，鼓励兴办龙头企业等新型农业组织形式时，从农户手中将土地流转过来是必不可少的重要一环。鼓励农户加入农业组织而放弃单独进行绿色农业生产经营的方式，将有效加快土地流转，带动农业规模化生产，从而推进绿色农业产业化经营。

第三节　新型绿色农业组织的主要类型

一、新型绿色农业组织的内涵

中国虽然有数千年传统生态农业发展的历史，但对现代生态农业的研究与实践相对较晚，"绿色农业"一词更是近十年内才兴起并广为传播。追溯现代生态农业的发展史，20世纪80年代中期，中国各地陆续建立了一批生态户、生态村、生态乡，20世纪90年代中期和2000年左右先后开展两批生态农业试点县的建设，到现在逐步形成了不同级别的生态农业试点两千多个。

面对绿色农业经营中出现的经营规模小、经营方式粗放、劳动力老龄化严重、组织化程度低和服务体系不健全等问题，新型农业经营体系是应对当前挑战的有效举措。新型绿色农业组织的构建包含新型农业经营体系，所以新型农业经营体系所要求的集约化、专业化也同样适用于绿色农业组织的创新。基于以上判断，笔者认为，新型绿色农业组织是指为了实现农业的生态可持续发展，提高农产品品质，农户们自愿联合并组织起来，按照生态学原理和经济学原理，运用现代科学技术成果和现代管理手段进行农业生产经营，形成组织成员间的优势资源互补、互利共赢，为获得较高的经济效益、生态效益和社会效益的具备生产集约化、种养专业化、规模组织化和服务社会化的从事农业生产经营活动的单位或群体。

二、单家独户的绿色农业组织形式

（一）家庭农场

正如前文所述，家庭农场是指以家庭成员为主要劳动力，从事农业规模化、集约化、商品化生产经营，并以农业收入为家庭主要收入来源的新型农业经营主体。概括起来，家庭农场发展绿色农业具有以下优势：

首先，家庭农场以家庭成员为主要劳动力，方便了绿色农业技术的进步与推广，降低了农业生产经营中人地的比例关系，提高了人均土地占有量，进而降低了农业生产经营成本，提高了绿色农业的劳动生产率和经济效益。

其次，家庭农场可进一步提高绿色农业的土地产出率。第一，家庭农场的发展，实现了土地的规模经营，有利于实现农业生产的机械化、专业化、标准化、信息化，进而提高土地产出率。第二，家庭农场经营提高了农业资源配置效率，使农业生产产生规模效应。第三，家庭农场对于破解绿色农业发展过程中"小农户"与"大市场"有效对接难题很有裨益。

最后，家庭农场有效转移农村剩余劳动力，为绿色农业的发展提供条件。随着中国农业科技的不断进步与推广应用，农业劳动生产率将不断提高，相应对对劳动力的需求也将快速减少，2014 年，中国农民工总量达到2.69 亿人，其中外出的农民工1.66 亿人。[①] 家庭农场可就地转移农村剩余劳动力，使农民工不离土不离乡就能就业，是吸纳农村剩余劳动力的重要渠道。一方面，劳动密集型家庭农场，如发展果蔬、畜禽养殖家庭农场可以有效吸纳农村剩余劳动力。另一方面，家庭农场的产前、产中和产后的社会化服务及农产品的营销和加工又可吸纳大部分农村剩余劳动力。

---

① 数据来源：中华人民共和国人力资源和社会保障部。

（二）生态农庄

1. 生态农庄的内涵

生态农庄以绿色、生态、环保为目标，以市场为导向，以资源有效利用为载体，以科技创新为支撑，以市场化运作为手段，通过建立农庄开展种、养、加、销等经济活动，是集农业生产深加工与观光旅游为一体，实行企业化集中管理的农业公司。生态农庄有着完善的、与外界进行（物流、资金流、信息流）交换的渠道，可以进行能量的梯级利用。其内涵主要有：（1）以绿色生态为理念。由于农药、化肥的过度使用，工业废水、废气、废渣进入农田，农业环境污染已经相当严重。生态农庄在生产上普遍走循环农业道路，以绿色生态为理念，对农业自然资源转化利用效率比较高。（2）以产业化经营为目标。生态农庄在资源上聚零为整，发挥规模效应，而在具体项目上又化整为零，责任、效益承包到人，极大地发挥着人的主观能动性，实现最大的整体效益。（3）以因地制宜为原则。地域特色往往不可复制，地域优势往往是较好的壁垒，特别是在市场竞争激烈的环境下，不能邯郸学步。生态农庄以因地制宜为原则来发展观光农业。正所谓以正合，以奇胜。（4）以有效管理为手段。农庄的经营者尝试着跳出农业抓农业，以工业化的机制、手段、要素来改造传统农业。运用信息技术对采购、生产、销售进行有效管理，大力推行标准化生产。农庄普遍注重员工培训，把管理人换作经营人，注重有效运用人才资源。（5）以科学技术为支撑。如采用测土配方平衡施肥技术，运用物理和生物技术科学防治虫害，应用喷灌、滴灌和地膜种植果树；通过遥感（RS）及时地提供农作物长势、水肥状况和病虫害情况；通过全球空间定位系统（GPS+GIS）实现农田作业的自动指挥和控制。（6）以优质服务为后盾。由于生态农庄涉及旅游业，各农庄都把提供优质服务作为后盾。强调以人为本，服务规范，创造需求，满足需求。让游人在美丽的"山、水、田、园、林、花"整体布局中，在现代的"吃、住、游、玩、购"中亲近自然。有些农庄还采用了会员制，为会员提供周到、细致的服务。

2. 生态农庄的运作模式

初级生态农庄模式。以家庭农场为主要组织形式，实行科学种植与养殖，使之形成良性循环，为市场提供无公害食品。这一模式简便易行，养殖业通过种植收获物的多少来发展，最终为市场提供畜禽产品。通过畜禽过腹还田，达到物质、能量循环利用，实现可持续发展。

中级生态农庄模式。以家庭经营为主要组织形式，实行种、养、加工结合，为市场直接提供绿色食品。中级生态农庄是当今国际上发达国家所普遍推广的一种模式，它具有高投入、高产出、高效益、低成本等优势，对社会经济环境和农庄主的要求较高。

高级生态农庄模式。以家庭经营为主要组织形式，实行种、养、加、环保相结合生产，为市场提供有机食品。高级生态农庄建立在农业高度现代化基础之上，它不仅要求农庄主有较高的素质，包括先进的思想观念、良好的文化科技素养，而且要求社会、经济、科技的高度现代化，使人与社会环境、生态环境高度融洽。

（三）专业大户

专业大户是指以农村土地家庭承包经营为基础，了解和依靠农业经营技术，善于经营管理的从事某一种农产品生产、具有一定生产规模和专业种养水平的农户。专业大户更多的是围绕某一种农产品从事专业化生产，从种养规模来看明显地大于传统农户或一般农户。[①]

1. 成立条件

第一，以户为单位，属于家庭经营性质；第二，专业突出，其产值应占家庭经营总量的70%以上；第三，有相当的规模，年生产经营专业产品是普通农户的几倍以上，户均经济容量要超过当地平均水平一倍以上。

2. 促进专业大户发展的条件

一般而言，促进专业大户发展的条件包括以下三个方面：（1）劳动力自由流动。劳动力自由、合理的流动将带动专业大户的快速发展，缓解农业季节性特点和劳动力忙闲不均的矛盾。据调查，专业大户发展快的地区，在外出劳务总量中，农业方面的劳务占到30%左右，一般地区也在20%~25%。[②] 因此，在鼓励农民工进城务工的同时，还可根据不同农户、不同地

---

① 廖富洲、王珏：《农业产业化与农村经济合作组织》，中国言实出版社2009年版，第47页。
② 纪永茂、陈永贵：《专业大户应该成为建设现代农业的主力军》，《中国农村经济》2007年第1期。

区的农业季节性特点开展有偿劳动或以工换工，缓解忙闲不均带来工价暴涨暴跌的矛盾。(2) 耕地自由流动。土地对于农民来说是不可或缺的资源之一，对于掌握专业技术和管理经验的种植大户更是如此。促进耕地的合理自由流动，方便种植大户扩大经营规模，降低生产成本，产生规模效益。(3) 资金自由流通。专业大户的发展给农村融资活动带来新的需求，因此应在专业大户的融资方面予以放宽。银行、信用社应积极主动同专业大户建立信用关系，允许他们用猪场、鱼塘、虾池、果茶园等作为抵押物进行贷款。要积极帮助大户建立包括农民专业合作社、行业协会和产业化经营组织在内的专业合作经济组织，并允许这些组织在内部开展资金互助活动。

三、合作类型的绿色农业组织形式

（一）农民专业合作社

农民专业合作社是以农村家庭承包经营为基础，同类农产品的生产经营者或者同类农业生产经营服务的提供者、利用者，自愿联合、民主管理，通过提供农产品的销售、加工、运输、贮藏以及与农业生产经营有关的技术、信息等服务来实现成员互助目的经济组织。拥有一定组织架构，成员享有一定权利，同时负有一定责任。

1. 基本特征

农民专业合作社的基本特征可以概括为以下四个方面：(1) 在组织构成上，农民专业合作社以农民作为经济主体，主要由进行同类农产品生产、销售等环节的公民、企业、事业单位联合而成，农民至少占成员总人数的80%，从而构建了新的组织形式。(2) 在所有制结构上，合作社在不改变家庭承包经营的基础上，实现了劳动和资本的联合，从而形成了新的所有制结构。(3) 在收益分配上，合作社对内部成员不以营利为目的，将利润返还给成员，从而形成了新的收益分配制度。(4) 在管理机制上，合作社实行入社自愿，退社自由，民主选举，民主决策等原则，建构了新的经营管理体制。[①]

---

① 安菁蔚、李晓聪：《农民专业合作社法律知识》，中国农业出版社 2010 年版，第 44 页。

2. 成立条件

要成立农民专业合作计，必须符合以下五个条件：（1）有符合《中华人民共和国农民专业合作社法》规定的章程；（2）有符合《中华人民共和国农民专业合作社法》规定的组织机构；（3）有符合法律、行政法规规定的名称和章程确定的住所；（4）有符合章程规定的成员出资；（5）有五名以上具有民事行为能力的公民，以及从事与农民专业合作社业务直接有关的生产经营活动的企业、事业单位或者社会团体，能够利用农民专业合作社提供的服务，承认并遵守农民专业合作社章程，履行章程规定的入社手续的成员。具有管理公共事务职能的单位不得加入农民专业合作社。农民专业合作社的成员中，农民至少应当占成员总数的80%。成员总数20人以下的，可以有一个企业、事业单位或者社会团体成员；成员总数超过20人的，企业、事业单位和社会团体成员不得超过成员总数的5%。

3. 设立原则

就农民专业合作社的设立原则而言，包括：（1）成员以农民为主体；（2）以服务成员为宗旨，谋求全体成员的共同利益；（3）入社自愿、退社自由；（4）成员地位平等，实行民主管理；（5）盈余主要按照成员与农民专业合作社的交易量（额）比例返还。

4. 设立程序

设立农民专业合作社的程序可以概括为以下六个步骤：（1）发起筹备；（2）制定合作社章程；（3）推荐理事会、监事会候选人名单；（4）召开由全体设立人（设立时自愿成为该社成员的人）参加的设立大会；（5）组建工作机制；（6）登记、注册。

（二）村股份经济合作社

村股份经济合作社是指由乡镇（街道）原村经济合作社根据社员大会（社员代表大会）讨论决定，由集体经营性净资产折股量化改制而成，是以资产为纽带、股东为成员，实行自主经营、独立核算、自负盈亏、民主管理、风险共担、按股分红，在法律法规和政策范围内开展经营活动的综合性（社区性）农村集体经济组织。

1. 股权设置

分配给股东的股权，属股东个人所有。个人股权可依法继承，但不得退股提现或退股抽资，不得抵押。持股满三周年，经董事会批准，可以在村股份经济合作社内部转让。个人股一般不得对外转让。

2. 组织机构

村股份经济合作社设股东（代表）大会、董事会、监理会等机构。其中股东（代表）大会是最高权力机构。董事会是常设执行机构和日常工作机构，由股东（代表）大会选举产生，并对本社股东（代表）大会负责。董事会实行股东代表大会领导下的董事长负责制。董事会必须严格执行股东（代表）大会通过的决议，接受监事会和本社股东的监督。监事会是常设的监督机构，由股东（代表）大会选举产生，对本社股东（代表）大会负责。监事会必须严格执行股东（代表）大会通过的决议，向股东（代表）大会报告工作。①

（三）农村供销合作社

1. 农村供销合作社的内涵

农村供销合作社是以农民社员为主体的集体所有制的群众性和"官办"性相结合的合作经济组织。在新的历史时期，农村供销合作社不仅要发挥农村主流通渠道的传统优势，还被赋予了新的内涵。

一方面，有计划、有目的、有重点地统一调配物资、资金、技术和劳动力，实现农业生产各环节要素的最佳组合，减少农民生产经营的盲目性。

另一方面，依托供销社各经营网点，建立社区服务体系，为农民提供科技咨询、医疗、教育、图书、娱乐等社区服务，使得农民不出社区就能够获得基本的生产和生活服务需求。具体来说，新形势下的供销社要提供日用消费品经营体系、农资经营体系、农产品集聚与扩散体系、农民合作经济组织体系和社区服务体系等。

2. 农村供销合作社原则

概括起来，农村供销合作社的原则包括：（1）自愿与开放的社员资格的原则；（2）民主的社员控制的原则；（3）社员经济参与的原则；（4）自治与独立的原则；（5）教育、培训与信息的原则；（6）合作社之间合作的原则；（7）关注社区的原则。

---

① 李金霞等：《农民专业合作社管理教程》，山西经济出版社 2008 年版，第 72 页。

152

3. 农村供销合作社的基本职能

（1）商品购销职能。商品购销一直是供销社的最基本职能，更是主要职能。目前已初步形成了农业生产资料经营服务体系、农副产品经营服务体系和日用生活消费品经营服务体系，这三大体系正成为中国农村现代流通网络的重要支撑，在帮助农民搞好生产、促进农副产品走向市场、丰富农村居民生活方面发挥着日益重要作用。

（2）物流配送职能。供销合作社的农村商业网点覆盖了"万村千乡"，为物流业发展提供基本条件和环境；供销合作社系统的市场化改革成效明显，为物流业发展奠定体制和机制基础；供销合作社的运行机制可以为物流配送提供更大的发展空间。高效的物流配送促使供销合作社系统内各类超市、专卖店、便利店的产生，促进了农村零售业经营方式的升级换代，改善了农民购物和消费环境，引导其形成了新的消费理念。

（3）农产品加工职能。农业供销合作社对农产品进行加工，延长了产业链，增强了农产品市场竞争力。能有效提高农业初级产品的附加值，增加农民收入。使当前农产品"卖难"的问题迎刃而解，加快了中国由传统农业向现代农业转变的进程。

（4）品牌化经营职能。品牌是消费者识别农产品品质的最重要标志。农产品品牌化是现代农业建设的重要内容之一。农产品品牌作为一种无形资产，代表着农产品经营者的信誉及其对消费者的承诺，是农产品经营者与消费者沟通的桥梁。

此外，供销合作社还有延伸职能，如融资服务职能、农村社区服务职能等。

（四）农村集体经济组织

新型农村集体经济组织，是指与社会主义市场经济体制相适应，在自然乡村范围内，实行基本生产资料和资产的共同所有和按份所有，农民根据一定区域与产业按照自愿互利原则组织起来，在生产和流通环节实行某种程度的合作，各尽所能，实现统一经营与承包经营的有机结合，所得收益实行按劳分配与按要素分配相结合的农业社会主义经济组织。是除国家以外对土地拥有所有权的唯一组织。

1. 组织类型

农村集体经济的组织类型，一部分是原人民公社组织演变过来的。包括乡镇（街）集体经济经营实体（如公司、联合社等）村经济合作社、村股份经济合作社、自然村组经济实体等。另一部分则是新型联合组织。包括农民专业合作社、专业农场（庄）、其他合伙农村企业等。

2. 实现形式

集体所有的生产资料与农民劳动的结合是农村集体经济动态的实现形式，根据二者不同的结合方式形成了农村集体经济多样化的实现形式，主要有以下四种：（1）集体所有的生产资料和农民的集体劳动相结合。农民在集体经济组织的统一协调和指挥下从事集体生产劳动，将集体劳动与集体所有的生产资料结合，农民凭借其在集体劳动中贡献的份额取得相应收益即实行按劳分配，按劳分配提取后的剩余作为公共积累留存集体归集体所有。集体所有、统一经营、集中劳动、统一分配是这种形式的典型特征。(2) 集体所有的生产资料与农民的分散劳动相结合。农民个人将集体所有的生产资料与个人劳动及个人所具有的部分生产资料相结合，进行相应的生产活动。集体将其所有的生产资料按照集体成员数量公平分配，农户家庭承包经营，实现了生产资料的集体所有权与经营权的分离，这是该种形式的主要特征。(3) 集体所有的生产资料与农民的合作劳动相结合。通过农村集体经济组织创办各类合作社或者入股合作社，实现了农村集体经济组织与农民的资本联合、劳动联合，集体经济与个体经济的有机结合。农村集体经济组织通过为合作社提供有偿服务及分享合作社盈余等方式获取相应收益，在推动合作社发展壮大集体经济实力的同时，实现了农民收益的提高和共同富裕。(4) 生产资料集体所有权的资本化与雇佣劳动结合。代表集体成员利益的农村集体经济组织凭借其所拥有的集体所有权对外展开经营活动，使集体所有的各种财产转化为资本，所有权转化为股权，与此同时吸收其他投资主体参与投资，成立相应的企业或公司，实现农村集体经济由封闭走向开放。

四、公司运作的绿色农业组织形式

农业产业化经营是中国农民继家庭联产承包责任制后的又一次组织制

度创新。公司带动型绿色农业组织形式对克服农户"小生产"与"大市场"的矛盾以及带动农民增收起到了积极的作用。加快了农村发展，推动了城乡一体化的实现。

（一）公司运作绿色农业组织的优势

一方面，龙头企业为农户拓宽了市场，稳定了绿色食品的销路。小规模生产的农户由于市场信息不灵，在绿色食品的生产上往往表现出从众行为，一旦看到某种绿色食品有利可图就会"一哄而上"，造成供给大于需求，进而使绿色食品价格下降，结果导致农民虽然增产却难以增收。而农业龙头企业由于规模大，掌握的市场信息资源充分，可帮助农民开拓市场，使农民的生产适销对路。

另一方面，龙头企业有助于把握绿色食品的产量和质量，提升农业竞争力。龙头企业对参与产业化经营的农户提供优良品种和高质量的种苗和种子，在生产过程中对技术环节进行指导和把关甚至采取统一的技术措施，对生产成果统一收购，这不仅有利于把先进的农业技术应用于生产，提升绿色食品的质量，技术的进步也会不断地推动绿色农业发展。

（二）新型公司运作农业组织模式

农业产业化要求农业生产规模化、集约化、专业化，需要各地结合实际探索农业经营组织形式，使之与现代农业发展相衔接，更适应农民的现实需求。有代表性的新型公司运作农业组织模式有以下四种：

1. "公司+专业合作组织+农户"模式

在这种模式下，专业合作经济组织作为一个中间载体，一方面代表农户与公司发生关系，另一方面代表公司与农户发生关系，能把公司对生产的质量要求等信息传递给农户，并得到较好的执行和监督。

2. "公司+专业合作社+基地+农户"模式

由专业合作社牵线搭桥，使龙头企业、基地和农户之间实现机制联结、利益共享。企业通过合作社与农户签订生产合同，为农户提供产前、产中和销售一条龙服务，并以此获得优质、稳定货源。农户可加入合作社进行生产，使资源利用最大化，最大程度节约生产成本。由于加入了合作社，签订了订单协议，农产品通过企业进行销售，适销对路，销路不用愁。

3. "公司+专业合作社+农户"模式

在这种模式下，合作社作为纽带方便公司和农户沟通的同时，农户加入专业合作社后，农户种植、养殖公司统一品牌，更具专业性，统一生产能更好地保证农产品的品牌和质量。农户参加合作社后，可得到合作社提供的一系列服务，而且公司与合作社的直接交易，省去了中间费用，提升了收购价格。

4. "公司+专业协会+基地+农户"模式

此模式由企业、科研或生产基地、协会以及订单农户共同构成有机整体，以农产品加工企业为基础，形成具有良种试验、技术推广运用和培训、产品加工和销售以及市场风险共担的产业综合体，其职能范围涵盖了产前、产中、产后的整个产业链，是一种新型的农业生产社会化协作关系。

第四节　新型绿色农业组织的运行管理

一、新型绿色农业组织运行管理的基本原则

绿色农业的组织管理是指在绿色农业实施过程中的决策与规划、组织与协调、教育与宣传、监督与检查等。明确绿色农业组织管理中的方式与原则，优化绿色农业组织运行管理，对于提高绿色农业的竞争力，加速绿色农业发展具有重要的意义。

（一）自愿开放原则

新型绿色农业组织，无论家庭农场还是农民合作社，都是自愿组成的组织。即一是加入要自愿，不能强迫。二是没有人为的限制或任何社会、性别、宗教、种族的歧视。

（二）坚持农民主体地位原则

新型绿色农业组织是由社员管理的民主组织，以服务成员为宗旨，在组织运行时应尊重农民的主体地位和首创精神，实行农民民主管理、民主

监督，被选出的代表应对其成员负责，使全体成员共同受益。

（三）目标性原则

绿色农业组织在管理和运营时应首先制定与当前环境及具体发展情况相适应、符合组织承担能力的组织目标。制定目标时一定要十分周密，力求深入不同层次的实际工作计划之中。

（四）因地制宜原则

由于中国幅员辽阔，各地资源禀赋差异大且分布不均，因此农业发展千差万别，区域特征明显。新型绿色农业组织的运行管理要与区域农业发展特征相适应，与区域经济发展特征相适应，因地制宜，以发挥比较优势为原则，着眼于多元化的农业生产模式的发展。

（五）促进农业产业化经营原则

通过新型绿色农业组织的"穿针引线"可以有效地实现市场、基地、农户等各方面生产要素的优化组合，形成互相支持、互相渗透的联动体系。[①] 农业组织在运行时要注意为农业增效、农民增收提供系列化服务，以促进农业产业化发展。

二、新型绿色农业组织运行管理存在的问题

（一）绿色农业组织融资困难

绿色农业的基础建设相对薄弱，各种农业生产要素价格持续上涨，且因其不施用任何化肥、激素，由人工育苗、育种、养护等，致使农业生产成本大为提高，资金短缺成为制约家庭农场、龙头企业等绿色农业组织规模化发展的重要因素。同时，纵然党的十八届三中全会指出"赋予农民对承包地占有、使用、收益、流转及承包经营权抵押担保权能"，但农村土地

---

① 张郝峰：《关于在新型农业社会化服务体系中农技协组织模式与运行机制的思考》，经济发展方式转变与自主创新——第十二届中国科学技术协会年会（第四卷），2010 年。

产权质押又面临着法律限制，配套制度尚不健全的重重障碍，造成融资困难，严重制约了绿色农业组织经营水平的提高。

（二）绿色农业保险制度不健全

完善绿色农业保险制度是促进绿色农业生产增长，农民收入增加，农业产业化发展的重大保障。目前绿色农业保险的需求大，短缺严重。具体表现在保险覆盖面十分狭窄，财政支持不力，分散风险机制不健全等等。

农业保险覆盖面狭窄。有资料显示，目前全国粮食作物的承保比重只有 0.01%，棉花 0.02%，大牲畜 1.1%，奶牛 3.6%，生猪 0.8%，家禽 1.3%，水产养殖 2.5%。农业风险的保障水平同发达国家相比十分落后。加拿大农作物投保面积占总耕地面积的 65% 左右，日本的农作物投保率高达 90%，美国 2000 年农作物保险承保面积占可保面积的 76%。[①] 保险覆盖面狭窄，使大部分农民无法通过农业保险得到任何补偿，影响了农业生产的良性循环与健康发展。财政支持不力主要表现在政府忽视了通过保险对绿色农业间接补贴这一途径，只重视了直接补贴，影响了农民风险意识的提高。分散风险机制不健全是指绿色农业保险制度缺乏二次保险进行风险释放。由于绿色农业生产索要面临极大的自然风险，人类难以抗拒，遇到问题，几乎全部由保险公司进行赔偿，这就导致很多商业保险公司望而却步，不愿开办此类保险。

（三）绿色农业合作组织规模小，发展不平衡

绿色农业合作组织虽然得到了很快的发展，但由于在整个发展过程中缺乏管理意识和长远发展意识，同时受到资金影响，活动范围狭窄，在很多方面都出现了问题。具体有发展不平衡，规范性差，总体规模偏小且功能偏弱，缺乏市场开拓能力等。

发展不平衡主要表现在区域性方面，不同地区的绿色农业组织会存在着巨大的差距，无论发展水平还是发展层次方面。规范性差，主要指虽然制定有章程、制度，但由于种种原因，实际操作中仍以个人权威来维系，

---

① 楚汴英：《我国农业保险现状与农业保险制度供给》，《河南财政税务高等专科学校学报》2006 年第 6 期。

没有形成新的民主管理机制。在绿色农业快速发展开来之后，全国范围内一时间出现了很多资产雄厚的合作组织，但是总体来讲，很多合作组织的覆盖面偏小，带动能力弱，而且服务层次低，农业项目也非常少。生产项目较为单一，纯粹停留在初级加工方面，对于深层次加工或者是二次加工工艺来讲，工艺和资产都是劣势。缺乏市场开拓能力，主要表现在绿色农业组织活动范围较为狭窄，多限于当地的信息沟通与技术交流。

（四）标准化体系不健全，阻碍绿色农产品步入国际市场

尽管中国及各省市在绿色农业标准化方面取得了较大发展，但与 WTO 的要求及国际先进水平相比还有不小差距。首先是标准种类不够多、不够细，标准要求欠具体，例如动物性食品及蔬菜中成分的监测在国际标准中已非常普遍，但在中国有的刚刚制定，有的还未制定，至 2010 年，中国只制定了 2319 种农产品农药残留限量标准，而世界卫生组织和联合国粮农组织已有 3100 多种，美国达 8000 多种。其次是标准水平偏低，标龄长，在现行的农业国家标准中，大部分标龄都在十年以上，相比之下，为保证标准的先进性，英美等国一般每五年复审一次，日本几乎每个月就出台一项关于农产品技术措施方面的政策。最后是标准的内容缺乏可操作性，中国目前只有部分农业标准采用国际监测标准，大多质量标准带有所谓的"中国特色"，既不利于与国际接轨，也不利于实际操作，其结果直接阻碍了中国生态农产品在国际市场中的竞争。

（五）绿色农业组织经营管理人才匮乏

绿色农业组织的经营管理是一项规范性强、知识面广的工作，人才是经营管理活动中最重要的因素，绿色农业组织人员队伍的建设质量直接关系到组织发展活力。选拔高质量的管理人才是实现绿色农业组织运营管理高效化的必要条件。当前绿色农业组织经营管理人才缺乏主要表现在人才培育和选拔机制不健全、人才队伍不稳定两方面。

人才培育与选拔机制不健全。一是很多绿色农业组织缺乏人才培育思想，选拔人才的途径和渠道只有社会招聘一种，忽视了内部的员工潜在的素质提升和成长能力。二是一些农业组织的成长依靠的是"能人"效应，即所谓人才选拔时以个人权威来维系，没有形成公开、公正、公平的选贤

制度。人才队伍不稳，主要是农业组织不能为其员工提供合理可靠的保障制度和稳定的工作环境而致使人才流失。

三、新型绿色农业组织运行管理的制度建设

不同绿色农业组织形式在运行管理方面有着不同的特点，下文将从个体绿色农业组织、合作类型的绿色农业组织和公司运作的绿色农业组织这三个方面来探讨其制度建设的方式。

（一）单家独户绿色农业组织的制度建设

一方面，建立职业农民培育机制。要实现农业现代化，首先要通过综合教育途径促进农民现代化，因为有知识和能力的青壮年职业农民是家庭农场和专业大户可持续发展的重要动力之一。通过对职业农民的实地调查发现，目前专门从事农业生产的新型农民都具有一定的共性，就是有文化、懂技术、会经营，并对农业有着深厚的感情。他们或是从专业农校毕业，对农业有一定的兴趣与了解；或是作为家庭农业生产的继承人，具有丰富的务农经历；或是种植养殖大户；或是专业合作组织的带头人与主力成员；或是致力于农业服务的技能人员等。单家独户绿色农业组织的进一步发展，必须要把工作重心放到职业农民培育问题上，充分利用各类培训资源，加大对种养大户、农民技术员、农庄主、家庭农场经营者等人员的培训力度，提高其生产技术水平和经营管理水平，以充分发挥示范带动的辐射作用。同时，政府相关部门要发挥政策导向性，引导涉农专业的大学生扎根农村基层，鼓励农民工回乡创业。

另一方面，健全合作激励机制。家庭农场与小农户生产的区别不仅表现在经营规模上，而且表现在现代化的合作经营方式上。为促进家庭农场的可持续发展，应鼓励支持家庭农场主之间的合作与联合，成立家庭农场协会和家庭农场主联社等，以推进农资联购、专用农业机械调剂、农产品培育、销售及融资等服务的开展。同时，政府应加大对家庭农场的扶持和服务力度，加大财政政策向家庭农场的倾斜力度，对达到一定标准并具有示范辐射带动作用的家庭农场进行合理的补贴和奖励，加强对从事设施农业、生态农业、观光农业、信息农业、农业标准化和农业产业化等形式的

家庭农场的帮助补贴，支持农信联社、邮政储蓄银行合作，为其提供小额优惠贷款，并安排农技人员定向对家庭农场提供技术帮扶。

（二）合作类型绿色农业组织的制度建设

1. 发展社会化服务机制

如家庭农场这般具有普通农户的全部特征，又具有农业企业的组织化方式的一些独立农业组织，是现阶段需要重点培育的农业生产经营主体。针对绝大多数小农家庭经营规模过小，成本和风险过高等问题，必须建立健全融合公益性与经营性于一体的农业社会化服务体系，拓展服务领域和内容，逐步完善科技、金融、市场、信息咨询、中介协调等方面的服务功能，促进形成从"分散小农"向"家庭农场"演化发展的制度体系。具体路径为，在农村社区内部构建起内生动力机制，积极引导和促进单家独户型农业组织间的合作与联合，扶持组建家庭农场合作社、农业中介组织、农业科技服务组织等，为单家独户型绿色农业组织连接市场搭建信息交流平台，激活农业、农村和农民自身的活力。与此同时，在外部充分调动政府、企业、科研教育单位、第三部门、私人组织等社会力量共同参与为单家独户型绿色农业组织提供良种、农机、技术、信息、植保、加工、储运和销售等一体化服务，达成良好的内外互动机制。

2. 规范绿色农业合作社人才管理机制

一是完善人才供给与培养制度。通过市场招聘具备专业知识的有用之才，进入农业合作社工作，为合作社发展注入新的活力的同时，注重农村各方面人才的培养。例如，一些农村合作社与农村走出去的贫困大学生签订合同，让他们毕业学有所成之后，回到农村为农村的发展贡献一份力量。合作社要想长远发展，必须要有长远的人才战略意识。二是优化环境，稳定人才队伍。绿色农业合作社应不断提升发展水平，注重基础设施建设，提供稳定的待遇和福利保障，优化人才的成长环境。三是建立合理评价与选拔机制。遵循公开、公平、公正原则，通过公开考试，竞争上岗，组织考察等多种形式选拔人才。

3. 重视绿色农业合作组织相关法律法规建设

中国在2006年制定了《中华人民共和国农民专业合作社法》，但并没有专门针对绿色农业合作组织的法律法规，各位专家学者对绿色农业合作组织的研究大多是如何推动组织发展，如何完善组织形式等方面，对规范组织内部、外部建设，制定相关法律制度却鲜有研究。那么将如何保障成员的平等权利，维护组织内部秩序，可以从以下三个方面考虑：（1）制定《绿色农业合作社法》及其实施细则。中国政府应针对绿色农业合作组织发展过程中出现的特殊问题具体对待，制定专业、完善的法律法规加以约束，为一些问题的解决提供依据。（2）加大侵权行为的处罚力度。在法律法规具体执行上，绿色农业合作组织帮助农户抵御风险，代表的是农户的利益，要严惩故意侵害组织权利的行为。（3）构建完善的监督机制。法律的生命在于执行，一项健全完善的法律得不到执行是毫无意义的。在《绿色农业合作社法》的执行中，要发挥监察机构的积极作用，确保法律法规得到执行，保障组织与农户的切身利益。

（三）公司运作绿色农业组织的制度建设

一方面，要创新绿色农业投融资制度。在投入倾斜方面，要改革和调整国家财政分配结构，使其向农业尤其是绿色农业倾斜，各级政府要依法安排对绿色农业的预算支出，用于开展绿色农业建设的规划、技术培训、经验交流等项目，并建立健全财政支农的长效机制。同时，积极运用税收、贴息、补助等多种经济杠杆，鼓励和引导各种社会资本投向生态农业。① 多方融资，要立足本地，实行个人、集体、国家三结合，多层次、多渠道筹集资金，要拓展融资渠道，鼓励金融机构对技术含量较高和发展前景较好的农业科技项目提供专项贷款。要设立政府发展生态农业专项担保基金，鼓励和引导国外资金投入到中国绿色农业经济中。另外，要改革农村金融体制，通过小额贷款、贴息补助、生态农业保险等形式，支持企业、农户开展绿色农业建设。

另一方面，要规范农地流转机制，控制土地用途的改变。龙头企业与农户建立密切利益机制的途径之一就是通过土地流转，产生产权关系。土地承包经营权流转不得改变用途，被承包的土地需进行直接的农业生产，不能从事加工生产或其他非农业的活动。所以，一是严格执行通过大规模

① 王敦清：《国外生态农业发展的经验及启示》，《江西师范大学学报》（哲学社会科学版）2011 年第 1 期。

土地流转进行农业产业化经营项目的审批和监管。二是强化基层政府在土地流转中的职能，加强对企业使用土地的监管力度，严格限制通过行政干预的方式直接进入土地流转过程，切实保障农民的权益。

第五章 绿色农业推广组织与人员管理

绿色农业推广组织的组织形式、机构设置、运行机制及其管理方式、人员素质等都对农业推广工作有着很大影响，因此，世界各国对此都比较重视，并建立起了与自己国家国情相适应的组织体系。本章首先介绍了农业推广组织的概念与职能，继而重点探讨了绿色农业推广组织的体系与人员管理。其主要内容包括绿色农业推广组织的类型，绿色农业推广组织的演进，绿色农业推广组织体系设计，绿色农业推广组织管理原则、方法，绿色农业推广人员的职责、素质等。

第一节 绿色农业推广组织的类型与演进

一、绿色农业推广组织的概念与职能

（一）绿色农业推广组织的概念

绿色农业推广组织是农业推广体系的一种职能机构，是具有共同劳动目标的多个成员组成的相对稳定的社会系统。① 绿色农业推广组织主要围绕服务"三农"的中心目标，参与政府的计划、决策、农民培训及试验、示范的执行等任务。没有健全的农业推广组织，就没有完善的成果转化通道，

---

① 田伟:《农业推广》，化学工业出版社 2009 年版，第 28 页。

科技成果就很难进入生产领域从而转化为生产力。当今世界各国都十分重视绿色农业推广的组织建设，而在组织建设上，又非常注意组织结构的设计。农业推广组织结构是否合理直接影响推广任务的贯彻和落实。现代科技劳动组织，不是一成不变的，无论从时间上还是在空间上，都表现为一种不断变化着的动态平衡。因此，绿色农业推广组织在结构与职能上也随着农业生产方式的调整和变化而变化。

（二）绿色农业推广组织的职能

1. 确定推广工作的目标

推广组织的职能之一就是结合当地政府和农民的需要为各级推广对象确定清楚、明确、具有说服力的推广工作目标。

2. 保持推广工作的连续性

推广组织要根据本地区推广工作长期性的特点，在安排推广任务时，在使用推广方法上，在推广人员、推广设备、财政支持等方面，都突出地保证推广工作的连续性。

3. 保持推广工作的权变性

农业推广工作面向复杂多变的环境，有些机遇的错过将导致推广工作陷入困境。为适应各种新问题的挑战，要求组织形式和组织成员经常保持高度的主动性，发现并利用机会灵活地处理各种复杂局面，建立、培养和发展同各界的联系，以利于发挥推广组织所特有的权变性。

4. 信息交换

发展推广组织的横向与纵向联系，是推广组织的又一职能。农业推广工作面临的环境是复杂的，一个问题与多个方面相关，一种信息可能适用多种选择，本系统解决不了的问题，其他领域也许并不难解决。生产有时会影响生活问题，经济问题很可能影响政治、社会等问题。因此，建立有利于信息交换的系统是推广组织极为重要的职能。

5. 控制

推广组织需要经常检查与目标工作程序有关的实际成就，这就要求组织必须具有对组织成员、工作条件和工作内容进行调控的能力。对组织成员的选择上，应以权变理论为基础，要求各组织推广人员应具备的条件，如生产技术、经营管理、劝农技巧、行政管理及相关学识的范围，以及规定推广人员的有效基础训练的内容，胜任人员的补充条件，培养课程设置等，都是从组织对成员、工作条件和工作内容的要求得出。

6. 激励

推广组织必须具备促进组织内部成员积极工作的动力。推广组织的责任就是创造一种能够激发工作人员主动工作的环境。如明确的推广目标，成功的工作方案，个人提升、晋级、获奖的机会及进一步培训的机会，工作中有利于合作的方式，这些都可能成为推广组织的特殊职能。

7. 评估

绿色农业推广组织对推广机构的组成，对成员工作成绩的大小，对推广措施的实施，对计划制订的完成程序都需要进行考核。其中包括机构的设置是否合理、人员工作是否到位、措施是否得当、计划是否得到执行等。①

二、绿色农业推广组织的类型与评价

概括起来，绿色农业推广组织可以划分为行政型、教育型、项目型、企业型、自助型等多种类型。

（一）行政型绿色农业推广组织及其评价

1. 行政型绿色农业推广组织的内涵

行政型绿色农业推广组织就是以政府为主的绿色农业推广机构。在许多国家特别是发展中国家，推广服务机构都是国家行政机构的组成部分，因而绿色农业推广计划制订工作侧重于自上而下的方式，目标群体难以参与。由于绿色农业推广内容大都来自公共研究成果，因此，绿色农业推广工作方式偏于技术创新的单向传递，绿色农业推广人员兼有行政和教育工作角色，角色冲突较为明显，执行以综合效益为主的推广目标。例如，中国的绿色农业推广组织，尤其是推广人员在推广新技术时，往往带有行政干预的色彩，甚至强制实行，这样，农民不易接受。而且，有时不免带有盲目性，甚至误导，让农民产生逆反心理。

---

① 王慧军：《农业推广学》，中国农业出版社 2009 年版，第 61 页。

行政型推广组织的公共责任范围较广,涉及全民的福利,组织的活动成果主要由农村社会与经济效益来度量。例如,印度等国家推广工作组织体系就属于此类型。由于各个国家与地区的社会经济和绿色农业发展水平不同,所以,虽然同样是政府设置的行政型绿色农业推广组织,其组织结构和工作活动内容也会有一定的差异。

2. 行政型绿色农业推广组织的评价

一方面是该组织的优点。在其发展的初级阶段,效果比较明显实用,财力、人力有一定的保证。在战争、饥饿等特殊情况下,它能有效地组织和促进农业生产,使国家有可能尽快摆脱危机。由于有政府其他行政组织的协助,有利于推广工作的顺利开展,有利于开展国际交流与合作,进而共同促进世界农业推广事业的发展。

另一方面是该组织的缺陷。由于决策等由中央政府制定,不能做到因时制宜、因地制宜,往往会导致事倍功半。容易导致社区和农民对中央政府的依赖性,从而削弱他们本身潜在的创造力,不利于充分发挥他们的主动性并不可避免地产生官僚主义。

(二) 教育型绿色农业推广组织及其评价

1. 教育型绿色农业推广组织的内涵

教育型绿色农业推广组织以农业大学(科研院所)设置的绿色农业推广机构为主,其服务对象主要是农民,也可扩延至城镇居民,工作方式是教育性的。

建立这类绿色农业推广机构的基本考虑是政府承担对农村居民进行成人教育工作的公共责任,同时,政府所设立的大学应具有将专业研究成果与信息传播给社会大众以便其学习和使用的功能。这类推广组织的行动计划是以成人教育形式表现的,其技术特征以知识性技术为主,且大部分推广内容是来自学校内的绿色农业研究成果。

教育型绿色农业推广组织通常是绿色农业教育机构的一部分或附属单位,因而绿色农业教育、科研和推广等功能整合在同一机构的,绿色农业推广人员就是绿色农业教育人员,其工作内容就是进行教育性活动。组织规模是由大学所能影响的范围而决定的。例如,1890 年美国大学成立了推广教育协会,1892 年芝加哥大学、威斯康星大学也开始组织推广项目。

2. 教育型绿色农业推广组织的评价

这种组织设计的特征是中心辐射型。这类组织的权力是分散的，其内容传播属于双向沟通方式。每一工作单位的地位不确定，而工作人员之间也仅仅依据技术专长进行区别。其组织绩效主要是用教育成果来度量。

（三）项目型绿色农业推广组织及其评价

1. 项目型绿色农业推广组织的内涵

鉴于很多政府推广机构效率不高，人们反复尝试创建项目推广组织。项目型绿色农业推广组织的工作对象主要是推广项目地区的目标团体，也可涉及其他相关团体。其工作目标视项目的性质而定，主要是社会及经济性的成果，其技术特征以知识性为主，亦具有可操作性，而组织规模属于中等偏小。如中国实施的黄淮海平原绿色农业综合开发项目。项目型绿色农业推广组织的公共职责范围是改善项目区目标团体的经济与社会条件，其成果评估也偏重社会经济效益。在项目执行过程及实施结束之后，都要进行较严格的监测与评估。

2. 项目型绿色农业推广组织的评价

可以使用最佳的资源配置，如聘请专家和有成功经验的工作者参与。就组织表现而言，项目型绿色农业推广组织的公共职责范围是改善项目区目标团体的经济与社会条件，其成果评估也偏重社会效益。在项目执行过程及实施结束之后，都要进行较严格的监测与评估。

（四）企业型绿色农业推广组织及其评价

1. 企业型绿色农业推广组织的内涵

企业型绿色农业推广组织是以企业设置的绿色农业推广机构为主，大都以公司形态出现，其工作目标是增加企业的经济利益，服务对象是其产品的消费者，主要侧重于特定专业化农场或农民。其特点主要体现在：第一，推广内容是由企业决定的，常限于单项经济商品生产技术。第二，绿色农业推广中大都采用配套技术推广方式。第三，为农民提供各类生产资料或资金，使农民能够较快地改进其生产经营条件，从而显著地提高生产效益。第四，组织的工作活动主要以产品营销方式表现，其技术特征以实物性技术为主，也兼含一些操作性技术。应强调指出的是，此类组织是以企业自身效益为主,有时农民利益受制于企业效益。种子公司或一些农资公司就属此类推广组织。

2. 企业型绿色农业推广组织的评价

这种组织设计称为利益最大组合型。一旦某方利益无法最大化地体现,就可能被迅速地解体。如果能有效地通过法律手段、经济手段、管理方法来最大限度地制约这些问题的发生,这种类型的推广组织是很有发展前途的一种形式。

(五) 自助型绿色农业推广组织及其评价

1. 自助型绿色农业推广组织的内涵

自助型绿色农业推广组织是一类以会员合作方式而形成的组织机构,具有明显的自愿性和专业性的农民组织。它的推广内容是依据组织业务发展和组织成员的生产与生活需要而决定,其推广对象是参与合作团体的成员及其家庭人员,这类推广组织的工作目标是提高合作团体的经济收入和生活福利,因此,其技术特征以操作性技术为主,同时进行一些经营管理和市场信息的传递。

这类组织的绿色农业推广工作资源是自我支持和管理的。部分绿色农业合作组织可能接受政府或其他社会经济组织的经费补助,但维持绿色农业推广工作活动的主要资源条件仍然依赖合作组织。其日常活动要遵照国家有关法律法规的约束和调整。目前,这类推广组织在世界各地正在蓬勃兴起,如河北省清苑县的农林高优社、河间市的国欣棉花协会、徐水市的葡萄协会、邯郸市的獭兔协会等。

2. 自助型绿色农业推广组织的评价

其设计初衷是为了体现农民自身利益的决策民主化。在组织结构上,全体成员都将参与组织的决策和管理,因而其运行效率就无法提高,集权程度就会分散化,在市场上的竞争力往往由于决策民主化过程所限,错过一些最佳时机。自助型绿色农业推广组织有广泛的发展前景,但由于农民所处的环境、地位、素质、资金、信息、决策能力、市场预测等条件的限制,目前还处于发展阶段。[1]

---

[1] 高启杰:《农业推广学》(第三版),中国农业大学出版社 2013 年版,第 45 页。

三、绿色农业推广组织的演进

（一）绿色农业推广组织发展的推动因素

自 20 世纪 70 年代以来，由于财政压力的增长和对政府所提供服务的有效性和效率的质疑，许多发展中国家开始进行公共服务组织改革，改革的焦点是财政体制改革、分权化、民营化和民主化。绿色农业推广组织的发展呈现出从政府主导的线性单一型向民营部门参与的综合多元型转化的趋势，这种转化主要基于以下几个因素：

1. 农业生产关系转变

农业本身从追求土地生产率向追求劳动生产率转变，农业的变化带来农民的多样化需求。作为经济增长的结果，农业发生的变化表现在农业劳动生产率的提高带来从事农业劳动力比例的减少，高价值农产品需求如动物产品、蔬菜、花卉等增加，农民的专业化程度增加，农民在国内和国际间的竞争力增强，农业从劳动密集型产业变为一种知识密集型产业。在这些变化中，农民需要更多的知识和技能，如新技术和资源的管理、农户经营系统的选择和管理、生产资料的购买和产品的营销策略、公共资源的管理，建立能够影响市场结构和政府政策的农民组织，从农业内部和从农业外部多途径获得收入等。

2. 政府政策改变

自 20 世纪 90 年代以来，世界上推广改革的一个主流趋势是政府对推广的投资逐渐缩减，降低公共财政赤字的政策导致对绿色农业推广投资的限制和有偿服务机制的引入。从某种意义上说，这是一种好的发展方向，因为用户可以控制或至少可以影响服务的种类和质量，当然另一方面，也很有可能会影响到对贫困户的服务力度。

3. 经济自由化

许多发展中国家不同程度地处在经济自由化、分权化和私有化的进程当中。经济自由化①使得生产者对市场信息的需求更加强烈。私有化或民营化意味着政府从生产资料投入品的供应、市场营销以及农产品生产等经济活动中退出。政府推广职能转化的同时，需要建立私人生产者和其他机构包括生产者组织之间的平衡关系。分权化是指将部分公共责任或职权转移给地区或地方机构，也就是说为推广服务机构所进行的技术项目的计划、人事管理和财政预算等权力也都被下放。虽然各国对公共生活的民主化界定各有侧重，但都是指建立和培育地方和国家层级的公民社会，能够使不同阶层的公民在发展进程中有表达不同意见的自由。因此需要逐步形成政府和公民之间的一种新联系，初步使公民社会具备民主化的特征，一些国家生产者组织的出现便是这种民主化特征的表现形式之一。

（二）绿色农业推广组织的发展方向

1. 坚持以政府推广机构为主导的绿色农业推广体制

20世纪90年代以来世界绿色农业推广呈现出分权化、私营化和多元化的特征，世界绿色农业推广原有的体制格局发生了变化，但是，各国由于本国的国情不同，其变化的程度和形式也各有差异。根据联合国粮农组织统计，全世界约有150个国家绿色农业推广组织的主要形式是以农业部为基础的官方机构，比例高达81%。英国、日本等发达国家和泰国等发展中国家绿色农业推广的组织形式都是以政府农业部为基础的官方机构；美国虽然州及州以下绿色农业推广组织是以大学为基础，但仍属于政府办的官方机构，联邦农业部设有推广局，是全国绿色农业推广工作的领导者和主要管理者。虽然近些年推广私营化趋势越发明显，一些国家的推广体制也由原来的政府公共推广为主变为政府与民营组织合作或完全私营化，但就大部分发展中国家而言，以政府为主导的推广体制仍然占有很大比例。

对于中国来说，面对纷繁复杂的变化和中国区域发展多样化的状况，是采用政府公共推广体制还是实行私营化不是一个简单的选择问题。早在20世纪80年代，伴随着改革开放和联产承包责任制的农村经济体制改革的

---

①　过去由于计划经济模式与市场经济模式的对立，以及各国政府对企业的种种限制，使经济发展受到了相当程度的压抑。现在，随着市场经济体制的完善，以及各国在经济方面的松绑，资金自然流到了赢利最高的地区。

实行，中国的绿色农业推广改革就已经开始了。20世纪90年代中期所开展的建立绿色农业推广中心的改革和近几年来政府关于人事分开、机构调整的改革试点和当前在全国范围开展的推广示范县改革试点是比较有代表性的几次重要的改革实践，改革的核心是如何建立以政府绿色农业推广机构为主导的多元化推广体系，如何将绿色农业推广的公益性与营利性分开，如何提高绿色农业推广的效果和效率，如何解决绿色农业推广的"最后一公里问题"。通过总结中国改革的经验和对国外绿色农业推广模式的比较研究得出的结论是：目前中国应该坚持和改善以政府推广机构为主导的绿色农业推广体制。

2. 努力建立多主体参与的绿色农业推广多元化新格局

多主体参与的绿色农业推广多元化新格局中的主体指公共部门、私有部门及民营部门的绿色农业推广提供者和资助者。综观各国的推广实践，无论在何种社会制度和体制下，农业技术推广事业既要有政府的保障，又要发挥多元推广服务提供者的主体优势，从而实现推广资源的优势互补。从国际发展趋势来看，在农业经费投入更加多元化的趋势下，政府投入比例有所减少，绿色农业推广开始被视为一种有偿的咨询服务，以便有效激发潜在推广主体的参与积极性。但是，从中国实际发展情况来看，由于绿色农业推广的公益属性和非政府参与主体的缺位，大部分农民收入水平较低，生产方式落后，城乡差距较大，多元化投资主体的架构没有形成。中国在绿色农业推广多元化的探索过程中，不断探索多种适合本地区发展的推广新模式，如合同承包、以合同承包形式出现的"科技特派员"和"科技承包服务"型农业技术推广模式、公司+基地+农户产业化订单式带动型农业技术推广模式、农技站+基地+协会+农技大户辐射型农业技术推广模式、以农业科技能人为主体的民营型农业技术推广模式等。绿色农业推广改革的主要目标之一是从自上而下的技术转移推广模式转化为自下而上的需求导向推广服务模式。如果说社会主义市场经济条件下的绿色农业推广是对农户的一种服务的话，那么只有当被服务者有权力和渠道控制服务活动的时候，服务质量才有可能最终得到提高。

农业推广多元化的实现必须具有强有力的法律保障。国外绿色农业推广体制模式的设计和实施都有一定的法律保障，尤其是美国的经验非常明显。中国1993年颁布实施的《中华人民共和国农业技术推广法》中的一些条款已经不适应当今的农业技术推广工作，有必要对该法进行修改完善，以保障农业技术推广事业的健康发展。

在国际农业和农村发展的实践变得非常多样化的大背景下，作为政策工具的绿色农业推广体系显示出多样化的特征。推广模式本身没有好坏、对错的差别，只有对实现具体目标的适合程度的差异。总之，世界农业发展中自然资源管理，生态系统管理，新的利益相关者的出现以及社会经济环境等因素的变化和绿色农业推广发展显现的分权化、多元化和私营化特征，一定会对中国的绿色农业推广改革与发展产生影响。

3. "一主多元"农业技术推广体系模型及其相互关系

农村是多部门服务的对象，农业是多部门服务的领域。构建覆盖全国、综合配套、便捷高效的新型农业技术推广服务体系，必须坚持以农业技术推广机构为主导，鼓励和支持社会各方面的力量参与农业技术推广服务。

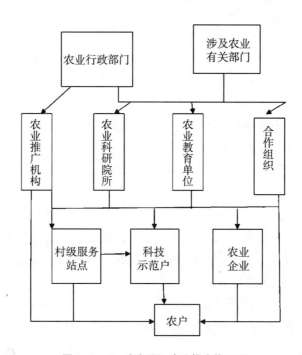

图5-1 "一主多元"农业推广体系图

如图5-1所示，农业技术推广机构由各级农业行政部门主管，上联农业科研、教育单位,下联村级服务站点、科技示范户、农业企业、合作经济组织和农户,专职从事公益性农业技术推广服务,是农业技术推广服务体系的主导力量。各级科技、教育、组织、人事劳动、广播电视等行政管理部门,以及科协、共青团、妇联等群众团体,结合本部门的工作积极参与农业技术推广工作,从事公益性推广服务工作,是农业技术推广工作的重要组成部分。①

农业科研、教育单位具有人才、成果密集的优势,是农业技术推广的人才基地和技术成果的源头。由于农业科研单位的主要任务是科学研究,农业教育单位的主要任务是培养人才,他们参与农业技术推广的主要方式一是通过参与有关部门组织的项目,开展公益性农业技术推广服务;二是围绕自身开展科研和教学工作的需要推广自身的研究成果、培养和锻炼人才;三是根据社会需求对推广机构、农业企业、合作经济组织和农户提供技术服务。虽然农业科研、教育单位在农业技术推广工作中具有非常重要的作用,但不可能完全取代农业技术推广机构的公益性功能。

合作经济组织、农业企业是农业技术推广的骨干力量。一方面从国家有关部门实施的项目和农业技术推广机构获得公益性服务,另一方面从农业科研、教育单位获得人才和技术支持。

村级服务站点和科技示范户是解决农业科技成果推广"最后一公里"的桥梁,是农业技术推广的重要载体。科技示范户或示范基地从农业技术推广机构、科研和教育单位、农业企业、合作经济组织获得技术和人才支持,对农户应用新技术、新成果起到示范和带头作用。

农户是农业科技成果转化为现实生产力的最终受体。在社会主义市场经济的条件下,在发展现代农业的背景下,农村劳动力结构和农业经营方式发生了很大变化,农业产业的多样性与农民个体需求多样化也对农业技术推广工作提出了新要求。农户不仅需要公益性服务,也需要经营性服务,仅靠农业技术推广机构是不能满足农户需要的。社会各方面的力量从事农业技术推广工作的成效,都应在农户增产增收增效上得到体现。

---

① 陈建华:《构建"一主多元"农技推广体系的思考》,《农村实用技术》2009 年第 9 期。

第二节　绿色农业推广组织体系设计与组织管理

一、绿色农业推广组织体系设计

（一）绿色农业推广组织体系设计的原理

1. 绿色农业推广组织体系设计的理论依据

绿色农业推广组织体系设计的理论依据主要是组织理论。广义的组织理论，又称大组织理论，包括了组织运行的全部问题。狭义的组织理论，又称组织设计理论，其主要研究对象是影响组织设计的内外部因素，如环境、人员、战略、规模、技术等问题。① 因此狭义的组织理论更适宜本书所要重点解决的绿色农业推广组织设计与再设计问题。

2. 绿色农业推广组织体系设计的基本内容

合理的组织设计包括了组织结构设计和运行过程中相关内容的设计，也就是对组织活动和组织结构的整体设计过程。现代组织设计理论是动态的。组织设计时要通盘考虑这些内容：职能结构，管理幅度，管理层次，部门结构，职权系统，横向纵向联系，管理规范，绩效评价，激励制度，人员配备和培训，组织结构和变革；另外还要考虑组织的内、外部环境，发展战略，技术，规模，人员等变动因素。

3. 绿色农业推广组织体系设计的主要特点

在设计绿色农业推广组织体系的过程中，必须结合其自身的主要特点来开展设计。第一，动态的组织活动过程就是把人、财、物和信息，在一定时间和空间内进行合理有效配合的过程。第二，组织作为相对静态的社会实体单位，就是把动态组织活动过程中有效的、合理的配合关系相对地固定下来所形成的组织结构模式，这种组织结构模式也就是人们常说的组织机构。第三，组织可以完成个人努力所达不到的工作目标。第四，组织的存在，是对立统一的表现形式，是工作关系的技术系统和人与人关系的

---

① 金锡万：《管理创新与应用》，经济管理出版社 2003 年版，第 24 页。

社会系统的统一。

(二) 绿色农业推广组织体系的设计原则

1. 因地、因时、因人、因事制宜的原则

绿色农业推广组织的合理构成，是根据当时、当地、当事条件长期试用与实践的结果。因此，在设计和改变这一组织结构前，必须反复模拟当地的条件，进行动态分析，切不可做不切实际的设想。

2. 动态中稳定组织结构与形式的原则

随着农民行为的改变和外界环境的变迁，组织结构和形式需要不断调整，但绿色农业推广从整体系统和某些上层组织结构上来讲，要求处于稳定状态。这样就要求系统和部门内及各个环节要随时调整，体现绿色农业推广组织既有连续性、适应性，又有创新性。

3. 发挥部门整体功能的原则

不要设置任务、性质相同的部门去重复劳动。只有加强协作与沟通，克服自身利益大于整体利益的不适当的利益关系，才能把这一原则落实下去。

组织系统目标要利于部门目标的发挥。当子目标与主目标发生冲突时，在组织设计上要从整体考虑，保证组织系统的协调。基层推广组织一定要结合责任、权力而设置，避免结构复杂、多头领导、指挥系统失误等问题的出现。

4. 组织设计利于自身功能发挥的原则

第一，要利于信息交流的功能，要设置专门管理信息的机构，并要对个人规定，定期领取和汇报工作信息，建立纵向双向交换的制度，同时创造条件，鼓励横向信息交流。第二，要利于激励组织，要创立激发个人主动工作和生活的环境，定期考察职员，听取阶段反映，及时处理干扰因素的存在，使人员潜在能力得到进一步发挥。第三，要利于评估。在中间环节上要经常采用各种疏通渠道措施，使组织在公开性、透明度上有保证，从而利于组织对个人、个人对部门、部门对组织系统的公开评估。第四，要利于控制，组织在管理手段上要多采用下级能接受的方法，做到行之有效，减少无效指挥，起到抓而不死、松而不乱的控制效果。第五，要利于分工与协作。部门设计尽量不要在平级范围内设立相互对立的职能部门，这样不利于部门间的配合与协作。第六，要利于推广目标的选择与确定，推广目标的选择与确定是综合分析、综合决策的结果。组织设计中一定要给综合分析和决策部门提供有利条件。不能出现推广组织在复杂的外界条件中系统内部还设置障碍的局面。最后，要利于业务人员水平进一步提高，对推广人员，在培训方式、培养条件上都要有客观的要求。在使用人才的同时要为其提供进一步提高的机会。

（三）　国内外绿色农业推广组织体系的基本状况

1. 国外的绿色农业推广组织体系

（1）美国绿色农业推广组织体系。美国实行的是教育、科研、推广"三位一体"的农业推广体制。机构上有三个层次，即联邦农业部的推广组织机构、州农业技术推广机构和县农业技术推广组织机构。美国联邦农业部推广局长由农业部长任命，他是农业部高级执行机构成员之一。推广局长通常选自各州推广处长之中。农业部内，推广局长向主管科教事务的部长助理汇报。州推广处长在农业部长的认可下，由所在学校的校长任命。推广处长对主管副校长负责。州推广工作计划需得到联邦推广局长认可。州推广处负责任命专业人员和技术专家。有些州还任命技术专家到区域推广机构工作。县推广站推广人员的技术监督、指导，由州推广处长负责。当地社区通过顾问委员会，对县推广人员的工作类别提出建议。县推广站的办公室和辅助人员由当地政府提供。县推广站和农业部的联系是通过州推广处来完成的。

美国联邦推广局，拥有 174 个专职专业人员（职位），州县有 16500 个专职专业技术人员，其中县级推广站占三分之二。还有 3300 个家政推广专家和 290 万名志愿人员服务在不同类型的项目中。县推广专业技术人员，几乎所有的人都有学士学位，相当多的人具有硕士学位，有些具有博士学位。有些州在聘任推广员之前，要求具有硕士学位。联邦农业部推广局的职能包括审核各州的农业推广工作计划，指导联邦推广经费的分配，协调全国各方面的力量，提供项目指导，维持与农业部、联邦其他机构、国会和全国性组织的联系，并承担对其活动解释说明的责任。州农业技术推广机构设在州立大学农学院，是美国合作推广机构最重要的机构。推广处的工作和大学的教学、科研工作同等重要。农业试验系统主要包括大学的农学院和地区性研究与试验中心；合作推广系统包括县的农业技术推广站和农学院的推广教授。州推广机构的职能包括州推广机构负责本州内重大的技术推广项目和特殊的技术领域。各州每年都应准备一个工作计划，并需得到联邦推广局长的认可。各州参与推广经费的年度预算和确定联合聘用推广体系工作人员。县推广站通过召集会议、举办各种专题、答复农户的咨询等方式进行农业技术推广工作。推广机构通过区域推广组织实现对县推广站的指导。每个区域负责若干个县。

在经费方面，美国农业科技推广的资金，主要由联邦、州和县财政提供。农业科研、推广经费由州立大学推广站统一管理，按推广项目及开支预算及时拨款。美联邦政府还作出规定，农业科研、推广的经费随国民经济增长的比例增加预算，联邦政府用于各州的推广经费，要求各州按1∶4配套。州县政府同样通过财政预算来保证农业科研、推广经费的落实。另外还有社会上各种私人基金会、工商企业和农场的捐款，农业部推广教育基金和广大志愿者的资助。

（2）日本绿色农业技术推广组织体系。全国范围内，由国家、地方及农民共同建立起比较完善的农业推广（日本称农业普及）组织机构，农业改良普及所是日本农业普及的主体和实施机构。其协力（辅助）机构主要包括绿色农业科研、绿色农业教育、情报等机构。

①国家绿色农业技术推广机构。日本农业水产省农蚕园艺局内设立普及教育课和生活改善课，作为国家对农业普及事业的主管机关。他们负责绿色农业改良、农民生活改善和农村青少年教育等方面的计划制定，负责机构体系、资金管理、情况调查、信息收集、普及组织的管理、普及活动的指导、普及方法的改进以及普及职员的资格考试和研修等工作。农林水产省还把47个都、道、府、县按自然区划，分为七个地区，分别设立了地方农政局，作为农林水产省的派出机构。地方农政局内设农业普及课，对各地绿色农业普及事业起指导和监督作用。

②地方绿色农业普及机构。都、道、府、县农政部内设普及课，负责普及工作的行政管理工作。各地下设农业试验场、农业改良普及所，分别负责绿色农业技术开发、绿色农业技术普及教育等工作。各地根据地域面积、市町村数、农户数、耕地面积及主要劳动者人数，确定设立农业普及所的数量、规模。农业普及所是各地农政部的派出机构，具体负责管理区

内的绿色农业普及工作。

③经费情况。根据《农业改良助长法》的规定，日本的协同农业普及事业，是由国家和都、道、府、县共同进行的。因此，农业普及事业所需要的经费，也是由国家和地方共同负担的。全国每年用于农业普及事业的经费为750亿日元。其中，农林水产省大体负担370亿日元，其余部分由都、道、府、县负担。这些经费主要用于普及职员的工资、普及所和普及职员的日常活动、普及职员的研修、农业者大学校的正常运营以及帮助农村青少年开展活动等。国家这种定额支付补助金的形式，较好地调动了地方政府根据实际情况、合理自主地利用普及资金的积极性，也加强了地方政府对普及事业的领导。

④绿色农业技术推广的队伍状况及职能。日本农业协同普及事业的具体实施者主要是专门技术员和改良普及员。全国共有普及职员11375人，其中专门技术员667人，改良普及员10708人。专门技术员的设置，一般视当地农业经营规模、农作物布局等情况决定。专门技术员的业务工作内容，主要是与科研、教育单位以及政府、团体进行联系，针对专门事项进行调查研究；对新成果、新技术的信息进行收集加工，并在此基础上对改良普及员进行培训和指导。

绿色农业普及职员的设置，各地依据实际情况不同而异，国家没有统一要求和规定。改良普及员是绿色农业普及事业直接的、主要的实施者。其主要职责是通过开展多种形式的农民教育和指导工作，普及绿色农业新技术；深入农村调查研究，及时发现绿色农业生产问题，向研究机关反馈信息，并参与对策研究；指导管区内绿色农业团体和组织的自主活动；开展农家生活指导。

（3）英国绿色农业技术推广组织体系。英国在18世纪中期即开始有组织地进行农业技术推广，1946年在英格兰和威尔士成立了全国农业咨询局，1971年又改组为英国农渔食品部农业发展咨询局。在地方则按郡和城镇设置咨询推广机构，从而形成了国家与地方上下一体的农业咨询推广体系。

此外，其他组织，包括英国肉品和农畜管理委员会、全国农业中心和各种协会，在农业咨询推广方面都发挥着重要作用。英国在聘用农业咨询推广人员上比较重视资格和学历，因此咨询推广人员所从事的工作因学位种类及专业知识不同而有区别，但在选拔和使用上十分严格。

英国农业咨询推广经费的来源：第一，政府拨款。国家每年为农业发展咨询局拨款约5000多万英镑，折合每个咨询人员10000英镑。第二，地方政府从地方税收中拨出一定数量的款额。第三，农业发展咨询局分布在全国各地区的科学试验中心、实验站为当地农业机构进行农业咨询、农业科技推广，为农场或农户做土壤分析、进行饲料成分测定、植物病虫害诊断等实验服务筹措经费。第四条渠道是其他组织、欧共体和私人企业或公司的资助。

（4）荷兰绿色农业技术推广组织体系。国家推广组织分为种植业和养殖业两大系统，垂直领导分为中央和地方两级，行政上由农渔部直接领导，省一级不设专门的农业推广行政管理部门，按自然区划设有12个种植业和17个养殖业地区推广站。农业教育、科研、推广均属农渔部领导，由一位副部长主管和协调这几方面的工作。推广人员实行招收录用制度，录用后两年考核合格者转为正式推广员。推广人员分为专业技术推广员和普通推广员，对推广人员坚持定期考核、岗位培训制度。国家推广体系的经费全部由国家拨发。从1990年开始，农民协会开始增加对推广体系的投入，每年以5%递增，到2013年，国家和农协各占50%。

（5）丹麦绿色农业技术推广组织体系。丹麦的农业咨询服务范围，遍及种植业、畜牧业、农业建筑、机械化、农场会计和管理、法律、青年工作、农政以及培训与信息等。开始时，由政府创办，不久就转为由两个农民组织——农场主联合会和家庭农场主协会为主，并负担大部分经费，国家给予一定经费补助，还在各方面给予支持，指导他们的工作。部分经费（占20%）来源也靠有偿服务的收入。咨询人员都要具备一定学历和实际经验，并必须经常参加在职培训，保证其相当的业务水平。每年至少有70%的咨询人员，进入各种不同专业的培训班受训。①

2. 国外较成功的绿色农业推广服务体系的共同特点

第一，层次分明，结构完善。这些国家均有自上而下的纵向推广体系，实行垂直管理，每一级有明确的职能和相应的人员结构，并建立健全岗位责任制和工作汇报制。同时，也注意经常性的横向合作和信息交流。第二，经费来源以政府拨款为主。随着生产的发展，协会组织承担费用的比例逐

① 李庆堂：《国外农业技术推广模式借鉴》，《中国农村科技》2012年第9期。

渐增大，但没有一个国家靠有偿服务解决推广体系的主要经费。第三，加强绿色农业推广的立法，以法保推广，以法促推广。第四，绿色农业教育、科研、推广职责分明，又密切合作。绿色农业教育、科研坚持为推广服务。教师除了教学外，还承担部分的科研与推广任务，根据推广的需要，调整教学内容，并承担推广人员在职培训的主要任务。科研机构以推广部门反馈的信息为依据，确定研究方向，同时和教学人员一起解决一般推广人员不能解决的技术问题。教学和科研单位还为推广机构在农民培训方面提供便利。第五，重视提高推广人员素质。许多国家对推广人员都要进行职前培训，对在职培训的时限和内容都有明确要求。[1]

3. 国内的绿色农业推广组织体系

在中国，随着农村经济体制和绿色农业政策的变化，绿色农业推广的组织形式和管理体制也发生了相应变化。"文化大革命"结束以后，中共中央、国务院作出了"经济建设必须依靠科学技术，科学技术工作必须面向经济建设"的决定。在这一正确战略思想指引下，包括绿色农业推广工作在内的科技工作得到了极大的推动和发展。2000 年年底统计中国有种植业技术推广机构 5.1 万个，农技推广人员 38.4 万余人；国家设有全国绿色农业技术推广服务中心；省级设省农技推广中心或分设的农技推广、植保、土肥、种子等总站；地（市）级设农技推广中心或分立的农技推广、植保、土肥、种子站等；县级主要设农技推广中心；乡镇一级设农技站；全国约有 20% 的村设有农技服务组织。总之，国内的绿色农业推广组织体系设计必须借鉴发达国家的经验，在结合中国国情的基础上，切实推动绿色农业科学发展。

二、绿色农业推广组织的管理原则

（一）目标性原则

组织管理首先进行的是制定有关推广组织应努力达到的目标和确定推

---

[1] 时允昌、何津、王德海：《世界农业推广体制模式的类型、发展趋势及启示》，《江苏农业科学》2012 年第 9 期。

广对象的决策。对制定的目标的要求：（1）被推广的技术、成果、信息是生产需要、农民急需。（2）确定的组织目标符合组织的承担能力。

（二）层次性原则

层次性原则要求一个好的推广组织应该有一个好的能级管理系统，高、中、低层次清楚，责、权、利相适应，总目标、任务明确，并要达到专业化、具体化程度，每一步都能尽快转化为行动和结果。例如，县中心承担了一项推广任务，中心将任务分解给有关的站，站再将任务分解给有关的组和人。这样，层层布置，层层落实，形成层次清晰、各负其责的单元，形成一条完整的指挥链，组织才能正常运转，发挥出应有的功效。目标的制定一定要十分周密，力求深入不同层次成员的实际工作计划之中。

（三）协调性原则

组织在运转过程中处于一种动态变化的状况。因此，管理组织的工作也就是在组织不断变化的情况下，跟踪变化，调节控制，实现系统的整体化目标。根据协调性原则，绿色农业组织与管理工作必须做到：

1. 信息沟通及时

在推广组织当中如果没有双向沟通，要得到充分的信息几乎是不可能的。只有信息管理运行灵敏、畅通，人、财、物沟通顺畅，才能提高组织管理的效率。

2. 具有应变能力

组织的外部环境变化通常对组织的结构和功能等产生深刻的影响。管理使组织具有较强的应变能力和灵活性，适应环境的变化，才能确保组织目标的实现。

3. 有效监测调控

在管理当中要建立起有效的监控机制，对于推广组织的工作情况，要按照工作计划和目标进行经常性的检查监督，发现问题要及时纠正，使组织的构成要素之间相互联系的秩序井然，有条不紊，减少其混乱和内耗，实现组织的有序运转。

（四）整体性原则

衡量组织管理工作好坏的一个重要标志就是组织运转的整体效果如何。管理要力求使推广组织的各个组成部门按照一定层次、秩序、结构有机地衔接，互为补充，相互促进，发挥出比个体效果相加之和要大得多的整体效果。

（五）能动性原则

组织管理是一种社会活动，它离不开组织中每个成员的创造性，只有发挥个人的主观能动性和创造性，才能真正实现组织的整体优化目标，取得良好的管理效益和经济效益。

（六）封闭性原则

在任何一个系统内，其管理必须构成一个连续封闭的回路，这样才能进行有效的管理活动。一个推广组织的管理系统应由指挥中心、执行机构、监督机构、反馈机构四部分组成。其中，指挥中心是决策机构，对整个系统进行指挥；执行机构则根据计划进行工作；监督机构对执行机构进行监督，以保证指令得到准确执行和组织目标的完成；反馈机构根据执行结果对反馈信息进行分析处理，提出对原来指令进行修正的方案。

三、绿色农业推广组织的管理内容与方法

（一）绿色农业推广组织的管理内容

1. 选择合理的组织管理手段

在绿色农业推广组织管理过程中，并不存在一种最好的组织机构管理具体手段。因为管理手段的选择取决于推广机构和工作人员的目标以及机构的运行状况，所以管理绿色农业推广组织的第一个内容就遇到了这样一个需要选择的问题，其答案只能是大家根据当地的具体问题具体分析，探索性地去寻找一种适合实际管理的那种推广组织手段。

2. 挑选领导

确定推广组织机构内的成员是组织发展的关键。推广者之间的合作非常重要，它要求机构负责人以了解人际关系作为领导前提，协调安排好不同能力与性格的成员间的合作关系。

3. 管理好信息通道

推广组织机构本身需要高效率的内部交往。要帮助农民形成观念和作出决策，推广组织机构内的人员应该了解观念形成和决策制定的过程，特别是农民在这些过程中的问题。信息通道的建立和管理是组织职能起作用的重要环节，没有充足的信心，组织就会僵死，无法开展有效的工作。

4. 进行常规管理

内容包括对绿色农业推广组织系统分层、分级、分系统的管理。管理组织内的人、财、物，制定发展战略规划计划，实行以岗位责任制为主的目标管理，根据项目要求安排好项目实施，并对项目进行监督、检查、评估。

（二）绿色农业推广组织的管理方法

1. 行政方法

依靠已形成的组织和组织内的职权设置状况，利用规定、制度、命令等手段，通过上级权威来达到指挥下属开展工作的做法主要是利用法规对违规的部门或人员依法进行强制性处罚，使违法现象减少，而法规的被遵守和贯彻就夹带了那些需要部门和组织成员按此去做的一些管理意图，通过此方法达到行使对组织进行管理的目的。

2. 经济方法

主要是指运用经济手段按照经济原则，讲究效益来达到管理目的的一种方法。最简单的就是惩罚法，对服从管理积极工作的给予奖励，反之则加以处罚。但要掌握奖得合理，罚得应该，关键是遵循透明度和领导、下属一致的原则。

3. 激励方法

这是心理研究得出的一种方法。在某些金钱和物质起不到作用的地方实施的一种促进方法。从事推广工作一辈子的"老推"，对工作的兴趣，对自己职业的重要性的认识及对组织的热爱，从某种程度上讲比工资和物质奖励对他们的影响更大，成就感促使他们吃苦受累，甚至不在乎物质享受的得失。就此来讲，对他们以及对他们在组织内所从事工作的管理，激励是行之有效的方法之一。①

4. 教育方法

（1）坚持疏导的方针。所谓疏导包括疏与导两个方面：首先针对实际存在的问题、症结，沟通人们的思想管道，帮助解开思想疙瘩，调动内在的积极因素，增强其克服消极因素的能力。其次坚持正面教育，以表扬为主，以典型引路，循循善诱，摆事实讲道理，启迪人们独立的思考，达到自我教育的目的。疏通引导是创造条件让大家发扬民主，广开言路，实事求是讲心里话，畅所欲言，然后再择优采纳。只有这样才能使农业推广人员与各领导者之间思想相通、感情相融。

（2）坚持结合经济工作一道去做的原则。思想工作要保证各项任务的完成，要围绕每个时期的经济政治形势和中心任务来进行，贯穿到生产、科研、管理和员工生活中去。要坚持党性，坚持群众路线的原则，确立农业推广人员的主人翁地位和当家做主的权利，从思想上、经济上、管理上、技术上充分调动和发挥员工的积极性和创造性，联系经营思想、作风、服务质量等实际问题，围绕着发展生产、发展经济这个中心去进行。

（3）讲究方法、注意效果。不论做什么工作都要讲究方法、注意效果，不解决方法问题，工作中就会瞎说一顿。具体方法有：①坚持正面教育与群众自我教育：表扬与批评，以表扬为主；自上而下的教育与群众相互教育，以群众相互教育为主。②树立典型，榜样示范。树先进，学先进，开展比、学、赶、帮活动。③有的放矢，对症下药。思想工作要有针对性，具体问题具体处理。④坚持为群众办实事，热情服务和耐心说服相结合。要把解决思想问题和解决实际问题结合起来，只有从解决实际问题着手，辅之以说清道理，才能取得思想工作的主动权。⑤领导人员必须严于律己，以身作则。教育都要先受教育，要带头搞好廉政建设，带头艰苦奋斗、勤俭节约，以自己的好作风带动农业推广工队伍的作风；要深入实际，调查研究。⑥掌握对部属批评的技巧。如果你的部下犯下错误，做错了事情，必须适时地对他进行批评。批评要采用一种最恰当的方式、方法。在开始

---

① 田素霞：《激励机制对企业发展的作用》，《内蒙古煤炭经济》2011年第1期。

批评之前，先真诚地赞扬对方的优点，然后再用"但是"开始引向要批评的内容的事实。当事实准确时，他会很高兴地接受批评。

第三节　绿色农业推广组织的人员管理

一、绿色农业推广人员的类型

根据农业推广人员的工作性质的差异可以划分为农业推广行政管理人员、农业推广督导人员、农业推广技术专家和农业推广指导员等四种类型。

（一）绿色农业推广行政管理人员

农业推广行政管理人员的职责包括：拟定推广机构内的工作方针和制定推广政策，对推广组织的人力资源进行开发与管理，编制经费预算，协调各部门的工作关系，评估并报告工作成果。

（二）绿色农业推广督导人员

农业推广督导人员的职责包括：帮助农业推广指导员与推广管理人员和技术专家之间建立良好联系，为农业推广指导员提供信息，帮助其拟订工作计划，提高农业推广指导员的工作能力和社会交际能力，激励农业推广指导员，评阅推广指导员的工作报告，考核和评估推广指导员，并向上级机构提交工作报告。

（三）绿色农业推广技术专家

农业推广技术专家的职责包括：为农业推广组织提供技术支撑，加工科技信息，培训其他推广人员，提供专业的技术分析报告，举办各类推广技术和问题的研讨会。

（四）绿色农业推广指导员

农业推广指导员的职责包括：协助当地政府制定农业政策与计划，拟订各类推广计划，向农民宣传政府的有关政策，并将农民的有关情况向政府报告，协助地方建立农村社会组织，选择并培训义务指导员，向上级机构或其他社会组织争取社会资源，以加强地方的农业推广活动，与其他推广人员保持良好联系，向上级机构或督导人员反映当地的问题，以调整农业推广方针与政策，评估地方推广工作成果，并提出年度工作报告。

二、绿色农业推广人员的职业道德与素质要求

（一）绿色农业推广人员的职业道德

1. 爱岗敬业，服务农民

绿色农业推广是深入农村、为农民服务的社会性事业，它要求推广人员具有高尚的精神境界，良好的职业道德以及优良的工作作风，热爱本职工作，全心全意地为发展农村经济服务，为帮助农民致富奔小康服务，争做农民的"智多星"和"贴心人"，把全部知识献给绿色农业推广事业。

2. 深入基层，联系群众

离开了农民就没有绿色农业推广工作，推广人员必须牢固树立群众观念，深入基层同群众打成一片，关心他们的生产和生活，帮助他们排忧解难，做农民的"自己人"，同时要虚心向农民学习，认真听取他们的意见和要求，总结和吸取他们的经验，与农民保持平等友好关系。

3. 勇于探索，勤奋求知

创新是绿色农业推广不断发展的重要条件之一。要做到这一点，首先要勤奋学习，不断学习绿色农业科学的新理论、新技术，特别在社会主义市场经济日趋发展的今天，还要善于捕捉市场信息，进行未来市场预测，帮助农民不断接受新思想，学习新知识，加速知识更新速度，要在实践中有所发现，有所发明，有所创新，有所前进。

4. 尊重科学，实事求是

实事求是绿色农业推广人员的基本道德原则和行为的基本规范。因此，在绿色农业推广工作中要坚持因地制宜，"一切经过试验"的原则；坚持按科学规律办事的原则，在技术问题上要敢于坚持科学真理。

5. 谦虚真诚，合作共事

绿色农业推广工作是一种综合性的社会服务，不仅要依靠推广系统各层次人员的通力合作，而且要同政府机构、工商部门、金融信贷部门、教学科研部门协调配合，还要依靠各级农村组织和农村基层干部、农民技术人员、科技示范户和专业户的力量共同努力才能完成，因此，要求绿色农业推广人员必须树立合作共事的观点，严于律己，宽以待人，谦虚谨慎，同志之间要互相尊重，互相帮助。

（二）绿色农业推广人员的素质要求

1. 学科基础知识

目前，中国绿色农业推广人员多为某单一专业出身，所学知识过细过窄，远远不能适应社会主义市场经济发展的需要。所以要求绿色农业推广人员应具有大绿色农业的综合基础知识和实用技术知识，既要掌握种植业知识，还要了解农副产品加工、保鲜、贮存、营销等方面的基本知识和基本技能；不仅要熟悉作物栽培技术（畜禽饲养技术），还要掌握病虫防治、土壤农化、绿色农业气象、绿色农业机械、园艺蔬菜、加工贮存、遗传育种等基本理论和实用技术。

2. 管理才能

绿色农业推广的对象是成千上万的农民，而推广最终的目标是效益问题，所以绿色农业推广人员做的工作绝不是单纯技术指导，还有调动农民的积极性和人、财、物的组织管理问题。因此，绿色农业推广人员必须掌握教育学、社会学、系统论、行为科学和有关管理学的基本知识。要学会做人的工作，诸如人员的组织、指挥、协调，物资的筹措和销售，资金的管理和借贷，科技（项目）成果的评价和申报等管理才能，方可更好地提高生产效益和经济效益。

3. 经营能力

在社会主义市场经济条件下，绿色农业推广人员应有帮助农民群众尽快走上富裕道路的义务，使他们既会科学种田（养殖），又会科学经营。这就要求绿色农业推广人员必须学好经营管理知识和技术，加强市场观念，了解市场信息，学会搜集、分析、评估、筛选经济信息的本领，以便更好地向农民宣传和传授。同时，还要搞好推广本身的产、供、销的综合服务，达到自我调节和自我发展不断完善的目标。

4. 文字表达能力

文字是信息传递的主要工具之一，写作是推广工作进程的体现形式，也是成果评价和经验总结的最好手段。绿色农业推广人员必须具备良好的科技写作能力，要学会科技论文、报告、报道、总结等文字的写作本领。

5. 口头表达能力

口头表达能力和文字表达能力同等重要，是绿色农业推广人员的基本功之一。在有些方面和某些场合，口头表达能力的高低，直接影响着推广进程和效果。特别是中国目前大部分农民文化素质低，口头表达能力就显得特别重要。因为口头表达能力可以增强对农民群众的吸引力，使之更快地接受绿色农业技术并转化为现实生产力。

6. 心理学、教育学等基础知识

绿色农业推广是对农民传播知识、传授技能的一种教学过程。所以说，绿色农业推广人员是教师，就需要具有教育科学知识和行为科学知识，摸清不同农民的心理特点和需要热点，有针对性地结合当地现实条件进行宣传、教育、组织、传授。因此，要求绿色农业推广人员懂得教育学、心理学、行为学、教学法等基本知识，才能更好地选择推广内容和采用有效方法。

三、绿色农业推广人员的管理

绿色农业推广人员的管理就是对绿色农业推广人员的发现、使用、培养、考核、晋升以发挥其主动性和积极性，从而提高工作效率，多出成果，快出人才的过程。

（一）绿色农业推广人员的管理内容

1. 合理选配绿色农业推广人员

相关部门要加强对农业科技人才资源的管理，科学、合理配置农业科技人才资源。一要制定规划，实现农业科技人才资源与农业和农村经济社会发展同步协调，达到农业科技人才总需求与总供给的基本平衡。二要加强调控，促进农业科技人才资源配置同农业产业结构和地区经济格局的变化相适应。三要建立农业科技人才市场，充分发挥其配置人才资源的基础性作用。四要改革单位人事管理制度，完善用人机制，加快市场化步伐。

2. 恰当使用绿色农业推广人员

人力资源管理的核心是把重点放在人的问题上。基层农业技术推广人员包括高校基层农业推广人员、县农业技术推广人员以及乡镇农业技术推广人员。不同的群体具有不同的需求，不同的工作态度，不同的认知水平以及不同的动机因素。因此，建立基层农业技术推广人员激励机制，必须充分考虑到基层农业技术推广人员的层次差异，因地制宜，因人而异，充分调动广大农业技术推广人员的积极性。

3. 培训提高绿色农业推广人员

中国是一个发展中的农业大国，同时又是世界上农业人口最多的国家，农业生产落后于世界平均水平，在农业劳动生产率、农业科技成果转化率、科技成果贡献率、农产品商品化率、合理利用农业资源与保护环境的意识和农业管理水平等方面，与发达国家存在较大的差距。之所以如此，重要原因之一是中国严重缺乏高层次应用型的农业专门人才，特别是农业推广人才。农业推广作为农业科技发展的主要组成部分，与农业科技研究与开发创新同样重要，尤其是面对中国农业成果转化速度慢、产业化程度低、科技对生产贡献不高的现状，加强农业科技推广就显得更加重要。目前，中国农业正进入发展新阶段，农业生产与农村经济结构调整优化，农业生产由数量型向质量型发展，农业增长方式由粗放型经营向集约型经营转变。农业的全面、系统发展对国家整体发展的作用是不言而喻的，农业发展对农业推广专门人才的需求也是大量和迫切的。

根据基层农技推广人员和农民技术人员的不同需求，分层分类开展培训，分行业组织实施，主要采取异地研修、县、乡（镇）集中办班和现场实训等三种方式。异地研修主要是将县级农业技术人员骨干集中到现代农业产业技术体系综合试验站、农业职业院校和农业科研单位进行研修，以提高农技推广人员对先进实用技术的掌握水平、开展技术推广的业务能力和综合素质；县、乡（镇）集中办班主要是在县、乡（镇）两级集中办培训班，重点培训当地生产急需的关键适用技术和推广方法，以提高县、乡（镇）两级农技人员的推广能力和服务水平；现场实训主要是对科技示范户、村级动物防疫员、植保员、农机手、沼气工、农民专业合作组织带头人和种养大户等农民技术人员，通过开展手把手、面对面的现场实训，重点提高他们的生产技能水平和实际操作能力。同时，要针对农民工返乡所提出的技能需求，大力开展就业转移培训。鼓励各培训单位结合实际，探索培训模式，创新培训机制，开展形式多样的培训工作。

4. 考核绿色农业推广人员

在完善基层农技推广人员考核激励机制的过程中，应注意以下五点：第一，应树立基于农户满意为目标的考评观念，从增产效果、农户满意度、指导作用和农民素质提升方面评价农技推广人员的推广工作，以更客观、更合理地评价农技推广人员的推广行为和推广绩效①。第二，应建立服务对象、县级农业主管部门和乡镇政府三方共同参与的农技推广绩效考评机制，将内部考评与外部考评结合起来，使农技推广工作兼顾国家、地方政府和农民的利益。第三，应将考评结果应用到农技推广人员的工资报酬、职务晋升、职称评定、评优评先、研修深造等各个方面，正确处理"物质激励"与"精神激励"的关系，且激励机制的设计应遵循"适度"和"相容"的原则，以充分调动农技推广人员的工作积极性，为提高农技推广效果提供激励保障。第四，应在全国范围内提高病虫害防治、新品种和新技术推广、农民培训和农业应急等业务工作在业绩考核项目中的比重，且所占比重应不低于80%，以确保农技推广人员将充足的时间和精力用于公益性农技推广工作。第五，应建立农技推广责任制，明确规定农技推广人员对农户的指导时间和下乡次数，以确保他们能够及时、适时地为农户提供关键性的技术指导。

（二）绿色农业推广人员的管理手段

1. 经济类的管理手段

经济类的管理手段包括绩效工资方法、奖金制度等。由于将个人的收入同其本人的工作绩效直接挂钩，因此，这种方法会鼓励推广人员创造更多的效益，同时又不增加政府的固定成本。严格的、长期的绩效工资体系是一种有效的方法，该方法让政府不断改进推广人员工作能力、工作方法，

---

① 从管理学的角度看，绩效是组织期望的结果，是组织为实现其目标而展现在不同层面上的有效输出，它包括个人绩效和组织绩效两个方面。

提高推广人员的绩效。因为这种方法使绩效好的推广人员得到了奖励，所以这种方法同时也能获取、保留绩效好的推广人员。当不景气的时候，虽然没有奖金了，但是由于工资成本较低，政府也可以保留推广人员，这样一方面让绿色农业推广人员有安全感，增加他们的忠诚度；另一方面当经济复苏时，政府也有充足的人才储备。①

2. 行政类的管理手段

行政评价制度是源自行政系统内部的对行政规章、行政行为包括绿色农业推广人员自身行为的合法性、合理性以及质量优劣进行自我评价的制度。行政评价制度又具体分为两种：其一是事前的预测制度，如针对某一岗位或某一环节，就其容易发生行政纠纷和侵权、权钱交易等风险程度作出预先估计，同时设立防范机制；其二是事后的审核、验收及评价制度，对行政机关及绿色农业推广人员已经作出的行政行为就其合法、合理性以及可操作性作出评价。行政评价制度就其对于行政机关及其绿色农业推广人员的作用意义而言，能够实现行政主体的自我激励、同级行政主体之间的相互激励以及上级行政主体对下级行政主体的激励功能，激发行政机关及其绿色农业推广人员的工作活力。通过激励指引行政主体产生明确目标指向行为的内在动力，调动行政主体的积极性，增强其工作责任感、使命感和紧迫感，进而实现行政权的自我规范，促进行政质量的自我提升。

3. 思想教育类的管理手段

随着农业的不断发展，绿色农业推广人员的思想政治工作尤为重要。它关系到农业的兴旺发达，人员是农业的一分子，农业是社会的一分子。因此，它也是关系到整个社会的稳定的基本保证。当今社会，人员在新形势下的开放意识、竞争意识都在增强。与此同时，人员的思想意识也在不断变化。在社会不良倾向的影响下，个别人员对农业的亲切感、信任感、责任感、荣誉感日益淡薄。因此，加强和改进思想政治工作，有效地防范不良现象，保证农业工作的正常运转，是摆在农业面前的紧迫任务。

4. 精神激励类的管理手段

精神激励即内在激励是指精神方面的无形激励，包括向员工授权、对他们的工作绩效的认可，公平、公开的晋升制度，提供学习和发展，进一

---

① 彭程：《事业单位绩效工资可操作性探析》，《人力资源管理》2010 年第 10 期。

步提升自己的机会，实行灵活多样的弹性工作时间制度以及制定适合每个人特点的职业生涯发展道路等等。精神激励是一项深入细致、复杂多变、应用广泛、影响深远的工作，它是管理者用思想教育的手段倡导企业精神，是调动员工积极性、主动性和创造性的有效方式。

5. 法律类的管理手段

法律是国家进行农业管理的重要手段之一。把行政管理机关内部事业单位分散的执法职能集中到机关内部设立的专门执法机构统一行使执法职能称之为综合执法。这样可避免多头执法，执法扰民的现象发生，也是行政机关内部建立相对独立的行使"行政处罚权"的执法机构和行使"审查审批许可权"的审批机构的理想模式。综合执法的实质是集中行政处罚权，强化执法力度，切实保护广大消费者的合法利益。随着现代农业的发展和依法治国的深入，农业行政综合执法在管理现代农业公共事务、"强职升位""打劣扶优""依法治农"和实现"外塑形象、内增活力"目标中将居主导地位。①

第四节　绿色农业推广技术、方式与模式创新

一、绿色农业推广技术创新管理

（一）技术创新管理的定义

自"创新理论之父"熊彼特在20世纪30年代开创技术创新理论以来，经过众多学者的补充和丰富，技术创新理论日渐完善。美国伯格曼等定义技术创新是指由技术的新构思、经过研究开发或技术组合到获得实际应用，并产生经济、社会效益的商业化全过程的活动。技术创新管理专家、清华大学傅家骥教授定义"技术创新是企业家抓住市场的潜在赢利机会，以获取商业利益为目标，重新组织生产条件和要素，建立起效能更强、效率更

①　杨泽峰、方黎等：《基层农技推广人员现状分析及对策》，2009年4月24日，见http：//www. natesc. gov. cn /Html/2009_ 04_ 24/2_ 50864_· 2009_ 04_ 24_ 51847. html。

高和费用更低的生产经营系统，从而推出新的产品、新的生产（工艺）方法、开辟新的市场、获得新的原材料或半成品供给来源或建立企业的新的组织，它是包括科技、组织、商业和金融等一系列活动的综合过程"。

技术创新管理又称为技术革新，是技术变革中继发明之后的一个技术应用阶段，然而至今仍未形成一个严格统一的定义。熊彼特认为技术创新管理是生产要素与生产条件的新组合，国际经济合作与发展组织的定义是技术创新管理包括新产品与新工艺以及产品与工艺的显著变化。

如前所述，技术创新管理是指由技术的新构想，经过研究开发或技术组合，到获得实际应用，并产生经济、社会效益的商业化全过程的活动。其中，"技术的新构想"指新产品、新服务、新工艺的新构想；"技术组合"指将现有技术进行新的组合；"实际应用"指生产出新产品、提供新服务、采用新工艺或对产品、服务、工艺的改进；"经济、社会效益"指近期或未来的利润、市场占有或社会福利等；"商业化"指全部活动出于商业目的；"全过程"则指从新构想产生到获得实际应用的全部过程。

技术创新管理是在一定的技术条件下，为了使各种资源的利用更加合理、企业整个系统运行更加和谐高效、生产能力得到更充分有效的发挥而进行的发展战略、管理体制、组织结构、运作方式以及具体的管理方法与技术以及文化氛围等方面的管理。

（二）绿色农业推广技术创新管理的对象及类型

政府应该成为技术创新管理的主体。在创新的过程中，通常要求生产、市场、研究、人力资源和财务等部门的通力合作，而这只有在政府的领导下才能避免各部门的局限性，将整个社会的资源组织起来，达到技术创新的目标。技术创新管理体系运行的外部环境条件主要包括以下几点：技术创新的市场环境；技术创新的政策环境；技术创新的经济环境；技术创新的技术环境；技术创新的管理体制环境；技术创新的社会文化环境。

技术创新管理可以从不同的角度进行分类。一般而言对于技术创新管理的分类都是根据创新管理对象、创新管理程度、创新管理来源等角度来进行分类。

1. 按创新管理的对象分类

根据技术创新管理中创新管理对象的不同，技术创新管理可分为产品创新管理和工艺（过程）创新管理。

产品创新管理是指在产品技术变化基础上进行的技术创新管理。按照产品技术变化量的大小，产品创新管理又可细分为全新（重大）的产品创新管理和渐进（改进）的产品创新管理。产品用途及其应用原理有显著变化的可称为全新产品创新管理。渐进的产品创新管理则是指技术原理本身没有重大变化，基于市场需要对现有产品进行功能上的扩展和技术上的改进。

2. 按创新管理程度分类

根据技术创新管理过程中技术变化强度的不同，可将技术创新管理分为渐进性创新管理和根本性创新管理两类。

渐进性创新管理是指对现有技术进行局部性改进所引起的渐进性的技术创新管理。根本性创新管理是指在技术上有重大突破的技术创新管理。它往往伴随着一系列渐进性的产品创新管理和工艺创新管理，并在一段时间内引起产业结构的变化。

3. 按技术创新管理的来源分类

根据技术创新管理的来源不同，可将技术创新管理分为自主型技术创新管理、模仿型技术创新管理和引进型技术创新管理三类。

自主型技术创新管理是指依靠自我技术力量，进行研究、开发新技术并实现其工程化和商业化生产的技术创新管理。自主型技术创新管理要求企业须拥有高素质创新管理人才和较雄厚的资金保障。模仿型技术创新管理指通过模仿已有技术成果的核心技术，并根据自我实际情况做进一步改进完善的技术创新管理。

（三）绿色农业推广技术创新管理的内容

一般认为，农业推广的技术创新管理基本内容由五个方面构成。第一是技术创新的基本原理。主要包括技术创新概念、分类、过程和管理要素等。第二是技术创新决策。技术创新决策贯穿于技术创新管理的各个部分，但集中的、影响大的决策主要是技术创新战略制定和技术选择。第三是技术创新活动环节的管理。主要包括开发管理、新产品生产和营销管理、技术转移管理。第四是技术创新的要素管理。主要包括技术信息管理、知识产权管理、技术创新能力管理。第五是技术创新的组织管理。主要包括技术创新的组织和激励。

绿色农业推广的技术创新管理包括两个层次：第一层次是对每一项技术创新的持续性要素的管理；第二层次是从整体上对技术创新流的管理。绿色农业推广组织应自觉地对每项技术创新的持续性要素进行管理，主要包括：对技术创新机会的管理；对技术创新学习的管理；对技术创新资源共享的管理；对技术创新收益的管理。

二、绿色农业推广方式创新管理

（一）绿色农业推广方法的种类

1. 大众传播法

大众传播法是指农业推广人员将有关农业信息经过选择、加工和梳理，通过不同的大众传播媒介传递给农业推广对象的方法。它的特点是信息传播具有权威性、时效性、信息沟通单向性等。在农业技术推广实际工作中，要根据大众传播媒介的特点和农民采用新技术的不同时期，灵活选择合适的传播媒介，提升农业推广成效。例如在农民认识采纳新技术的阶段，可以利用广播、电视、网络等传播农民需要的科技信息，提高农民的关注度。大众传播法适用于推广农业新技术、新产品、新成果等，通过激发农民的兴趣，让其认识新事物的存在及其基本特点。

2. 集体指导法

集体指导技术又称群体指导技术或团体指导法，它是指农业推广人员在同一时间同一空间内对具有相同或类似需要与问题的多个目标群体成员进行指导和传播信息的技术。集体指导技术的特点是成员之间具有共同的利益，易于沟通，信息反馈及时，但特殊要求难以满足。

3. 个别指导法

个别指导法是指农业推广人员和个别农户接触与沟通，讨论共同关心或感兴趣的问题，并向农民提供信息和建议的推广方法。个别指导法最大的优点是能直接与农户进行面对面的交流和沟通，真实地了解农户的需要，从而有针对性地帮助农户解决实际问题。个别指导法的特点是针对性强、因人施教、有的放矢、沟通双向性以及信息发送量的有限性。个别指导法的主要应用形式有农户访问、办公室访问、信函咨询、电话咨询等。从农业推广技术的特点来看，选择大众传播有利于扩大人们对某种创新的认识，集体指导法与个别指导法则在学习某种新技能、新技术时较常采用。

4. 网络延伸法

随着中国农村信息化服务工作的深入开展，逐渐形成以信息网络技术为手段的农业推广技术，该方法既可存在于以上三种方式中，又可自成一体形成综合系统的农业信息化网络技术指导方法，具体表现为：（1）形成产业性的专业互动网站，发布农业技术新成果、新技术、新方法，管理网站互动用户、共享网络资源；（2）建立区域产业性的农业短信群发系统，发布生产和气象等信息，做到快捷、准确、直达，统一农业措施，提高农业综合防治、统防统治技术水平；（3）还可根据需要开发即时互动交流平台（如QQ、MSN、E-mail、微博、微信等），打破传统的推广人员与推广对象口耳相传、见面交流形式，突破时间和空间的限制，使农业推广的形式和内容更加多样和丰富，效果更显著。

（二）绿色农业推广方式创新的目的

1. 扩大知识量

以扩大农民知识量为目的的适宜方法是利用大众传播媒介、讲座、交谈等传播信息，即大众传播法。例如，中央电视台七套节目主办的"致富经"栏目和各地的农业类栏目就是以广阔的视角，通过举办农业技术专题讲座、宣传先进致富经验等形式向广大农民介绍新信息、新品种和新成果。

2. 认识掌握技能

以认识掌握技能为目的的适宜技术是集体指导技术，即通过小组讨论、成果示范、方法示范、短期培训和实地参观等方式达到农业推广预期效果。通过实地参观、考察、学习，让参加者增强了感性认识和理性认识，更快地掌握新技术的基本要领、操作技能和管理方法，从而使新技术迅速达到预期的推广效果。

3. 调查了解采用者需求

以了解采用者需求为目的的适宜方法是个别指导技术，无论是农户访问，还是办公室访问等都能够最大限度地全面了解采用者的需要，针对性地解答采用者提出的问题或是向其提供技术信息、技术资料，从而充分满足采用者的要求。

根据农户接受新技术的阶段性特点选择和应用推广技术。推广对象在接受某种新技术过程的不同阶段，表现出不同的心理和行为特征，因此在不同阶段，应选择不同的农业推广技术。在技术认知阶段，采用大众传播方法，如通过广播、电视等进行广泛宣传，以增大新技术的影响力，加深农民对新事物的认知；在农民感兴趣阶段，为了让其了解所推广的农业技术，激起人们对新技术的兴趣，最好采用以成果示范、实地参观为代表的集体指导技术；在技术试用阶段，可以结合农户访问掌握推广对象需求和存在问题等第一手资料，从而使推广对象尽快掌握该项技术。

在选择和应用农业方法时，还应该考虑农业推广机构的自身条件。在经济发达地区，应采用各种大众传播手段；而在经济状况相对落后的偏远地区，主要还是以个别指导技术和集体指导技术为主。在推广人员数量较多的地区，可以以采用个别指导技术和集体指导技术为主，并辅以其他方法；在推广人员数量较少的地方，应多采用速度快、效果好的大众传播法，并结合集体指导技术等。

三、绿色农业推广服务模式创新管理

（一）绿色农业推广服务模式类型

1. 农业专家大院

农业专家大院是中国较早探索的农业推广模式之一，主要是地方政府与农业院校、科研院所合作，引进大专院校、科研院所的农业技术专家，通过种养示范、现场讲解指导、提供技术服务等方式推广农业技术的模式。据有关资料，全国已有 26 个省市相继建立了农业科技专家大院。四川省省级农业科技专家大院已达 129 个。农业专家大院充分发挥农业院校、科研院所的人才优势、技术优势、信息优势，有力地促进了农业技术创新成果的转化和应用，推动了农业专业化、标准化生产。

2. 农业科技特派员

相比之下，农业科技特派员是一种更加灵活、便捷的农业推广模式，受到的硬件设施约束相对较少，推广落实面更宽。以四川为例，2010 年全省共有 156 个县开展了科技特派员工作,组建科技特派员团队 282 个,选派科技特派员 8279 人,实施科技项目 1335 项,总投资 21.1 亿元,引进新品种 3820 个,推广新技术 1276 项,培训农民 398 万人次,大力推进生猪、薯类、泡菜、茶叶、蚕桑、柑橘等六大科技创业链项目,项目的实施让近 15 万农民在家乡实现就业,项目区农民人均纯收入达到 7640 多元,比全省平均水平高出 2500 元。① 针对推动蔬菜产业发展所需,派出科技特派团,加快形成了以成都、眉山、南充、宜宾、内江等地为核心的四川泡菜产业集群。四川泡菜占全国份额的 50% 以上,2010 年总产值突破了 120 亿元,产品远销 30 多个国家和地区。此外,蔬菜产业科技特派团还举办了"中韩现代泡菜产业发展科技论坛",助推四川泡菜产业步入国际化快车道。

3. 农业科技园区

农业科技园区依托现代农业产业,打造在现代农业生产技术体系上具有样板意义的示范区,有效发挥创新科技、推广技术、发展产业的作用,强化农业科技成果转化推广和集成应用,为发展现代农业和新农村建设提供有力的科技支撑。以四川为例,目前全省已有国家级农业科技园区 3 个、省级农业科技园区 93 个。2010 年,四川省级农业科技园区示范推广新品种 1428 个、新技术 732 项、新模式 251 项,开发新产品 492 个,建立农民专业合作组织或专业技术协会 1300 多个,培训农民 133.8 万人次,各级财政投入 28.59 亿元,实现产值 272 亿元、税金 6.5 亿元。

4. 农民专业技术协会

农民专业技术协会主要是农户自建的解决农业特色产业发展中品种改良、技术普及等问题的专门组织。这些专业合作组织、专业协会通过提供种苗、技术、信息服务,推动特色产业发展,同时也较好地解决了产业发展中的技术难题,确保了规模化、标准化、专业化生产的需要。以四川为例,2010 年全省共有农民专业技术协会 424 个,在农业技术推广中发挥了十分重要的作用。

5. 小农户科技园

小农户科技园通过土地经营机制创新、农民联户经营以及政府的政策支持,实现农业技术与农户的对接。2008 年,内蒙古和林格尔县在古力半

① 数据来源:四川省人民政府网。

忽洞村开始探索小农户科技园模式。目前,全县已建设小农户科技园 220 个,政府投入资金 215 万元,全部用于小农户科技园农户的补贴。小农户科技园通过农户联户实现适度规模经营,提高产品品质、单产和种养效益,带动周边农户学科技、用科技,增强农业推广实效。

(二) 农业推广服务模式比较分析

农业推广不同模式在具体推广的不同环节中各有侧重,都具有较好的模式理念,在推广实践中也发挥了较好的效果。从农业推广主体不同模式中主导力量的不同来看,现有农业推广服务模式可以分为政府主导型和农民主导型两类。其中农业专家大院、农业科技特派员、农业科技园区模式属于政府主导型模式,农民专业技术协会(农民专业合作社、农民专业合作组织)、小农户科技园模式属于农民主导型模式。具体分析,不同的模式有各有优劣(见表 5-1)。

表 5-1　农业推广服务模式比较分析

	农业专家大院	农业科技特派员	农业科技园区	农民专业技术协会	小农户科技园
优势	有农业科技推广平台,保证推广时间	方便灵活快捷,进村入户	示范作用明显,带动性强	农民自主,技术推广与产业结合紧密	农户自己联户,近距离示范
不足	农业专家大院承载量有限,专家相对固定,与多样性需求对接不够	比较分散,服务时间随意性比较强	建设成本较高,市场、自然风险放大	农业技术力量比较薄弱	比较分散,推广服务工作量大。局部探索

(三) 创新农业推广服务模式的实践分析

农业推广的根本目的是让农业科技创新的成果得到转化应用。目前,中国农业科技进步贡献率为 50% 左右,远低于发达国家的水平。"十五""十一五"期间，农业领域共应用各类科技成果 1734 个，应用率为 70.8%，获奖成果、审定品种、授权专利应用率分别为 92.9%、67.9% 和 58.1%，种植业、畜牧业成果的应用率仅超过 70%。[①] 这说明，当前中国农业推广模式的实效性还不够强，有许多需要创新和完善的地方。

　　笔者认为，支撑农业推广服务模式发挥作用的基本要素至少有四个：一是推广主体。从当前中国的探索来看，有的以政府各级农业服务部门技术力量为主，比如科技特派员模式，有的以高等院校、科研院所技术力量为主，比如专家大院模式。二是农民。农民是农业推广的主要对象，农民中一批观念新、有文化的年轻人可以率先掌握农业产业发展新知识、新技术，成为加强农业推广工作的重要力量。三是推广制度。推广制度包括政府部门农业推广技术人员的管理使用，高等院校、科研单位技术力量的引导，社会力量参与推广的支持引导，不同推广主体的合作，农业推广与产业培育结合等方面的体制机制，是促进推广主体和推广对象之间有效对接、确保农业推广实效的核心因素。四是农业产业。农业产业是农业推广各方主体联系的纽带，产业的发展、壮大和技术创新也是农业推广的根本目的所在。四个要素之间相互关联，形成一个有机整体，相互之间的结合度与推广效果关联很大（如图 5-2 所示）。

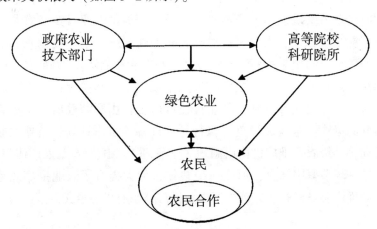

图 5-2　绿色农业推广的基本要素

---

　　① 数据来源：新华网，2010 年 8 月 26 日。

从这四个要素来看，制约中国农业推广取得实效的根本因素是推广制度。中国《农业推广法》明确规定："实行科研单位、有关学校、推广机构与群众性科技组织、科技人员、农业劳动者相结合。"具体实践中结合的情况并不是很理想。政府部门技术力量以县乡行政区划为单位均衡布局，技术力量没有与产业发展很好地结合起来。特别是由于管理体制的行政层级限制，县一级及以上大量的农业部门技术人员没有直接参与到农业技术推广中。有关专家 2008 年对四川省四个县 486 个农户关于技术服务来源的问卷调查表明，73.6%的农民对农业技术服务表示不满意，不满意的第一位原因是农技服务部门不能到村组开展服务。农民专业技术协会、专业合作组织、专业合作社缺乏强有力的学校、科研单位技术力量做支撑，推广的随意性、松散性影响了实际效果。单纯的没有自己参与的产业基地、试验田、园区做依托的农业推广技术人员，难以分享到农业推广带来的增值收益，缺少内生的技术推广积极性同时，推广主体也具有不适应性。据有关人员在"水稻科技入户"示范县的实地调查，在水稻种植技术推广服务中，农技人员技术指导内容有待丰富，技术指导方法相对单一。在浙江省诸暨市、江西省都昌县、湖北省武穴市 3 个示范县，农技员最主要的方法集中在发放技术指导资料上，有 90.23%的农户将其列为主要获得技术的方法。此外，农村现有劳动力素质也制约了农业推广进程。美国农业科技对农业总产值的贡献率在 75%以上，农业科技成果转化率在 80%左右。美国农业推广服务体系经历了《莫里哀法》《哈奇法》《史密斯—利佛法》《2008 食品、保护与能源法案》四个阶段，发展应该说是很成熟了。其关键在于美国联邦政府并不直接领导农业推广站，农业科技推广工作由联邦政府、州政府和地方政府共同运作，赠地大学负责执行、评价各项工作计划，指导农业生产经营活动，县级农业推广机构由赠地大学管理。美国的农业推广体系，学、研、产三个环节紧密结合，形成一个整体，大大提升了农业推广效率，对创新农业推广服务模式、完善中国农业推广体系有借鉴意义。

第六章 绿色农业发展的信息管理

绿色农业是在传统农业发展模式基础上的创新和完善，在"互联网+"的全新时代，绿色农业和"互联网+"不期而遇，中国政府高度重视"互联网+绿色农业"的发展，绿色农业发展的信息管理无疑在绿色农业发展过程中具有举足轻重的作用。本章从绿色农业信息及其信息管理系统入手，重点介绍了绿色农业信息管理系统的建设以及绿色农产品市场信息的应用管理。其主要内容包括绿色农业信息及其信息管理系统，绿色农产品市场信息供给与应用管理，绿色农产品供应链信息管理系统设计等。

第一节 绿色农业信息及其信息管理系统

一、绿色农业信息及其管理的内涵

（一）绿色农业信息的概念

绿色农业信息是指有利于绿色农业发展的知识或信号，其可以增加农民、农业企业、与农业相关的行业或政府等主体的效用，或推动这些主体的发展。

绿色农业信息通常包括绿色农业资源、环境和可持续发展信息，农村社会、经济信息，绿色农业生产信息，绿色农业科技信息，绿色农业教育信息，绿色农业生产资料市场信息，绿色农产品市场信息，绿色农业管理信息和绿色农业政策信息等。按照信息的时效性，绿色农业信息可被划分为三类：即时性绿色农业信息、阶段性绿色农业信息和永久性绿色农业信息。即时性绿色农业信息是其有效性受到最大限制的一类绿色农业信息，它仅在获得信息的短时间内有效用，或无法将信息转移到其他时间内使用，如绿色农产品股市信息。阶段性绿色农业信息是指所获得绿色农业信息不仅可以即时产生效用，而且可以在一定的时间范围内转为他用，并产生一定的效用，如绿色农业生产要素市场价格信息、绿色农产品市场价格信息和气象信息等。永久性绿色农业信息是指其效用不受时间限制、只要获得便可永久使用，并能进行有偿转移的一类绿色农业信息，如绿色农业知识信息等。按照信息的专业性，绿色农业信息可被划分为两类：专业化绿色农业信息和非专业化绿色农业信息。专业化绿色农业信息是指其专业性较强、只有具备一定的绿色农业知识才能吸收利用的一类绿色农业信息，而非专业化绿色农业信息与之相反，指只要能获得该类信息，不需要掌握一定的专业知识也能为我所用，是对专业性要求较低或没有要求的一类绿色农业信息。

绿色农业信息是劳动产品。绿色农业信息是从事绿色农业生产经营的人所必备的，同时，他们掌握绿色农业信息的一手资料，对绿色农业信息进行收集、总结、归纳和更新，这些信息与他们的劳动密切相连，是他们劳动的结晶，因此，绿色农业信息属于劳动产品。在利用绿色农业信息为农业经济的发展服务时，必须把绿色农业信息作为一种与土地、劳动、资本类似的要素，考虑绿色农业信息的收集问题，分析绿色农业信息的需求和供给情况，争取在投入最小的情况下，最大化地利用绿色农业信息资源，实现绿色农业信息资源的优化配置，推动绿色农业经济的持续快速健康发展。

（二）绿色农业信息的特征

绿色农业信息的特征是影响绿色农业信息化的重要因素，它使得绿色农业信息化区别于其他信息化。绿色农业信息的特征可以从以下两方面分析。

一方面，绿色农业信息可以被看作一种生产要素，它类似于劳动、资本和土地等生产要素，且绿色农业信息作为生产要素有其独特的价值。首先，绿色农业信息是一种稀缺的资源要素。绿色农业信息是无限的，但在一定的空间和时间范围内，能够获得的绿色农业信息是有限的，而且，在所获得的绿色农业信息中，能够和人们的需求匹配的绿色农业信息更是有限的，同时，掌握绿色农业信息的人是对绿色农业信息有需求的一类群体中的一部分，他们为了维护自身的利益，往往会对所获得的绿色农业信息进行一定的保密措施，这就更加深了绿色农业信息的稀缺性。其次，绿色农业信息可以给信息使用者带来效用。由绿色农业信息的概念得出，它可以增加农民、农业企业、与农业相关的行业或政府等主体的效用，或推动这些主体的发展。最后，绿色农业信息是可以进行交换的。绿色农业信息的稀缺性使得该类信息具有一定的私有性，而且，大部分的绿色农业信息具有一定的时效性，为了保证绿色农业信息的效用，这些信息通常以文字、广播或视频的形式进行传播，这些传播方式的存在又使绿色农业信息具有交换的可能。因此，绿色农业信息具有稀缺性、可交换性和效用性。

另一方面，绿色农业信息具有阶段性、风险性、变动性、分散性、层次性、多样性和差异性等特性。首先，由于农业在生产上的地域性、季节性和天然性，绿色农业信息在时间上具有阶段性，在空间上具有风险性、变动性和分散性。其次，中国地域辽阔，经济发展不均衡，农业发展水平各异，具有层次性差别。最后，绿色农业信息质量不同，有优劣和真伪之分，使得绿色农业信息具有多样性和差异性，在获得绿色农业信息的过程中，付出的成本存在差异，是否有利于增加主体的效用是判断绿色农业信息质量的标准。

综上所述，由于绿色农业信息的稀缺性、可交换性和效用性，使得绿色农业信息可以作为商品在市场中进行交换，而其他特性的存在，则驱使绿色农业从业者投入大量的人力、物力和财力去获取有价值的绿色农业信息，然后进行"去粗取精，去伪存真"的识别过程，把有用的绿色农业信息运用到绿色农业的生产运营中去。

（三）绿色农业信息管理的概念和意义

1. 绿色农业信息管理的概念

绿色农业信息管理是将现代的计算机技术、网络和通信技术充分应用于绿色农业的产前、产中、产后的各个环节，从而快速有效地促使传统农业的转型，推动绿色农业现代化的过程。农业是国民经济的基础，中国是农业大国，农业的地位尤为重要。"统筹城乡经济社会发展、建设现代农业、发展农村经济、增加农民收入是全面建设小康社会的重大任务"，党的十六大明确指出"信息化是中国加快实现工业化和现代化的必然选择"，并把"大力推进信息化"作为 21 世纪头 20 年经济建设和改革的主要任务之一，提出走"以信息化带动工业化"的新型工业化道路。① 2005 年，中央"一号文件"第五条第十四款中首次明确强调要求"加强农业信息化建设"；2006 年，中央"一号文件"第四条第十六款"加快乡村基础设施建设"中再次指出"要积极推进农业信息化建设"，充分整合涉农信息资源，强化面向农村的广播电视电信等信息服务，重点抓好"金农工程"② 和"农业综合信息服务平台建设工程"；2007 年，中央"一号文件"第三条中用一整款对农业信息化进行了强调。在这样的背景下，如何加快农业信息化建设，进而通过农业信息化带动农业现代化，无疑已成为当前经济建设和社会发展中的一个战略性问题。

2. 绿色农业信息管理的意义

首先，绿色农业信息管理具有先导作用。农业产品的生产相对于其他行业生产具有明显的季节性，在种养之前，生产者必须要掌握收获时节的供需情况，因此，绿色农业对于信息的需求高于其他行业。而农村在信息获取方面远远落后于城市，数字鸿沟和信息不对称现象严重，再加上中国农村以小农经济为主的特点，导致中国农业生产处于被动局面，生产的盲目性较大，最终结果往往是：一方面，农业产品供需矛盾突出、部分农产品供给远大于需求的状况时有发生；另一方面，农业生产浪费十分惊人。

其次，绿色农业信息管理能够提高农业生产效益。农业生产效益的提高在很大程度上依赖于农艺管理，而要想最大化地实现农艺管理，首先需

① 刘世洪：《农业信息技术与农村信息化》，中国农业科学技术出版社 2005 年版，第 40 页。
② "金农工程"是 1994 年 12 月在国家经济信息化联席会议第三次会议上提出的，目的是加速和推进农业和农村信息化，建立"农业综合管理和服务信息系统"。金农工程的信息业务量，按数据库数据和文字信息 1∶2 计算，其建设第一阶段信息数据总量预计将达到 100GB 以上，第二阶段将达到 2000GB 以上。金农工程的信息传输主要依靠国家公共数据通信网。

要充分掌握农业生产信息，然后，在此基础上作出决策，从而达到提高农业产品产量和质量、降低生产成本和提高生产效益的目的。因此，绿色农业的生产者要针对不同地区、不同领域的农业，建立起绿色农业专家系统、绿色农业环境智能控制系统、绿色农业市场监控系统等，以便于指导生产一线者的生产，从而加快绿色农业科技成果的转化，达到增产增收的目的。

最后，绿色农业信息管理能够提高农民自身的素质。提升劳动者的劳动能力和思想水平，是信息在劳动群体中最基本的作用。由于中国小农经济的现状，农业劳动者所受教育水平有限，社会活动的范围较窄，在生产技术、生产能力和思想素质上都普遍偏低，随着信息化技术在农业上的运用，农业劳动者的素质和劳动水平将迅速提高，极大地促成传统农民向新型农村劳动者转变。

二、绿色农业信息管理系统的内涵

（一）绿色农业信息管理系统的概念

信息作为资源，除了具备资源的可利用和有价值等性质外，还具备共享性、积累性、时效性和再生性等特性。系统，是由若干相互联系、相互制约的独立成分组成的一个有机整体。绿色农业的发展离不开信息。绿色农业信息管理系统是运用现代管理的思想和方法，通过利用电子计算机、软件和网络通讯等技术，对绿色农业管理决策过程中的信息进行搜集整合、加工存储和分析评估，以辅助绿色农业日常业务的处理、决策方案的制订和优选等工作，并跟踪、监督、控制和调节整个管理过程的有机系统。

（二）绿色农业信息管理系统的内容与要素

信息资源、人力资源、物资设备和财务资金四个子系统构成了一个完整的信息管理系统，其中，每个子系统都是一个相对独立的运行系统，四个子系统之间又相互有机联系、不可分割。

1. 绿色农业信息管理系统的内容

信息系统是一个不断运动和发展变化的系统，绿色农业信息管理的实质就是对绿色农业信息系统有目的、有意识的控制行为。因此，计划、组织、指挥、协调、控制等基本管理职能的运用与发挥，对绿色农业信息管理系统具有决定性的意义和作用。

一方面，绿色农业信息管理系统业务组织管理的主要内容包括：制定绿色农业信息事业发展的战略方针、政策、法规和制度；制定绿色农业信息管理系统的发展规划、计划和技术途径；组织并协调人、财、物等各种要素，根据市场经济持续不断发展变化的新形势，对整个信息活动的过程进行指挥、协调与控制，提出绿色农业信息管理系统事业战略发展及转移的时机和其应采取的策略原则，使整个绿色农业信息管理系统事业与社会、科技和经济协调同步发展。

另一方面，绿色农业信息管理系统的业务活动的全过程管理包括目标管理、职能管理、计划管理、经济管理、质量管理、成果管理和人才管理，以及促进绿色农业信息科学技术进步和国际学术、人员交流与合作管理等，其核心内容是绿色农业信息业务计划的分级与组织实施。绿色农业信息管理系统业务活动全过程管理的实质是对整个绿色农业信息管理系统的运动、发展和变化，进行有目的、有意义的控制行为。在绿色农业信息管理系统过程中，如发现某个环节、某个程序上出现偏差，必须更改方案、重新决策，及时地进行调整和修正，确保整个绿色农业信息系统严格按照原编程序运行，最大限度地调动与发挥人力、物力、财力资源的效用，全方位推动绿色农业信息管理系统事业向新的高度发展。

2. 绿色农业信息管理系统的基本要素

绿色农业信息管理系统是由各绿色农业信息要素组成的综合性信息管理系统。从信息管理系统运行的内容和特征来看，绿色农业信息管理系统包括以下基本要素：（1）人力资源——在整个绿色农业信息管理系统中，人是最重要、最活跃的因素，是绿色农业信息管理系统的核心，是推动绿色农业信息服务发展的最重要的要素。（2）信息资源——包括绿色农业信息管理系统的基础设施和文献资源等。绿色农业信息管理系统，一方面是不断地采用先进的信息技术和设施，提高绿色农业信息的搜集、处理、存储、传递和服务的能力；另一方面是通过绿色农业信息资源的合理配置，提高其利用效率，使绿色农业信息管理系统的发展适应不断变化的市场需求。（3）信息网络——是在整个绿色农业信息管理系统过程中，提高传递信息效率的保障。绿色农业信息网络是信息数据、计算机与通信技术结合的产物，是由绿色农业通信平台和各种应用信息管理系统构成，目的是实现绿色农业信息资源的实时交换与共享。（4）信息机构——是绿色农业信息管理系统的基地和中心。绿色农业信息管理系统，必须建立起适合于社会主义市场经济发展需要的绿色农业信息管理体制和组织结构，才能进行高效管理，提高绿色农业信息管理的社会效益和经济效益。（5）信息经费——是绿色农业信息管理系统有效运行的必要条件，包括各项绿色农业信息资金的筹集、使用、收入和分配等。整个绿色农业信息管理系统，包括宏观和微观的信息管理系统，都必须进行绿色农业信息管理系统经费的预算、控制、核算和分析，提高有限经费的使用效益。（6）政策法规——是确保绿色农业信息管理系统有效运行的准则，包括各种绿色农业信息管理政策、法规和章程等。在绿色农业信息管理系统中，特别是人、财、物的合理配置与流动，必须综合运用农业政策法规手段，统一人们在绿色农业信息管理活动中的意志，监督人们在绿色农业信息管理活动中的行为，尤其是监督绿色农业信息管理决策者的意志与行为，使各项绿色农业信息管理工作有章可循、有法可依，提高绿色农业信息管理活动的功效，推动绿色农业信息事业的稳定与协调发展。

（三）绿色农业信息管理系统的结构与功能

绿色农业信息管理系统已经发展到由信息资源处理、知识处理、智能处理以及管理方法和战略分析等形成的一个综合系统，甚至是由许多独立的绿色农业信息系统形成的一个庞大的网络系统。本节对绿色农业信息管理系统划分为微观和宏观两类管理系统进行分析。

1. 微观绿色农业信息管理系统的基本结构与功能

微观绿色农业信息管理系统是指一个小组织内部的绿色农业信息的收集、存贮、加工、处理等过程的管理，主要是指绿色农业信息资源的管理。这个系统主要由三个系列化、紧密衔接的流程构成：绿色农业信息资源收集和加工、绿色农业信息资源研究和开发、绿色农业信息服务和信息产品流通。各类绿色农业科技、教育和经济信息机构都包括这三个基本构成部分，并有相应的方法系统和技术体系，以实现各个文献信息中心的信息资源的收藏、加工和流通三个基本功能。

农业部门主要有三种类型的信息资源管理：首先，农业科技信息资源管理，主要分布在农业科学院系统的信息机构内；其次，农业教育信息资源管理，主要分布在农业大专院校系统的信息机构内；最后，农业生产和经济信息资源管理，主要分布在农业部和各省、区、市直至地区和县级信息机构内。这三类信息资源相互联系，在农业信息资源建设上有小部分交叉重复，但在主体部分又有明确分工。

2. 宏观绿色农业信息管理系统的基本结构与功能

宏观绿色农业信息管理系统是指农业信息战略意义上的大环境，是指一个国家的绿色农业信息资源、信息人才、信息基础设施和信息网络建设，以及投入资金等的合理配置，国家相关部门制定出符合国情的绿色农业发展的政策，充分调动人们的积极性，使有限的人、财、物和信息资源，产生最高的经济效益。

宏观绿色农业信息管理系统的结构主要是由全国性的各类绿色农业信息机构按照一定的信息分类原则构成的一个庞大系统。绿色农业信息管理系统主要由三大类机构构成：首先，绿色农业科学研究机构系统，主要包括中央和省、地区的农业科学研究单位的信息机构；其次，各级绿色农业大专院校系统的信息机构；最后，绿色农业行政管理系统的下属信息服务机构。[①]

宏观绿色农业信息管理系统的功能包括以下内容：绿色农业信息管理系统的设计、建设和评估，绿色农业信息管理系统的合理运行和安全管理，绿色农业信息资源的合理配置，绿色农业信息技术的选择和评估，资金的最优利用和效益评价，人力资源的开发和培训，国际信息交流和合作等。在此基础上，国家相关部门还要制定绿色农业信息管理系统的发展战略、发展规划和发展政策，通过加强宏观绿色农业信息管理系统的建设和管理，以实现全国性和国际性的信息共享、战略协同、虚拟预测、高速运行和高效率的绿色农业信息服务与信息产业开发。

---

① 周勇、孙映、聂艳：《农业管理信息系统理论与实践》，化学工业出版社 2007 年版，第38 页。

三、绿色农业信息管理系统的建设

（一）绿色农业信息管理系统的建设途径

协同电子商务是绿色农业信息管理系统的主要建设途径。首先，电子商务是在网络时代中绿色农业信息管理的最高实现。从绿色农业信息化的发展程度上来看，电子商务是网络时代绿色农业信息化的最终目标，通过绿色农业信息化的建设，使绿色农业的内部生产过程与外部市场经营过程构成一个完整的信息化管理过程，为绿色农业的全部生产经营活动构建一个完整的虚拟环境；从绿色农业信息化运行方式来看，电子商务是网络时代企业信息化的最终结果，把绿色农业对销售产品、实现利润、扩大市场和发展客户等方面的要求通过电子商务得到实现和扩大；从绿色农业信息管理系统的集成方式来看，电子商务完成了对各项管理系统之间网状系统的组织与集成。

其次，协同电子商务的引入。笔者把电子商务定义为基于网络环境、以电子商务为导向的企业信息化集成系统。基于网络环境是要求企业信息化充分利用网络技术、形成浏览器或服务器结构，发挥浏览器的优越性，将浏览器作为管理软件与外部环境进行数据交换的主要接口之一，以保证绿色农业信息化的各种管理系统在统一平台环境中的集成和运行。

最后，协同电子商务的总体构架。[①] 第一层，绿色农业信息化网络应用平台。这是绿色农业信息化的技术基础构架，它的目的是建立一个能够运行绿色农业信息化全部系统功能的网络平台环境。第二层，绿色农业内部管理系统。这个层次承担着企业内部各环节的信息管理职能，它要求内部构成一个互联互通互动、协同配套的业务流程。第三层，绿色农业外部管理系统。这个层次承担着企业外部各个环节信息管理职能，它要求外部也构成一个互联互通互动、协同配套的业务流程。同时，内外部的业务流程是协同化的，外部管理系统的后台和内部管理系统是连贯的。第四层，绿色农业门户网站。这是绿色农业信息管理系统在网络上的门户，是绿色农

---

① 钟伟：《管理信息系统》，科学出版社2005年版，第187页。

业与客户沟通联系的通道，也是绿色农业内部信息资源互动的通道。第五层，客户终端。这个层次不包含在绿色农业信息管理系统建设之内，但它却是绿色农业信息管理建设规则中必须充分考虑的一个因素，也是构成绿色农业信息管理完整体系的一个因素，它表示绿色农业信息管理系统是一个开放的系统。

（二）绿色农业信息管理系统的建设发展

发达国家农业的发展经验证明：政府的支持、鼓励和引导在绿色农业信息管理建设中至关重要。

首先，推进绿色农业网络基础设施建设。计算机网络基础设施是推进绿色农业信息管理系统建设的前提。网络基础设施建设主要包括各种绿色农业信息传输、网络建设、绿色农业信息传输设备研制和绿色农业信息技术开发等设施建设。在充分利用现有绿色农业信息资源的基础上，政府要加大资金投入，建设一个高速、大容量、高水平的国家农业信息主干网，逐步消除部门间和地区间的网络分割壁垒、资源垄断和体制性障碍。

其次，加强和完善安全认证体系。解决网上购物、交易和结算中的安全问题是绿色农业信息管理系统建设和开展电子商务的关键。制定和完善安全认证体系，以确保网上交易合同的有效性，防止系统故障、计算机病毒和"黑客"攻击，确保交易内容、交易双方账号及密码的安全。

再次，建设网上协同作业体系。网上协同作业体系的快慢直接影响着绿色农业信息管理系统建设的进程。因此，为保证电子商务的效率和效能充分发挥，应加快建立网上银行、网上税务、网上商检、网上认证、网上运输体系和配送系统等电子商务配套体系，实现绿色农业物流现代化。

最后，切实建设绿色农业内部良好的信息化管理系统运作机制。在绿色农业信息管理系统建设中，绿色农业应当花大力气，针对存在的问题，制定相应的措施。

一是提高认识，加强"一把手工程"。绿色农业行业领导企业应最先充分认识到"绿色农业信息管理建设是对管理模式、组织结构和思维方式进行的一场自上而下的创新和变革"。经验和实践表明，绿色农业行业领导企业的主持和参与是信息管理系统建设取得成功的首要条件，是绿色农业信息管理起步与成功的关键。

二是建立绿色农业信息管理系统的决策管理机构。绿色农业信息管理系统建设是一个长期连续不断的过程。因此，应建设一个由管理专家、规划专家、系统分析员、运筹专家和计算机专家等成员组成的决策管理机构。在项目决策时，由该机构会同有关部门进行详细调研论证，分析需求，明确目标和细心听取多方意见，从而增加决策透明度，提高决策的科学性和民主性。

三是建立一支高素质的信息技术队伍。人才是关键，绿色农业信息化需要一支既懂技术，又懂管理，知识结构合理、技术过硬的"复合型"信息技术人才队伍，这就要求绿色农业通过加强人才培训、技术交流与合作等方式来造就一大批精通专业知识，具有强烈的创新精神和实现能力的高层专门人才，来推动绿色农业内部信息管理系统的建设。

四是扎实认真地做好信息资源的基础管理工作。绿色农业信息管理系统的实施需要足够的基础支持，绿色农业必须强化基础管理工作，包括财务管理、仓库管理、质量管理、生产管理和时间管理等，做到数据准确、完备、客观和及时。

五是利用ASP[①]。应用服务公共供应商（ASP）的兴起为中小企业加强信息化、提升自身的管理和运营等素质提供了契机，被认为是中小企业在新经济时代低成本参与竞争的最佳途径。绿色农业企业如租用ASP提供的优质服务，既不需要投资基础设施，也不需要开发与维护应用软件。这样，同利用中介的专业化优势解决信息的非对称问题一样，绿色农业企业结合价值链的外包，就可以大幅度削减中小企业在IT方面的工资支出及升级维护费用，而把精力集中在核心业务上，快速进入市场。

六是发展ERP。企业资源计划系统（ERP）融合了现代信息技术的先进管理思想和管理模式，能实现绿色农业企业采购、制造、销售、核算、服务等各个环节的整合，用统一的、标准的、科学的统筹来促进企业内部效率的提高，有效地控制和降低企业的运行成本，准确地分析和制定企业的发展方向。因为经济信息在现代企业管理中的应用是一项长期的、综合

---

① ASP，即Application Service Provider，向服务器供应商、网络通信设备供应商、操作系统开发商、数据库系统开发商、网络安全系统开发商、网络管理系统开发商，以及通信线路运营商等购买或租用各种设备、软件系统与通信线路，以构建应用系统运行平台，然后再租给各个不同的用户使用。

的系统工程，所以，在制定绿色农业企业管理规划时，就要从实际出发，既要全面系统，又要有所侧重。在加速推动企业经济信息化管理的同时，积极稳妥地引导信息管理系统在绿色农业企业管理中的应用，最终达到使绿色农业快速高效的发展的目的。

第二节　绿色农业产品市场信息供给与应用管理

一、绿色农业产品市场信息的内涵与供给

（一）绿色农业产品市场信息的概述

市场信息，从广义上讲，是指表征流通领域中的各种经济关系，反映社会再生产过程中的市场经济活动，描述与市场经营活动相关的各种消息、情报、资料、数据、知识等的统称。市场信息，从狭义上讲，是从微观的角度去考察商品流通，特指有关市场商品的销售信息，微观市场信息对生产经营者颇为重要，是其制定经营计划和决策的依据。

绿色农产品市场信息，是指为农产品市场主体特别是广大农户，提供的及时、准确和相关的绿色农产品的市场信息。绿色农产品市场信息为市场主体服务，便于市场主体作出正确的决策。

绿色农产品市场信息具有公共产品属性，绿色农产品市场信息服务属于公共服务的范畴。公共产品，是指具有非竞争性和非排他性的产品。严格地讲，产品的竞争性与非竞争性不是完全对立的概念，在竞争性与非竞争性之间存在一种连续的过渡，排他性与非排他性之间也存在这样的关系。具有完全的非竞争性和完全的非排他性两个基本特征的产品为纯公共产品，只具有局部的非竞争性与局部的非排他性的产品，为准公共产品。在现实生活中大量存在的，除了私人产品之外，多是性质介于私人产品与纯公共产品之间的准公共产品。从公共产品定义的角度分析，对于绿色农产品市场信息资源而言，由于其符合准公共物品的特征，是一种准公共物品。

有一部分绿色农产品市场信息属于农业纯公共产品，诸如农产品市场

上关于产品的供求价格、供求量的信息，既不排他，也不具有消费上的竞争性，所以属于纯公共产品。国家的农业政策法规，以及国际农业市场的惯例、政策、法规，这几个方面的信息，同样也属于纯公共产品的范畴。有一部分绿色农产品市场信息则应属于农村准公共产品——它的使用者数目有限，只有绿色农产品市场的各个主体和客体使用，因此具有消费上的排他性。比如市场上潜在的绿色农产品供求信息，从过程上看，首先是经过信息加工通过分析预测得出来的绿色农产品市场最终信息，从应用上看，其具有排他性，即不付费者可以被排除在消费之外；而同时又具有非竞争性，所以这类绿色农产品市场信息可列为准公共产品。同理，更大范围的绿色农产品市场行情分析及预测信息，特定类别农产品、特定区域的专业绿色农产品市场信息，以及更广泛意义上的各地绿色农业经济动态、经济评述的信息，均具有准公共产品的属性。

（二）绿色农业产品市场信息的特征

绿色农产品市场信息具有一般信息共有的基本特征：可感知性、可转换性、可存储性、可加工处理性、可共享性、与物质载体的不可分割性等等。由于绿色农产品市场信息形成于绿色农产品的交易过程，渗透于绿色农产品交易中物流和商流的运动过程，反映了绿色农产品交易中物流和商流的运动及其变化特征与联系。因此，绿色农产品和农业生产的特性也就决定了绿色农产品市场信息具有如下特点：

1. 信息反应的时滞性较强

在市场经济的活动中，价格是市场信息的传导器，生产者往往依据价格的起伏变动来判定市场的供求信息。一般情况下，工业品的供给可以根据价格的变动及时作出反应，由于，厂商可以通过改变生产或储存，或通过调配不同地区的产品来实现供给对价格信息的反应，这一点是由工业生产的特点所决定的。然而，对于绿色农产品的生产而言，由于农业生产的周期性和季节性，其供给量在生产之初就已经确定，因此，它不能像工业供给那样灵活变动。一般而言，绿色农产品的市场，从价格发生变化起到本期生产周期结束前，除了可储藏的绿色农产品对价格有一定的适应性外，鲜活的绿色农产品的供给数量在很大程度上缺乏收缩性。所以，当绿色农产品的市场价格变动时，绿色农产品的供给依据价格调整的时滞性较强，即供给对市场价格反应具有滞后时间差，使得绿色农产品上市时难以在短时间内进行调节以适应农产品市场价格的浮动。这种时滞性与绿色农产品的生产周期呈正相关。

2. 信息分散性较强

市场信息本身具有一定的分散性，它形成并渗透于每个经济主体的经济行为和每种客观的经济现象中，以及每种商品和劳务的交易过程中。一般情况下，在工商业和服务业等经济领域中，其经济个体不但需要具有一定的生产经营规模，而且也需要现代化的通信手段和较为发达的科学技术，只有满足这些条件，才能相对降低该经济领域市场信息的分散性。中国的农业生产是在家庭联产承包责任制基础之上建立起来的，其实质是，在完全包干任务的前提下，土地经营权由集体所有转为农户拥有。这种经营模式造成绿色农产品生产信息和市场供给信息缺乏衔接，同时，绿色农产品流通体制和绿色农产品市场存在不完善因素，绿色农产品的经销商处于各自为政的经销局面，彼此间很难实现信息互通，这些现象的存在，加剧了绿色农产品市场信息的分散性。

3. 信息的隐蔽性较强

市场信息能够使经济参与者利用其改善自身的经济决策环境获取预期收益。因此，经济参与者均会不同程度地隐藏所得到的信息，利用获取的信息优势增加自身的市场竞争实力。在工商业和服务业等经济领域中，一方面，部分经济行为易于观察，如有奖销售、广告和股市行情等经济行为；另一方面，市场信息的分散程度相对较低，信息的搜寻也较为容易进行。以上因素降低了经济领域信息的隐蔽性。在绿色农产品生产领域中，一方面，由于绿色农业信息的分散性较强，增加了绿色农业信息搜寻的难度；另一方面，由于该领域生产者和经营者的分散性较强，兼之两者之间缺乏相应的利益连接机制，使得绿色农业的生产者之间、经营者之间、生产者与经营者之间互通信息以调整各自生产行为或经营行为的可能性较小，从而造成绿色农业生产和经营中农业信息的隐蔽性较强的特点。

（三）绿色农业产品市场信息的供给

绿色农产品市场信息资源的供给具有公共物品性和公益性。首先，信息资源具有其他资源不可替代的经济功能，其中，资源共享性以及消费无损耗性是信息资源的两个重要特征，它也决定了信息资源具有公共物品的非排他性和非竞争性的特点。同时，在信息的生产过程中，具有较低的边际成本，这使得大多数消费者都指望"搭便车"，避免"免费乘车"的行为十分困难，换而言之，排他费用是昂贵的。上述信息资源的公共性表明：一方面，绿色农产品市场信息资源具有共享性，这就决定了它具有公共物品在消费上的非竞争性和非排他性，所以，绿色农产品市场信息资源属于公共物品；另一方面，绿色农产品市场信息资源具有很强的公益性，因为大量的绿色农产品市场信息资源掌握在政府部门，且中国农民人均纯收入较低，在这种情况下，绿色农产品市场信息资源配置主要还是依靠公共设施和公共信息服务的投入，从而使绿色农产品市场信息资源具有公共物品性。其次，公益性是由绿色农产品市场信息资源的公共物品性决定的。在全社会的绿色农产品市场信息资源总量中，政府部门掌握较大的比例，且信息资源的内容丰富多样。很多绿色农产品市场信息资源产生于政府内部，或者，即使产生于政府外部，但却影响着政府各项业务活动，如由政府活动所产生或由政府统一管理的各种绿色农产品市场信息统计数据和分析报告，包括全国和地区的农业人口数据、全国和地区的农业经济运行数据和农业行政区域数据等。同时，大部分的农业信息服务机构也掌握着一定的绿色农业科技信息、绿色农业市场信息等，如各个农业信息中心、各大农业大专院校和科研院所等。显然，这些绿色农产品市场信息资源都是社会的财富，每个人都有利用这些绿色农产品市场信息资源的平等权利。因此，绿色农产品市场信息资源应面向公众，属于公众。

绿色农产品市场信息资源是一种准公共物品，两类因素决定了准公共物品的特征：一类是具有非竞争性或非排他性的状况；另一类是外部效应。准公共物品不一定是完全由公共部门提供的，由公共部门来提供的产品并不意味着一定应由该公共部门来生产这些产品。提供准公共物品来满足社会需求的有两个系统：政府和市场。当前，在大多数的国家中，对准公共物品的提供主要存在三种方式：一是政府提供，即政府无偿提供某类公共物品，消费者无须支付报酬或提供劳务便可获得该类公共物品的消费。二是市场提供。指由市场统一提供某类准公共物品的生产，并通过收费的方式收回生产该项物品的成本。在这种方式下，准公共物品的投资、生产和修缮几乎完全由私人部门来独立完成，而私人部门通过向消费者索取费用得到补偿。三是联合提供。该供给方式可以通过多种途径来实现：由政府与市场联合供给，再由私人部门专门负责生产，最后，由政府采购后来提供给公众；或者政府对私人部门提供公共物品给予补贴和优惠；或者，由私人部门与政府联合供给，而政府将给私人部门一定的优惠政策，再由私人部门以较低的价格向政府提供该类公共物品；或者，政府直接向私人部门购买由私人部门所生产的具有公共物品属性的产品提供给消费者。因此，绿色农产品市场信息资源可以根据准公共物品的供给方式由政府或是农业产品市场单一供给，也可由政府和农业产品市场联合供给，即准许其他私人部门参与该市场信息资源的生产和提供，用来满足广大消费者的需求。

二、绿色农业产品市场信息的应用管理

（一）绿色农业产品市场信息资源管理体系的内涵

从狭义上讲，绿色农产品市场信息资源管理体系是指在绿色农产品市场经济运作过程中，对农业经济领域涉及的各类绿色农产品市场信息资源进行统一管理的一个体系。它包括对原始绿色农业信息的采集、处理、整合，以及对加工好的绿色农产品市场信息的共享、传播和结构层次的分析等。而从广义上讲，绿色农产品市场信息资源管理体系则是指对已经系统化的绿色农产品市场信息资源在时间和空间上进行合理调配和有效组织，实现由省、市、县、镇到村的自上而下的管理层次。充分利用现阶段最新的绿色农产品市场信息资源和管理手段，根据当前农业和农村经济发展的多种需求，建立自上而下的逐级服务与自下而上的需求反馈，对农业参与者所需的绿色农产品市场信息进行采集、整合和共享，为农民提供方便、准确、及时、有效的信息和服务。

（二）绿色农业产品市场信息资源的多元化管理

1. 绿色农产品市场信息资源多元化管理主体间的运行关系

首先，第三部门和市场是新出现的绿色农产品市场信息资源管理的参与主体。过去，绿色农产品市场信息管理工作大多由政府垄断，如绿色农产品信息的采集、加工、增值服务、绿色农业信息平台建设和绿色农业信

息知识的普及和传播等，现在，逐渐交由第三部门和市场来完成，实现了农业信息资源管理权力的分解和部分政府职能的转移，进而形成了由政府宏观调控，提供资助和政策引导、由各类农业信息机构和农业信息企业直接提供服务的新局面，三者之间扬长避短，优势互补。①

其次，多元主体的介入是中国绿色农产品市场信息管理模式的创新。政府履行绿色农业信息资源管理职能、提供绿色农业信息服务的过程实际上也是与社会进行能量转换的过程，需要系统内外各类绿色农业组织的积极参与和配合，如农户、农业企业个体信息的采集、基层市场需求的预测以及国家基础数据的收集等，单凭政府行政系统自身的力量是不能完成的，需要由不同性质的农业信息机构动员所有社会力量来参与完成。当然，第三部门和市场与政府信息组织截然不同的运作模式与风格，也是绿色农业市场信息资源管理体制的有机组成部分，既注入了第三部门组织的灵活性与针对性优势，也带来了市场的效率与效益；从另一角度来看，多元主体进入这一领域也导致新的竞争格局的出现，其焦点就在绿色农业信息资源的占有、挖掘方式与深度以及绿色农业信息资源的重组、整合和解读的竞争上。

最后，第三部门与市场是提高绿色农产品市场信息资源效用价值的推进器。二者的长项是微观层面绿色农业信息资源的具体事务性管理，既可以将政府的宏观农业信息资源政策进一步解读细化，转变为基层农业信息资源管理的可操作性的组织目标，并传递给公众内化为社会的共有知识，也可以站在公众的角度参与绿色农业信息资源的开发建设，并对政府绿色农业信息政策、绿色农业信息化方案和电子政务运行等提出建议，成为政府绿色农业信息政策与社会有效执行之间不可缺少的接合部，以减少绿色农业信息资源的宏观管理与微观运行之间的冲突。

2. 完善政府在多元化管理体系中的主导作用

首先，提高政府对绿色农产品市场信息资源的配置效率。一是解决绿色农业竞争失灵，比如通过全国性的绿色农业供求信息交换解决由于地域分布造成的绿色农产品市场竞争不充分的问题；二是防止绿色农产品信息失灵，主要是通过政府对绿色农产品市场供求平衡的信息支持和分析预测，

---

① 夏义坤：《公共信息资源的多元化管理》，武汉大学出版社 2008 年版，第 395 页。

减少决策与其偏差，解决仅靠绿色农产品价格调节造成的滞后损失；三是提供外部效应，包括通过公益性的绿色农产品信息服务，来解决绿色农产品的生产者、消费者依靠自身力量无法收集到的绿色农产品市场价格、市场新闻、适用技术等经营决策信息，以及通过发布绿色农产品安全检测和品质检验等信息，提高公众对绿色农产品的辨识度。

其次，增强政府对绿色农产品市场信息发布的可操作性。明确绿色农产品信息发布主体（即信息的传播者）和客体（即信息的接受者）的服务定位，对开展有效、有针对性的绿色农产品市场信息服务十分有益。由于信息流动具有双向性，当前绿色农产品市场信息发布的主体和客体大多具有双重属性。政府作为绿色农产品信息的发布主体，绝不能忽视以下几项工作：一是对第三部门的扶持力度，政府应积极支持农村发展信息中介组织，培育各种区域性的农民专业信息协会，将目前政府直接调控农户的职能转移给绿色农产品专业协会，政府则通过专业协会间接调控农户；二是政府应充分发挥以农业龙头企业为代表的绿色农产品市场的信息传递中介作用，与之形成良好的互补关系。通过他们建立的"企业+农户""市场+农户"的绿色农产品信息传递关系，切实为广大农户提供有效的绿色农产品市场信息资源。

最后，强化政府管理职能以提高绿色农产品市场信息化建设的综合效益。强化政府对绿色农产品市场信息化建设的宏观管理职能，主要包括以下四个方面：一是加强政府的统一领导。推进绿色农产品市场信息化是跨部门、跨行业、跨地区和多种业务技术综合集成的系统工程，涉及省、市、县、乡各级，再加之中国国土面积广阔，地域差异大，农业生产形式复杂，就更需要政府的统一领导，统一规划，以减少绿色农产品市场信息化的重复建设和资源浪费，从而获得最大的产出和效益。二是加快绿色农产品市场信息标准的制定和实施过程，从整合绿色农产品市场信息资源入手，统一标准和规范，统一发布制度，提高绿色农产品市场信息的准确性和权威性，对绿色农产品市场信息资源进行标准化管理，促进绿色农产品市场信息资源的高效利用；同时，在绿色农产品市场信息标准的制定上要充分考虑与国际接轨的问题，并积极参与国际绿色农产品市场信息标准的制定。三是建立涉绿色农产品部门市场信息资源交流共享机制，推进各部门绿色农产品市场信息资源的集成和整合，实现绿色农产品市场公共数据的兼容和共享，确保绿色农产品市场信息的全面性、系统性和权威性，切实提高绿色农产品信息服务的整体效益，并防止绿色农产品信息污染和信息误导。四是加强与世贸组织、联合国粮农组织等国际组织的合作，建立绿色农产品信息交流机制，充分利用其丰富的绿色农产品市场信息资源，引进其先进的绿色农产品信息管理技术和经验，完善中国绿色农产品市场信息管理体系及其服务功能。此外，还要加强民间的国际绿色农产品信息合作与交流，切实提高中国绿色农产品生产经营者参与国际绿色农产品贸易竞争的能力。

三、绿色农业产品市场信息服务体系建设

（一）绿色农业产品市场信息服务体系的内涵

绿色农产品市场信息服务体系在狭义上是指在绿色农产品市场经济运作过程中，对绿色农产品销售领域涉及的各类农业信息进行统一组织管理的一个系统。它包括结合绿色农产品信息用户需求开展的信息源开发、原始信息的采集处理、信息的存储、信息的传播、结构层次的分析等。从广义上讲是指针对已经系统化的绿色农产品生产各个环节的信息在时间和空间上合理调配、有效组织，实现省、地、县、村逐级的自上而下的管理层次，即充分利用现有的与绿色农产品和农村经济相关的信息、处理手段，根据绿色农产品和农村经济发展的多种需求以及各级服务站，自上而下的层层服务与自下而上的需求反馈，对所需信息进行收集、存储、分析和处理，为农民提供方便、快捷、准确、及时、有效的信息和服务的一个运行系统。

广义的绿色农产品市场信息服务体系具有以下基本特征：第一，绿色农产品市场信息服务体系是一个作用于具有公共属性产品的综合系统，具有公共性。农业信息体系的产品是农业市场信息，是一种具有共享性、可传播性的公共产品。在适当的情况下，可以通过传播渠道进入千家万户对其农业生产进行指导。所以农业市场信息体系具有较高的公共性，能将物流、信息流、资金流很好地整合起来，实现资源共享。因此，农业信息服务体系需要国家公共部门来提供。第二，绿色农产品市场信息服务体系是

一个运用现代科学技术对信息处理的满足未来需求的系统，具有前瞻性。绿色农产品信息体系是通过利用网络技术、信息软件技术及其他多种现代信息技术，根据不同的需要对已经采集的初级信息进行加工、整合，使之简明、有效，提高了绿色农产品信息利用率。所以，绿色农产品信息提供要求有效、及时。第三，绿色农产品市场信息服务体系的作用对象具有双重属性。绿色农产品市场信息体系的作用对象是绿色农业生产活动。而绿色农产品生产的最鲜明特点就是它融合了自然再生产与经济再生产为一体。它的自然性就使大部分可获得的确定性绿色农产品信息具有滞后性，而根据这些滞后的确定性绿色农产品信息，及时准确转化出不确定的预测绿色农产品信息是该系统的首要任务。第四，绿色农产品市场信息服务体系是一个深入使用者生产活动的服务体系。绿色农产品市场信息体系不是单一的信息转换机器，而是利用最便捷又适于绿色农产品信息——农民接受的方式，因地制宜地对绿色农产品信息进行有机处理再发布到农民手中，并帮助他们利用绿色农产品信息解决生产中遇到的难题。不仅如此还可通过培训等方式提高农民的科技素质，使其开阔思路，逐步培育自己驾驭信息的能力，适应信息社会的需要。①

（二）建设绿色农业产品市场信息服务体系的必要性

绿色农业科学研究与示范是一项开创性的工作，可借鉴的经验不多，客观导致资金和项目支持较少，因此在绿色农产品市场信息服务体系总体建设构架方面的基础研究薄弱，一些绿色农业研究机构和绿色农业示范区建设单位虽然建立起本单位网站但是相互数据不能共享，形成了绿色农业信息"孤岛"，绿色农业数据没有建立安全的数据库进行存储和共享机制。随着绿色农业科学研究与示范工作的深入，绿色农业专业信息和研究成果不断增加，如何高效地储存、管理和应用这些数据成为绿色农业服务体系中的一个重要任务，建设适合绿色农业发展需要，为中国绿色农业服务的绿色农业信息服务体系变得日趋重要。同时，绿色农业信息服务系统可以为中国绿色农业生产力"跨越式"发展提供数字化解决方案，为绿色农业模式的可持续发展提供重要保障。

---

① 张娜、潘娟：《都市农业信息化概论》，中国农业出版社 2011 年版，第 49 页。

从宏观方面来讲，建设绿色农产品市场信息服务体系的必要性体现在以下几个方面：首先，由农业生产的特点决定。中国绿色农产品生产的特点是生产高度分散、生产规模小、时空差异大、稳定性和可控程度低，面对变化的绿色农产品市场，运用高速发展的信息技术，解决小生产与大市场的矛盾。运用高速发展的信息、结合绿色农产品生产特点，使绿色农产品生产跟上时代的发展步伐，充分利用先进的绿色农产品科技成果，在世界占据有利地位，这是在信息时代迫切需要解决的问题。其次，符合农村生产力和社会发展的方向。它使中国有可能抓住国际信息化的有利时机发挥后发优势，用农业信息化带动中国农业和农村经济的跨越式发展。再次，农业增长是市场化改革的必然要求。市场化改革意味着决策主体的多元化，政府、企业和农民每天都要面对变幻的绿色农产品市场，这必然要求及时、准确的绿色农产品市场信息，要求超前的绿色农产品市场信息体系建设，才能加快绿色农产品市场化的步伐。最后，有助于实现经济增长方式的转变，有利于迎接国际合作的竞争的机遇与挑战。信息化水平是产业水准和竞争力的标志。谁在收集、处理、加工和传播绿色农产品信息上拥有更强的能力，谁就有条件获得竞争的优势。

（三）绿色农业产品市场信息服务体系建设中存在的问题

1. 资金投入短缺，农业信息基础设施建设不足

地方农业部门对农业信息化重视程度不高，没有充分认识到农业信息工作的重要性和紧迫性，对农业信息基础设施建设的投入远远没有达到其所需要的数量，现有基础设施薄弱，技术落后，数据传输速度和网络安全不能保证，造成地方农业部门不能有效跟进农业部的预期目标，信息化建设工作进展缓慢。

2. 缺乏信息服务复合型人才，现有人员业务素质有待提高

目前，从事农业部门的工作人员一方面缺乏计算机信息技术知识和信息服务专业知识，另一方面缺乏农田劳作和农业调研的实践工作经验，对农业生产中农民急需的信息不能及时送达，农民需要解决的问题不能提出精确的解决方案。

3. 农业数据库建设还不健全，缺乏大型实用农业数据库

中国农业信息化起步较晚，现阶段的农业信息库信息的质量偏低，时

效性差，具体表现在两方面：其一，文献型数据库所占比例偏大，事实型数据库所占比例偏小，自用型数据库所占比例偏大，共享型数据库所占比例偏小，目录型数据库所占比例偏大，全文型数据库所占比例偏小；其二，数据库中所搜集的信息，来自文献的信息所占的比例偏大，来自市场的信息所占的比例偏小，二次性信息所占的比例偏大，一次性信息所占的比例偏小，滞后性信息所占的比例偏大，超前性信息所占的比例偏小。

4. 农业信息发布制度不健全，农机信息工作机制有待完善

一方面，农业信息网络的建设不够规范，农民采纳发布信息的使用率偏低。现有的农业信息规章制度很不健全，其发布标准和发布立法往往滞后，时效性和权威性备受质疑。农民自身对农业信息的识别能力弱、敏感性差、自保意识强，因此，即使发布正确的农业信息也往往不能给农民带来应有的实惠。另一方面，政府对农业信息发布过程的干预过多，其科学性和可靠性受损。农业部制定一项农业政策，地方政府在落实政策时，往往把自身的升迁、政绩因素考虑进去，很大程度上偏离了制定政策的初衷，发布的农业信息不能起到应有的作用。

（四）绿色农业产品市场信息服务体系建设的对策措施

为了促进绿色农产品市场信息的服务体系建设的进一步发展，可以从以下几个方面着手。

首先，加强农业信息网站建设，提升平台功能，提高信息服务水平。整合现有的农业信息资源，组建新一代农业信息数据库，逐步建立大型综合性数据库及专业特色数据库，配置更加完善的网络支持系统、电视传播辅助系统和语音信息服务系统，提高农业信息的处理能力，逐步建立农业信息的资源共享平台。

其次，加强与电信、广电部门沟通与协作。在建立农业信息化的过程中，充分发挥电信、广电部门的优势，将农民急需的农业信息和农民亟待解决的农业问题，通过网络视频和电视节目的形式进行播报，拉近信息服务网络与"三农"的距离，使其互联互动、优势互补，使信息服务形式立体化，服务内容形象化，服务渠道多样化。

再次，加强对农业信息人才的培养。逐步建立一支能够完成信息采集、运输、处理、应用和开发为一体的"三农"信息工作队伍，积极引进农业

信息技术人才，实施人才跨越式发展战略。同时，为进一步提高农业信息人员的素质，要加强对现有人员计算机知识与网络知识的系统培训。

最后，构建完善的农业信息法律保障体系，积极引导农业信息化发展。为了使地方政府更紧密地配合农业部执行农业政策，发挥农业政策的宏观调控能力，必须建立完善的农业信息法律保障体系，规范农业信息的搜集、整理、筛选、优化和再分配等各个环节，促进农业信息化的良性发展。

第三节 绿色农业产品供应链信息管理系统设计

一、供应链信息管理系统

（一）供应链信息管理系统的概述

供应链是一个复杂的网络系统，影响因素比较多，涉及范围很广，各个环节的处理要求又各不相同，需要使用各种各样的信息系统来进行辅助管理，如采购信息管理系统、供应商信息管理系统、原材料供应物流信息管理系统、企业资源规划信息管理系统等。对于众多的信息管理系统，存在多种分类方法：按计算机的技术发展程度，可以将其分为人工信息管理系统、单机信息管理系统、基于网络的信息管理系统；按在供应链中所处的位置分类，可将其分为供应链上游信息管理系统、核心企业信息管理系统、下游信息管理系统；按信息管理系统的功能进行分类，可将其分为销售经营的信息管理系统、生产制造信息管理系统、财务信息管理系统等。

为了对信息管理系统在供应链系统中的应用进行深入的分析，根据供应链系统目前的发展程度、应用能力和应用范围的大小，可将应用信息管理系统分为功能型信息管理系统、综合型信息管理系统、集成智能型信息管理系统三类，三者之间相互联系，功能上由低到高、由简单到复杂，应用范围上由小到大。这种分类方式能清晰地划分出供应链信息管理系统应用及发展的层次水平，反映出各种信息管理系统在供应链中的作用及所处的位置。

1. 功能型信息管理系统

这类管理系统的应用范围主要是针对某一部门或某项业务，该系统的作用在于实现业务操作，完成业务处理，注重信息的收集和整理。这类管理系统应用在供应链管理的各个环节，如订单输入环节、生产管理环节、发货管理环节等。① 这些信息管理系统专业性较强，但其应用范围较窄。主要包含财务管理系统、订单管理系统、设备管理信息系统、人事管理系统、仓库管理信息系统等。功能型信息管理系统的应用实施相对比较简单，操作比较容易，发展比较成熟，其在供应链信息管理中应用较为广泛。

2. 综合型信息管理系统

这类信息管理系统应用的范围较功能性信息系统更广，由单一的部门或单一的业务活动扩展到多个部门或多个业务活动的协作，甚至可能拓展到整个企业的范围。其着眼于多种信息的融合，侧重于企业内部资源的整合和优化，完成统一的管理。主要包含以下子系统：企业资源规划系统（ERP）、客户关系管理系统（CRM）、供应链管理系统（SCM）、库存管理系统（IMS）、制造执行系统（MES）、生产计划系统（PSS）等。在综合型信息管理系统的运行过程中，复杂性较高、投资较大、难以操作，因此，在供应链方面较有实力的企业中的应用程度较高。由于综合型信息管理系统能更大范围地对信息进行统筹管理，它推动了供应链系统中的信息共享和管理的一体化，是企业实现电子商务的必要基础条件。

3. 集成智能型信息管理系统

这类信息管理系统具备一定的分析规划和辅助战略的分析能力，侧重于业务完成过程中的自动化和一体化，拥有了智能型的特征，便于操作人员实现对企业或供应链的全面管理，主要包含供应链规划管理系统（SCP）、自动营销管理系统（AMS）、商业智能管理系统（BI）、决策支持管理系统（DSS）等。集成智能型信息管理系统拥有大范围下的强大的分析能力，到目前为止，是功能性最强、作用范围最大的供应链信息管理系统，但它所需要的技术支持要求较高，发展还不成熟，在供应链企业中还没有被广泛

---

① 马士华、林勇：《供应链管理》，机械工业出版 2011 年版，第 285～298 页。

应用，仅在一些大型企业，如 UPS①，才有能力实施这类信息管理系统。

（二）信息管理系统在供应链中的地位和作用

在供应链的环境下，信息管理系统可以说是企业组织运营的神经系统，其改进并强化了物流、资金流和信息流的集成管理。信息管理系统在供应链中具有极其重要的价值。它实现了供应链的管理战略，提高了企业的核心竞争力，推动了企业业务流程的重组，促进了供应链组织结构的优化，有效地降低了物流成本，提高了物流服务效率和服务水平。

在供应链的概念提出以前，信息管理系统就已经存在。随着供应链管理的推广和信息管理技术的发展，信息管理系统也不断演化。第一，传统阶段信息管理系统应用（1960~1990 年）。这是各个供应链传统系统应用的兴起与发展阶段。从最初的仅用于数据的记录、存储和简单处理的电子数据处理（EDP）、简单业务处理（TP）的管理系统，到有独立运行功能的狭义的信息管理系统（MIS）和业务信息系统，如财务管理系统、人事管理系统、仓库管理系统等功能型的信息系统，这些系统都是在这个阶段产生的，都是基于业务操作的层次上的应用。第二，发展阶段信息管理系统应用（1990~2010 年）。这是供应链信息管理系统的兴起和拓展阶段，是对上一阶段的各个拥有独立功能的信息管理系统进行整合之后发展起来的。整合后的信息管理系统的综合性大大加强，处理能力也大幅度提高，在综合管理的层次上，极大地推动了现代供应链管理系统的发展。这一阶段的最典型的信息管理系统是集成了各种功能的企业资源规划管理系统（ERP）② 和客户关系管理系统（CRM）③。第三，成熟阶段信息管理系统应用（2010 年至今）。供应链信息管理系统的发展方向有两大特点：一是集成性，对多种功能进行统筹管理，进而实现一体化；二是智能性，系统能自动地完成业

---

① UPS（联合包裹速递服务公司）是世界上最大的快递承运商与包裹递送公司，1907 年成立于美国，作为世界上最大的快递承运商与包裹递送公司，UPS 同时也是专业的运输、物流、资本与电子商务服务的领导性的提供者。

② ERP：Enterprise Resource Planning，是指建立在信息技术基础上，以系统化的管理思想，为企业决策层及员工提供决策运行手段的管理平台。

③ CRM：Customer Relationship Management，企业为提高核心竞争力，利用相应的信息技术以及互联网技术来协调企业与顾客间在销售、营销和服务上的交互，从而提升其管理方式，向客户提供创新式的个性化的客户交互和服务的过程。

务分析和处理，为企业提供决策上的支持。就目前看来，这个阶段较突出的有供应链规划管理系统（SCP）、商业智能管理系统（BI）、决策支持系统（DSS）和需求预测系统（DPS）等在战略规划层次上的信息管理系统。

信息管理系统在供应链中的应用具有不同的层次结构。在横向分布上，整个供应链可以分为五个组成部分：供应商、制造商、分销商、零售商和顾客，每个部分对信息和信息处理的要求不同，均有各自的特点。对制造商而言，生产计划和生产执行的情况是他们最关心的，而对零售商来说，做好客户关系管理和客户需求预测则更为重要。在纵向分布上，整个供应链又可以分为三个层次：操作、管理和战略。其中，在操作层上，要求对各种具体独立的业务信息进行收集和处理；在管理层上，要求对操作层次所收集到的信息进行统一的整合和协调，进而指导和管理业务操作与业务进程；在战略规划层上，要求对下一层次的信息进行统计、筛选和加工，提取出能支持管理人员用于战略决策的信息。

首先，在操作层上，供应链的各个组成部分的信息管理系统主要着眼于其内部管理与业务操作上的信息系统的建设，其中包括财务管理系统、人事管理系统、设备管理系统、仓库管理信息系统、订单处理系统等。

其次，在管理层上，最核心的信息系统是企业资源规划管理系统（ERP）和供应链管理系统（SCM），从某个角度而言，供应链管理系统包含了企业资源规划系统。供应商、制造商、分销商和零售商均都应用这两个大系统，由于他们角色的不同，应用企业资源规划管理系统和供应链管理系统的重点和程度也不同。自企业资源规划管理系统和供应链管理系统诞生之日起，这两大管理系统就聚焦于企业内部资源的整合、管理和优化。在水平方向上，它们涵盖了一个企业的所有职能部门，并与一些上、下游的信息管理系统相连接，如采购管理系统、客户关系管理系统和销售物流管理系统等。在垂直方向上，企业资源规划管理系统和供应链管理系统覆盖了企业所有的运营活动，并进入一些较高层次的分析规划领域。企业资源规划管理系统和供应链管理系统的显著特点是应用范围广，它们着眼于企业内的跨部门的信息融合，在企业的生产运作中，企业资源规划管理系统和供应链管理系统提供了新的供应商的供货信息和顾客的需求信息，使企业的生产部门根据市场需求和生产资源的状况合理安排生产。销售人员可以通过了解相关部门的生产安排和库存数量来决定，向顾客交付商品的时间。不仅如此，企业资源规划管理系统和供应链管理系统正在逐步向跨企业的范围发展，并有延伸至整个供应链的趋势。除了企业资源规划管理系统和供应链管理系统，供应链中其他的环节还有各自独立的信息管理系统。对供应商和制造商这两个供应链系统中的处于上游的角色来说，上游信息管理系统是主要的信息管理系统，它包括订货管理和原材料供应物流信息系统等。采购管理系统也是位于系统的上游部分，处于管理层和操作层之间。这部分系统主要起管理供应链物流的作用，具有一定的分析规划功能，在供应链的纵向分布上，部分系统已经进入了较高的战略层次。而对于与顾客有着密切联系的零售商来说，客户关系管理系统最为重要，这个系统通过提供产品和价格的信息来最大化地实现优化销售者和购买者之间的关系，并能够及时提供详细的顾客和产品信息，再针对不同的顾客来进行个性化服务，同时指导销售人员完成订单。除了企业资源规划管理系统和供应链管理系统，还有一些下游管理系统也处在这个位置，包括自动营销管理系统、需求预测管理系统和销售物流管理系统等，它们均在不同程度上实现了企业供应链系统的管理、分析和战略规划的功能。

最后，在战略层上，它是供应链纵向的最高层次，这个层次的信息管理系统以计划和战略决策为重点，具有较高的分析能力。它们能与原有的信息管理系统以及企业资源规划管理系统和供应链管理系统相互集成，从这些系统中获取信息并加以分析，然后为供应链管理人员的决策提供支持。但是，目前，由于信息技术存在的一些限制，这类系统还不够完善，多数仍旧停留在低级和中级的计划决策阶段。处在这个层次的信息管理系统有供应链规划管理系统、竞争情报管理系统、商业智能管理系统、决策支持管理系统等。

二、绿色农业产品供应链信息管理系统的设计原则和思路

（一）绿色农业产品供应链信息管理系统的设计原则

建立绿色农产品供应链信息管理系统将涉及若干个子系统：生产子系统、加工子系统、物流子系统和销售子系统，这是一项复杂的系统工程。

设计绿色农产品供应链信息管理系统需要遵循以下几个原则：

1. 一致性原则

绿色农产品供应链信息管理系统是由一系列子系统构成的整体，具有系统的整体性特征。以往由于绿色农产品供应链缺乏信息系统，供应链上的各环节部门信息只能通过手工作业，即手工采集和处理信息，且信息处理得很分散，这就造成了各部门信息的不完整、不一致，甚至还发生冲突。绿色农产品供应链信息管理系统开发应用后，供应链借助于计算机信息管理系统，从系统总体出发，克服人工处理信息的弊端，实现各个子系统的数据信息一致，且功能规范，保证了各个子系统能够协调一致地工作，避免系统内部信息的大量重复，确保了系统整体的优化。

2. 适应性原则

企业所处的环境在不断变化，供应链也要根据环境的变化而进行适当的调整。相应地，供应链信息管理系统也要能够根据环境的变化而进行必要的调整。一个成熟完善的绿色农产品供应链信息管理系统必须能在一个很长的时期内对外界环境有着较强的适应能力，以便能够确保绿色农产品供应链信息管理系统的生命力。这就要求在设计绿色农产品供应链信息管理系统时，必须考虑其系统结构的灵活性与可塑性，保证当供应链所处的环境和供应链的管理模式，或者供应链信息管理系统的软硬件等发生变化时，绿色农产品供应链信息管理系统能够很容易地作出修改。

3. 可靠性原则

系统的可靠性是检验绿色农产品供应链信息管理系统成败的重要指标之一。只有稳定、安全、可靠的信息管理系统才能够为供应链管理提供完整、及时、准确的信息，协助相关部门及时作出准确的决策，来处理相关业务。该原则要求在设计绿色农产品供应链信息管理系统时，要注重系统软硬件设备的稳定性，并专门设计系统的安全防护设施，然后，通过一段时间的试运行之后，找出该系统中现存的问题并及时作出调整，确保该绿色农产品供应链信息管理系统能够持续、稳定、安全的运行。

4. 经济性原则

经济性原则是衡量一个绿色农产品供应链信息管理系统是否值得去投入开发的重要指标，也是前三项原则的基础与前提。经济性原则要求，在开发设计一个系统之前，要对其开发的可行性和必要性进行充分的论证，看是否是产出大于投入，然后，评估该系统所产生的开发费用以及它所带来的经济效益，若背离了经济性原则，就不应该开发该系统。同时，当新系统投入运行后，要尽快地收回投入成本，提高系统的经济效益、社会效益和生态效益。

（二）绿色农业产品供应链信息管理系统的设计思路

绿色农产品供应链信息管理系统主要由门户网站、订单处理子系统、仓储管理子系统、运输管理子系统、决策支持子系统和接口系统组成（见图6-1）。

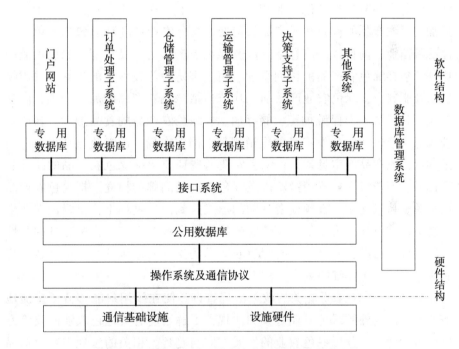

图6-1　绿色农业产品供应链信息管理系统设计思路

1. 门户网站

门户网站是提供综合绿色农产品信息的平台，同时也是绿色农产品电子商务发生的场所，它提供了一个便捷的人机交互界面。门户网站的建设和运营可以由企业承担，在服务绿色农业生产者的同时能适当赢利；也可以由地方政府部门组织建设，其不以营利为目的。根据目前中国绿色农业的发展现状，由政府出面组建绿色农产品门户网站是最好的选择。门户网站的主要功能模块包括：

第一，绿色农业要闻和热点。介绍一些当前的绿色农业热点问题，包括农业产业结构调整、农业信息化、绿色农产品的适时价格信息汇集与发布、绿色农产品品牌的特色、绿色农产品国际贸易动态跟踪等。

第二，动态和实时地提供绿色农产品供应链全过程的指导。绿色农产品供应链包括绿色农产品从幼苗培育到大田管理，农畜产品的加工、保鲜和流通，以及市场销售等所有环节，在整个流程中，绿色农产品供应链主线上的各个环节都与其他产业相关联。具体有五个环节：产前、产中、产后加工、农产品的流通和农产品的消费。绿色农业产前环节包括绿色农产品的种苗业、饲料业、信息指导以及绿色农产品的产品规划；绿色农业产中环节包括绿色农产品的田间管理、病虫害防治等技术上的指导、农用物资以及肥料业；绿色农业产后加工环节包括绿色农产品的品级分类、商品加工、包装加工、保鲜加工、储存加工、绿色农产品的食品加工；绿色农业流通环节包括绿色农产品的渠道规划、网点布局、冷链流通技术、产销地的绿色农产品的市场建设；绿色农业消费环节包括绿色农产品的品种品质提供、消费引导、营销策略以及绿色农产品品牌的树立。把绿色农产品的相关资料以文字、音频或者视频的形式放到门户网站上，供绿色农业生产者点击或点播，主要是对绿色农产品的生产者在生产过程中遇到的共性的问题提供帮助，而对于某些绿色农产品的生产者遇到的个别的问题，将在论坛中给予更详细的解答。

第三，与绿色农业相关的政策法规查询。使在线用户能够方便快捷地查阅有关国内外的绿色农业政策和法规，了解当前有关绿色农业的政策方针内容与背景，分析绿色农业的发展方向与趋势。相关的法规内容包括绿色农业综合管理政策法规、绿色农业经营管理法规、绿色农业生产法规、绿色农产品流通法规、绿色农业收入分配法规、绿色农业财政金融法规、绿色农业科技教育法规、资源与环境保护法规以及其他绿色农业相关法规。

第四，交流场所——论坛。在这个论坛上，绿色农业生产者可以发布自己的绿色农产品信息，或者对自己遇到的绿色农业问题进行请教和讨论，也可以同他人分享其从事绿色农业的经验。同时，论坛也会聘请一些绿色农业专家，他们将对来访者的问题进行详细的答复，此外，论坛会按照绿色农产品的种类被分为若干个专区，来访者和专家可就专门的问题进行交流和讨论。

2. 订单管理子系统

要实行订单作业，首先要有一个绿色农产品供应链信誉保障体系，对绿色农产品及绿色农业生产资料的供应人、承销人以及零售商等进行备案，并持续更新和完善。目前，在这个系统中，通过电子文档下达订单是较为先进的方式，比较常用的有两种形式：第一，以 Word 文档或 Excel 文件的格式，通过发送电子邮件下达订单，然后，订单处理人员将文件内容上传到绿色农产品供应链信息管理系统，再由系统进行下一步的仓储或运输环节的业务执行安排。第二，客户在门户网站上的订单下达窗口录入信息数据，然后，由物流中心的单据处理人员定时下载发送过来的订单信息进行后续处理。农产品或生产资料等的订单信息录入完成后，还要进行订单资料核查与确认，然后，进行库存分配并生成详细的订货清单，包括绿色农产品及其生产资料等的种类和数量，以及相应的到货时间、拣货地点、分配和派车等。

3. 运输管理子系统

"健康又新鲜"是绿色农产品的主要特色，由于鲜活绿色农产品的含水量高，其保鲜期短，又极易腐烂变质，便会大大缩短运输时间，因此，绿色农产品对运输效率和流通保鲜条件的要求很高。绿色农产品本身的这些特点，决定了要使用不同的车辆对不同的绿色农产品进行运输，要对车辆和运输任务进行合理的搭配。运输管理子系统将综合运用 GPS 定位系统、GIS 地理信息系统等技术，及时跟踪绿色农产品的运输状况并得到实时反馈信息。然后，通过对绿色农产品的运输成本和时间要求分析比较，再进一步优化绿色农产品的运输路线，以便控制其运输成本和时间。该运输管理子系统包括了绿色农产品运输任务产生、运输费用结算和运输调度，以及运输过程中的查询和运输资源管理五个功能模块。绿色农产品的生产资料运输也可以整合在这个系统中，以便更好地利用现有的运输资源。如，某辆运输车将绿色农产品运送到目的地后，又可以适当安排，安排其再运回一些绿色农产品的生产资料，避免空车开回对资源造成的浪费。

4. 仓储管理子系统

农产品的生产季节性较强，且地域性特点突出。这就要求库存管理既要有伸缩性，又要避免浪费资源，即仓储管理系统不仅要满足现有绿色农产品的仓储要求，还要具备"预见"能力，从而为即将到来的绿色农产品仓储高峰做好准备。

仓储管理子系统包括绿色农产品入库信息管理、绿色农产品出库信息管理、绿色农产品库位资源管理、绿色农产品的堆存费用以及其他的费用管理、单证管理、流程监控、报表管理和档案维护，并提供相应的计算机辅助决策，对即将达到或超过上下限绿色农产品库存量范围的不同程度来进行分级预警。①

利用绿色农产品供应链信息管理系统进行仓储管理应注意两个方面：一是及时准确地录入绿色农产品进出库信息。进出库信息的录入是仓储管理子系统乃至整个绿色农产品供应链信息管理中至关重要的一部分。二是绿色农产品库位管理的精细化。绿色农产品仓储管理水平取决于管理的精细化程度，尤其是实行库位管理的经验。库位管理可以使得绿色农产品有序地存储，便于绿色农产品的摆放、寻找和分拣。

5. 决策支持子系统

在绿色农产品供应链信息管理系统中，需要以单据的形式落实所有的客户订单、绿色农产品的库存变化、车辆使用情况、人员调度情况和成本费用情况等，且要在系统中持续更新。因此，决策支持子系统中存储着完整的业务相关数据。该决策支持子系统提供了一些分析方法：统计分析方法、滑动平均分析法、多元回归分析法、线性规划法、多目标规划法等，并且，还可以使用专门的可视化技术实现数据作图，包括饼状图、柱状图、线形图等，更形象地展示数据，通过不同的视图进行数据信息的比较分析，使结果更直观、明了。

此外，该系统还提供绿色农产品决策分析的模块与方法：区域绿色农业发展要素组合模式和方法，作物生态适应性分析，主要农作物生产潜力计算，区域粮食生产因素比较分析，耕作制度优化设计的作物历法，可持续水平评价和农业现代化水平评价，农业信息智能检索引擎和区域发展规

① 周颐：《现代物流管理论丛：2008》，中国物资出版社 2008 年版，第 135 页。

划，用户需求智能判断系统，农业宏观决策支持系统和农业资源与农情遥感监测系统，以及农产品市场分析与预测系统等。

6. 接口系统

主要完成各种子系统之间以及整个系统与其他系统之间的数据融合，包括 GIS 地理信息系统、条频器的数据接口、GPS 卫星定位系统的数据接口、与国际互联网的接口等。

三、绿色农业产品供应链的通用管理模式与信息系统构建

（一）绿色农业产品供应链的通用管理模式

1. 绿色农业产品供应链的模式存在的问题

一方面，绿色农产品供应链中信息链在批发市场被阻断。中国绿色农产品的现行模式以各地农产品批发市场为纽带，以当地农产品批发市场为核心，绿色农产品供应链必会是断裂的，对于上游的绿色农产品生产者而言，不能掌握准确的绿色农产品的需求信息，导致绿色农产品价格波动增大。另一方面，绿色农产品供应链中运作的标准化、协同化程度较低，较难实现价值增值，绿色农产品供应链中各节点的成员之间缺乏应有的信任与合作，并且上下游连接比较松散，加工企业较难建立长期稳定的合作机制，其与农户之间通常采用松散的契约形式进行合作，很难长期合作。

2. 建立绿色农业产品供应链的通用模式

根据中国绿色农产品供应链的特点，传统绿色农产品供应链上分散的小规模农户对绿色农业生产缺乏必要的管理，中国农产品质量问题又相当严重，生产阶段是最薄弱的环节，应当加大对绿色农产品在供应链各阶段上的品质保障。在现代化绿色农产品供应链上，实现绿色农产品信息共享，及时对绿色农产品市场的需求状况进行跟踪与反馈，提高从事绿色农业生产的农户和企业利用先进生产技术和设备的能力。综上所述，建立满足上述要求的绿色农产品供应链的通用模式是当务之急，结合绿色农业生鲜供应链、大宗绿色农产品供应链、乳品供应链和肉制品供应链的相关模式，得出绿色农产品供应链的通用管理模式（如图6-2所示）。

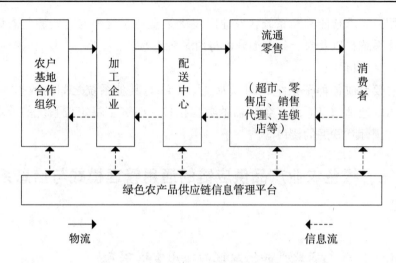

图 6-2　绿色农业产品供应链的通用管理模式

　　绿色农产品加工企业是绿色农产品供应链中重要的环节，随着绿色农产品加工市场需求的日益剧增，它已成为绿色农业发展的客观要求。在绿色农产品供应链的通用模式中，各农户是最薄弱的环节，由于农户是分散经营，处于一个游离的地位，但农户却是绿色农产品加工企业连接生产最为紧密的环节或节点，绿色农产品加工企业可以使绿色农产品增值。如何将绿色农产品供应链的内部资源与外部资源进行优化整合是该模式需要解决的首要问题，解决这个问题的最佳答案是绿色农产品供应链信息管理平台的建设。通过绿色农产品供应链信息管理平台等现代化信息技术的应用，使绿色农产品能够适时地满足市场供求的变化，解决绿色农产品生产周期问题所造成的季节性差异，使绿色农产品市场保持在一个动态的稳定的状态。①

（二）绿色农业产品供应链信息管理系统的构建

　　1. 夯实绿色农业产品供应链信息管理系统的体系基础

　　一方面，绿色农业企业信息化建设。企业信息化是指在生产、流通和

---

① 赵英霞：《供应链视角下的农产品物流发展研究》，中国物资出版社 2010 年版，第 220～222 页。

服务等各项企业活动中，充分利用最新的信息技术、资源和环境，并通过对信息资源的深入开发和有效利用，逐步提高绿色农业企业集约化经营程度，不断提高其生产、经营、管理和决策的效率和水平，进而提高绿色农业企业经济效益和竞争力的过程。绿色农业企业信息化建设是企业的一场革命，是带动绿色农业企业各项工作创新的突破口。绿色农业企业信息化建设的目的不仅是管理企业内部的绿色农业资源，还需建立统一的绿色农业信息平台，将绿色农业的消费者、供应商、分销商以及其他合作伙伴纳入绿色农业企业信息化管理系统之中，进一步实行绿色农业信息的高效共享和各项业务的链接。另一方面，协同绿色农业供应链。即从绿色农业的原材料供应开始、经过绿色农产品制造环节到绿色农业销售网络，将绿色农业的供应商、制造商、分销商和零售商以及客户最终连成一体的功能网络结构，然后，在此基础上进行计划、协调和控制的管理模式，并确保在正确的时间内，将正确的产品派送到正确的客户手中，突破传统管理方式，提高绿色农业企业对外部需求变化响应的敏捷性，有利于绿色农业企业重组，实现整体最优，在这一过程中，强调计划的有效性。

协同供应链管理，即协同规划、预测和补给（Collaborative Planning, Forecasting & Replenishment，简称 CPFR）。协同绿色农业供应链管理是指应用一系列的处理技术模型，提供覆盖整个绿色农产品供应链的合作过程，并通过共同管理绿色农业企业的业务过程和共享绿色农产品的信息，改善绿色农业零售商和供应商的伙伴关系，提高预测绿色农业各项指标的准确度，最终达到提高绿色农产品供应链效率、减少绿色农产品库存和提高绿色农产品消费者满意程度的目的。协同绿色农业供应链管理的关键在于，将确定供应链上绿色农产品的需求和绿色农产品的供给有机地结合起来。协同绿色农业供应链管理利用电子数据交换技术和互联网等手段，在协作的作用下，将促销、预测、产品目录和订单需求等各个方面的绿色农业信息与合作伙伴进行共享。通过参与各方的协作，向计划人员提供各自共同开发的绿色农业信息，从而更为准确地确定出绿色农业市场需求量，明确补货需求，并且使绿色农业生产运作与实际需求相匹配。

2. 提供全面的绿色农业产品供应链信息优化的解决方案

依据协同绿色农业供应链管理的相关理论和方法，通过对绿色农产品的信息流、物流和资金流的相互关系进行研究，为消费需求提供全面整合的绿色农产品供应链信息优化的解决方案，真实地模拟绿色农产品供应链环境中各节点之间的协作配合操作。依据绿色农产品供应链的通用模式，在上面介绍的相关内容的基础上，确立其绿色农产品供应链信息管理系统的框架，关于信息管理部分的设计时，充分考虑到绿色农业信息的理论与方法，绿色农产品供应链中的每一个节点都应考虑到绿色农业信息管理所涉及的主要内容，如绿色农业信息传递、绿色农业信息失真、绿色农业信息风险和绿色农业信息共享等内容。然后，再针对每一个节点的绿色农业信息管理的内容进行相关绿色农业信息的处理，包括绿色农业信息收集、绿色农业信息加工、绿色农业信息存储和绿色农业信息发送等过程。上述内容之间始终处于双向信息流的传递，各节点之间加入绿色农业信息反馈，进一步减少绿色农业信息运作过程中失真现象的发生。

3. 加强绿色农业产品供应链信息管理系统逻辑设计

在逻辑设计方面，"绿色农产品供应链信息管理系统"的构建是通过对其所共享的绿色农业数据采集、处理、加工和整理等过程，为绿色农产品的相关绿色农业企业提供基础信息，满足绿色农业消费者对绿色农产品供应链的客观需求，支撑绿色农业的物流各种功能的实现。同时，通过共享绿色农业信息，支撑决策者或相关研究人员通过该平台进行决策。该绿色农产品供应链信息管理系统可分为两方面：绿色农产品供应链管理部分和绿色农产品信息管理和处理部分。在绿色农产品供应链管理部分，系统包括绿色农产品的供应商、生产商、零售商和物流公司，以及消费者的处理能力以外，还具有后台的绿色农业企业管理、合作伙伴论坛管理以及经营分析等功能。绿色农业供应商（农户或合作组织）、绿色农业生产商（加工企业）、配送中心、绿色农业零售商（流通与零售）、绿色农产品的消费者等五个实体形成绿色农产品供应链。这五个实体各自的分工不同：绿色农业供应商需要提供绿色农业生产资料的供应源头；加工企业负责将绿色农业生产资料转化为终端绿色农产品的消费者所需要的最终产品；配送中心负责将绿色农产品送到各个零售商和绿色农产品的消费者手中，在整个绿色农产品供应链流程中十分重要，是联系其他环节的纽带；绿色农业零售商主要是通过各种渠道和销售平台把绿色农产品最终销售给消费者；终端消费者就是绿色农产品供应链末端的用户，他们从零售商处购买绿色农产品。另一方面为绿色农产品信息管理和处理部分，包括绿色农产品信息管理的内容和绿色农产品信息管理内容的处理，它是绿色农产品供应链管理的功能模块。绿色农产品供应链信息管理系统的平台是总体框架中的信息管理部分，其主要功能有：一是绿色农产品供应链上信息管理平台是综合度最高的信息管理系统。它以绿色农产品供应链共用基础信息系统为支撑，绿色农产品供应链上相关节点间的信息交换与交流，实现绿色农产品信息的交换与共享，为绿色农产品供应链上各节点间提供必要的信息资源。二是协同绿色农业供应链是数字供应链的神经中枢，是实现绿色农产品供应链的各节点成员之间资源整合和管理协作的基础。它为绿色农产品供应链的所有节点成员提供统一高效的沟通界面，对其所涉及的绿色农产品需求信息和绿色农业物流资源进行全面的整合，以最优的资源配置、最佳的路径和方案的选择来满足绿色农产品供应链一体化、集成化运作的供给与需求。协同作业平台所涉及的运作环节包括采购管理、生产与计划、物流管理、库存控制等若干方面。

第七章 绿色农业发展的质量管理

绿色农业发展的质量管理问题，事关人民生命安全和身体健康，事关农民增收和农业发展。全面强化绿色农业发展的质量管理，是进一步提高绿色农业监管整体效能、不断增强绿色农业质量安全保障能力的内在要求。本章从农业标准化的内涵入手，着重阐述了有关绿色农业发展质量管理的相关问题。其主要内容包括绿色农业与农业标准化的关系，绿色农产品认证制度以及构建农业标准化体系，绿色农业的质量监管和追溯管理体系的建设，绿色农业质量安全管理方案及措施等。

第一节 农业标准化与绿色农业发展的质量管理

一、农业标准化的内涵

农业标准化是以农业为对象的标准化活动，是指以农业科学技术和实践经验为基础，通过运用简化、统一、协调、优选的原理把科研成果和先进技术转化为标准并将其作用于农业生产产前、产中、产后全过程，以取得最佳的经济、生态、社会效益，提升农业竞争力。它是农业现代化的重要前提和标志。农业标准化工作是推进先进农业科学技术的重要手段，是农业科技成果转化为生产力的桥梁和纽带，是提高农业投入品和农产品质量、规范农村市场的技术准则，是组织现代化农业生产的技术规范，是农业依法行政的技术依据，是促进高产优质高效农业发展的重要技术保障。①

目前，中国的农业发展正处于由传统农业向现代化农业转型的重要阶段。解读"十二五"农业发展，农业标准化是实现农业综合生产能力提高的必然要求，它是实现农业抗风险能力提高的必然要求，也是农业市场竞争力提高的必然要求。其科学内涵主要体现在以下几个方面：一是从发展目标来看，它以科学研究成果和丰富实践经验为基础，要求多目标综合决策，最终实现高产优质高效的目标；二是从科学理论和方法来看，要求运用标准化原理与系统科学方法，遵循"统一、简化、协调、优选"的基本原理，建立优化的现代化农业标准化体系；三是从其内容涵盖范围来看，它不仅包括农产品生产环境和农业生产资料的标准化，还包含农业生产过程、工艺和农产品及其加工制成品的标准化。

农业标准化范围十分广阔，目前主要包括种植业、林业、畜牧业、渔业、农用微生物业五大类。其主要任务是贯彻国家有关方针政策；制定、修订和组织实施农业标准；对农业标准的实施进行监督；农业标准化的组织机构设置；农业标准化情报资料收集；农业标准化学术活动、技术交流；农业标准预测以及农业标准化规划（计划）的编制和实施；农业标准化与农业国际贸易；农业标准化与国际标准化、区域标准化的协调；农业标准化经济效果分析计算；农业企业标准化管理等。加强农业标准化工作，对推进农业产业结构调整和科技进步，促进农产品国际贸易，实现农业节本增效和增加农民收入，农业依法行政和规范市场经济秩序，保障农产品消费安全，提高农产品市场竞争力都起着非常重要的作用。

二、绿色农业发展与农业标准化之间的关系

（一）农业标准化生产是绿色农业的重要保障

发展绿色农业，最主要就是以无公害农产品为基础，发展绿色食品和

---

① 林希、胡昌川、任雁、刘俊华：《浅谈农产品质量追溯与标准化》，《标准科学》2010 年第 4 期。

有机食品。绿色食品是指遵循可持续发展原则，按照特定方式进行生产，经专门机构认定的允许使用绿色标志的无污染、安全优质的营养类食品，在生产过程中不使用化学合成肥料、农药、兽药、饲料添加剂和其他对环境和人类健康有害的物质。有机食品，是按照国际标准要求生产的，通过独立的认证机构认证的环保安全食品，其原料来自于无污染的生态环境。绿色食品和有机食品必须进行标准化生产，在质量标准化和品牌影响下有一定竞争优势，与双边或多边的国际认证接轨，有利于打破绿色壁垒，扩大农产品的出口。中国农产品频遭西方国家的绿色壁垒，有农产品品质标准的原因，但根源在农产品生产的各个环节上，只要有一道环节不按照标准操作，就会影响产品的最终质量。农业标准化就是按照标准生产农产品的过程，包括从地块的环保测定到育种选苗；从施肥防病到收获加工。在欧美和日本等发达国家，农产品用什么种，什么时间下种、施肥、采摘都有严格的规定，上市出售的农产品的长短、粗细、弯曲程度都必须符合标准。例如，日本所有农产品进入市场前都要按一定标准进行筛选、分级，对于不同的农产品有不同的单位来进行计价销售，而等级外的农产品不允许进入市场销售，只能作为加工原料。因而，发展绿色农业离不开标准化生产。这种标准化生产，既要有龙头企业的加入，又要有市场准入制度的制约。也就是说，推进绿色农产品，实现市场准入应是政府推动、标准先行、企业主动的产业化配合。

（二）农业标准化有利于提高农产品质量安全水平

农产品有毒有害物质残留量超标影响了人民群众的身体健康。推进农业标准化工作，完全按照绿色农业的生产标准控制农业生产，有利于进一步根治"餐桌污染"，保障人民群众的食用安全。另外，农业的高产、稳产与农业标准化的关系十分密切。任何一种农产品质量的好坏，首先表现在它在市场上价格的高低、销售的好坏、农民收益的多少。

（三）农业标准化有利于促进绿色农业向外向型农业的国际竞争力发展

中国绿色农业必须从源头抓起，从农业标准化这个基础做起，从生产过程的每一个环节着手，贯彻实施农产品质量安全、生产技术、产地环境等系列标准，严格推行农产品标准化生产，规范农产品的加工，才能提高农产品在国际市场上的竞争力，扩大农产品出口，促进绿色农业向外向型农业发展。

（四）农业标准化有利于促进绿色农业品牌建设

要促进绿色农业的发展，就必须加强绿色农业品牌建设。农业标准化是保证农产品质量、培育品牌农产品的基础，也是农产品进市场的"入场券""通行证"。品牌、质量、标准是相辅相成的。制定符合当地实际的先进、合理、可靠、操作性强的农业标准体系，把标准和质量有机结合起来，确保农产品质量的稳定，为优质、名牌农产品培育提供了技术依据和支撑，为提升产业层次、拓宽市场空间架起有效的桥梁和纽带。

（五）通过实施农业标准化可以确保绿色农业增收

实施农业标准化，发展绿色农业，是增加农民收入的重要措施。首先，绿色农业可以解决农业生产的高成本问题。如传统农业中大量施用化肥、农药，不仅污染了农产品与环境，而且增加了成本。据调查分析，有机农产品的成本比常规农产品减少20%。成本减少，整个收益就提高了。其次，是农产品的价格。这几年的常规农产品销售难，价格低，甚至亏本；而有机农产品的价格虽然较高，但因为其安全卫生，吃了放心，销售极好。例如，通过绿色农业标准化生产加工后有机蔬菜的价格要比常规蔬菜价格高出一倍多，却很旺销。再次，绿色农业也是劳动密集型农业，可以解决农民的就业问题。

当然，运用农业标准化技术，发展绿色农业还需要许多其他内、外部环境条件：一是政府的重视支持和大力倡导；二是有好的营销渠道，农民在发展绿色农产品中获得较大的收益；三是周围环境能保证绿色农业有效生产，风调雨顺等。这些条件的具备，必然会大大促进中国绿色农业的快速发展，绿色农产品成为人民生活中重要组成部分，推动中国农业向现代化农业的发展。

三、绿色农业发展的标准化质量管理要求

（一）建立健全绿色农业标准体系

1. 积极采用国际标准和国外先进标准

国际标准是指国际标准化组织（ISO）和国际电工委员会（IEC）所制定和颁布的标准、国际标准化组织认可的其他国际组织制定的一些标准以及其他一些国际组织制定的，得到国际公认的某些标准。先进标准是指国际上有权威的区域性标准、世界主要经济发达国家的国家标准和通行的团体标准以及其他国际上先进的标准。过去，国际农产品贸易的最大困难，是各个国家的标准不一致。农业方面的标准化曾远远落后于机械制造业等工业部门。20 世纪 70 年代以来，农业方面国际标准化取得了显著的进展，引起广泛关注。近年来国外粮食产量不断增长，有三分之一的产量是由于使用良种和实现种子标准化获得的。中国要积极参与国际标准化活动，采用国际先进标准来改造传统农业，按照 WTO 协议中关于食品安全和动植物卫生健康标准的协议，积极研究和采用国际标准，特别是 FAO/WHO 国际食品法典委员会关于食品的标准、国际兽医组织关于动物健康的标准、国际植物保护联盟关于植物健康的标准以及国际标准化组织等方面的标准，提高产品质量，加快中国农业走向世界、走向未来的步伐。

2. 加快中国农业质量标准的制定和修订工作

从现在起，中国要按照农业结构调整、农产品质量升级、保护消费者利益、公平贸易和与 WTO 规定接轨的需要，加快农业标准特别是主要农产品的内在品质、加工性能、分等分级、包装和安全卫生标准制定和修订工作，使主要农产品的标准配套，基本达到农产品生产的各个环节都有标准作为技术依据。

（二）加快完善绿色农业监测体系

当前要充实、完善现有国家级、部级质检机构，优先考虑种子及农药、化肥、饲料、农机具等主要生产资料和粮、棉、油等农产品检验的需要。地方检验、检测机构，要结合各地农业生产需要，以贴近农业、贴近生产

单位、贴近用户为主要原则，进行完善和补充。重点围绕"米袋子""菜篮子"工程，加强有关农药残留量、农机配件等的检验手段，以保证人身安全健康和农业生产，对一些重要的农业生产资料市场，要逐步建立商品质量监督机构，以确保农资商品质量。择优利用科研院所、大专院校实验室的检测设备和能力，填补少量检验、检测机构和检验项目，但要避免重复建设。消化吸收国内外有关科研成果，重点加强快速检测方法的研究和快速检测手段的研制，以适应现场快速检验、检测工作的需要。完善农业生态环境监测机构，重点围绕农业土壤肥力、环境污染检测、病虫草害、气象及灾情预测预报等方面的工作需要。加强检验、检测机构的管理，各类检验、监测机构要以科学、求实、公正、公平为准则，健全完善内部质量保证体系，建立自律机制，提高检验、监测人员素质，保证检验、监测工作质量。加强对检验、检测机构的监督管理，严格考核工作，坚持不符合条件的不允许开展检验检测工作。

（三）实施绿色农业综合标准化

农业综合标准化是指在进行标准化时，应针对不同的标准对象，以获取整体效果为主要目标，把所涉及的全部因素综合起来进行系统处理。农业综合标准化是农业经济发展到一定阶段的产物，任何一种农产品都是一个有机的整体，处理好各相关要素的关系能使农产品整体最佳化。国家标准局早在 1985 年南昌会议上就指出要深入开展农业综合标准化以谋求农业经济的高速发展和取得最佳经济效益。新时期，中国要把握农业综合标准化的系统性、协调性、最佳性、动态性和目标性，积极推行实施农业综合标准化，获取最大的经济、生态和社会效益。

（四）加强绿色农业产品的质量监督与管理

农产品质量的优劣，关系到广大人民的生活，关系到以农副产品为原料的加工、纺织等工业产品的质量，关系到外贸出口，关系到国民经济的发展。因此必须重视农产品质量。质量监督就是为满足质量要求，由用户或第三方对程序、方法、条件、产品、过程和服务进行评价，并按规定标准对记录进行分析。农产品质量监督是贯彻农业技术标准不可缺少的手段，能合理地保护生产、供销、使用部门的公平权益，保证农产品生产、流通、消费的正常秩序。

（五）加大绿色农业标准化普及、宣传工作的力度

要把实施标准变成广大农户的自觉行动，必须强化标准化意识，普及标准化知识，加大农业标准宣传贯彻的力度和广度。目前农业标准化对农村大多数人是一件陌生的事物，不要说是广大农民不了解，即使是农科教战线上的许多科技人员对此也知之不多，农业标准化的意义还没有被全社会所认识。因此加强对农业标准化工作的宣传力度，是目前推动农业标准化的首要任务。要充分利用广播、电视、报纸等宣传手段，通过各类新闻媒体进行广泛的宣传引导，在全社会形成了解、认识、掌握农业标准化的氛围。要让农民知道，生产讲标准、产品讲品牌，实施标准化是提高产品收入的前提。

（六）加强对绿色农业标准化问题的研究

要继续开展农业标准化重点项目的科学研究。要研究主要农副产品等级划分的科学方法；从确保人们身体健康的要求出发，加快研究一些农产品安全因素的限量指标。加强农业标准化信息体系建设，及时了解国际农业标准化发展动态。

（七）加大财政对于绿色农业标准化的扶持力度

各级政府、各有关部门要切实加强领导，狠抓落实，根据党中央和国务院关于省长负责"米袋子""菜篮子"的精神，实施"米袋子""菜篮子"工程要充分运用农业标准化手段，以取得更大的工程实效。各级政府、各有关部门要切实加强领导，狠抓落实，以县为基础开展农业综合标准化的农业生产资料质量保证体系试点。为保证农业标准化工作的开展，需要落实相应的工作机构和人员。一是要尽快建立健全相应的标准化管理机构，充实农业标准化工作人员。二是要建立农业标准化推广体系，稳定农业科技推广队伍，使农业科技推广队伍成为推进农业标准化工作的一支重要力量。三是要发挥各方面的作用，广泛吸收有关企业、行业协会、检测机构、科研机构和学术团体人员，充实不断完善农业标准化技术组织，充分发挥科技人员在标准制定、修订中的作用。

各级农业、林业、水利、内外贸、供销、烟草等部门是农业标准化工作的主力军，担负着农业标准化的大量实际工作，要切实抓好本行业各项农业标准化工作，特别是要把各项农业科技兴农项目与农业标准化工作紧密结合起来，使农业标准化工作落到实处。各级各类部门要统一组织，分工负责，通力合作。建立农业标准化科技和推广应用工作奖励制度，对在农业标准化研究和推广领域作出重大贡献的人员给予奖励，充分调动广大农业标准化工作者的积极性。同时要保证增加投入，保证经费。绿色农业的标准化的实现，无论是绿色农业标准体系的制定和建立，还是绿色农业生产经营活动的监测，都需要大量的资金。由于民间力量有限，政府还是要从政策上给予优惠，从资金上予以大力支持。建议政府从财政中划拨部分资金，成立专门的基金会，专门用于绿色农业标准化建设，也可以从民间吸收资金，筹集善款，加大对绿色农业标准化的支持力度。

第二节　绿色农业发展的产品认证与标准化管理

农产品质量安全认证制度的确立标志着中国农产品质量安全管理进入了一个新的阶段。它打破了过去单纯由政府直接管理农产品质量安全的格局，形成了以政府执法监督为主的间接管理，社会中介组织参与管理和生产经营者自我管理的新格局。这对提高中国农产品质量安全水平，提高农产品的市场竞争力，保证农产品消费安全具有重大意义。

一、绿色农业产品认证制度的确立及其作用

认证是指由具有资质的第三方机构来证明产品、服务、管理体系符合相关技术规范的强制性要求或者标准的合格性评定活动。如果把产品或服务的提供者认为是第一方，那么消费者是第二方。第一方的产品经过第三方认证，第二方在消费过程中根据产品认证标志就可以认为该产品经过专业鉴定评价，其质量符合国家规定的标准。从这个意义上说，认证是为产品提供者服务的，也是为消费者服务的。认证活动可分产品认证和管理体系认证，前者认证对象是产品或服务，而后者的对象是质量管理体系或环

境管理体系。认证还可分为强制性认证和自愿性认证，前者是从国家和人民利益出发，国家规定产品、服务的提供者必须执行有关强制性标准和要求，并进行符合性认证，以此作为市场准入的基本要求。后者是以市场需求为导向，建立在产品或服务提供者自愿基础上的认证。这两者认证本身的性质是相同的，但国家的要求是不同的。

中国的农产品质量安全认证制度是随着中国社会主义市场经济体制的建立和完善，在农业走向市场化、国际化的背景下产生的。中国的认证活动是 20 世纪 80 年代初从电子行业开始的。1988 年颁布的《中华人民共和国标准化法》中明确了质量认证作为标准实施的手段，确立了认证制度的法律地位。1993 年出台的《中华人民共和国产品质量法》，进一步明确了质量认证制度作为国家的基本质量评价制度。为了适应入世后政府对产品质量安全监管方式的改革，2003 年国务院发布了《中华人民共和国认证认可条例》，对认证活动和认证制度做了进一步的规范，使认证作为一种质量管理的制度有了法律基础，明确了法律地位，同时认证活动也有了法律规范。

20 世纪 90 年代初，在中国发展高产优质高效农业的背景下，农业部提出了绿色食品的概念，开始制定绿色食品标准，并依据标准实施认证活动，其中有部分产品属于农产品的范围，可以认为这个认证首开农产品质量安全认证的先河。1998 年后中国农业发展进入了一个新阶段，在农产品数量基本得到保证的情况下，逐步加强了农产品质量安全工作。2001 年，在中央提出发展高产、优质、高效、生态、安全农业的背景下，提出了无公害农产品的概念，农业部开始组织实施无公害食品行动计划，各地自行制定标准开展无公害农产品质量安全认证，在此基础上，2003 年又实现了全国统一标准、统一认证。20 世纪 90 年代后期，国内一些机构引入国外有机食品标准，在国内实施认证，成为农产品质量安全认证的一个组成部分。从法律的角度看，2003 年在全国范围内统一开展的无公害农产品质量安全认证，农业部农产品质量安全中心成为法定的认证机构，同时具备了认证的其他法定要件，标志着中国农产品质量安全认证制度的正式确立。它与绿色食品认证、有机食品认证共同构成中国农产品质量安全认证的三种形式。这三种认证形式，在认证内容上有所区别。无公害农产品认证是农产品安全性评价，是针对产品中的有毒有害物质进行符合性认证，提供产品安全信息，认证对象侧重于鲜活农产品。绿色食品认证是侧重于安全性的质量认证，认证内容还包括质量的其他特性，认证对象侧重于农产品加工品。有机食品与其说是一种产品认证，不如说是一种有机农业生产体系认证，强调对农业发展理念的认同，重点是考察和了解农产品的生产流程和操作规程，可以认为是一种准农产品质量安全认证，它也对非食用农产品进行认证。这三种认证都有独立的标准、独立的机构，自成体系，独立开展工作。

农产品质量安全认证制度的确立，具有多重意义。一是对农产品质量安全的监督管理制度发生了重大变化，在政府单一直接管理的基础上，与国际接轨，利用行业、社会力量进行管理，降低了政府监管成本，提高了监管效率；二是有利于推广先进农业标准，提高农产品质量安全水平，提高农产品的市场竞争力；三是引导农产品安全消费，保证广大消费者的身体健康和生命安全。

二、绿色农业标准化操作的内涵与作用

（一）绿色农业标准化操作的内涵

顾名思义，操作规程就是将要做的事情按预先设定好的步骤进行工作。如果没有操作规程或者操作规程不明确，或不遵守，都会造成延迟工作的完成，造成工作完成质量的不合格，或者根本就完不成工作。作业程序既是作业者执行的标准也是上级考核下级的依据。所以，要想取得绿色农业的持续发展，各个工序就必须制定一个严格的、益于执行的作业程序。按照作业程序进行作业也是确保在周期时间内完成工作的重要保障。

一方面，绿色农业标准化操作是绿色农业生产安全的客观需要。人的不安全行为不论是有意还是无意的，最终多数都可归结为错误的操作。由于每个人所受的教育训练、工作经历、技术水平等可能存在很大的差异，因而造成失误的原因也各异。由于作业标准是经验和科学的总结，体现了安全、舒适、优质、高效的客观规律，因此按照绿色农业标准进行作业就能有效地防止错误操作。

另一方面，绿色农业标准化操作是过程管理规范化的基础。标准化是以制定和贯彻标准为主要内容的有组织的活动过程。指导标准化的方法应

用于管理领域，通过制定和贯彻管理标准，使生产经营单位生产过程各环节、各要素达到有机、合理的配合，使管理定量化、科学化，这就是管理的标准化。在管理标准化基础上，以各种岗位工作标准化为依据，从组织行为角度，确定组织成员必须遵守的行为准则，并用于约束、指导和激励生产经营单位人员的行为，就是管理的规范化。无论是管理的标准化，还是管理的规范化都是以岗位工作标准为依据的。绿色农产品的生产，是绿色农业生产系统各要素和各个生产过程环节协作完成的，每一个环节都必须按一定的方法、程序和标准来运行，否则绿色农业生产系统就无法完成其特定目标。

（二）绿色农业标准化操作的作用

1. 降低成本

标准是现场人员多年的智慧和经验的结晶，它代表了最好、最容易、最安全的作业方式或方法。这引起标准的有效执行，必然能有效地提高生产效率，因为提高生产效率就能减低生产的消耗或损耗，减少浪费，也就等于是间接地降低了生产成本，而产品设计中的标准化推进则能直接地降低生产成本。所以，标准化的第一作用就是降低成本。

2. 减少变化

变化是工厂管理的大敌，所以，推进标准化就是通过规范人们的工作方法，减少结果的变化，在工厂内员工的操作是根据作业指导书来进行的。根据作业指导书来进行，这就是一种标准化。

某些工厂没有作业指导书，他们采取的另一个做法是，先让组长学会操作，然后再让组长把操作方法教给组员，但是在人员变动时，比方说职工病假，他们面对的只能是停产，而在执行标准化的工厂里面出现这种情况时，他们就可以随便找一个员工，让他们根据作业指导书来执行这道工序的工作。这就是标准化的好处。因此，标准化是工厂管理良好，效率高且产品质量稳定的最有力的保证。

3. 累积技术

如果一个员工在工作实践中找到了某项工作最佳的方法，却没有拿出来与他人共同分享，那这个方法就随着这个员工的离职而流失了，如果推进标准化就可以让这个好的方法留在公司里面，便能够做到累积技术。

4. 明确责任

明确责任是采取针对性对策的关键，标准化的推进能使人们更简单地确定问题的责任。在推行了标准化的工厂当中，一项不当的操作往往会导致一个问题的出现，此时便可以通过操作语言重复这项操作来确定问题的责任，到底是由于主管制订的作业指导书不好，还是由于操作员没有完全按照作业指导书进行操作，明确了责任之后，才可能对今后的工作作出改进与对策。

三、绿色农业标准化管理体系构建

绿色农业标准化的实现，是一项复杂的系统工程，在其实现过程中，政府相关部门、农业协会、农业企业以及农产品的种植者这四大主体缺一不可。其中政府相关部门和农业协会是绿色农业标准的引入者、修订者和制定者，这对于绿色农业标准化的实现起到了推动作用。在绿色农业标准化体系中，各个体系指标一般采用国际通用标准，或者根据当地经济的发展实际情况以及其他实际差异进行适当的调整和修订；农业企业和农产品的种植者则是绿色农业标准化的最终实践者，所有政府以及农业协会采用的标准如果不向农业企业和农产品的种植者进行推广，所有的标准将成为一纸空文，绿色农业的标准化也就无法实现了。

实现绿色农业标准化生产这一系统工程如图7-1所示。

（一）政府相关部门的职能

1. 建立健全绿色农业标准体系

标准体系建设是推进农业标准化的基础和前提。国家农业部一方面应该将农业标准体系与国外先进标准和国际通用标准接轨，另一方面也应该根据中国绿色农业发展的实际情况制定适合中国国情的绿色农业标准体系。这一体系从纵向来看是从中央到地方，从横向来看包括技术、环境、产品等方面，具体就是图7-1中所提到的七大模块，在这些模块里，不同于以往的是，笔者重点强调和突出了碳排放这一标准，这一指标主要是要对农业生产经营过程农药、化肥的使用量进行严格的控制，对于农业生产废弃物的处理要做到尽量低的碳排放。

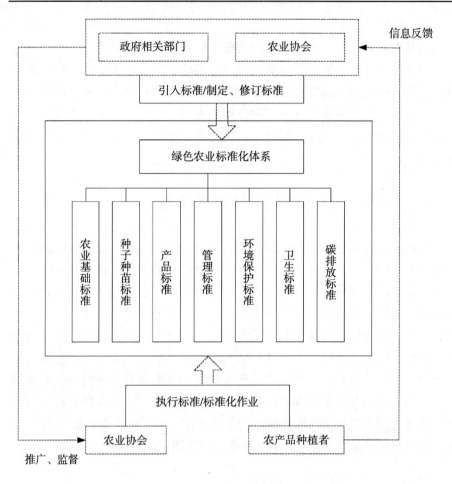

图 7-1　绿色农业标准化生产系统工程用图

2. 加强绿色农业标准化的宣传和教育

中国广大农民和消费者对于农业标准化的认知度并不高，低碳经济在国内提出的时间也不是很长，要想推进中国农业标准化进程，增强大家的低碳意识，必须在全社会范围内形成对绿色农业标准的认可，了解低碳经济提出的背景和主要内容，这就需要政府相关部门大力宣传农业标准和低碳经济，做好教育普及工作。观念总是影响人们的行为选择，通过宣传教育提高消费者和农产品生产经营者对绿色农业标准化的认知度和关注度，从而在全社会形成良好的消费导向和生产导向，将"标准化"的概念融入每个人的头脑中，用低碳的理念来指导农业生产和农产品消费，对于绿色农业标准化进程意义重大。

3. 加强对绿色农业生产环境的监控，加大环境治理力度

绿色农业生产环境是影响绿色农产品质量的关键因素，要实现绿色农业的标准化生产，首先应该有一个绿色环保的农业生产环境，而这一点主要应依靠政府来实现。政府相关部门应该设立农业生产环境质量监控部门，对农业生产用地、大气、水资源等农业环境质量进行全面的普查和评估，充分掌握农业环境质量的实际情况。同时，对于评估地区进行分等定级，划分出绿色农业标注化生产保护区、调整区和重点治理区域；对污染区域应加大整治力度，对于水资源的污染应该彻查污染源头，对污水及时处理；对于污染的土壤采取翻新、重填、休耕等措施，确保农产品生产环境的质量与安全。更要加强对于农业生产环境实时监控力度，出现不合乎标准或者其他影响农产品质量的环境问题，应该及时进行治理和修复，以减少后续工作的压力，提高工作的效率。

4. 加快绿色农业标准推广体系的建立

农业标准的核心是制定标准，但是实现农业产业化的基本途径和首要步骤则是农业标准的推广和实施。中国地大物博，从事农业生产经营活动的人口众多，而且不同地区的生产经营存在着差异，因此农业标准体系的推广难度较大，意义也更为重大。针对中国国情，建议各地政府部门结合当地实际，通过多渠道、多形式的方法，将标准融入技术，这样农民比较容易学习和接受，提高推广的成功率。重点加强对于四类人的培训——基层推广人员、种植大户、科技大户和示范基地农民的培训，提高其专业化程度，再通过这四类人将农业标准推广扩散，从而提高推广的效率，扩大绿色农业标准的影响力。

5. 完善绿色农业质量监测体系，加强检测监管

目前，中国绿色农业的质量监测体系已经取得了一些成果，但是还不够完善和成熟，为了更进一步促进绿色农业的标准化进程，应该完善农业质量监测体系。对于已经存在的绿色农业质量检测点，应该重点建设，更新监测标准和监测手段；同时，建立二级监测机构，在农业生产的重点区域、重点企业和农产品市场设立农产品监测机构，能够对生产的农产品进行快速精准的检测。本书认为，绿色农业的监测体系，不仅包括农产品的

质量监测，还包括农业生产环节的监测，对于农产品的生产过程、生产技术、使用的药物、肥料等，都必须进行监测，这样可以从源头上保证农产品的质量。

（二）农业协会的职能

农业协会成员一般是农业生产示范区的大种植户、农业产业的龙头企业以及相关的农业专家等，农业协会的观点和利益诉求通常具有典型性和代表性。政府在制定绿色农业标准的时候应该重点参照农业协会的建议。农业协会与农民和农业企业联系密切，比政府相关部门有着更为广阔和牢固的群众基础，因此，农业协会对政府部门的农业推广有促进作用。

（三）绿色农产品生产者的职能

在绿色农业的标准化进程中，农民作为绿色农业标准化进程的最基层实践者，一是要不断提高自身的科学文化素质，深入理解"低碳"和"绿色农业标准"的概念，并将这些理念融入日常的农业生产经营活动；二是要严格执行国家和地方颁布的绿色农业标准，在生产经营活动中严格按流程操作，保证生产的农产品绿色、无公害；三是对于农业生产的废弃物，按照标准合理处理，以减少碳排放，高效利用资源，保护生态环境。

（四）绿色农业企业的职能

农业企业是绿色农业生产经营面向市场的最后环节，所有的农产品在企业中经过加工和处理，进入国内和国际市场，这就意味着农业企业必须严格执行绿色农业标准，把好农产品的最后一道关。因此，在实现绿色农业标准化的进程中，农业企业责任重大，应该做好以下两点：一是严格执行国家和地方颁布的绿色农业标准和行业标准，保证进入市场的农产品安全、无公害；二是充分发挥农业企业科技创新的排头兵和战斗堡垒作用，利用自身的技术等优势，加大科技创新、科技创利、科技创汇的力度，实现产业的低碳运行和经济的循环发展。同时，农业企业可以和农户合作，建立绿色农业标准示范园区，这样可以从源头保证原材料的标准，也能够保证农民种植的农产品的销量，促进农民增收。

第三节　绿色农业发展的质量监管与追溯管理

一、绿色农业质量监管与追溯管理的必要性

保障农产品质量安全是构建和谐社会的本质要求，是落实科学发展观的客观需要，是政府履行行政管理职能的关键所在。中国正处于社会转型的关键时期，随着改革开放的深入推进，各种农产品质量安全事故此起彼伏。政府作为社会公共服务的提供主体，保障农产品质量安全义不容辞。农产品质量安全事件发生，都是逃脱政府监管"跑出来"的，一个卓有成效的农产品安全监管体制，虽然不是培育良好的农产品质量安全格局的充分条件，却是遏制农产品安全事故频发的必要条件。因此，加强农产品质量安全体制改革，提高农产品质量安全水平，保障人民的身心健康，是具有重大现实意义的事情。

（一）建立绿色农业产品质量监管体系的必要性

近年来，中国的农产品质量安全状况一直保持不断改善、稳定向好的趋势，农产品质量总体上是安全可靠的。但是，农产品的质量安全事关每个人的身体健康和生命安全，一时一刻也不能放松警惕。要常抓不懈做好农产品质量安全工作，任务还很艰巨，尚需继续实施综合措施，包括完善法律法规，加大宣传力度，健全和完善农产品质量安全监管体系，做好农产品质量安全监管和检验监测，大力推进农业标准化生产等，来促进农产品质量安全水平得到进一步的提高。

其中，健全和完善中国农产品质量安全监管体系，是全面提升农产品质量安全能力，推进农产品质量安全科学管理的一项重要措施。没有完善的监管体系（包括机构、人员、资金、设备、项目等），那么，从点到面、以点带面的全国性农产品质量安全监管工作，就根本不可能完成。因此，健全和完善质量安全监管体系，特别是基层监管体系，是做好中国农产品质量安全工作的基础，要抓紧落实。农业部明确将农产品质量安全工作列

为一项重要任务，积极推进和完善全国监管机构体系的建设，确保全国所有涉农乡镇全部建立农产品质量安全监管机构。

积极推进乡镇农产品质量安全监管机构建设，是健全和完善农产品质量安全监管体系的重要内容。目前全国已有过半数的乡镇建立了农产品质量安全监管机构，落实专职和兼职监管人员 3 万余名，从源头上提高了农产品质量安全监管和服务能力。但是，与中央的要求相比还有很大的差距。因此，要充分认识乡镇监管机构建设的重要性和紧迫性，强化工作措施，加大推动力度，明确机构、建立队伍、配备设施和落实职能，通过多种方式，因地制宜，把机构成立起来，工作运转起来，尽快建立起基层监管机构和着力提升基层监管服务能力，通过健全和完善全国农产品质量安全监管体系，切实推动中国农产品质量安全监管工作又好又快发展。

（二）建立绿色农业产品质量追溯体系的必要性

随着中国农业的不断发展和入世的不断加深，建立农产品质量追溯体系是一项刻不容缓的任务，主要体现在以下四个方面：

1. 建立绿色农业产品质量追溯体系是保证中国粮食安全的强制性要求

俗话说民以食为天，粮食安全问题是中国发展经济、建设和谐社会的根本要求。如果粮食质量安全得不到保障，必然会影响社会的稳定，从而影响到国家社会生活的各个方面，阻碍中国的发展进程。中国非常重视粮食安全问题，一方面是要保障粮食供给的安全，另一方面就是要保证粮食质量的安全。后者客观上要求了农产品质量追溯体系的建立和实施，因为农产品质量追溯体系是控制农产品安全的有效手段，它在产品的生产到销售整个过程中都起到了监督作用，并且在农产品质量发生问题时能及时发现并对相关人员进行问责，从而有效地保障农产品的质量。2006 年 11 月 1 日，《中华人民共和国农产品质量安全法》正式实施，该法要求建立农产品质量可追溯制度。可见，在保障粮食安全方面，农产品质量追溯体系起着非常重要的作用。

2. 建立绿色农业产品质量追溯体系是中国发展农产品对外贸易的必要条件

随着中国入世加深，中国与其他国家的农产品交易日益增多，由此而来的贸易摩擦也随之增多。外国对于中国农产品出口的限制主要在于质量贸易壁垒。因此，提升中国农产品质量，加强中国农产品生产的标准化程度对中国的农产品国际贸易有着非常重要的作用。这些方面都需要农产品质量追溯体系的建立和完善来进行推动。

欧盟、美国和韩国等国家和地区明确要求对出口到当地的部分食品必须具备可追溯能力，这就要求中国与这些国家和地区进行农产品贸易时，必须要有自身的农产品质量追溯体系，否则贸易活动会受到很大的掣肘。从另一方面来说，中国在与其他国家进行农产品贸易的时候，也应当利用一定的技术手段来保障自己的国家权力和利益。

3. 建立绿色农产品质量追溯体系是绿色农业可持续生产自身发展的需要

建立农产品质量追溯体系可以有效地促进农业发展，主要表现在以下三个方面：首先，建立农产品质量追溯体系可以有效地提升农产品生产各个环节的效率。农产品质量追溯体系通过对种植、收购、储藏、加工、销售全过程的监督、记录和控制，可以有效地找到阻碍农产品生产的环节，从而给农业生产者和农业企业提供了改进农业生产和销售、提高农业生产经济效益的有效途径。其次，建立农产品质量追溯体系对农业生产者保证农产品质量提供了有效激励。通过农产品质量追溯体系，不仅可以保证各个环节都能按标准来进行生产，同时，在发生了相关质量问题时，可以及时准确找到问题出在哪里，及相关的责任人有哪些，从而作出相应的惩罚。这样可以有效地防止"搭便车"现象的产生，整个生产过程的各个环节人们各负其责，各司其职，达到像工业一样的标准化流水状态，从而促进农产品质量的上升，为生产优质农产品提供有效的保障。最后，建立农产品质量追溯体系对于农产品品牌建立有很大的促进作用。农业生产者如何获得可观的利益，一个有效的途径就是通过品牌的建立，提高产品的知名度，从而在市场上获得更大的收益。农产品质量追溯体系对农业生产者品牌的建立有着很大的帮助，即通过对质量的控制，一部分生产者由于其产品的质量优势，更容易获得品牌效应。而如果没有相应的质量追溯体系，农产品质量好的话并不知道是哪一个环节做得好，质量不好的话也不知道是哪些方面出了问题，这样不仅不利于农业生产者提高产品质量技术方面的提升，也不利于出色的农业生产者建立自己应有的品牌效应。

二、绿色农业质量监管体系建设

古人云"纲举目张"。在实践中不断认识并抓住农产品质量安全监督管理之纲，对于尽快提高中国农产品质量安全水平，保证农产品消费安全具有重要指导意义。借鉴国内外成功经验，结合中国国情，各级政府在市场经济条件下实施农产品质量安全监督管理，抓市场监督就抓住了"纲"，对生产环节的监督管理是"目"。以市场监督促进农产品质量安全生产管理，就会起到"纲举目张"的效果。

（一）绿色农业产品质量安全监督和管理

1. 绿色农业产品质量安全监督

农产品质量安全监督，广义的主体包括政府职能部门依据法律法规以及相关标准、技术规范对农产品质量安全进行的执法性质的监督；有关行业主管部门为加强行业管理而依据标准、技术规范对农产品质量安全进行的行业监督；有关团体、媒体对农产品质量安全进行的舆论监督；用户和消费者对所购农产品质量安全进行的验收和监督。狭义的主体仅指政府职能部门依法实施的具有执法性质的监督。在本书中，绿色农业产品质量安全监督指的是农业行政主管部门的执法监督和行业监督。

2. 绿色农业产品质量安全管理

农产品质量安全管理的主体应是农户及农业企业。由于中国农业生产处于由传统农业向现代农业转化的阶段，农业经营规模小，产业组织程度低，政府组织也承担一些管理职能。过去中国农产品质量安全管理仅限于收购粮食等农产品时简单的质量检测，20世纪90年代后，借鉴国外先进管理经验，提出了无公害农产品、绿色食品和有机食品标准化生产管理，开始实施从田间到餐桌的全面管理，农产品质量安全管理进入了一个新的发展阶段。由上可见，尽管监督和管理的主体不同、手段不同，但目标是一致的，都是为了保证农产品的质量安全。管理是直接手段，而监督是间接手段，监督的目的是促使产品或服务的提供者加强质量管理，监督通过管理而发挥作用。

（二）建立健全绿色农业产品质量监督管理机制

农产品从田间到餐桌，粗略地可以分为生产与市场两个环节。农产品进入流通领域就意味着进入了市场环节。理论上，保证农产品质量安全，应该从产地环境、农业生产资料投入、农业生产过程、贮存、运输、加工、销售、消费等各个环节进行科学的、严格的监督管理，但由于中国的国情、监督成本等原因，在实践中，对千家万户实施全程监督是不可行的，也是做不到的，解决这个问题的方法就是抓住主要矛盾，把市场监督作为农产品质量安全监督的纲，把监督的重点放在市场环节。与食品、工业产品生产相对集中、便于监督相比，农产品生产环节监督有很大的难度，其原因：一是中国农业生产分散、经营规模小、分布地域广大，仅蔬菜一个产业，以山西省为例，至少涉及百万农户，分布到全省各地，如果严格监督则成本很高，在当前的财力情况下，事实上难以做到；① 二是农产品生产周期长，监督者只能对某时段，而不可能对全周期进行监督；三是中国农业生产者科技文化素质较低，劳动力向城镇大规模转移使这个问题更加严重，质量管理措施难以落实到田间；四是农业标准化生产刚刚起步，由于标准自身的原因、生产者素质的原因、市场需求等方面原因，推进困难较大，需要有一个相当长的过程。

与生产环节相比，对农产品市场进行监督相对便于操作，因为随着农产品流通方式的不断发展，多数地区或城市，农产品集中于几个大的批发市场，集中精力监督好这些市场，形成市场压力，就会督促生产经营者积极地抓好生产环节的质量安全管理，起到"四两拨千斤"的效果。

随着农业市场化水平的不断提高，农产品生产必须以市场为导向，市场对农产品质量安全监督应该具有什么样的导向作用？从加强农产品质量安全监督管理的角度出发，要以市场监督为主要手段，应从三个方面形成压力，作为市场导向：一是进入市场的农产品进行定期严格的检测检验，不定期地抽检，对不合格农产品形成强大的市场监督压力；二是在检测检验基础上形成农产品市场供求关系的压力，产品质量安全水平高则价格也

① 左义河：《山西省农产品质量安全监督管理体系研究》，西北农林科技大学，硕士学位论文，2006年。

高，交易好；三是从长远来讲，要逐步创造条件，实施市场准入制度，形成市场准入压力。这三个方面的市场压力产生的市场信号传递给生产经营者，就形成了以市场监督促进生产管理的机制。

（三）建立绿色农产品质量监督体系与制度

1. 绿色农产品质量监督体系

以市场监督为纲的农产品质量安全监督管理机制，必须具备三个体系，即法律标准体系、检测检验体系、监督体系。监督体系以法律标准体系、检测检验体系为手段进行运行，才能带动整个机制的运行。三个体系要配套，法律标准是监督的依据，检测检验是监督的手段，三者是相互依存关系，离开任何一个体系，这个机制都无法正常运行。在三个体系建设方面，已经有许多全面的、科学的论述。在实践中，政府有关部门已经对此做了安排、部署，体系建设的速度大大加快，取得了很大进展。

2. 绿色农产品质量监督机制

绿色农产品质量监督机制运行的基本思路是用监督形成的信息流，控制农产品物流，在循环往复中不断提高农产品的质量安全水平。其基本过程是：在生产经营者源源不断向市场提供农产品的物流过程中，启动监督体系，把监督重点放在市场环节，通过检测检验体系和法律标准体系两个手段，运行检测检验和信息发布制度，对进入市场的农产品进行检测检验，并向社会公布检测检验结果，对合格农产品进行保护，允许销售，对不合格农产品进行责任追溯和惩罚处理，依法追究生产者、经营者的责任。市场准入、市场监督、产品市场竞争力形成的强大的市场信息不断地传递给生产经营者，促使其加强产地环境管理、农业投入品管理，进行标准化生产，提高农产品的质量安全水平，为市场提供更安全的农产品。

3. 绿色农产品质量监督制度

制度是保证机制运行的软件。当前有关农产品质量安全的制度散布于诸多法律法规中，由于执法主体责任不清、制度不健全等原因，缺少一整套可行、管用的制度。[①] 国家已经施行了《农产品质量安全法》，便是要把有关制度以法律的形式固定下来，作为农产品质量安全监督的法律依据。

---

① 张友青：《健全四大体系 实现农产品质量全程监管》，《现代农村科技》2014 年第 4 期。

制度的设计，要体现监督措施环环相扣，这样运行起来才能发挥作用，才能收到效果。从各地实践看，至少应包括三个方面的制度：

（1）认证和标识制度。这是实施监督管理的基础，如果没有这个基础，则只能以事物（产品）作为监督对象，而不能有效地实施对事物的主体（生产者）的监督管理。鼓励龙头企业、协会、销售大户等各类组织，对蔬菜和水果等农产品正规包装，并注明品名、规格、产地、生产者和销售者名称等标识，然后才能进入市场并逐步在重点城市强制推广使用。大力推进无公害农产品、绿色食品和有机食品等安全性认证。无公害农产品认证作为基本认证制度，实行国家强制性免费认证。在起步阶段，认证标准上不宜过分强调与国际接轨，因为中国的农产品绝大部分在国内市场销售，更不能脱离实际地与发达国家看齐。要进一步优化认证内容，简化认证程序，提高可操作性，由易到难，使认证工作更符合中国农业的实际，防止出现认证形式与内容的背离。

（2）检测检验和信息发布制度。检测检验制度是实施监督的技术支撑。目前，中国的检测检验侧重于政府宏观掌握农产品的安全状况，侧重于为认证服务，而作为监督管理、污染处罚技术手段的功能没有发挥出来。要强化为监督服务的检测检验，扩大范围，增加密度，把例行检测检验、抽检、自检结合起来。根据农业生产季节性强的特点，建立巡检制度，在农产品收购季节，到收购现场进行检测检验。要把开发和引进快速、简便、经济的检测检验技术作为当前的工作重点，这是检测检验制度能否顺利推进的关键。只检测检验而不对社会公布（可称为"抽屉检验"），检测检验的作用发挥不出来，检测检验结果要及时地向社会公布，有利于增强生产者和销售者的自我约束能力，有利于推广采用无公害标准化生产技术，从而引起全社会对农产品质量安全问题的关注，充分发挥消费者和媒体的监督作用。

（3）追溯和惩罚制度。这是信息反馈的渠道，也是市场压力传递的途径。对"问题"农产品进行责任追溯是过程，作出相应的惩罚性处理是结果。通过处理体现制度的严肃性，从而对生产经营行为构成约束力是目的。上海、江苏实施的追溯信息进行条码查询的经验在有条件的地方可以推广。有关农产品质量安全已有一部分法律、法规及罚则。当前，要理顺和完善这些法律、法规和罚则，进一步明确执法主体，加大执法力度，抓住重点

261

市场、重点品种、重点污染物，对违法者严厉查处。

4. 农产品质量安全宣传培训

政府和社会要加强农产品质量安全知识的普及和宣传，利用大众媒体，通过专题、座谈、研讨、现场咨询、公益广告等组织多种形式的活动，引导广大消费者安全消费，提高质量安全意识，并转化为购买力，培育安全农产品市场。同时要加强对农业生产者的培训，推广农业标准化生产技术，使生产者掌握产地管理、农业投入品管理等安全生产知识。特别要加强对农民及其他生产经营者的法律、道德教育，提高生产安全农产品的道德水平和社会责任感。

三、绿色农业产品质量追溯管理体系建设

（一）绿色农业产品追溯管理体系建设的内容

绿色农业质量追溯管理体系由制度建设、信息网络建设、标签设计与应用、人员培训、宣传推广五个部分组成。[①]

1. 绿色农业产品质量追溯体系的制度建设

制度建设内容：（1）农产品质量工作制度，主要是在农产品生产过程中，要求专人详细记录农产品的品种，施用肥料和农药的种类、数量以及时间，农产品的加工时间、配料、质量等级；在农产品的仓储、运输过程中，要求专人详细记录农产品的出入库号、出入库时间、验质级别、运输方式、到货时间，同时输入数据库，以便产品追溯。（2）农产品质量追溯系统运行制度，主要涉及系统安全中的人、技术、操作这三个方面，特别是针对人员的安全管理，应坚持多人负责、任期有限、职责分离三原则。（3）农产品追溯设备使用与维护制度，要求各设备责任人必须对设备进行定期检查维护，并做好维护记录，对设备可能出现的故障，应有防范、监控、补救和排除等措施。在出现故障时，由管理人员进行检查和维护，不能处理的应由有资质的公司进行维护。

---

① 陈丽琳、喻法金：《我国农产品质量安全可追溯体系建设现状探析》，《农产品质量与安全》2012 年第 4 期。

2. 绿色农业产品质量追溯体系的信息网络建设

主要内容包括数据库建设和互联网建设。数据库建设，主要用于追溯系统所需信息的储存、整理，建立追溯中的信息采集系统，在该系统内应实现内外网络的分离及数据的共享，应分别部署防火墙、服务器和网络管理软件。互联网建设，主要服务于消费者的查询。信息网络的建设重点是网络系统的维护，主要包括：（1）数据及应用系统维护，主要是操作系统、数据库、工具软件应用系统等运行维护。（2）网络系统运行维护，主要是路由器的配置和管理、IP地址分配与管理、故障的管理、网络相关软件的运行维护及网络优化。（3）安全系统运行维护，主要通过检测软件监测安全、定期运行人工安全监测、病毒防治、安全体系证书发放与管理来维护。（4）系统相关设备运行维护，主要对路由器、交换机、防火墙等各种网络设备检测与运行维护、对防火墙和入侵防御系统等相关硬件设备的运行维护。

3. 绿色农业产品质量追溯体系的追溯标签制作与应用

追溯标签制作应根据农产品生产加工的总量和产品的规格确定标签印刷数量，标签内容包括生产企业、质检员代号、生产日期、追溯系统条码和追溯查询方法，如网站、电话、短信等。

4. 绿色农业产品质量追溯体系的人员培训

农产品质量追溯系统的人员培训主要是追溯系统所涉及的主要工作岗位的人员培训，包括参与农产品生产、仓储、运输的人员培训，追溯系统的管理人员培训，追溯系统数据采集、整理的人员培训等。

5. 绿色农业产品质量追溯体系的宣传推广

为营造建设农产品质量追溯系统的良好氛围，应利用新闻媒体和信息平台对可追溯农产品进行必要的宣传推广，突出可追溯农产品安全、优质、诚信的品牌形象，使广大消费者和客户加深对可追溯产品的认识，促进可追溯产品销售价格的提升，扩大农产品质量追溯系统的影响力。

（二）构建绿色农业产品质量安全可追溯体系的关键步骤

1. 从绿色农业产品生产管理角度，确定可追溯性目标

建立农产品质量安全追溯体系，首先要确定追溯目标，其中关键指标是追溯精度（精准度）、追溯深度和追溯宽度。（1）追溯精度，也称追溯粒

度。指农产品产业链中生产、加工、流通过程中不可再细分的产品簇集或管理对象。根据农产品生产管理特点，追溯精度可以分为固定精度、浮动精度。固定精度指任何一件上市产品回溯到追溯单元，可以确定在预先可控范围内。浮动精度指上市产品回溯到追溯源环节，具体涉及哪些追溯单元会因生产情况而变化。（2）追溯深度。追溯深度指追溯系统从农产品源头生产到市场流通的最终环节，最低要求是到初级分销。很多情况下，一个企业的产品销售模式呈现多样化，部分产品可能追溯到专卖店、超市等零售环节，部分产品直接进入批发市场或者发货给经销商。在这种情况下，追溯深度应按照"一步向前，一步向后"的要求延伸到经销商或者分销商，确保市场终端产品能够实现可追溯。（3）追溯宽度。是指追溯环节的覆盖面。若涉及从生产者到消费者全过程的溯源，则溯源的广度较宽，若仅仅涉及其中一个或者相邻几个环节的溯源，则溯源的宽度较窄。

2. 从质量安全信息角度，分析绿色农业产品质量追溯信息采集要点

（1）追溯信息功能分类。包括质量安全相关信息和企业内部机构设施信息。其中质量安全相关信息，从中国农产品质量安全管理要求来看，质量安全信息主要包括种养环节产地环境信息、投入品信息、加工过程中卫生环境信息、包装物信息、运输过程中保质信息、产品检测信息。在这些信息中投入品的信息最为重要，它记载所使用的投入品名称、来源、用法、用量、使用和停用时间以及动物疫病、植物病虫草害的发生和防治情况。而企业内部机构设施信息，应落实到每个岗位、每个班组、每个场所、每台设备。

（2）追溯信息与农产品实物对应关系分类。从信息流与物流的对应关系来看，追溯信息可以分为两大类，专属信息和公共信息。专属信息是指能够与某个单元或批次直接关联的信息，如在农产品种养阶段，投入品的使用信息能够与地块、动物个体或者养殖批次进行一一对应，属于专属信息。公共信息是指不与特定单元或者批次相关联，而是与多个批次或单元相关的信息，例如产地环境信息、加工场所卫生信息等。

（3）追溯信息储存管理分类。从追溯信息储存管理角度来看，分为集中式和分散式。集中式要求对某类产品质量追溯信息实行集中管理，一旦出现质量问题可随时通过系统追查相关信息。分散式是指追溯信息储存在产业链相关从业者手里，一旦出现问题，需要到企业或组织查找有关

信息。

3. 建立追溯系统的代码化管理

从标识角度，确定农产品质量追溯系统编码策略，运用信息技术建立追溯系统的基本前提是实行代码化管理。

从追溯系统的特点来看，可追溯性分为内部可追溯和外部可追溯。内部可追溯编码可以按照 GB/T7072—2002《信息分类和编码的基本原则与方法》，采用层次码或并置码进行编排；外部可追溯编码分为政府制定编码，国际物品编码和企业组织自定义编码。三种外部可追溯编码形式各有利弊，但从长远来看，采用国际物品编码协会制定的 EAN. UCC 编码具有系统性、全球统一性、可扩展性等特点，应作为发展的方向。

4. 从信息技术角度，确定绿色农业产品质量追溯信息系统实现模式

对任何一个企业或组织而言，建立质量追溯系统的核心是开发建设质量追溯信息系统。建立农产品质量追溯信息系统包括硬件系统建设和软件系统开发应用。硬件系统包括计算机、网络等通用设备和条码读写、射频识别、喷码、贴标机等专用设备。软件系统的开发应用分为专用系统和通用系统。通用系统有助于降低总体成本，实现质量安全信息共享，应作为今后的发展方向。

第四节　绿色农业发展的质量安全管理

一、绿色农业质量安全管理的制度与内容

（一）绿色农业质量安全管理制度

1. 明确食品、药物和毒物三分标准制度

食品与药物的区分，各国法律法规均规范得比较清晰；但在食品与毒物的区分方面，各国的做法有所不一。最值得推崇的是美国和欧盟在毒物控制方面的立法和监管。例如在美国有专门的毒物控制机构——毒物和疾病登记署（Agency for Toxic Substances and Disease Registry，简称 ATSDR），

该署的职责就是为公众提供最新科学服务，对公共卫生事务作出快速反应，为公众提供可靠的、防止有害物质暴露以及与疾病有关的毒物的卫生信息。该署还受美国国会的委托，对环境中有害公众健康的危险物质所产生的影响发挥其特别职能。这些职能包括对废物处理场所进行卫生评估、就特定危险物质为公众提供卫生咨询、进行卫生监控和疾病登记、对危险物质的突发泄漏作出快速反应、为支持公共卫生评估进行应用研究、为大众提供信息服务传播最新资讯以及就有关危险物质对大众展开安全教育和培训。

因此，中国可以在有毒物质与疾病关联研究方面具有相当研究实力和专业经验的中国疾控中心里设立类似机构。从目前情况看，中国对诸多毒物的认识水准与发达国家相差甚巨，在食物与毒物的立法界分上亦落后甚多。毒物与疾病关联的专门研究机构成立后，一定要严格按照《政府信息公开条例》的要求，搭建信息公开平台，切实落实政府信息公开，让消费者及时了解食品安全信息，预防毒物致害的发生和蔓延。

2. 食品安全管理认证制度：ISO 22000

《食品安全管理体系——对食物链中各类组织的要求》已于 2005 年 9 月 1 日由国际标准化组织（ISO）正式发布。ISO 22000 的使用范围覆盖了食品链全过程，即种植、养殖、初级加工、生产制造、分销，一直到消费者使用，其中也包括餐饮。另外，与食品生产密切相关的行业也可以采用这个标准建立食品安全管理体系，如杀虫剂、兽药、食品添加剂、储运、食品设备、食品清洁服务、食品包装材料等。因此，可以说 ISO 22000 是从以危害分析关键控制点（Hazard Analysis Critical Control Point，简称HACCP）原理为核心的食品安全控制体系发展到（食品安全管理体系）食品链中各类组织的要求。[①] ISO 22000 标准的颁布将取代目前各国存在的大多数食品安全管理标准，中国等同采用 ISO 22000：2005 的 GB/T 22000-2006 国家标准已于 2006 年 7 月 1 日发布实施。

目前，中国企业的食品安全管理一直沿用良好操作规范（GMP）管理系统，即是政府制定强制性的食品生产、贮存卫生法规，来确保食品卫生无害的体系。因此，完善中国食品安全监督体系的当务之急就是首先大力推广已经比较成熟完整、为世界上很多国家认可的危害分析关键控制点及

---

① 程金根、闫石等：《农产品质量安全监管创新与实践》，法律出版社 2013 年版，第 89 页。

ISO 22000 标准体系。其次，加强对认证机构的监管，建立避免认证机构与企业合谋私利的监管体系及激励与惩罚机制。最后，应逐步将危害分析关键控制点或者 ISO 22000 纳入法制化轨道，从国家法律的层面推广实施该认证体系，对违反危害分析关键控制点的食品安全企业及其法人进行严惩、违反许可规定强制退出、加强安全抽检和过程监督检查、建立企业整改制度、实施风险检测、通过食品安全信息公开平台及时公布相关信息、加强不安全食品召回及其监督，并通过私法体系的改良，诸如加大惩罚性赔偿额度及建立相关公益诉讼制度及损害赔偿基金等措施威慑不安全食品生产供应企业。

（二）绿色农业质量安全管理的内容

绿色农业质量安全管理包括：食品中化学因素控制、食品中微生物污染控制、食品产品中其他安全指标控制管理、食品添加剂和包装材料的质量规格管理、转基因等生物技术和新资源食品的管理、食品标签的管理、检验方法的管理等七个部分。

1. 食品中化学因素的控制

食品中化学因素包括污染物、添加剂、食品接触材料的迁移、农药、兽药等因素。中国长期以来对上述因素的管理均采用横向或基础标准的形式进行统一管理。和世界大部分国家一样，对食品中添加剂和食品接触材料的管理采用事前审批的方式，即行业要申请一种新物质在食品中用作食品添加剂或用作食品接触材料，应向政府主管部门提交相应的申请材料，经过安全性评估和技术必要性评价后方可允许使用。对于食品添加剂和食品接触材料，一般均采用肯定列表的形式加以管理，即列出允许使用的物质名单，在此名单之外的物质均不得使用。中国已经颁布实施了《食品添加剂使用标准》《食品容器、包装材料用添加剂使用卫生标准》，根据各方反馈的意见，两项标准可以继续以基础标准的形式存在。

对于食品污染物的管理，国际食品法典委员会提出了制定污染物限量标准的原则，即选择有可能对公众健康构成较大风险的污染物制定限量；制定限量值的食品是对消费者膳食暴露量产生较大影响的食品。中国目前颁布的《食品中污染物限量》标准即是遵循这一原则制定的横向标准。世界大部分国家也制定了横向的污染物限量规定。根据调查结果，污染物限量标准仍可以基础标准的形式存在。对于食品中农药残留和兽药残留的管理，除了需要对农药、兽药的使用进行事前审批外，制定食品中农药和兽药的最大残留限量水平是世界各国主要的管理方式。中国原卫生部和农业部联合颁布了《食品中农药最大残留限量》，以列表的形式规定了各类食用农产品中允许使用的农药残留限量水平。农业部以部门文件的形式规定了各类动物产品中兽药残留水平。根据调查结果，这些标准仍可以以基础标准的形式存在。

2. 食品中微生物污染的控制

食品中微生物的污染控制和管理主要包括食品中致病菌的污染控制、食品中指示性微生物的指标制定和对于食品生产经营过程卫生安全的管理。

食品中含有的沙门氏菌、金黄色葡萄球菌、副溶血性弧菌、单核细胞增生李斯特氏菌、大肠埃希氏菌等致病菌的限量指标，中国综合参考分析了欧盟、日本、美国等国家和地区的相关标准及其规定，结合中国实际情况，《食品安全国家标准食品中致病菌限量》于2014年7月1日正式实施，标准对于肉制品、水产制品、冷冻饮品等各类食品中的主要致病菌制定了限量指标。该标准与国际组织和发达国家的相关限量标准基本保持一致。根据调查显示，致病菌限量标准应当以基础标准的形式继续存在。

食品中的指示菌含量能提示食品受污染的程度和安全性。检验指示菌的目的，主要是以指示菌在检品中存在与否以及数量多少为依据，对照国家卫生标准，对检品的饮用、食用或使用的安全性作出评价。指示菌可分为三种类型：一是为了评价被检样品的一般卫生质量、污染程度以及安全性，最常用的是菌落总数、霉菌和酵母菌数。二是特指粪便污染的指示菌，主要指大肠菌群，其他还有肠球菌、亚硫酸盐还原梭菌等。它们的检出标志着受检品受过人、畜粪便的污染，而且有肠道病原微生物存在的可能性。三是其他指示菌，包括某些特定环境不能检出的菌类，如特定菌、某些致病菌或其他指示性微生物。对于食品中的指示性微生物的管理，在食品产品标准中的微生物指标部分有所规定，比如《速冻面米制品》中就分别对致病性微生物和指示性微生物进行了规定。对于食品中指示性微生物指标的横向综合规定，标准研制工作仍在进行之中，调查研究也显示，指示性微生物可以采用基础标准的形式进行管理。

对于食品生产经营过程中的微生物污染的控制，和发达国家一样，中国也主要采用生产经营规范的形式进行管理。原卫生部制定了《食品企业通用卫生规范》，其中对食品生产企业在生产经营过程中的微生物污染进行了过程控制。同时，针对不同的大类食品，由于其具体的生产工艺的特殊性，在各类食品的生产卫生规范中对于微生物污染的过程控制都有明确规定。根据调查研究结果，生产经营规范应当以横向的通用卫生规范和各大类食品的卫生规范的形式进行管理，同时应当以横向基础标准的形式存在。

3. 食品产品中其他安全指标的管理

食品产品中的标准化管理，在中国主要采用质量标准和安全标准的形式进行。对于食品产品生产、检验和评定质量所依据的定量指标，如强度、硬度、化学成分等；以及非定量指标，如舒适度、灵敏度、等级、操作方便等，均通过食品产品质量标准来确保产品的质量特性。涉及产品的安全卫生指标的时候，比如致病性微生物、农药残留、兽药残留、重金属、污染物质以及其他危害人体健康的物质等，则统一制定食品产品安全标准进行管理。研究显示，此部分标准也应当是标准体系中不可或缺的重要组成部分。

4. 食品添加剂和包装材料的质量规格管理

对于食品添加剂和包装材料的质量规格的管理，根据目前食品添加剂行业需要，针对每个添加剂品种或者按照食品添加剂的类别来制定质量规格，两种方式都是可行的管理方式。食品包装材料和食品容器的质量规格标准，调查显示对于食品包装材料和食品容器的通用质量规格标准应当纳入到基础标准中进行管理，而对于其他食品包装材料和容器的产品质量规格标准，调查结果认为纳入强制性国家标准中进行管理，或者直接通过行业标准进行行业自律的方式都是实际可行的管理形式。综合两者的调查研究结果，食品添加剂和包装材料的质量规格管理，纳入强制性国家标准中管理还是行业自律管理，还需要结合中国食品安全监管的背景综合分析，但应当是食品安全国家标准的必要组成部分。

5. 转基因等生物技术和新资源食品的管理

中国对于转基因等生物技术和新资源食品的管理，均是采用事前审批的方式进行管理，转基因等生物技术和新资源食品的申报均需要向政府主管部门提交相应的申请材料，经过审评委员会对其安全性进行评价和技术必要性进行评价后，通过方可允许生产使用。同时，对于转基因等生物技术和新资源食品，与食品添加剂类似，一般均采用肯定列表的形式加以管理，即列出允许使用的许可物质名单。在此名单之外的物质均不得使用。中国已经颁布实施了《新资源食品管理办法》和《新资源食品目录》。根据调查，转基因等生物技术和新资源食品的管理应当纳入食品安全标准体系之中。

6. 食品标签的管理

中国食品标签的管理和国际组织和国外发达国家基本一致，都是采用横向基础标准对于包装食品、食品添加剂和食品包装材料等的标签标原则、标内容、标示条件和标示方式等进行规定，同时在产品标准中对于特殊产品的具体的标签标示进行了明确规定。中国现行已经颁布的基础标签标准有《预包装食品标签通则》《预包装食品营养标签通则》《预包装特殊膳食用食品标签通则》《预包装饮料酒包装通则》《保健（功能）食品通用标准》和散装食品标签管理规定等。上述标签管理规定对中国标签上必须标示的产品名称、配料表、生产厂家、保质期、营养和营养功能声称、营养标签、转基因食品、有机食品、质量和数量声称等内容进行了综合管理。

7. 检验方法的管理

检验方法包括食品添加剂检验方法、食品相关产品检验方法、毒理学检验方法、微生物学检验方法和理化检验方法。各国际组织和发达国家对于检验方法的管理都是采用推荐性的方法进行管理，因为随着科学检测技术和检测仪器的发展，采用强制性的检测技术方法和限量指标必然跟不上科学的发展，在实际应用中也会滞后。中国根据 2015 年 10 月 1 日正式生效的新《食品安全法》的相关规定，检测方法成为强制性的标准，同时产品标准中引用的检测方法就已经具有强制属性。而中国的检验方法标准作为强制是在中国的国情下决定的，企业生产相关的产品，或者质检总局在对相应的化学物质、微生物、非法添加物进行检测的时候，就必须要求有相应的标准，这样检验方法标准就具有强制属性。这是当前中国的检验方法标准的管理现状。根据笔者调查研究显示，作为食品安全国家标准体系框架内的必不可少的检验方法标准，从技术的角度，一致认同对于检验方法标准不设强制标准，制定多个推荐性方法可供选择有分歧时指定其中的一个方法作为仲裁方法。

二、绿色农业质量安全管理方案与措施

绿色农业质量安全管理，从建立健全农业投入品执法、农产品质量检测、农产品质量认证、农产品质量追溯四大体系着手，积极推进农业标准化生产，坚持严格执法监管和推进标准化生产两手抓，"产"出来和"管"出来两手硬，用最严谨的标准、最严格的监管、最严厉的处罚、最严肃的问责，强化全程监管，实现农业安全生产和放心消费。

（一）健全绿色农业投入品执法体系

严格落实农业投入品经营购销台账和诚信卡管理制度，提倡采用电脑对购销情况记录并与农业执法机构联网，实现可追溯管理；大力推进农资连锁经营、农技农资结合、协会服务、龙头企业带动等农业投入品有效服务模式，拓展放心农资下乡的范围和领域，提高优质放心农业投入品覆盖面；建立健全农业投入品监测抽查制度，加大农业投入品产品抽检力度；严格农业投入品使用管理，严防农业投入品乱用和滥用，坚决杜绝禁限用农药的销售和使用，依法落实农药安全间隔期制度；在春耕、三夏、秋种等重要农时季节，强化日常巡查、不定期抽查、专项行动等多种形式的执法监督，加大处罚力度，强化大案要案查处；健全市、乡、村三级农业执法监督体系，打造一支依法办事、监督有效、作风优良、业务过硬的执法队伍，实现农业投入品经营、使用全过程最严格的监管。

（二）健全绿色农业产品质量检测体系

加强市、区域站、基地三级检测体系建设，培训检测队伍，完善检测手段，提高检测能力，将"菜篮子"和大宗粮油作物全部纳入检测范围，突出对生产基地的执法检查和产品抽检。市级检测中心及其派出机构的检测能力要力争达到国家标准、行业标准、地方标准，提高检测效率和检测精度，增加检测参数。相关科室要开展农产品质量普查工作，分区域、分品种摸清当地质量安全现状。检测中心及派出检测机构要对质量安全隐患较突出的重点镇乡、重点企业和重点产品，加大抽查检测频次。健全信息发布机制，及时发布监测信息，发挥正面引导和舆论监督作用，完善农产

品质量安全突发事件应急处理机制，妥善处置质量安全事故。

（三）健全绿色农业产品质量认证体系

坚持产量与质量并重，质量安全更加突出的原则，稳步发展无公害、绿色、有机和地理标志农产品，大力培育优质安全农产品品牌。同时要扭转"重认证、轻监管"的倾向，强化认证后标识、质量的监督管理，高度重视"三品一标"的换证与续展工作，巩固认证成果。充分发挥"三品一标"在产地管理、过程管控等方面的示范带动作用，用品牌引领农产品消费，增强公众信心。

（四）健全绿色农业产品质量追溯体系

加快农产品质量追溯公共信息平台建设，制定和完善质量追溯管理制度规范。以推行生产档案制度为重点，完善农产品质量安全追溯体系建设，开展重点产品风险监测预警，探索食品召回制度。在标准化示范区、专业合作组织、龙头企业中全面推行生产日志、科学用药、进货查验、购销台账等登记备案制度，指导建立健全生产记录、投入品记录、销售记录等档案。积极组织协调辖区"三品一标"农产品尽快纳入追溯系统，开展追溯试点，依托农产品生产企业、农民专业合作社、家庭农场、种植大户等规模化生产经营主体，创建一批追溯示范基地和产品。

（五）大力推进绿色农业标准化生产

围绕现代农业示范园区建设，以创建具有典型意义的农产品质量安全示范基地为抓手，将全市农业标准化区域规划的修改、制定，生产技术的组装配套，新技术的推广应用等结合起来，加大农业标准化生产操作规程和技术的宣传、推广与标准化知识的普及力度，安排专业技术人员为基地常驻人员，具体指导其生产用药、采摘及生产记录与档案管理等工作，建立健全生产记录与档案，扩大标准化生产覆盖面。充分发挥农业龙头企业、农民专业合作经济组织、家庭农场等载体带动作用，提高标准化种植比重，加快农业标准化进程。通过农产品质量安全示范基地建设，把企业化管理、标准化生产、品牌化经营等现代工业理念引入农业中，为农产品质量安全监管提供扎实基础。

（六）加大绿色农业宣传培训指导力度

通过各种媒体及举办培训班、宣传周等多种形式，加大科技和普法宣传力度，利用农闲时节，深入农村、基地，把挂图、明白纸、光盘等宣传资料送到农民手中，指导农民科学用药、合理施肥、安全生产，切实增强生产经营者的质量安全管理水平和诚信意识。

第八章 绿色农业发展的绩效管理

党的十八大报告提出要"创新行政管理方式，提高政府执行力和公信力，推进政府绩效管理"，党的十八届三中全会则明确提出要"严格绩效管理，突出责任落实，确保权责一致"。而深入推进绿色农业发展的绩效管理，是促进农业农村经济平稳较快发展的重要抓手，有助于不断激发和调动绿色农业生产经营者的积极性和主动性。本章从绿色农业发展绩效管理的概念、原理和作用入手，着重探讨了绿色农业发展绩效的评价指标体系构建以及绿色农业发展绩效管理的制约因素与策略。其主要内容包括绿色农业发展绩效管理原理与作用，绿色农业发展绩效管理体系建设的目标、方法和步骤，绿色农业发展绩效的评价指标体系构建，绿色农业发展绩效管理的制约因素、基本策略和制度建设等。

第一节 绿色农业发展绩效管理的原理与作用

一、绿色农业发展绩效管理的概念与原则

（一）绿色农业发展绩效管理的概念

绩效管理是指各级管理者和员工为了达到组织目标共同参与的绩效计划制定、绩效辅导沟通、绩效考核评价、绩效结果应用、绩效目标提升的

持续循环过程。① 绩效管理的目的是持续提升个人、部门和组织的绩效。绩效管理的作用，一是促进管理理念的转变，树立科学发展观，二是降低管理成本，提高管理效能。绩效管理概念是由国外研究者于 20 世纪 70 年代后期提出，并在企业管理领域逐步兴起的一种管理方法，它以卓越的绩效、高质量的服务和高水平的激励促进了现代企业发展。随着研究的深入以及绩效管理作用的逐步凸显，绩效管理被引入社会的许多领域。将绩效管理引入到绿色农业发展中，是科技管理改革的趋势。伴随着公共经费投入的增加和公共问责的强化，基于战略导向的绩效管理日益成为发达国家科技管理的发展趋势。经过多年发展，科技发达国家如美国、加拿大、日本等积累了许多实践经验，形成了一些行之有效的管理体系、管理模式和管理手段，可以为中国绿色农业发展绩效管理的实施提供一些借鉴。

绿色农业发展绩效管理是指运用现代政府管理理论及其科学的方法、标准、程序，对行政业绩、效率、效果等进行评估与管理，促进绿色农业发展绩效持续改进和不断提高的过程，包括绩效计划、绩效实施、绩效评估、绩效结果运用等。

（二）绿色农业发展绩效管理应遵循的原则

第一，"结果导向、注重过程"原则。既要重视最终结果，又重视实现结果的过程，对结果和过程都进行评价。

第二，"实事求是、客观公正"原则。规范评估考核程序，严格评估考核标准，加大信息公开力度，自觉接受群众监督，促进公开公平公正。

第三，"统筹兼顾、突出重点"原则。紧紧围绕"三农"中心工作和目标任务开展绩效管理，同时以管理创新破解制约影响农业农村经济发展的深层次问题。

第四，"简便易行、务求实效"原则。绿色农业发展绩效评价指标应当通俗易懂、简便易行，数据的获得应当考虑现实条件和可操作性，符合成本效益原则。简化绩效管理的执行程序，提高绩效管理工作的效率，把工作落到实处，追求实效而不只是空喊口号。

第五，"积极稳妥、逐步完善"原则。准确把握绩效管理理念方向，不

---

① 颜爱民：《人力资源管理经济分析》，北京大学出版社 2010 年版，第 258 页。

断完善制度办法和程序方法，努力拓展绩效管理的广度和深度，逐步由试点探索过渡到全面推行。[①]

二、绿色农业发展绩效管理的原理

（一）绿色农业发展绩效管理的总体思路

通过实施绩效管理，建立以"过程管理为手段，结果为导向"的监测与评价体系，及时掌握资金使用、政策落实、项目实施进展情况，客观评价项目实施成效、绩效目标实现程度，查找问题，分析原因，总结经验，提出下一步推进政策落实、完善项目运行机制的建议，改进落实措施，持续提高政策绩效。

（二）绿色农业发展绩效管理的指导思想和目标

1. 绿色农业发展绩效管理的指导思想

坚持以邓小平理论、"三个代表"重要思想、科学发展观为指导，认真贯彻落实党中央、国务院关于推进政府绩效管理的战略部署，结合开展党的群众路线教育实践活动，在全面总结绿色绩效管理实践经验的基础上，科学设计绿色农业发展绩效管理指标体系，改进评估考核方法，创新绿色农业发展绩效管理体制机制，统筹推进部机关司局绩效管理、事业单位绩效管理和专项工作延伸绩效管理，切实提高绿色农业绩效管理的效率和水平，促进农业农村经济又好又快发展。

2. 绿色农业发展绩效管理的总体目标

建立健全科学规范的绩效管理制度，构建顺畅高效的绩效管理体制机制，充分发挥绩效管理的导向和激励作用，形成全国农业系统抓工作落实的长效机制。直属事业单位绩效管理实现全覆盖；将专项工作延伸绩效管理在全国范围内普遍开展，形成农业系统上下联动、条块结合、整体推进的绩效管理工作格局。

---

① 王国清、马骁、程谦:《财政学》，高等教育出版社 2010 年版，第 135 页。

（三）绿色农业发展的绩效评价方法与评价内容

1. 绿色农业发展的绩效评价方法

绿色农业发展的绩效评价方法至少包括以下五种：（1）成本效益分析法。成本效益分析法是指将一定时期内的支出与效益进行对比分析，以评价绩效目标实现程度。（2）比较法。比较法是指通过对绩效目标与实施效果、历史与当期情况、不同部门和地区同类支出的比较，综合分析绩效目标实现程度。（3）因素分析法。因素分析法是指通过综合分析影响绩效目标实现、实施效果的内外因素，评价绩效目标实现程度。（4）最低成本法。最低成本法是指对效益确定却不易计量的多个同类对象的实施成本进行比较，评价绩效目标实现程度。（5）公众评判法。公众评判法是指通过专家评估、公众问卷及抽样调查等对财政支出效果进行评判，评价绩效目标实现程度。①

2. 绿色农业发展的绩效评价内容

绩效评价工作应以项目建设单位自我评价为基础，省级农业部门或部属单位汇总形成绩效自评报告，农业部组织检查复核，综合各项指标完成情况得出评估结果，形成评价报告。具体工作为四个阶段：

（1）自我评价。项目建设单位对照评价考核内容、具体指标、证明材料要求，在实地评价的基础上，对照两类项目绩效评价指标体系的每一项指标和评价要求逐项进行打分，作出自我评价并提供证明材料。同一项目建设单位涉及多个项目，要按照项目分别评价形成自评分数。

（2）形成自评报告。省级农业部门或部属单位要及时印发本省农业部门或部属单位绩效考核工作方案，明确考核方法、工作要求和结果运用等，强化工作指导和监督，督促项目建设单位做好绩效管理自评价工作。自评报告以省级农业部门或部属单位为考核单元，在实地评价、完成对项目建设单位考核工作，并修正单个项目自评分数的基础上，依据每个项目总投资权重，加权平均得出本省或本单位规划绩效评价指标体系自评分数，完成自评报告。自评报告要同步总结有关做法和经验，分析存在问题及原因，并对项目建设和绩效考核工作提出意见和建议。

（3）检查复核。国家农业部采取资料审查与实地复核相结合的方式，

---

① 王学龙：《经济效益审计》，东北财经大学出版社 2012 年版，第 211 页。

对省级农业部门或部属单位的自评报告进行检查复核。资料审查，组织有关专家对省级农业部门或部属单位报送的自评报告、证明材料进行核实，对自评分数进行审核，必要时要求补充相关材料。实地复核，由基建、财务、技术专家组成评价考核组，采取随机抽查的方式进行实地考核，对自评分数和自评报告进行复核修正，形成分省、分单位绩效评价报告。与省级农业部门或部属单位自评分数差异较大的，需沟通协商，并附简要的文字说明，确保结果客观可靠。

（4）综合评价。根据检查复核情况，对自评分数进行修正和综合评价，汇总形成分项目评价报告和总体评价报告，评出优秀、良好、一般、较差四个档次，提交农业部绩效管理领导小组审定。[1]

（四）绿色农业发展绩效管理的结果运用

依据评价结果，分析存在问题和原因，完善评价指标体系和工作机制，为扩大试点范围和开展下年度绩效管理提出建议。同时，不断总结项目建设和运行中存在的问题，提出项目管理制度性设计和安排。继续实行奖优罚劣制度，在完善绿色农业发展绩效管理的过程中，应注意四点：第一，应树立基于农户满意为目标的考评观念，从增产效果、农户满意度、指导作用和农民素质提升方面评价绿色农业绩效管理工作，更客观、更合理地评价绿色农业发展绩效。第二，应建立服务对象、县级农业主管部门和乡镇政府三方共同参与的绿色农业发展绩效考评机制，将内部考评与外部考评结合起来，使绿色农业发展绩效管理工作兼顾国家、地方政府和农民的利益。第三，应将考评结果应用到相关人员的工资报酬、职务晋升、职称评定、评优评先、研修深造等各个方面，正确处理"物质激励"与"精神激励"的关系，且激励机制的设计应遵循"适度"和"相容"的原则，以充分调动参与者的工作积极性，为提高绿色农业发展绩效提供激励保障。第四，应建立绿色农业发展绩效管理责任制，明确规定各部门的职责，以确保他们能够及时、适时地为绿色农业的发展提供指导。对评估结果为优秀的部门或单位在后续投资安排上给予倾斜，对评估结果为较差的部门或单位约谈主要负责同志，并暂停安排后续投资和新项目。

---

[1] 《2014 年度农业投资项目绩效管理试点工作实施方案》。

三、绿色农业发展绩效管理的重要作用

2014 年修订的《国务院工作规则》第 34 条规定："国务院及各部门要推行绩效管理制度和行政问责制度。"要紧紧围绕"两个千方百计、两个努力确保、两个持续提高"的中心任务，坚持目标导向、完善体制机制、创新工作方法，狠抓措施落实，进一步推动工作落实和作风转变，为保持农业农村经济平稳较快发展提供坚强支撑。绿色农业绩效管理有利于政府成本的节约，效益的提升，其最终目的是使各类资源使用效益最大化，提供更多更好的产品，尽可能地满足公共的需求和经济社会的发展。因此，加强绩效管理，建立分配科学、支出高效、管理规范、监督有力的绿色农业发展绩效管理体系和运行机制，推动绿色农业发展绩效管理向管理规范、分配科学、预算精细、使用民主的方向继续发展，是今后绿色农业发展绩效管理改革的趋势。此外，对绿色农业发展绩效进行评估为全面推进依法行政，为规范领导班子建设绩效管理评估工作，为规范争优创新评估工作提供了很大保障。

（一）有利于促进绿色农业发展目标的实现

通过开展绿色农业发展绩效管理，特别是狠抓绩效管理核心指标落实，推动了党中央、国务院有关"三农"工作重大决策部署的贯彻落实，有力促进了绿色农业发展目标的实现。

（二）有利于促进绿色农业发展管理理念的转变

通过绩效管理的深入推进，引领和带动行政管理向科学化、精细化、规范化方向发展，农业系统每项任务都有责任人员，每项工作都有完成标准，特别是通过实施绿色农业绩效管理创新项目，进一步理清了工作职能，规范了行政程序，优化了绿色农业管理方式，行政效能明显提高。

（三）有利于提高绿色农业发展扶持资金的使用效率

公共财政资金的支出，是在市场条件下，为了使政府能够为市场提供各种公共产品或服务而安排的支出，以弥补市场失效，从而满足社会公众的需要。然而，政府的干预调节并非万能的，在干预过程中也出现事与愿违的结果，有时可能还会出现管理的"越位"与"缺位"现象。因此，必须按照科学精细管理的要求，深化绿色农业发展绩效管理的改革，寻求市场与政府的有效结合。针对绿色农业发展资金的管理，在一定程度上也是抵御廉政风险的有力手段，通过建立切实可行的绩效管理机制，不仅可以提高农业部门的财政管理水平，提升对绿色农业投入资金的使用效率，也是从整体上提高绿色农业发展管理部门的行政效率和管理水平的重要途径。对争优创先的部门进行嘉奖，对违规失职的部门进行惩罚，激发其工作热情。同时，对于未完成目标的有关部门给予批评等处罚，激励其努力完善工作中的不足，不断进步，从而激励各部门为提高绿色农业发展绩效献计献策。

第二节　绿色农业发展绩效管理体系建设

一、绿色农业发展绩效管理体系建设的目标

（一）提高绿色农业发展绩效管理公共政策的效率

建立完善的绿色农业发展绩效管理体系，可以为政府绩效考核提供一系列完备的程序方法，从而科学地评价各项公共政策所产生的效益。对于公共政策运行不当的地方，加以改进，对于完成得比较好的地方继续加以发扬，切实有效地提高公共政策的绩效。

（二）促进绿色农业发展绩效管理体系走向制度化

建立完善的绿色农业发展绩效管理体系是绩效管理体系走向制度化的关键步骤。随着绿色农业发展绩效管理体系的建成，对于绿色农业的绩效管理也将走向科学化与合理化。建成绿色农业发展绩效管理体系有助于提高绿色农业发展绩效，从而提高绩效管理的效益。完善的绩效管理体系可以在很大程度上保证资源的合理利用，让资源发挥最大的效益，使资源配

置更加合理，提高社会福利，提高人们的生活水平。

二、绿色农业发展绩效管理体系建设存在的问题

绿色农业发展绩效管理体系建设是公认的难题，其难就在于作为公共管理及变革的核心工具，对既有行政价值理念、体制变革、行政行为等的触动具有全面性和深刻性。总结既有的经验，借鉴世界先进做法，提炼和优化全面的本土化体系结构是做好绿色农业发展绩效管理的必要前提。需要各部门共同参与讨论，广泛征求社会各界的意见。

绿色农业绩效管理工作开展以来，各地绩效考核有了很大提速，但多为具体的技术方法，体系构建方面还相对滞后，指标体系效度与信度还需进一步提高，量化指标占比还有较大提升空间，没有一体化的规划和整合安排。对于绩效管理结果和成效的宣传比较薄弱，需要加大对绿色农业发展绩效管理的做法成效和探索经验的公开和宣传，不断扩大社会影响；此外，绩效结果运用的手段相对较弱，还要进一步加强研究，强化在项目资金增量安排、领导干部考核选拔任用等方面的应用。并且，视野上的局限弱化了政府绩效管理。现有的政府绩效管理模式，多局限于内部行政效率的监督检查，对政府公共权力社会监督、"公众本位"的价值导向、发展方式和行政方式转型等部分涉及还较少，故而停留于地方政府内部控制辅助工具阶段。而且，自上而下的指导和规范力度不够。由于自上而下指导乏力，自下而上的探索出现体系整合力度不够；体制性的触动力度不够；权威性、强制力不够。因而浅尝辄止，止步于局部经验式的"模式"。[1]

三、绿色农业发展绩效管理体系建设的对策建议

管理体系的建设需要政府与社会各界共同的努力才能完成，体系的建设是一项艰巨且不断完善的过程，当前中国农业发展绩效管理方面的实践经验还不够成熟，由于与西方国家国情不同，可以参考借鉴的地方也是有限的。一方面中国应当多学习西方先进经验，同时也要结合本国的具体国

---

[1]　郭志宏：《推进我国政府绩效管理体系建设》，《中国组织人事报》2012年2月10日第二版。

情；另一方面要积极开展本国实践，鼓励各部门与科研机构以及社会各领域的专家共同合作，广泛深入，采用产学研相结合的模式。概括起来，绿色农业发展绩效管理体系建设的对策建议包括以下六个方面：

（一）明确绿色农业发展绩效管理体系建设目标

提出的绩效目标应该是具体细化、可衡量，并在一定时期内可实现的，绩效目标一般包括预期产出，包括提供的公共产品和服务的数量；预期效果，包括经济效益、社会效益、环境效益和可持续影响等；农民及其他受益群体的满意程度；达到预期产出所需要的成本资源等。目标具体要求如下：

1. 指向明确

绩效目标要符合农业农村经济和社会发展规划、单位职能及事业发展规划，并与相应的资金支出范围、方向、效果紧密相关。

2. 具体细化

绩效目标应当从数量、质量、成本和时效等方面进行细化，进行定量表述；不能以量化形式表述的，可以采用定性的分级分档形式表述。

3. 合理可行

制定绩效目标时要与财政资金支持规模相适应，目标要符合客观实际。

（二）切实强化绿色农业发展绩效管理体系的组织领导

要高度重视绩效管理工作，建立健全绩效管理领导小组统筹协调、成员单位协同推进的领导体制。研究部署绩效管理工作，做到组织到位、责任到位、措施到位，确保形成绩效管理工作上下"一盘棋"的工作格局。

（三）持续优化绿色农业发展绩效管理指标体系

对绩效管理指标体系进行优化调整，核心指标突出战略导向，按照"大稳定、小调整"和"重中之重"的原则，确立核心指标，明确抓落实的着力点。在职责履行过程中加大政策制定、规划编制、项目争取等指标的权重。切实发挥绩效管理分析诊断改进的作用，要依据上年度绩效反馈意见，明确整改目标，提出整改措施，并将整改落实情况列为过程表现中的单项指标。

（四）稳步拓展绿色农业发展绩效管理体系建设的试点领域

要做好专项工作延伸绩效管理，启动实施新的绿色农业发展项目延伸绩效管理试点，进一步强化"投资必问效、无效必问责"的绩效管理理念，探索构建以提高政府农业投资绩效为目标、以投资效益有效发挥为导向的评价指标体系和工作机制，进一步丰富完善工作推动和业务指导的手段。充分调动地方农业部门积极性，形成涉农部门上下联动、条块结合、整体推进的绩效管理工作格局，促进绿色农业经济又好又快发展。

（五）继续加大绿色农业发展绩效管理体系建设创新力度

积极探索、精心实施、务求实效，力争从体制、机制、管理、政策等不同层面解决制约绿色农业科学发展和机关建设的深层次问题。在评估过程中，坚持运用第三方评价机制，采取"专家评委＋群众评委"的方式进行，提高群众评委打分权重，从而推动完善体制机制，进而带动整体工作的提升。

（六）夯实绿色农业发展绩效管理基础工作

在认真总结开展绿色农业发展绩效管理的经验做法的基础上，结合发现的问题，积极开展绩效管理理论研究，继续加强绩效课题研究，为绩效管理工作提供强有力的理论支撑。不断完善绩效管理信息系统建设，将绩效管理指标体系拓展为三级指标管理，对信息系统作出相应调整，完善指标制定、过程管理、年终评估等功能，提高工作的信息化管理水平。

第三节　绿色农业发展绩效的评价指标体系构建

中国是一个传统的农业大国，农业发展一直是中国国民经济发展中非常重要的组成部分。在新农村建设背景下，中国继续扩大了对绿色农业的投资力度。然而，由于受到多种因素的影响与制约，中国对绿色农业投资与其产出效益之间无法形成一种良性的正比关系。因此，中国必须尽快构建一套现代化的绿色农业发展绩效评价指标体系，从而为绿色农业发展绩效管理提供一种科学的依据，促进绿色农业又好又快发展。

一、绿色农业发展绩效评价指标体系构建依据

科学规范的绩效评价指标体系不仅仅是保证绩效评价工作能够有效开展的重要保障，也是影响绩效评价最后结果是否合理准确的关键。

（一）指标构建的理论依据

1. 系统论

系统论是研究系统的一般模式、结构和规律的学问，它研究各种系统的共同特征，用数学方法定量地描述其功能，寻求并确立适用于一切系统的原理、原则和数学模型，是具有逻辑和数学性质的一门科学。[①] 系统论的基本思想是把所研究和处理的对象当作一个系统，分析系统的结构和功能，研究系统、要素、环境三者的相互关系和变动的规律性。系统论对构建绿色农业发展绩效评价指标体系的启示体现在：（1）为绩效评价体系的建立提供系统观念的指导，指标构建过程中按照完整、系统、全面的角度去分析、选取、筛选指标。（2）整个绩效评价指标体系是一个系统，指标之间是存在关联性的，所以在初步选取指标及指标筛选过程中要结合指标之间的关系和相互影响。（3）站在整个指标体系的高度，从而从有利于提高绿色农业发展绩效这一战略角度审视指标体系的科学性，有助于促进战略目标的实现。

2. 新公共管理理论

新公共管理思想以现代经济学和企业的管理理论作为理论基础。首先，新公共管理从现代经济学中获得诸多理论依据，如从"理性人"的假定中获得绩效管理的依据；从公共选择和交易成本理论中获得政府应以市场或顾客为导向，提高服务效率、质量和有效性的依据。[②] 重视"效率"转而重视服务质量和顾客满意度。从成本效益分析中获得对政府绩效目标进行界定、测量和评估的依据等等。其次，新公共管理又从私营管理方法中汲取营养。新公共行政管理认为，私营部门许多管理方式和手段都可为公共部

---

① 赵志军：《中外管理思想史》，吉林人民出版社 2010 年版，第 358 页。
② 李永清：《打造公共服务型政府》，海天出版社 2006 年版，第 203 页。

门所借用。[①] 对产出和结果的高度重视，而不是只管投入，不重产出。总之，新公共管理认为，那些已经和正在为私营部门所成功地运用着的管理方法，如绩效管理、目标管理、组织发展、人力资源开发等完全可以运用到公共部门的管理中。

新公共管理理论对于构建绿色农业发展绩效评价指标体系具有重要的启示，一方面，对于绿色农业发展绩效管理而言，应建立以市场或顾客为导向即以项目受益对象（包括农民和项目单位）为导向的观念。政府各部门应站在服务者的角度评价项目的质量及有效性；另一方面，指标设置应从项目投入、产出全方面考虑。

3. 平衡计分卡理论

平衡计分卡是20世纪90年代初由哈佛商学院教授罗伯特·卡普兰和美国复兴全球战略集团总裁戴维·诺顿提出的一套用于经营业绩衡量与评价的指标体系。它是一套既包括传统的财务指标，也包括了非财务指标的绩效评价系统，旨在通过财务、客户、内部运营、学习和成长四个维度指标对组织绩效进行全面、客观的衡量，其优点是它既强调了绩效管理与组织战略之间的紧密关系，又提出了一套具体的指标框架体系。平衡计分卡在政府部门和企业中的应用显然不同，二者的最大区别在于：企业以利润为追求目标，政府则负有提供高质量的公共服务和重要的社会综合协调功能的责任。农业支出项目是政府部门的公共支出，注重财务绩效的同时，其社会绩效和生态绩效也很重要。[②]

（二）绿色农业发展绩效评价指标的选取原则

绩效评价指标体系由其指标集合、绩效评价标准、评价指标权重共同组成。根据绩效评价对象的特点，设计相应的评价指标，确定相应的评价标准，并对评价指标的内容作出说明，对评价指标的使用作出规定等。绿色农业发展绩效指标体系的开发应遵循"基本准则为前提，关键问题定方向，基本指标重特点，个性指标选择用"的思路，同时做到"基本指标"和"个性指

① 赵云合：《公共管理信息系统的开发与管理》，云南民族出版社2007年版，第34页。

② 朱艳苹、尉京红、曹靖：《财政农业支出绩效评价指标构建的理论探讨》，《商业会计》2013年第5期。

标"的易表述性和可计量性。在选取和设计指标体系时，不能盲目地进行，而应使指标体系能够反映绩效管理的目标，指标选取时应遵循以下原则：

1. 科学性原则

科学性原则要求选取指标在方法和内涵上都应该具有科学性。一方面，在选取指标的过程中应该讲究科学的方法，要综合运用主客观相结合的方法，如专家咨询法、频度统计法和理论分析法等；另一方面，选取的指标应该能够较为准确地反映绿色农业可持续发展的内涵，指标的概念应该明确，不能模糊。这是指标选取应该遵守的基础原则。

2. 相关性原则

绩效评价的目的在于提高管理效率，完成绿色农业建设项目的目标，就需要在选定绩效指标的时候考虑指标能够体现考量项目绩效，尽量满足持续改进项目管理的需求。评价指标体系的设置应具有相关性，需要做到三点。一是设计评价指标要有科学的绩效评价的理论做指导，指标体系抓住项目绩效评价的基本概念，做到逻辑结构严谨合理，评价内容具有针对性，抓住绿色农业建设的本质。二是符合绿色农业建设项目的性质、特点、关系和项目管理进展。三是做好调研和动态监测。指标体系中各项二级、三级指标在设计前要经过充分的调研、论证，注重动态的监测，在对收集的数据进行周密、细致地统计分析的基础上经过项目点的试用才可以将设计推广到相关的项目中。

3. 层次性原则

层次性指的是在评价分析某一具体目标时，在选取指标体系上应该具有多重性特点，即指标体系由多个层次构成。指标选取的层次性使得分析某一问题更加直观具体，也更具有说服力，因此，指标体系的选取和设计应该要遵循层次性原则。绿色农业可持续发展系统可划分为社会、经济和生态三个大的系统，每个系统分别由几个子系统构成，而各子系统又由多种要素构成。同时各系统之间既具有其内在的联系，同时也是独立存在的。因此存在层层的元素构架体系，在进行绿色农业发展绩效评价时，可采用层次分析法的原则逐一分析。此外，指标还应该通俗易通，简单明了，容易使人理解，并且容易获取。

4. 定性与定量相结合的原则

对于能够量化的内容要尽量采用定量指标进行评价，在设计指标体系时，要注重设计可量化的指标，坚持定量与定性相结合，以定量指标为主的思路，确保评价结果的客观性。对于无法量化的内容可采用定性指标进行评价。通过把各个层面的目标，转化为可以定量或定性的指标，并对相应的指标进行监测，再通过对绩效指标监测和数据信息的分析，评估目标是否得以实现或实现的可能性。

5. 重要性和系统性相结合的原则

在评价的时候，选择最具代表性、最能反映绩效评价目的的指标。绩效评价指标体系都应该是客观的抽象描述，抓住评价项目的核心、本质，体现具有代表性的内容。同时，指标的选择在抓住重要指标的前提下，还要注重指标的系统性。绿色农业发展绩效评价对象必须用若干指标进行衡量，系统性原则要求这些指标能够反映项目的进程和逻辑关系，指标之间互相联系、互相制约。系统性指标需要从项目的设计、项目的投入和产出、项目的效果和影响、项目的可持续性、项目存在的风险等几个方面设计一级指标，这是评价指标的逻辑顺序，体现以结果为导向的绩效评价。首先是指标体系的层次设置，采用系统分解和层次结构分析法，由总指标分解成次级指标，再由次级指标分解成再次级指标（通常人们把这三个层次称为目标层、准则层和指标层），成树状结构的指标体系，使体系的各个要素及其结构都能满足系统优化要求；[①] 其次是做好指标选择，需要考虑各指标对实现评价目标的重要程度、各类指标在指标体系中的合理构成以及指标间的关联度，做好指标的合理取舍和指标权重的设置；最后是指标数量以够用有效为原则，用较少的指标全面系统地反映评价对象的内容，既要避免指标体系过于庞杂，又要避免单因素选择，从而构建科学、完整的绩效评价系统，做到评价指标既能突出重点，又能体现系统完整，实现指标体系的重要性和系统性的结合。

6. 地域特殊性原则

每一个地区都有自身的特点，因此在指标选取的过程中还应该考虑到地域的特殊性问题，地域的特殊性在很大程度上决定了这些指标是否有用。因此在选择指标时，在遵循前面原则的前提下，综合考虑一般性指标的选择标准，和研究地区当地的特殊情况。

---

① 聂华林：《现代区域经济学通论》，中国社会科学出版社2009年版，第508页。

二、绿色农业发展绩效评价指标体系构建思路

绩效指标设计上，国际金融组织秉承以结果为导向的管理理念，有针对指标开发的操作手册，保障了项目监测与评价的统一性，体现了完整的逻辑关系，有利于分析项目目标实现的因素；在中国，政府投资项目的绩效评价更多体现了对项目的监督检查，更注重项目合规性评价，绩效指标体系缺乏整体性与统一性，难以发挥绩效评估的作用。通过借鉴相关经验，中国在绿色农业发展绩效评价中，需要逐步完善相关制度与方法，制定符合中国国情的绿色农业发展绩效评价指标体系。

（一）绿色农业发展绩效评价指标层级

根据规定，绩效评价指标分为共性指标和个性指标两大类。共性指标是适用于所有评价对象的指标，是指对每一个评估对象、部门都涉及的指标，主要包括预算编制和执行情况、财务管理状况、资产配置、使用、处置及其收益管理情况以及社会效益、经济效益等。共性指标由有关部门统一制定。个性指标是针对预算部门或项目特点设定的，适用于不同预算部门或项目的业绩评价指标，是依据每个评估对象特征而设定的评价指标。评价指标体系归集了各部门绩效评价的优势所在，并从宏观方面体现出绿色农业发展的具体结果，更能够让政府从总体上把握住对绿色农业投入的总体成本效益与效果。绩效评价指标的确定应该遵循经济效益、环境效益和可持续影响的原则。应当通俗易懂，简便易行，数据的获得应当考虑现实条件和可操作性，符合成本效益原则。指标的选择要根据指标层级结构的不同合理地进行选择。

1. 一级指标

亦称绩效维度。维度是对评价对象类型、问题的区分，规定了评价的基本方向。通过维度区分，可使评价层面条理化，评价具有可比性。

2. 二级指标

亦称基本指标，或称指标内容、中间段指标，是评价手段的体现，作为维度的载体和外在表现，需要根据项目的种类、特点相关度和隶属性进行编制。

3. 三级指标

亦称指标要素。即具体指标，是评价内容的实质性和具体表现，需要进行细致的划分。

（二）绿色农业发展绩效评价指标选择

为建立起绿色农业发展绩效管理的评价指标体系，在参考相关经验并总结的基础上，遵循指标体系的选取原则，将绿色农业发展绩效分为三个准则层，包括社会系统层面、经济系统层面和生态系统层面，对于每一个层面，又选取了具体的指标（见表8-1）。社会系统层面包括农村人口增长率（%）、农村各类技术人员数量（个）、农村百户所拥有的通信工具数量（个）和城镇化率（%）等；经济系统层面包括农产品商品化率（%）、农业总产值（亿元）、粮食总产量（万吨）和农民人均收入（元）等；生态系统层面包括森林覆盖率（%）、农用化肥施用量（%）、废水排放量（万吨）、废气排放量（吨）和固定废弃物排放量（万吨）。

表 8-1　绿色农业发展绩效指标评价体系

目标层	准则层	指标层
	社会系统 B_1	农村人口增长率 C_{11}
		各类技术人员数量 C_{12}
		百户拥有通信工具 C_{13}
		城镇化率 C_{14}
	经济系统 B_2	农产品商品化率 C_{21}
		农业总产值 C_{22}
		粮食总产量 C_{23}
		农民人均收入 C_{24}
	生态系统 B_3	森林覆盖率 C_{31}
		农用化肥施用量 C_{32}
		废水排放量 C_{33}
		废气排放量 C_{34}
		固体废弃物排放量 C_{35}

三、绿色农业发展绩效评价指标权重的确立

（一）绿色农业发展绩效评估指标的赋值

指标赋值，是指在一个特定的指标集合体中，确定每项指标所占的比重。在绿色农业发展绩效评估指标体系中，由于每项指标对组织绩效的影响程度不同，其权重就有所差别。合理确定评估指标的权重也是确保该套指标体系科学、合理的重要环节。对绿色农业发展绩效评估指标体系，合理确定指标权重要兼顾两个方面：一方面是经济、社会、生态绩效评估指标在综合绩效评估中所占的权重；另一方面是经济、社会、生态绩效评估指标体系中具体指标的权重。

指标权重的确定，在第一层次指标权重确定的基础上，需要进一步细化。对评估指标赋予不同的权重，体现各要素对绩效评估结果的影响程度和重要程度，是对评估指标进行无量纲处理的重要条件，在多指标综合评估体系中起着举足轻重的作用。在完成了第三个层次的指标筛选和权数确定后，就构建起完整的绿色农业发展绩效评价指标体系及指标权重系统。

（二）指标权重量化

综合评价的正确性和科学性很大程度上取决于指标权重在计算上的合理性，指标权重计算更加合理，则与实际情况更加吻合，综合评价将会更加正确和科学。确定指标权重一般而言有两种方法：客观法和主观法。客观法是根据历史数据来确定指标之间的相关关系的方法，主要包括最大熵技术法、因子分析法、聚类分析法、主成分分析法等，其中最大熵技术法用得较多，这种赋权法所使用的数据是决策矩阵，所确定的属性权重反映了属性值的离散程度。主观法是由评估者（专家）对各指标进行主观判断而赋权的一类方法，如层次分析法（AHP）、环比评分法、专家调查法（Delphi）、二项系数法等，其中层次分析法（AHP）是实际应用中使用得最多的方法，它将复杂问题层次化，将定性问题定量化。客观法确定的权数有时与指标的实际重要程度不符，而主观法过分依赖评估者的主观认知，

客观性难以衡量，需要根据评价目标以及指标性质进行选择。本书采用层次分析法（AHP）来确定绿色农业发展绩效管理指标体系中的指标权重。

层次分析法是 20 世纪 70 年代由匹兹堡大学教授萨蒂（T. L. Saaty）[1]提出，主要思路是将负责的问题层层解剖成若干相关联的有序的问题，然后对每层次上的因素作出阐述分析，即构造各层的比较判断矩阵，是一种定性与定量结合的系统分析方法。层次分析方法主要的分析步骤为：（1）构建判断矩阵；（2）根据矩阵的最大特征值或者特征向量，确定各层因素相对权重；（3）对所有层次进行总权重排序，从而为问题提供数量化的决策依据。

1. 建立判断矩阵

第一级评价体系中的影响要素作为评价标准，对各因素进行两两比较，其中元素 B_{ij} 表示要素 B_i 对 B_j 的相对重要性，建立判断矩阵如表 8-2 所示。

表 8-2　判断矩阵

B_{11}	B_{12}	B_{13}
B_{21}	B_{22}	B_{23}
B_{31}	B_{32}	B_{33}

按照表 8-2 层次结构，经过对网络、期刊和书籍的研究以及征询专家意见，并应用萨蒂教授的表度法，即人类判别事物好坏、优劣、轻重、缓急的经验方法，对不同的比较结果给以预测数量表度。如表 8-2 所示，判断尺度表示的是要素 B_i 对 B_j 的相对重要性，即 B_{ij} 的数量形式建立判断尺度。若 B_i 比 B_j 明显重要，则 $B_{ij}=5$；反之，比较 B_i 与 B_j 的重要程度，则 $B_{ji}=1/5$。

---

[1]　Thomas L. Saaty，中文名字萨蒂，男，1926 年生，美国国家工程院院士，宾夕法尼亚大学沃顿商学院教授，匹斯堡大学杰出教授，层次分析法（AHP）和网络程序法（ANP）创始人。

表 8-3　重要性标度含义表

判断矩阵的标度	具体含义
1	表示两个元素相比，具有同样的重要性
3	表示两个元素相比，前者比后者稍重要
5	表示两个元素相比，前者比后者明显重要
7	表示两个元素相比，前者比后者极其重要
9	表示两个元素相比，前者比后者强烈重要
2，4，6，8	表示上述相邻判断的中间值
倒数：若元素 i 和 j 的重要性之比为 a_{ij}，那么元素 j 和 i 的重要性之比为 $a_{ji} = 1/a_{ij}$		

进行层次因素单排序值的计算。用方根法计算各指标的权重 ω_i：

①计算判断矩阵每一行标度的乘积的 n 次方根 $\beta_i = \sqrt[n]{\prod_{j=1}^{n} b_{ij}}$

②通过归一化处理，得特征向量（其数值即为权重）：$B_i = \dfrac{\beta_i}{\sum \beta_i}$

③计算判断矩阵的最大特征根 λ_{max}：$\lambda_{max} = \sum \dfrac{(AB)_i}{nB_i}$

2. 进行一致性检验

一致性检验公式中，CR 表示比较矩阵的随机一致性比率，CI 是比较矩阵的一般一致性指标，λ_{max} 是最大特征值。RI 是平均随机一致性指标。当 CR <0.1，认为判断矩阵的一致性是可以接受的，否则应对判断矩阵作适当修正。根据判断矩阵的阶数 n，查找相应的平均随机一致性指标 RI。

对于 1~10 阶矩阵，RI 的值如表 8-4 所示。

表 8-4　阶数为 1~10 的判断矩阵的 RI 取值

阶数	1	2	3	4	5	6	7	8	9	10
RI	0	0	0.58	0.9	1.12	1.24	1.32	1.41	1.45	1.49

判断矩阵对应于最大特征值的特征向量 W，经归一化后即为同一层次相应因素对于上一层次某因素相对重要性的排序权重，确定权重的方法有和

法、根法、特征根法和对数最小二乘法，这里采用根法确定权重，即：$\omega = \dfrac{\left(\Pi_{j=1}^{n} a_{ij}\right)^{\frac{1}{n}}}{\sum_{k=1}^{n}\left(\Pi_{j=1}^{n} a_{kj}\right)^{\frac{1}{n}}}(i = 1, 2, \cdots, n)$。

由此，便可得到判断矩阵，并计算权重及一致性检验如表 8-5 所示。

表 8-5　准则层判断矩阵及权重

A	B_1	B_2	B_3	ωA
B_1	1	1/4	1/2	0.1793
B_2	4	1	3	0.5654
B_3	2	1/3	1	0.2553

一致性检验：$\lambda_{max} = 4.04746$，CI = 0.01582，CR = 0.0176 < 0.1。

表 8-6　社会系统指标层判断矩阵及权重

B_1	C_{11}	C_{12}	C_{13}	C_{14}	ωB_1
C_{11}	1	1/5	1/3	1/5	0.0645
C_{12}	5	1	2	1	0.3754
C_{13}	3	1/2	1	1/2	0.1847
C_{14}	5	1	2	1	0.3754

一致性检验：$\lambda_{max} = 3.0385$，CI = 0.1193，CR = 0.0332 < 0.1。

表 8-7　经济系统指标层判断矩阵及权重

B_2	C_{21}	C_{22}	C_{23}	C_{24}	ωB_2
C_{21}	1	2	5	3	0.4723
C_{22}	1/2	1	4	2	0.2854
C_{23}	1/5	1/4	1	1/3	0.0727
C_{24}	1/3	1/2	3	1	0.1697

一致性检验：$\lambda_{max} = 4.04746$，CI = 0.01582，CR = 0.0176 < 0.1。

表 8-8　生态系统指标层判断矩阵及权重

B_3	C_{31}	C_{32}	C_{33}	C_{34}	C_{35}	ωB_3
C_{31}	1	3	5	6	5	0.3028
C_{32}	1/3	1	2	3	2	0.2372
C_{33}	1/5	1/2	1	2	1	0.1583
C_{34}	1/6	1/3	1/2	1	1/2	0.1434
C_{35}	1/5	1/2	1	2	1	0.1583

一致性检验：$\lambda_{max} = 3.0385$，$CI = 0.1193$，$CR = 0.0332 < 0.1$。

表 8-9　绿色农业可持续发展各指标单权重和总权重汇总

目标层 A	准则层 B	指标层 C	单权重	总权重
绿色农业可持续发展	社会系统层 B_1 (0.1793)	农村人口增长率 C_{11}	0.0645	0.0116
		各类技术人员数 C_{12}	0.3754	0.0673
		百户拥有通讯工具数 C_{13}	0.1847	0.0331
		城镇化率 C_{14}	0.3754	0.0673
	经济效益层 B_2 (0.5654)	农产品商品化率 C_{21}	0.0645	0.0365
		农业总产值 C_{22}	0.3754	0.2123
		粮食总产量 C_{23}	0.1847	0.1044
		农民人均收入 C_{24}	0.3754	0.2123
	生态效益层 B_3 (0.2553)	森林覆盖率 C_{31}	0.3028	0.0773
		农用化肥施用量 C_{32}	0.2372	0.0606
		废水排放量 C_{33}	0.1583	0.0404
		废气排放量 C_{34}	0.1434	0.0366
		固体废物排放量 C_{35}	0.1583	0.0404

（三）绿色农业发展绩效综合评分值

由于不同的指标具有不同的量纲，因此不能直接进行计算，需要对原始数据进行标准化处理。标准化的方法有很多，常用到的如极值法、模糊隶属度法、比重法等。比重化计算分两种情况：当 C_{ij} 为正向作用，则 $Z_{ijt} =$

C_{ijt}/C_{ij0}；当 C_{ij} 为负向作用，则 $Z_{ijt} = C_{ij0}/C_{ijt}$。其中，$Z_{ijt}$ 表示指标 C_{ij} 在 t 年经标准化处理后的评定系数，C_{ij0} 表示 C_{ij} 在基准年的取值，C_{ijt} 表示在 t 年的取值。Z_{ijt} 增大，则表示对于绿色农业可持续发展有利。

根据绿色农业可持续发展各指标和经标准化处理后指标评定值，可以得出相应年度区间各子系统及综合评分值。计算公式如下：

子系统评分值，$B_i = \sum \alpha_c C_{ij}$；综合评分值，$A_i = \alpha_{总排序} C_{ij}$，或 $A_i = \alpha_i B_i$

最后，根据综合评分结果可作出绿色农业发展绩效的水平及趋势图和各子系统评价及综合评价年度变化率表。通过分析图表可以更加直观分析社会系统、经济系统、生态环境系统以及综合水平的发展变化趋势。

第四节　绿色农业发展绩效管理的制约因素与应对策略

在推进现代化建设的过程中，提高绿色农业发展绩效是一项急迫且有着深远社会意义的任务。这就需要中国积极构建一套现代化的绿色农业发展绩效管理体系，从而提升农民满意率和社会保障普及率，增加农业项目投资，提高绿色农业的产业化水平。构建现代化的绿色农业发展绩效管理体系也是提高农业相关部门预算绩效管理效率的需要，是提高农业相关部门资金使用效益的需要，是提高农业相关部门服务水平的需要。

一、绿色农业发展绩效管理的制约因素

（一）绿色农业发展绩效管理意识不强

中国农业发展绩效管理工作已经取得了一定的成果，相关部门正在积极开展相应的绩效评价试点。但绿色农业发展绩效管理的思想并未完全建立，绩效管理理念的建立仍需要长时间的探索实践；而且传统的评价指标、方法较为单一，短时间内难以适应全面的绩效管理模式。实际上，科学的绩效管理应充分考虑以下管理思想的运用。第一，系统综合的思想。绩效

管理是一个科学的管理系统，必须以一个系统的观念看待它，该系统应该由事前绩效目标的确定、事中绩效的跟踪控制、事后绩效的评价及评价结果的应用几部分组成。第二，持续不断沟通的思想。科学的管理系统确立之后，需要用持续不断沟通的方式使之得以实现。"持续不断沟通"作为一种管理思想要自始至终贯穿于绿色农业发展绩效管理的全过程，从绩效目标的制定开始一直到绩效评价与结果运用，整个绩效管理系统的每一个部分都离不开沟通。第三，持续改善的思想。绿色农业发展绩效管理的目的在于改善绩效，因此，绩效管理只有开始，没有结束，当绩效管理进入轨道，它会一直运行下去，不断改善和提升绩效。绩效评价结果的运用是两个连续的绩效管理循环的衔接点，有着桥接的作用，通过运用前一个绩效管理循环的评价结果来完善下一个绩效管理循环的绩效计划，如此循环，达到持续改善绩效的目的。目前的绿色农业发展绩效管理工作中，还未充分体现这些绩效管理思想，也未使绩效管理思想深入人心。

（二）绿色农业发展绩效管理体系不完善

完善的制度体系是顺利完成绩效评价工作的基础保障，从绿色农业发展绩效评价工作的实践来看，绩效评价工作不是一项孤立的工作，它需要有其他完备体系的支撑，特别是要有完善的制度体系来保障。如果没有构建完善的评价机制、评价方法、评价准则等，绩效评价很难对项目执行和项目资金管理方面的评价指标体系作出准确判断，绩效评价结果也就难以保证客观公正。

（三）绩效管理队伍建设落后，专业人员配备不足

绩效评价试点工作开展以来，为保证绩效评价工作的成功实施，在确定绩效评价对象以后，会成立有针对性的专门的绩效评价领导机构和绩效评价工作小组，工作小组一般由多个部门的有关人员来组成。这种多方抽调人员组成的临时机构不易形成合力，组织松散，缺少必要的约束激励机制，不利于工作的连续性。另外，在现有的绩效管理队伍中，部分工作人员身兼数任，精力分散，难以胜任综合绩效评价的工作，导致工作人员的专业素质难以跟上绩效管理快速发展的需要，因而需要相应地增加相对稳定的绩效管理专业人员。

（四）绿色农业发展绩效评价结果重视程度不够

传统的绩效评价中，往往会根据绩效评价工作中发现的问题，提出相应的管理建议，但管理部门的部分领导者对应用绩效评价结果的重视程度不够，依然处在将绩效评价孤立在全过程的绩效管理循环之外的思维模式上，因而需要进一步做好全过程绩效管理的研究、推动与宣传，使各部门相关人员对全过程绩效管理的观念有更加深入的了解，且现有的绩效评价也是处于一边确定专项的绩效目标，一边进行相关目标评价的状态，这就使前一轮次的评价结果与后一轮次的绩效目标之间的关联度减弱，因而影响了绩效评价结果的应用。

（五）绿色农业发展绩效评价工作信息没有实现共享

目前，按照财政部要求，各中央部门按照职责分工，都在开展中央部门预算的绩效评价工作。但各部门之间没有绩效评价方面的信息交流平台，相互之间无法学习借鉴，这就很难达到相互促进、共同提升的目的。

（六）绿色农业发展绩效评价工作经费不足

按照财政部的规定，为推动绩效评价工作，项目评价工作经费一般要求从部门行政运行经费中开支。但农业部门行政运行经费严重不足，导致在实际操作中难以从行政运行经费中列支。绩效评价的工作一般委托高校成立的评价专家组来实施完成，不属于"由内部的相关人员来组织进行"的情况，因而有必要安排专门的工作经费。虽然绩效评价试点项目的工作费用可以从所在项目中按比例计提，但随着绩效评价试点项目的增多，相应绩效评价工作涉及的单位、工作量会相应增多，点多面广，评价工作经费也会大大增加。如果此部分项目的绩效评价工作经费通过本级的行政运行经费来提取，还是会存在较大负担，绩效评价工作的效果也会受到影响。

二、绿色农业发展绩效管理的应对策略

尽管绿色农业发展绩效管理工作有了初步的进展，但还存在评价不系统、不深入，对工作指导性不强等问题。因此，应该采取以下基本策略，

做好绿色农业发展绩效管理和评价工作，进一步提高绿色农业的经济效益、社会效益、生态环境效益。

（一）深入推进绿色农业发展绩效管理

1. 提高对绿色农业发展绩效管理的重视程度

相关部门要提高对绿色农业发展绩效管理的重视程度，培育积极的绩效管理环境。绿色农业发展绩效管理由于涉及的方面较为广泛，想要缩短与国外先进国家之间的差距，需要对工作失败经验进行总结，审时度势。对绿色农业发展绩效管理加强宣传力度及理论研究力度的同时，需要加大人力、物力、财力的投入，依照农业科研工作规律，对科技资源进行有效、科学配置，将不适应的评价制度进行改革和完善，积极探索健全科学评价体系，建立良好的绩效管理环境，实现绩效管理工作的高效性、节约性、公平性。要"创新行政管理方式，提高相关部门执行力和公信力，推进绩效管理"。坚持目标导向、完善体制机制、创新工作方法、狠抓措施落实，不断激发和调动广大干部职工的积极性、主动性，进一步推动工作落实和作风转变，为保持农业农村经济平稳较快发展提供坚强支撑，优化完善指标体系。突出粮食增产、农民增收、农业增效等最能反映农业农村经济工作成效的核心指标，增加权重，强化措施，确保各项重点工作取得预期成效。同时，实行精细化管理，探索设立三级指标体系。一级指标对应管理内容分类；二级指标对应机关司局承担的农业部核心工作和本司局的重点工作；三级指标对应二级指标明确的具体工作任务，责任落实到承办处室，推动全员参与绩效管理。三级指标要突出重点、简便易行，能够量化的指标尽量量化，不能量化的要提出可衡量的标准，不断提高绩效管理的科学化和规范化水平。

2. 强化过程管理沟通

加强对核心指标的日常监测，按月度填报实施进展，及时发现问题，推进工作落实，确保各项任务指标不偏离预定目标。加强绩效管理信息系统建设，逐步推行无纸化管理，做到绩效指标网上制定、过程进展网上监控、绩效评估网上进行、绩效成果网上展示，不断提高绩效管理信息化水平。

3. 改进评估考核方式

坚持内部评估与外部评估、定性考核与定量考核、专家评议与公众评议相结合，进一步优化指标评分方法，细化评分标准，合理分配分值和权重；实行多元评价，积极研究引入服务对象评价的可行性和具体操作办法，不断提高绩效管理评估结果的客观性和公信度。

4. 设定合理的绩效目标

设定合理的绿色农业发展绩效管理目标是绩效评价的重要环节，探索设定和建立系统、科学的绩效目标，实现整个评价过程更加合理。杜绝"因评价而评价"的绩效评价现状，注重农业科研绩效考评真正的价值是实现其社会、生态、经济效益，并不是程序合不合规范的过程。

5. 设置科学的评价指标

因中国绿色农业发展绩效管理起步晚，基础薄弱。与发达国家相比差距很大，中国还未形成统一、科学的考评指标体系，为了做好绿色农业发展绩效管理，应该向发达国家学习，吸取成功经验，结合本国实际情况，实现绿色农业发展更柔和的弹性绩效管理，形成符合中国国情根本的科学评价指标。[①]

6. 确保绩效考评结果准确性

科研经费来源渠道众多，很难实现有效的统一管理，为了杜绝部门想要提升绩效成绩而增加不属于自己取得的成效，影响考评结果，需要制定完善的考评管理体系，明确规定参与考评的项目，以防绩效考评结果不真实、不准确。出台相关的政策，要求地方政府将绩效考评结果真实、准确、及时地汇报，不能故意掩盖缺失，确保绩效评价结果的准确性。

(二) 深入探索专项工作延伸绩效管理

1. 完善延伸绩效管理办法

进一步完善绿色农业发展绩效管理办法，延伸绩效管理的考核方案，根据实施过程中发现的问题，改进具体操作方式方法，及时出台延伸绩效管理实施办法，探索建立长效机制，不断提高实施效果。

[①]　卞云青：《关于农业科研项目经费绩效评价的分析》，《现代商业》2012 年第 35 期。

2. 对绩效管理的配套体系进行完善

建立合法、规范、真实的统计数据系统，并逐步实现国际接轨，建立并完善科学评价指标体系，进行分析得出正确的结论；构建基于绩效的预算体系，增强成本核算监督力度，将基于绩效的公共预算体系进一步完善，降低成本，提高效率；将绩效评价纳入日常管理工作中，减少因内部评价事物造成的科研工作波动，以免影响科研工作进程及效益。

3. 科学构建延伸绩效管理指标体系

遵循"少而精、导向明、易操作、成本低"的原则，突出核心任务和核心目标，选取最能够反映成效的指标作为绩效评估的关键指标，适当兼顾过程性指标。积极创造条件，争取把专项工作延伸绩效管理指标纳入当地政府绩效管理指标体系，努力提高延伸绩效管理的权威性。

（三）切实加强绿色农业发展绩效管理的组织领导

1. 认真落实主要领导负责制

坚持实行绩效管理"一把手"责任制，主要领导要亲自过问、亲自推动、亲自协调，定期听取工作汇报，及时研究解决难点问题，做到绩效管理与业务工作协同开展、融为一体。

2. 健全绩效管理工作机制

领导小组成员单位要做好组织协调工作，强化日常监管和督促检查；各部门在抓好本单位绩效管理工作的同时，要加强对归口管理事业单位开展绩效管理的指导；延伸绩效管理牵头部门要做好与省级农业部门的沟通协调，推动相关工作无缝对接；事业单位要主动入位、强化支撑，共同形成推动绩效管理工作的强大合力。

3. 夯实绩效管理工作基础

积极开展绩效管理理论研究，强化智力支持，增强绩效管理的科学性、系统性和前瞻性。加快绩效管理信息化建设，提高绩效管理工作的质量和效率。加强绩效管理队伍建设，强化教育培训，培养一支高素质的绩效管理干部队伍，为绩效管理工作持续发展提供组织保证。

4. 推动形成绩效文化

坚持以人为本，突出正面激励，把查找问题、分析原因、提出改进措施作为结果运用的重心，积极研究绿色农业发展绩效管理激励政策，鼓励支持事业单位将绩效评估结果与绩效工资、绩效奖金挂钩，充分调动并保护干部职工的自觉性、积极性和主动性。积极开展绩效文化建设，引导广大干部职工准确把握绩效管理的理念和内涵，熟练掌握绩效管理知识、制度、流程和方法，使绩效管理理念内化于心、外化于行。

中国绿色农业具有广泛的前景和内容，但迫于国际国内各种主客观因素影响，发展速度在一定程度受到限制。应在总体规划的基础上，立足本国资源，因地制宜，突出特色，发挥优势，使中国绿色农业有步骤、有目的地健康发展。

三、绿色农业发展绩效管理的保障体系

绩效管理不是一项孤立的工作，还需要有完善的保障体系。在进行绩效评价时，如果没有构建完善的评价机制、评价方法、评价准则等，绩效评价很难对项目执行和项目资金管理方面的评价指标体系作出准确的判断，绩效评价结果也就难以保证客观公正。有关部门应结合绿色农业发展绩效管理的具体情况，统一研究制定具有可操作性的绿色农业发展绩效评价工作规章制度，对绩效评价的内容、工作程序等各方面都作出明确规定，确保绩效评价的规范性。对绩效目标模糊、执行结果没有达到既定目标的项目酌情核减下年度的预算安排，逐步建立合理的评价结果运用模式。

（一）健全绿色农业发展绩效管理的法律制度

绿色农业发展绩效管理体系的健全应以明确的法律依据为基础。相对完善的法律制度框架是促使绩效管理得以实现的重要前提条件。而中国在绩效管理法律的制定方面与西方国家仍有一定差距，依然缺乏国家层面的针对绿色农业发展绩效管理的法律法规，致使在绩效管理具体实施方面缺乏系统的法律制度保障。应该尽快从国家法律的层面上对绩效管理工作的具体实施进行清楚的界定，以弥补绩效管理法律制度方面的空缺，也真正让绩效管理工作在执行中有法可依。当然，由于国家层面立法的滞后，在地方、部门已经开始绩效管理实践的情况下，可以由地方、部门先行制定相关规定，然后逐步向国家立法过渡。

（二）明确绩效管理领导主体和组织实施主体

从国外的绩效管理实践可以看出，西方国家一般由议会和政府来组织实施绩效管理，不是直接由政府组织实施，议会或国会在他们的绩效管理中起到重要作用。根据中国国情，中国财政部门具有承担公共财政管理的职能，因而可以是公共财政资金监管的主体。而农业部门具有农业财政预算执行和使用管理的职能，是农业财政资金使用的主体。因而，当条件允许时，可由国务院或全国人大拟定相应的法律和法规来对财政部和国家农业部的绩效管理领导主体和组织实施主体地位进行规范。

（三）尽快建立绿色农业发展绩效评价的相关指标体系

确定合理、完整、可靠的评价指标是构建完善的绩效评价系统的关键所在。在建立绿色农业发展绩效评价体系时，考虑不同层次指标体系的建立，如共性指标和个性指标。考虑到绿色农业发展绩效管理特色的指标系统的建设是非常艰巨的任务，试点过程中可以先借鉴通用评价指标体系，然后在此基础上，完善修正它们的绩效评价指标体系。

（四）建立绩效评价结果反馈机制

绿色农业发展绩效管理的实施愿景，是要提高绿色农业发展效益，评价有关部门管理责任制的落实情况，从而保证国家和人民的总体利益的实现。因此，绩效评价结果的合理应用非常重要。在进行绩效评价结果应用的时候，可以借鉴国外的经验，从以下两个方面入手：一方面，利用绩效评价，找出各部门管理中存在的问题，并提出解决这些问题的途径；另一方面，将绩效评价与相关预算相结合从外部促进各单位严格执行预算，提高资金的使用效率。另外，还可以与干部考核结合起来，落实管理责任制等。[①]

（五）拓宽绿色农业发展绩效管理范围和内容

国外对绩效管理的范围比较宽泛，绩效评价的对象是整个的政府部门，

---

① 李燕：《政府预算理论与实务》，中国财政经济出版社 2010 年版，第 244 页。

而不仅仅是政府的下属机构。这种绩效评价全面性的观念能够从根本上解决以往的绩效管理中只关注项目实施部门存在的问题，而国内绩效评价大都是仅仅对资金使用后的产出效益进行考评，没有涉及对专项的立项过程、项目实施过程等环节的评价与管理，与西方国家相比，绩效管理的范围依然非常的狭窄。应该进一步延伸中国绿色农业发展绩效管理的范围，把决策、控制、产出结果全部纳入绩效管理的范围，力争绩效评价与管理的全面性，拓展绩效管理覆盖范围。继续扩大绩效管理试点事业单位覆盖面，逐步在部属事业单位中全面推行绩效管理。积极拓展专项工作延伸绩效管理范围，启动农业行政审批制度改革落实情况延伸绩效管理。

（六）加强绿色农业发展绩效管理基础建设

加强绩效管理理论研究，增强绩效管理的科学性、系统性和前瞻性。积极开展调研，学习借鉴有关部门的好经验好做法。加快绩效管理信息化建设，提高绩效管理工作的质量和效率。同时，推进绩效文化建设，激发内生动力提高服务能力，为现代农业发展和深化农村改革提供强有力的保障。

（七）从农业技术层面完善绿色农业发展绩效评价体系

在定量评价绿色农业发展绩效管理时，指标选择主要是从社会系统、经济系统和生态系统三个维度着手，尽管能够从一定程度上评价绿色农业发展绩效管理的现状，但是其覆盖范围仍然十分有限。实际上，农业技术层面对于评价绿色农业发展绩效水平同样十分重要。中国属于人多地少的国家，土地资源严重不足，而相对应的劳动供给富足，农村剩余劳动力基数庞大，直接导致人均土地面积规模狭小。在构建绿色农业发展绩效管理的评价模型时，农业技术层面的影响并没有充分涉及。在今后的研究中，应同时考虑农业技术进步的影响，分设农业科研成果数、农业科技成果推广指数、万公顷农业科技人员数、农业人口每万人受过中学以上教育人数等指标进行进一步评价分析。

第九章 绿色农业发展的风险管理

在中国绿色农业的发展过程中常常面临着来自自然、市场等各方面的风险威胁，给农户和政府带来了不可估量的经济和生态损失，因此对绿色农业进行风险管理势在必行。本章从绿色农业风险的定义入手，重点探讨了绿色农业风险的量度、评估和应对策略等。其主要内容包括绿色农业风险的类型与特征，绿色农业风险的识别与预警机制，绿色农业风险的规避和控制方法等。

第一节 绿色农业风险概述

一、绿色农业风险的内涵

绿色农业风险是指人们在从事绿色农业生产和经营的过程中，由于各种无法预料的不确定因素的影响给绿色农业的生产经营者造成的收益和损失的不确定性。这种不确定性一般是难以预测的，就算可以预测人力也无法完全抗拒。农业是弱质产业，受气候、市场、技术、政策等因素的影响，同时农业又是典型的风险性产业，农业风险贯穿于农业生产过程的始终。绿色农业系统不仅对自然气候有极强的依赖性，对市场和社会环境也同样具有依赖性。那么在这种前提下，一旦外部环境产生了不利于绿色农业发展的变化，那将会给绿色农业生产带来高度不确定性和不可控制性。

在绿色农业生产经营的过程中风险损失和风险报酬都是不确定性因素

作用的结果，从而使绿色农业的经营者面临着风险报酬和风险损失两种可能性。由于不确定因素的存在，有风险报酬的地方就有风险损失；一般情况下，风险报酬越大风险损失也往往越大。不敢冒风险的绿色农业经营者，就会错失良机。构成绿色农业风险的主要要素包括风险因素、风险事件、风险损失三个方面。

（一）风险因素

风险因素指的是增加风险事故发生的概率或者严重程度的事件。[1]若构成风险因素的条件越多，发生损失的可能性就越大，损失也会更为严重。绿色农业风险因素包括两大类：有形风险因素和无形风险因素。

1. 有形风险因素

有形风险因素是指导致损失发生的物质方面因素。如恶劣气候、地壳的异常变化、财产所在地域、建筑结构和用途等。

2. 无形风险因素

无形风险因素包括道德风险因素和行为风险因素两种。道德风险因素与人的品德修养有关，它是指人们以不诚实或者不良的企图或者欺诈行为故意促使风险事故的发生，或者使已经发生风险事故造成的损失扩大的因素。而行为风险因素则是由于人们行为上的粗心大意和漠不关心，导致易于引发风险事故发生的机会和扩大损失程度的因素。

（二）风险事件

风险事件又称为风险事故，它是指酿成事故产生并可能引起经济损失或人身伤亡的偶然事件。风险一般只是一种潜在的危险，而风险事件的发生使潜在的转化成现实的损失，也可以说风险事件是损失的媒介。如洪涝灾害、虫灾、火灾等均是典型的风险事件。

（三）风险损失

风险损失指的是非故意的、非预期的、非计划的经济价值的减少，这

---

[1] 江生忠：《风险管理与保险》，南开大学出版社 2008 年版，第 3 页。

种减少的价值是可以用货币来衡量的。① 风险和损失存在因果关系，风险是成因，损失即为结果，只有当风险转化为现实的时候才能造成损失，但是风险本身并不是损失。

（四）风险因素、风险事件和风险损失三者的关系

风险是由风险因素、风险事故和风险损失三者构成的统一体，它们之间存在一种因果关系，即风险因素→风险事故→风险损失。这种关系可以归纳为：（1）风险因素引发风险事故，风险事故导致风险损失；（2）风险损失由具体风险载体承受。

目前解释这三者关系有两种理论：一是亨利希（H. W. Heinrich）的骨牌理论；二是哈同（W. Haddon）的能量释放论。前者认为风险因素、风险事件和风险损失三张骨牌之所以相继倾倒，主要是由于人的错误行为；后者则认为，之所以造成损失是因为事物所承受的能量超过其所能容纳的能量所致。②

二、绿色农业风险的特征

绿色农业作为一种基础产业，由于自身的弱质性和生产过程的特殊性，在整个再生产循环过程中面临着许多风险，是典型的风险产业。绿色农业风险一般具有风险单位较大、发生频率较高、损失规模较大、区域效应明显，而且还具有广泛的伴生性等特点。具体来讲绿色农业风险主要具有以下特征：

（一）客观性

绿色农业生产是人在自然环境中进行的，生产者在与自然打交道的过程中，不仅受自然规律的制约，同时受到地理条件、气候、自然环境等因素的影响，绿色农业所面临的风险是客观存在的，也是不可避免的。

---

① 刘新民:《管理经济学》，石油工业出版社2001年版，第271页。
② 蔡根女:《农业企业经营管理学（第二版）》，高等教育出版社2009年版，第128页。

（二）主观性

在绿色农业生产的过程中，主体是"人"，人的主观因素也会造成绿色农业风险的产生。一方面是绿色农业生产者的"不作为"，许多落后的农村地区，农民都秉承着"靠天吃饭"的理念，他们深受封建迷信思想的影响，过分夸大"天灾"的不可抗拒性，不去积极地抵抗防御灾害，从而就加重了农业风险的危害；另一方面是绿色农业的生产者"胡作为"，人为地造成生态环境的恶化，人在绿色农业生产中的决策判断失误，不法分子对农资市场的干扰和破坏等，这些也在一定程度上加大了绿色农业风险的可能性。①

（三）多样性

首先是自然风险，自然灾害对绿色农业的影响是其他行业不可比的。其次是市场风险，绿色农产品是一种特殊的商品，因而使得绿色农业市场风险具有十分明显的特殊性，比如绿色农产品需求弹性小，决定了农产品价值的实现较一般工业品的难度大。最后是政策风险，在国民经济发展的过程中，"重农"或"抑农"的问题一直困扰着政策制定者，就使得国家的农业政策在制定和执行中有时出现偏差。

（四）分散性

绿色农业生产地域广阔，农业风险有较强的分散特点：首先是绿色农业经营多以家庭经营为主，因此不可能制定统一的衡量风险的标准和操作规范；其次是绿色农业风险被千家万户的生产者分散承担，但是单个的绿色农业经营者很难抵御农业频繁的风险袭击；最后是绿色农业风险还具有明显的地域性，在不同的地区，绿色农业具体的风险形式也各不相同。在中国北方地区旱灾的风险性较大，而在中国的南方地区则洪涝灾害频发，东部沿海一带常常伴有台风天气，而在信息相对闭塞的西部地区就面临着较大的技术风险和市场风险。因此在制定绿色农业风险管理的对策时要做到具体问题具体分析，更要针对不同地区不同的风险形式制定相应的对策。

---

① 魏文迪：《农业风险的认识与管理对策》，《安徽农业科学》2007 年第 11 期。

（五）季节性

绿色农业的经营特点带有明显的季节性，因而，绿色农业的风险多伴随着不同的季节出现和发生。它主要表现在：一方面，绿色农业生产风险的时间性，如果错过了生产季节，将会给绿色农业带来巨大的损失。另一方面，绿色农业风险的集中性，受到季节影响。绿色农产品进入市场表现出很强的集中性，同一品种的绿色农业产品基本都在同时上市和下市，这样就容易造成市场的季节性饱和及季节性的短缺，给绿色农业经营者带来市场风险。

2007年的中央"一号文件"把发展现代农业作为社会主义新农村建设的首要任务。在现代农业的背景下绿色农业风险呈现出了新的特点：（1）绿色农业的市场风险更加错综复杂，超过了农业的自然风险而成为绿色农业的最主要风险。传统农业的发展阶段，农民组织化的程度较低，抵抗自然灾害的能力不足，农业的自然风险居于主要位置。在现代农业发展阶段，绿色农业产业体系健全、农民组织化程度高，抵御自然风险的能力大大加强，但与此同时市场风险会逐步加大，成为主要风险。（2）绿色农业的技术风险将会进一步扩大，成为绿色农业发展的新危险源。① 传统农业主要是依赖资源的投入，比如农药、化肥等，但是现代农业则主要依赖不断发展进步的新技术的投入，包括信息技术、生物技术等。因此，必须清楚地认识到科技的广泛应用会导致农业生产要素的重新组合，引起农业生产投入要素的数量及结构的变化，从而诱发出新的风险。首先是追加投入的风险，其次是技术与环境的不适应性风险，最后是技术使用中的风险。（3）各种风险因素相互交织，绿色农业风险的影响更加广泛。从传统农业向现代绿色农业转变是一场全面并且深刻的变革，绿色农业经营面临的不确定性加大，随着信息社会的到来，绿色农业风险的扩散和传递更为迅速，各种风险相互联系相互影响，会对绿色农业产生更为广泛的影响。

① 赵海燕：《现代农业背景下农业风险问题研究》，《农村经济》2009年第2期。

三、绿色农业风险的类型

当前中国绿色农业生产中面临的风险主要包括以下六种：

（一）自然风险

自然风险主要是指自然灾害带给绿色农业的损失。它是农业中最为典型的和最具有普遍意义的风险。中国是一个自然灾害的高发区，主要的自然灾害包括：水灾、旱灾、台风、冰雹、沙尘暴等气象灾害；风暴潮、海啸等海洋灾害；蝗虫等生物灾害。这些灾害对绿色农业的生产和发展造成了极为严重的不良影响。

（二）资源风险

在这里资源风险主要指的是资源的有限性与社会索取资源的无限性之间的矛盾给绿色农业的安全带来的危害。农业是一个资源相对密集性的产业，它对自然资源具有很强的依赖性，各种资源的有效供给是保障绿色农业安全的前提。然而，就中国实际情况而言，中国的自然资源极其匮乏，特别是土地资源、水资源等的短缺，都威胁到了绿色农业的安全与发展。更为严峻的是，随着中国耕地面积的减少和人口的不断增长，人与地的矛盾进一步加剧。

（三）环境风险

环境风险主要指的是绿色农业的环境污染和生态破坏给绿色农业生产与发展造成的巨大损失。在中国广大的农村地区，过量或者不合理地使用农药、化肥等化学产品，与此同时，分散的家禽养殖和生活垃圾的随意丢弃，尤其是一些乡镇企业的废水、废气、废渣，使得许多河流都难逃被污染的厄运。由于水源污染严重和水资源的短缺，很多地方的农民只能选择使用污水进行灌溉，这样不仅影响绿色农作物的生长发育，而且更会导致绿色农产品的产品品质变差。

（四）市场风险

市场风险主要是指国际国内市场中的不确定因素给绿色农业造成损失的可能性。在国际市场保护主义的影响下，中国每年都有一部分的绿色农产品遭受到国外的反倾销，绿色农产品出口受阻的事件时有发生，特别是近年来，中国绿色农产品遭受绿色贸易壁垒和技术壁垒，直接影响到了中国农副产品的加工工业生产，给中国的绿色农业造成了极大的损失。另外，中国绿色农业经过发展，农产品供大于求的局面逐渐出现，因为绿色农业市场基础的不健全不完善，供求信息的闭塞，绿色农产品出售难的问题尤为突出，使得很多绿色农业企业面临市场风险，导致出现增产不增收的局面。

（五）技术风险

绿色农业的技术风险是指绿色农业技术运用的实际收益与预期的收益发生背离的可能性。在现代的绿色农业中，新技术的高难度、高投入、高产量和高效益也受到自然和市场因素的影响，从而就引起了农民收入的不确定性。这种不确定性主要表现在：（1）农业生产过程工艺的保密性很差，比较容易模仿。（2）中国农民的文化水平普遍比较低，难以真正掌握绿色农业技术的要领而导致技术应用的失败。（3）自然条件和地理环境的不适应导致的农业技术运用失败。

（六）政策风险

一国宏观经济政策的变化会对该国的农业生产经营活动产生重大的影响，甚至会诱导农业风险的发生。中国绿色农业的政策风险目前主要包括：（1）中国国家政策的调整带来的风险，比如利率、税收变化等。（2）地方政府因为领导者的决策失误带来的政策偏差，还包括用行政命令干预绿色农业的生产。（3）少部分的地方政府单方面地中断土地关系，这就给中央政府政策的如实执行带来了困难。

第二节　绿色农业发展的风险识别与风险预警

一、绿色农业发展的风险识别

（一）风险识别的基本过程

风险识别是风险管理的第一步，也是风险管理的基础。只有在正确识别出自身所面临的风险的基础上，人们才能够主动选择适当有效的方法进行处理。风险识别是指在风险事故发生之前，人们运用各种方法系统地、连续地认识所面临的各种风险以及分析风险事故发生的潜在原因。中国绿色农业的生产条件、供应条件、销售条件在各个时期变化都很大，存在很大的不确定性，再加上中国人口的持续增加，耕地面积的逐年减少，农业资源相对来说越来越稀缺。因此，有效地识别中国绿色农业面临的风险，加强绿色农业风险管理对缓解绿色农业资源稀缺具有重大意义。目前中国绿色农业发展面临的风险主要有自然风险、技术风险和市场风险，通常这三种风险不是孤立存在的，自然风险（如自然条件的变化）可能会引起技术风险，而一项技术能否转化为经济效益，最终还要取决于市场需求，因此技术风险有时又与市场风险交织在一起。[①]

具体来说，风险识别的过程包含了感知风险和分析风险这两个大环节。

1. 感知风险

即了解客观存在的各种风险。消费者任何的购买行为，都无法确切得知其预期的结果是否正确，而某些结果可能令消费者不愉快。因此，消费者的购买意愿和决策中隐含着对结果的不确定性，而这种不确定性，也就是最初的风险。

当消费者主观上不能确定何种消费最能配合或满足其目标，即产生了感知风险，或者是在购买行为发生后，结果不能达到预期的目标时，所可能产生的不利后果，也产生了感知风险。具体而言，"感知风险"中包括有

---

① 　王晓燕：《浅谈农业风险的识别及控制》，《现代化农业》2003 年第 8 期。

两个因素：一个是决策结果的不确定性。例如：购买某种种子或肥料，既有可能收成很好达到或超过预期构想，但也有可能让种植者遭受极大的损失；另一个是错误决策后果的严重性。例如：农民购买了该种肥料或种子会不会导致收不回成本？会不会因此导致收入下降？会不会让自己和其他农民的差距拉大？

许多对顾客感知风险的研究都是从以下六个因素来进行的：时间风险、功能风险、身体风险、财务风险、社会风险和心理风险。（1）时间风险。购买的产品需要调整、修理或退还造成的时间浪费而带来的风险。（2）功能风险。产品不具备人们所期望的性能或产品性能比竞争者的产品差所带来的风险。（3）身体风险。产品可能对自己或他人的健康与安全产生危害的风险。（4）财务风险。产品定价过高或产品有质量问题等招致经济上蒙受损失所产生的风险。（5）社会风险。因购买决策失误而受到他人嘲笑、疏远而产生的风险。（6）心理风险。因决策失误而使顾客自我情感受到伤害的风险。

顾客的购买过程一般可以分为五个阶段：确认需要、收集信息、评价方案、购买决策和购买后行为，但有时并不是完全如此，尤其是参与程度较低的购买，顾客可能会跳过或者颠倒某些阶段。[1]

米切尔的研究表明，在购买过程的各个阶段，顾客感知风险的水平是不同的。在确认需要阶段，由于没有立即解决问题的手段或不存在可利用的产品，顾客感知风险不断增加；开始收集信息后，风险开始减少；感知风险在方案评价阶段继续降低；在购买决策前，由于决策的不确定性，风险轻微上升；假设购买后顾客达到满意状态，则风险走低。[2]

2. 分析风险

即分析引起风险事故的各种因素。风险分析是找出行动方案的不确定性（主观上无法控制）因素，分析其环境状况和对方案的敏感程度；估计有关数据，包括行动方案的费用，在不同情况下得到的收益以及不确定性因素的概率，计算各种风险情况下的经济效果，进而作出正确判断。

分析风险的方法主要是综合评价法。风险综合评价的方法中，最常用、最简单的分析方法是通过调查专家的意见，获得风险因素的权重和发生概

---

① 高海霞：《消费者感知风险及行为模式透视》，科学出版社 2009 年版，第 51 页。

② 肖立：《消费者行为学》，中国农业大学出版社 2011 年版，第 89 页。

率，进而获得项目的整体风险程度。其步骤主要包括：（1）建立风险调查表。在风险识别完成后，建立投资项目主要风险清单，将该投资项目可能遇到的所有重要风险全部列入表中。（2）判断风险权重。（3）确定每个风险发生概率，可以采用1~5标度，分别表示可能性很小、较小、中等、较大、很大，代表五种程度。（4）计算每个风险因素的等级。（5）最后将风险调查表中全部风险因素的等级相加，得出整个项目的综合风险等级。①

（二）绿色农业发展风险识别的内容

中国绿色农业的生产条件、供应条件、销售条件在各个时期变化都很大，存在很大的不确定性，再加上中国人口的持续增加，耕地面积的逐年减少，农业资源相对来说越来越稀缺。因此，有效地识别中国绿色农业面临的风险，加强绿色农业风险管理对缓解绿色农业资源稀缺具有重大意义。绿色农业发展风险识别的内容主要包括以下方面：

1. 环境风险

环境风险是指由于外部环境意外变化打乱了企业预定的生产经营计划，而产生的经济风险。引起环境风险的因素有：（1）国家宏观经济政策变化，使企业受到意外的风险损失；（2）企业的生产经营活动与外部环境的要求相违背而受到的制裁风险；（3）社会文化、道德风俗习惯的改变使企业的生产经营活动受阻而导致企业经营困难。

2. 市场风险

市场风险是指市场结构发生意外变化，使企业无法按既定策略完成经营目标而带来的经济风险。导致市场风险的因素主要有：（1）企业对市场需求预测失误，不能准确地把握消费者偏好的变化；（2）竞争格局出现新变化，如新竞争者进入，所引发的企业风险；（3）市场供求关系发生变化。

3. 技术风险

技术风险是指企业在技术创新的过程中，由于遇到技术、商业或者市场等因素的意外变化而导致的创新失败风险。导致技术风险的原因主要有：（1）技术工艺发生根本性的改进；（2）出现了新的替代技术或产品；（3）技术无法有效地商业化。

---

① 陈宪：《项目决策分析与评价》，机械工业出版社2010年版，第305页。

4. 生产风险

生产风险是指企业生产无法按预定成本完成生产计划而产生的风险。引起这类风险的主要因素有：(1) 生产过程发生意外中断；(2) 生产计划失误，造成生产过程紊乱。

5. 财务风险

财务风险是由于企业收支状况发生意外变动给企业财务造成困难而引发的企业风险。①

6. 人事风险

人事风险是指涉及企业人事管理方面的风险。

绿色农业发展风险识别的程序由以下三个方面构成：首先是筛选，就是按照一定的流程将具有潜在风险的产品、过程、事件、现象和人员进行分类选择的风险识别过程；其次是监测，监测是在风险出现后，对事件、过程、现象、后果进行观测、记录和分析的过程；最后是诊断，诊断是对风险及损失的前兆、风险后果与各种原因进行评价与判断，找出主要原因并进行仔细检查的过程。

二、绿色农业发展风险识别的原则

在对绿色农业进行风险识别的过程中，绝对不可盲目和毫无章法，规范、全面、详细是必不可少的，尤其需要把握以下几条基本原则：

(一) 全面周详的原则

要对绿色农业的风险进行识别，便必须全面系统地考察、了解各种风险事件存在和可能发生的概率以及损失的严重程度，风险因素及因风险的出现而导致的其他问题。损失发生的概率及其后果的严重程度，将直接影响人们对损失危害的衡量，最终决定风险政策措施的选择和管理效果的优劣。因此，在分析绿色农业风险时必须全面了解各种风险的存在和发生及其将引起损失后果的详细情况，只有这样才更加方便相关工作人员及时而清楚地为决策者提供比较完备的决策信息，防患于未然。

---

① 李北伟：《投资经济学》，清华大学出版社 2009 年版，第 322 页。

（二）综合考察的原则

单位、家庭、个人面临的风险是一个复杂的系统，其中包括不同类型、不同性质、不同损失程度的各种风险。由于复杂风险系统的存在，使得某一种独立的分析方法难以对全部风险都产生效果，因此必须综合使用多种分析方法，根据风险清单列举可知，单位、家庭、个人面临的风险损失一般分为三类：

1. 直接损失

识别直接财产损失的方法很多，例如，询问经验丰富的生产经营人员和资金借贷经营人员，查看财务报表等。

2. 间接损失

间接损失是指绿色农业企业受损之后，在修复前因无法进行生产而影响增值和获取利润所造成的经济损失，或是指资金借贷与经营者受损之后，在追加投资前因无法继续经营和借贷而影响金融资产增值和获取收益所带来的经济损失。间接损失有时候在量上要大于直接损失。间接损失可以用投入产出、分解分析等方法来识别。

3. 责任损失

责任损失是因受害方对过失方的胜诉而产生的。只有既具备了熟练的业务知识，又具备了充分的法律知识，才能识别和衡量责任损失。另外，企业或单位各部门关键人员的意外伤亡或伤残所造成的损失，一般是由特殊的检测方法来进行识别的。

（三）量力而行的原则

风险识别的目的就在于为风险管理提供前提和决策依据，以保证企业、单位和个人以最小的支出来获得最大的安全保障，减少风险损失，因此，在经费限制的条件下，企业必须根据实际情况和自身的财务承受能力，来选择效果最佳、经费最省的识别方法。企业或单位在风险识别和衡量的同时，应将该项活动所引起的成本列入财务报表，作综合的考察分析，以保证用较小的支出，来换取较大的收益。

（四）科学计算的原则

对风险进行识别的过程，同时就是对单位、家庭、个人的生产经营（包括资金借贷与经营）状况及其所处环境进行量化核算的具体过程。风险的识别和衡量要以严格的数学理论作为分析工具，在普遍估计的基础上，进行统计和计算，以得出比较科学合理的分析结果。

（五）系统化、制度化、经常化的原则

风险的识别是风险管理的前提和基础，识别的准确与否在很大程度上决定风险管理效果的好坏。为了保证最初分析的准确程度，就要求分析者应该进行全面系统的调查分析，将风险进行综合归类，揭示其性质、类型及后果。如果没有科学系统的方法来识别和衡量，就不可能对风险有一个总体的综合认识，就难以确定哪种风险是可能发生的，也不可能较合理地选择控制和处置的方法。这就是风险的系统化原则。此外，由于风险随时存在于单位的生产经营（包括资金的借贷与经营）活动之中，所以，风险的识别和衡量也必须是一个连续不断的、制度化的过程。这就是风险识别的制度化、经常化原则。

三、绿色农业发展风险识别的方法

识别风险的具体方法很多，例如宏观领域中的决策分析、可行性分析、统计预测分析、投入产出分析和背景分析等；微观领域中的流程图分析、资产负债分析、因果分析、故障树分析、损失清单分析、保障调查法和专家调查法等。随着管理技术的发展和实践经验的不断积累，风险识别的方法和手段会越来越完善与合理。下面介绍几种主要方法：

（一）生产流程分析法

生产流程分析法又称为流程图法，是指在绿色农业生产中，从种子化肥等原料投入到绿色农产品的产出，通过一定的设备顺序连续地进行加工的过程。这种方法强调根据不同的流程，对每一阶段和环节，逐个进行调查分析，找出风险存在的原因。

（二）风险专家调查列举法

风险专家调查列举法是由风险管理人员对该企业、单位可能面临的风险一一地列举出来，并且依据不同的标准进行分类。专家所涉及的面应尽可能的更加广泛，并且有一定的代表性。一般的分类标准为：直接或间接，财务或非财务，政治性或经济性等。

（三）资产财务状况分析法

资产财务状况分析法是按照绿色农业企业的资产负债表以及损益表、财产目录等的财务资料，风险管理人员经过实际的调查研究，对企业财务状况进行分析，来发现其存在的风险。

（四）分解分析法

分解分析法是指将一个复杂的事物分解为多个比较简单的事物，将它的大系统分解为具体的组成要素，然后从中分析可能存在的风险和潜在损失的威胁。失误树分析法是以图解表示的方法来调查损失发生前种种失误事件的情况，或者对各种引起事故的原因进行分解分析，来具体判断哪些失误最可能导致损失风险发生。

（五）SWOT 分析法

SWOT 分析法主要是对绿色农业发展项目中的优势与劣势，项目环境的机会与威胁进行系统分析、评价，来识别该项目所具有的风险。

（六）头脑风暴法

头脑风暴法指的是汇集绿色农业发展项目的技术主管、丰富生产经验成员、管理专家进行讨论，通过发挥发散性思维、创造性想法以及相关经验来识别项目风险。

（七）德尔菲法

德尔菲法主要是由调查者拟定调查表，按照既定的程序，以函件的方式分别向专家组成员进行征询；而专家组成员又以匿名的方式（函件）提交意见。经过几次反复征询与反馈，专家组成员的意见逐步趋于集中，最后获得具有很高准确率的集体判断结果。

（八）数据分析法

虽然事故是一个不确定事件，但事故的特性表明它的发生是有规律可循的。因此，在充分收集相关数据资料的基础上通过对所收集数据的统计分析进而识别相关风险是较为常用的一种风险辨识方法。

（九）表格检查法

遵循事先制定好的表格，按图索骥式地进行危险识别也是比较常用的一种风险识别方法。这类表格的应用需要事先简单的培训并在一定程度上依赖于勘察人员的经验。

（十）试验验证法

对于那些未知因素较多的系统或者技术水平较高且存在相应的实验验证手段的系统或产品，试验是最好的安全风险辨识手段之一。

在具体运用绿色农业的风险识别方法时需要依据实际情况来选择合适的方法进行辨识。绿色农业生产面临的自然、社会、经济、法律和政治环境如何等等，相关人员都应该进行认真分析、识别，以对绿色农业发展中潜在的风险作出较为准确的判断。

四、绿色农业发展的风险预警机制

绿色农业的风险预警机制是指对影响绿色农业生产的气象、地质、病虫草害，绿色农产品的生产、需求、库存、进出口和市场行情以及国外政府的农业政策等进行动态监测、分析研究，实施先兆预警，为政府部门、绿色农业生产经营者提供决策参考和咨询的系统。[1] 绿色农业风险预警机制，包括了危机预防与危机准备中的各项管理要素。一般而言，绿色农业风险预警机制包括绿色农业自然灾害预警系统和绿色农产品市场预警系统

---

① 易炼红：《农业竞争力论》，湖南人民出版社 2005 年版，第 388 页。

两大部分。

（一）　中国绿色农业风险预警机制存在问题

总体上，中国还没有形成完善的农业风险预警机制和应急处理系统，而且现有绿色农业风险预警机制和应急处理系统的运作缺乏稳定、有效的法律规制，不能很好地防范和降低农业风险。[①]

首先，从自然灾害预警情况看，虽然中国目前的气象预报技术、地球遥感技术、地质灾害监测技术以及信息技术等已比较发达，部分技术甚至位居世界前列，但是由于政府各职能部门和相关技术研发单位在技术系统上互不隶属，在资源的使用上条块分割、各自为战，整体自然灾害预警系统效果并不十分理想。在灾害预警的准确性，灾害信息发布的公开、及时、有效性方面还存在一定欠缺，导致自然灾害预警作用还未得到充分发挥。

其次，从市场风险预警机制来看，至今还没有形成由政府、中介服务组织、各种专业化组织和农民协会等多种主体共同参与的市场风险分析、监测和预防的制度体系，缺乏专门化的从事市场预警的政府职能部门和社会组织为农民提供服务，导致农民和市场信息不对称，影响了绿色农产品生产、流通和销售的产业化经营。

最后，从农业风险预警适用的对象和领域看，集中在国内市场上主要的农副产品和进出口产品，如大豆、棉花、水产品等，没有形成覆盖全部或多数农副产品的全方位农业风险预警系统。中国目前有关绿色农产品的生产、需求、库存、进出口和市场行情以及国外政府的农业政策等方面的信息搜集、整理、发布和反馈体系还远远不能适应实际工作的需要，给相关企业带来了巨大的风险和损失。

总之，当前中国的农业风险预警和应急处理主要还是停留在政策指导和行政权力的操作层面，缺乏对合理预警灵活的应对措施的法律规范。在立法层面上，绿色农业风险预警与应急处理缺乏统一的法律规则制度，无论是在组织机构、物质技术装备，还是人员配备、经费投入等方面都缺乏

[①] 尤春媛:《我国农业风险预警机制及应急处理》,《安徽农业科学》2007 年第 35 期。

具体明确的法律规定，尤其是农村信息化网络建设缺乏强有力的财政支持和法律保障，进一步延缓了绿色农业风险预警及应急处理立法；在执行层面上，各种农业风险预警和应急处理行政色彩浓厚。一些地方官员为了突出政绩，甚至运用行政命令等强制性手段指导农业生产，人为加剧了绿色农业风险。虽然，政府在风险救助和补偿方面有时较为及时，但又因财力有限等多种因素导致这些措施的实施缺乏稳定性和连续性。在对国外市场风险的预警和应急处理立法方面，中国也显得较为被动，主要还是忙于临时应对出口风险，而对于进口绿色农副产品对国内市场形成的冲击，还不能很好地利用 WTO 规则和"绿箱"政策，或通过调整国内政策，修改相关法律及时应对。

（二）中国绿色农业经营风险预警机制的构建策略

1. 绿色农业自然灾害风险预警机制构建

（1）对绿色农业自然风险进行预测定量分析。农业自然风险程度受三个主要因素影响：其一，自然灾害变化活动程度，主要是指灾害的强度、频率等，通常情况下这二者越高，发生灾害的可能性越大；其二，受灾农作物的密度价值和自身防灾能力，如果密度价值大且自身防灾能力差，受灾时损失就会严重；其三，自然风险的离散程度，当自然风险离散程度大，农作物遭受这种风险的侵害就大。

（2）建立绿色农业自然风险预警机制。依靠高科技技术，建立自然风险信息预警机制；进行部门整合，建立自然风险系统预警机制。整合与农业有关的水利、气象、天文和地理等部门，建立应对农业自然风险的联合机构，这样就能把各部门专家的专项分析进行有效的整合，使风险预警能够系统有效。

（3）借鉴发达国家经验，建立农业自然风险经验预警机制。例如美国依靠高超的科技水平和先进的仪器设备对降雨量、降雨分布状况和瞬时突发性洪水进行准确预报，极大地提高了农业防洪、抗涝能力，中国在这方面应加强学习、快速提高。

2. 绿色农业市场风险预警机制构建

（1）对市场风险预警模型的定量分析。由于农业经营所面临的市场风险是受多种因素的影响，而且是哪种因素引发的也不确定，对于这种多因素、模糊性的问题可用多级模糊评价方法。

（2）市场风险预警方法。一方面，确定绿色农业市场风险警戒线。对农业市场风险模糊分析时，可根据市场情况把风险分为正常、低风险、中风险和高风险四种状态。另一方面，确定农业市场风险报警方式。根据警戒区间和绿色农业市场风险实际情况，分别用"绿牌""蓝牌""黄牌""红牌"表示风险为正常、低风险、中风险和高风险的警报，用以警示相关人员采取相应措施，减少损失、增加收益。

3. 完善绿色农产品期货市场机制

世界上最早的期货市场是农产品期货市场，通过农产品期货市场可以达到分散经营风险的目的。[①] 但是目前中国农产品期货市场还不完善，还需在以下方面进行完善：（1）完善期货市场监管。农产品期货市场虽然能规避风险，但如果监管不力，会引发新的更大风险，因此监管部门应从严审查从业者，避免市场被操纵和过度投机。（2）完善期货市场法律。中国农产品期货市场应根据国际惯例，完善法规制度建设，对不适宜的进行删减、对有缺陷的及时补充，使期货市场运行有法可依。（3）完善期货市场主体。有效的期货市场应有大量的主体参与，为了吸引各方主体参与，应在价格上或服务机制上更好地为农产品套期保值者和投资方提供便利。[②]（4）完善期货市场品种。完善的农产品期货市场不仅要有大宗农产品如小麦、大豆和玉米等交易品种，还要有一般甚至是小量农产品交易，所以应开发多种农产品交易品种，以适应需求。

总之，在农业经营风险预警中，对其风险识别是前提，农业自然风险和农业市场风险预警机制的建立是基础，而农产品期货市场的完善是保障，如此方能达到预警之目的。

[①]　高倚云：《分散农业风险的对策》，《辽宁大学学报》2008 年第 1 期。

[②]　孙伟、张国富、邹宛言：《农业经营风险预警机制研究》，《黑龙江八一农垦大学学报》2012 年第 3 期。

第三节　国外绿色农业发展风险规避与控制模式

一、发达国家绿色农业发展的风险管理模式

(一) 美国的绿色农业风险管理模式

1929~1933 年大萧条期间，面对当时农产品价格的剧跌和农户的大量破产，美国政府对农业问题的判断是：农业部门在需求弹性不足的产品市场和供给商垄断程度较高的投入品市场上均处于劣势地位，不能得到"公平价格"，只有政府出面利用政策手段维持农产品价格水平才能保护被视为美国自由市场经济基础的家庭农场经济。这种政策着眼点八十多年来未做根本改变，成为美国全部农业政策的基点。

1. 美国联邦农作物保险公司的多风险单产保险

20 世纪 30 年代以前，美国农作物保险完全由私人公司承担，曾开展过单项险（如雹灾保险、火灾保险）和多重险（如单产保险、价格保险），仅单项险种业务获得成功，至今保留在私营保险业务范围之中。雹灾、火灾具有起因可辨识、发生概率可测、仅小局部损失严重等特点，农场愿投保，保险公司愿意认保。20 世纪二三十年代发生的多次大旱灾和经济衰退，促使美国政府于 1938 年建立了联邦农作物保险公司，推出政府补贴的多重风险单产保险，承保由多种自然灾害引起的农作物单产下降。政府补贴的单产保险是一种半个体化的丰年补歉年方式，具有暂时的农场之间和长期的农民与纳税人之间损失转移的性质。

2. 农产品期货市场、选择权市场

农产品期货市场在美国兴起于 19 世纪 50 年代。期货市场实质上是买卖价格风险的市场。期货交易的参与人同意按交易当时的期货价格买卖期货合同。当合同订立时的期货价格与合同取消/履行时的期货价格出现差额时，差额部分才成为交易双方收付的实际款项。价格风险在期货交易过程中转移了承受人。农民可以利用农产品期货交易来避免从产品生产到最后

出售这段时间发生不利价格变动所带来的损失。期货市场与选择权市场都是农产品市场的组成部分。

3. 价格、收入保险

农场价格、收入保险是仅处于理论探讨、方案设计阶段的政策建议。价格收入保险的基本思路是：根据特定时期的历史数据确定某种作物价格水平、作物总收入水平或某农场总收入水平作为保险理赔底线，结合低于理赔底线情况的发生概率算出保险费率，由农场根据自身需要选择购买适用的保险项目。价格收入保险可以选用具体某个农场实际得到的价格，实际实现的收入作为理赔底线，也可以选用指定作物、指定时期、指定市场的平均价格水平或者算出的收入作底线。实行价格收入保险的目标在于直接保障农场的收入水平，避免因价格剧跌或产量剧降带来的收入损失。[1]

（二）加拿大西部谷物稳定计划

加拿大西部谷物稳定计划是一套由政府和农民共同参与的、旨在避免谷物总体平均纯收入水平下降的风险管理计划。自1976年开始实行的这项计划包括两个基本内容：谷物专卖和纯收入补偿。"谷物专卖"是指加拿大小麦专卖局作为唯一有权出口和在国内食用谷物市场销售六种主要谷物的政府机构，在每个生产季节前参照国际现货和期货市场价格订出"底价"通知农场，农场在收获后按底价将谷物卖给专卖局。专卖局在按市场价售出全部谷物后（也许是一年或更长时间之后），将全部收入减去专卖局经销费用，再与农场的全部已得款相比，若超过农场得款，将按产量折出每吨补价补给农场，若少于农场得款，亦按产量折成每吨退款从农场下季谷物收入中扣回。加拿大西部谷物稳定计划实际上是个总体的盈年补歉年、保障农场在总体上得到稳定的平均纯收入的计划。

（三）日本的绿色农业风险管理模式

日本是一个气候多变国家，农业也常遭受自然灾害的袭击，灾后恢复生产、保障农民基本生活早已成为日本政府及相关部门亟待解决的重要课题。日本政府主要从法律保障、组织管理模式等方面对农业进行风险管理，

---

① 罗海平：《农业风险管理：美国、加拿大实例分析》，《国外农业经济》2013年第3期。

并取得了相应的成绩。

1. 健全的法律保障

日本政府十分重视农业的基础地位，为了支持农业发展和保护农民利益制定了一系列适合本国国情的农业法律、法规：关于扶持生产与完善农业基础设施方面的法律，如《重点农业区域建设法》；关于规范农业合作经济组织行为方面的，如《农协法》；关于灾害保险等方面的法律，如《农业灾害补偿法》；等等。经过第二次世界大战后半个多世纪的发展，日本政府根据本国实际情况不断制定修改本国法律，使其法律对本国农业实现有效的保护，完善的农业法律、法规建设，规范着农业风险的管理、农业灾害补偿制度的平稳运行。法律、法规在维护广大农民权益、确保农业和农村的协调发展，以及促进国民经济稳定发展等方面起到了重要的作用。

2. 积极的政府支持

农业风险管理是一个复杂的子系统，涉及参与生产的农民、经营的商人、变化的市场、服务的政府以及国内外复杂多变的环境。经济一体化格局，改变了各国参与国际贸易的方式和身份，日本充分发挥自身的比较优势，参与国际分工，科学利用资源配置及政策支持，对农业进行不同程度的保护，例如积极的科技支持、绿箱保护政策、黄箱保护政策以及对农业保险的各种支持政策等。使要素向高效益部门合理流动，分散或转嫁风险。日本政府通过实行管理价格制度和调节价格等手段保证农产品价格的稳定；采取农业补贴的方式，例如政府通过国家金融机构，直接发放财政资金贷款、鼓励各个银行向农业提供信贷资金等来保障农民的切身利益，保证农民收入的稳定；投入大量资金建立和指导农业的组织机构，建立了完善的农业技术推广体系。政府采取多项措施加强对农业的保护，保障农业高效运行与可持续发展。

3. 独特的组织管理模式

日本农夫协会是一个集生产、加工、销售、金融、保险等于一体的综合机构。日本农协作为一个全国性的农民组织把农产品从最初的生产、管理、销售全过程有机地联系起来。对农业生产资料及农产品进行统一采购、管理和销售，使日本农业在一定程度上实现了"工业化"规模生产，降低了边际成本，提高了农产品价格及竞争力。

4. 完善的共济保险体系

日本的农业保险独具特色，它是由互助性基层组织和分层次的组织架构组成，形成了有效的风险补偿体系，确保了农民的利益。日本的农业保险组织分为三个层次：市、町、村一级的农业共济组合（经营农业保险原保险），府、县一级的农业共济组合联合会（经营农业保险一级再保险）以及设在农林省的农业共济再保险特别会计处（经营农业保险二级再保险）。这三个层级形成了三级联动的农业共济保险体系，三个层级联为一体各司其能，确保了农业投保顺利进行。而除这三个层次的组织外，为解决组织的资金来源还特别建立了农业共济基金，以作为对共济组合联合会贷款的机构，为农业保险提供了稳定的资金投入。[1]

二、国内外绿色农业发展风险管理模式对比分析

纵观国外农业风险的显示管理情况，总体上已经形成一个包含农业政策、法规制度、部门设置、科技研究与推广、教育培训、多元化经营、期货期权、保险、合约经营等应对策略的多层面、多学科、多部门相互支持、协调的农业风险管理体系。

（一）农业政策与法律的差异

美国早在 1933 年为了改善农产品的供求状况，同时也为了保障农户的收入而出台了《农业调整法》，同一年还实施了"无追索权贷款"的补贴政策以及保护价格的"休耕限产"计划；1938 年颁布了《联邦农作物保险法》，还成立了联邦农作物保险公司；2000 年颁布了全面管理农业风险的战略指导性法律《农业风险保护法》。[2] 除了美国以外，日本对农业也是高度重视，其政策法律不仅系统具体，而且由于其经营分散、规模较小，更是独具特色。《农业灾害补偿法》对农业保险的机构、方式、范围、政府角色、费率、保费、赔款等作了具体规定；此外，还有《蔬菜生产销售稳定法》《重点农业区域建设法》《农林渔业金融公库法》《农地法》《农产品价格稳定

---

① 卢秀茹、杨伟坤：《日本农业风险管理对中国的启示》，《世界农业》2011 年第 2 期。

② 李正东：《世界农业问题研究》（第八辑），中国农业出版社 2006 年版，第 88 页。

法》《农产品检查法》《水资源保护法》等众多法律，涉及农业生产扶持、基础设施建设、经济合作、用地、产品流通、价格稳定、质量监控、生产资料使用及保护等各个方面。

反观中国的情况，自 2013 年 3 月 1 日起正式施行的《农业保险条例》，填补了《农业法》和《保险法》未涉及的农业保险领域的法律空白，为农险经营提供了法律依据，结束了依靠政策经营农业保险的时代，标志着中国农业保险业务发展进入了有法可依的阶段，对中国农业保险的发展具有里程碑式的意义。

（二）农业科技研究与推广的差异

在农业科学技术的研究及推广方面，美国处于表率性的地位。美国在 1877 年建立了各州农业试验站，1900 年至 1930 年为应对农业危机，鼓励支持国内专家从事农业科教及培训工作，引进国外现金品种并再培育、高度重视并研究生产废料的选用及病虫害的防治。如今，美国已经形成了由公私两方组成的完善科研体系。另外，在农业信息技术方面，一方面，美国通过传统及新兴手段搜集资料建立了多个大型数据库和网络信息中心，指导农业生产；另一方面，普及网络的运用，2005 年，使用过电脑和用电脑进行农业经营的农场比例分别达到 58% 和 31%。日本、德国、英国、澳大利亚等国也都建立了大型农业数据库及法规、气候、病虫害、市场等信息系统，运用全球定位、自动控制、电子标签等先进技术，实现农业经营过程的监测、预报以及机械农业的精准化。①

中国农业信息资源的建设尚属起步阶段，缺乏宏观的规划与布局，信息网络的管理设施与人才建设薄弱，现代信息技术还没有得到广泛的应用。尽管如此，从国家到地方，都已经开始重视并逐步加强农业信息资源的建设。全国 31 个省、区、市的农业部门已与农业部联网，另外，中国在各级乡镇都配有农技推广站和相应的农业推广人员，从基层帮助农民普及农业科技知识。

（三）多元化经营的差异

多元化经营即通常所说的"不能把所有的鸡蛋都放在同一个篮子里"，

---

① 曾小红、王强：《国内外农业信息技术与网络发展概况》，《中国农业通报》2011 年第 27 期。

它具有狭义和广义之分。狭义的多元化经营是指在农业领域同时经营对自然、市场、制度等能够引起农业风险的因素呈不完全相关或甚至相反的反应的多种农产品；广义的多元化经营是指除了经营同一领域的多种不相关产品外，还经营其他非农产业，比如投资、旅游等。当遇到一类产品或者一种产业出现不利变化时，多元化经营能够实现相互抵消、降低总体风险的目的。目前，英国农民至少25%的收入得益于多元化经营，欧洲这种经营方式则十分普遍。

目前，中国农业产业化经营取得了突破性进展，这为保障农民收入，规避农民面对的市场风险起到了很大的作用，但是农村地区绿色农业的产业化经营还有待进一步普及。龙头企业、合作社需要加强职能帮助农民脱贫致富，更好地融入社会主义市场经济的环境中去。

（四）农产品期货与期权的差异

期货市场具有套期保值和投机功能，目前，国际上农产品期货交易有21大类、190多个品种。美国期货市场处于世界领先水平，有历史最悠久、最具代表性的芝加哥交易所及中美洲交易所等众多农产品期货交易所。交易品种多达30多种，参与主体有企业、农场主及小农户，制度规范、设施完备、服务到位。[①] 农产品期货权实质是一种选择权，它不仅拥有期货的基本功能，而且买方有权选择是否行使权力，最大损失为缴纳的权利金，收益无限、更受欢迎。

中国农产品期货市场是在企业机制尚未根本转变、期货法尚未出台的情况下建立发展起来的，带有先天不足的特征，存在许多问题，主要表现在小品种、大资金的矛盾。目前中国期货市场仍然处于试点时期，在试点期通常的做法是先在一些小品种上进行试验，如果实验成功，才在较大范围内推广。

（五）农业保险的差异

从1971年德国最早设置农业保险机构发展至今，世界上现有四十多个国家开展农业保险，其中，欧美农业保险市场较发达，日本、印度、菲律

---

① 胡振虎：《美国农产品期货市场的借鉴与思考》，《中国财政》2010年第13期。

宾、毛里求斯、新西兰、赞比亚等非洲、大洋洲、亚洲国家都存在不同形式的农业保险。

现如今，中国农业保险的政策性经营方式不够明确；农业保险经营具有局域性；保险金额较低、保险责任范围较小；农业保险业务开展费用较高，经营技术水平较低，除此之外，农业人口保险意识薄弱。

（六）合约经营的差异

农业合约经营源于欧美，发展至今已为许多国家采用，是现代农业发达国家的基本特征之一，涉及众多农业领域，合约形式有生产合约和销售合约。国外已建立包括科技推广、信贷支持、金融市场、立法监管等方面的合约经营的保障体系。价款的支付有利润分成、起码收入加分成、最低价款加利润等多种形式，是提高农户参与度、降低交易费用、转移或消除农产品价格风险、保障农户收入的有利保证。

三、发达国家绿色农业发展风险规避与控制的启示

（一）加快立法进程，完善法律体系

从国外先进的农业风险管理经验来看，完善适时的法律体系及政策是农业风险管理成功的基本保障。然而，中国立法相对滞后。在农业保险方面，除了1993年制定、2002年修改后次年3月1日起实行的农业基本法律《农业法》和1995年制定、2009年修订后并不专门针对农业的《中华人民共和国保险法》中稍有提及农业保险，以及一些短期的保险方案和政府补贴之外，目前中国法律层面的农业保险立法依旧空白。而基础设施建设、经济合作、产品流通质量控制等方面的法规制度零散不系统，价格稳定方面更是无所依据。[①]

（二）建立农业风险科研机构，做好推广培训工作

通过分析发达国家的农业科研推广体系，不难发现，系统性和连贯性

---

① 牛旭斐、吕萍：《国外农业风险管理经验及其对我国的启示》，《甘肃科技》2012年第1期。

是其共同特征。中国的农业科研机构数量有限，层次不明，分布不均，呈断裂状态，相互之间缺乏沟通，且科技的推广培训效果欠佳，尤其是最低端的农户，由于自身认识及成本等因素的影响，大多数都不愿意采用新科技，更没有专门从事农业风险研究的机构。所以，中国需要加大对农业科研的投入及农业科研人才的培育力度。

（三）建立高效全面的农业风险信息体系

美国等发达国家都已建立了大量覆盖范围广且信息全面的涉农数据库及网络信息系统，而中国在这方面的进程明显较慢。中国虽然建有中国农业经济信息网、全国农产品批发市场价格信息网以及一些地方性的信息网站，但是这些系统都不够全面具体。在基础数据的收集、已有栏目的完整性、农产品品种的覆盖面等方面存在较大缺失，并且在很大程度上只是信息的显示，没有深入分析，没有起到预防风险、指导农业生产经营的作用。

（四）大力发展农业保险，应对绿色农业生产风险

新中国成立以来就开办农业保险，目前按照农户自愿的原则，采取商业化经营模式，然而相比国外却发展缓慢，存在险种少、保费增速慢、赔付率高、保险经营主体单一、农户投保率低下等问题。所以，中国应该借鉴国外先进经验，同时也要兼顾中国国情，充分发挥农业保险的作用。一是制定完善的农业保险法；二是采取政府保险与商业保险相结合的保险模式，建立政府性和商业性双重性质的保险机构；三是扩大农业保险险种范围，对农民投保进行指导培训。

（五）规范合约经营，不断完善农业期货期权市场

合约经营在中国从20世纪80年代就开始采用，发展比较迅速，但还存在合同不严谨、违约率高、利益分配机制不合理等问题。因此，必须注意合约经营过程中的合同规范化、提供多种价款支付形式并通过将违约与价款相连，提高履约率，转移风险。而农业期货期权方面，国外发展得已相对完善，在防范农业市场风险方面发挥了重要作用，相比之下国内市场比较滞后，交易主体少、规模小、品种少、宏观环境差，有待于进一步完善，真正发挥套期保值、增加收入的作用。

（六）科学理性的选择是多种策略的组合

这些策略包括：（1）多样化经营。使得一些经营活动的低收入被其他经营活动的高收入所抵消。（2）财务杠杆。用借款的方式来筹措农场经营资金。（3）签订合同。事先确保价格、市场以及其他交易条款而使风险减少。（4）套头交易。用期货或期权合同来减少先期现金销售或商品购买前不利的价格改变风险。（5）作物产量（或收入）保险。当生产者的产量（或收入）低于其保险的产量时得到赔偿。（6）农户的非农就业或投资。能够提供给农户一定的收入，弥补农场收入的不足。①

第四节　中国绿色农业发展的风险规避与控制途径

一、绿色农业发展风险防范机制构建

综合以上分析可以看出，目前中国绿色农业风险问题十分突出，而风险防范体系尚不完善，绿色农业风险的防范能力仍很脆弱。农业安全，是维系农民生活和农业发展的大事，而绿色农业风险在市场经济条件下是客观存在的、不可避免的，因此建立具备风险识别、预警、抵御、转移以及补偿等多元化的农业风险防范体系，对于中国农村经济的发展具有至关重要的意义。

（一）建立绿色农业风险监测预警系统

为了提高绿色农业信息化的程度，政府要建立科学的绿色农业风险监测预警系统，尽可能以定量指标或定性指标全面反映农业风险的相关信息。该系统可通过收集、整理和加工农业风险信息，在相关技术支持的基础上建立省、市、县、乡四级农业信息网、绿色农业信息资源数据库等，并定期向农业部和农民发出报警讯号，运用现代信息系统和技术进行农业风险预警和防范。政府还要加强宣传力度，提高农民的风险防范和管理意识。

---

① 周倩妮、刘玮：《美国推广农业风险管理教育》，《中国保险报》2012年8月27日第2版。

（二）完善绿色农业基本建设投入体系

在农业结构调整中，农业基础设施是最重要的公共产品。政府应增加对农业基本建设的投入，完善农业基础设施建设。在投资方式上，要创新机制，除了依靠政府财政支持外，还要充分发挥政策引导和市场机制"两只手"的调节作用，以优惠的政策吸引个人、集体、外资等各类经济主体投资建设农业基础设施，同时加强各部门、各单位的协调配合，共同推进农业基础设施建设向纵深发展。

（三）培养科技型职业农民

一般而言，农民整体素质越高，对风险的承受能力就相对越强。目前中国广大农民的文化素质普遍较低，严重缺乏抵御农业风险的能力。因此，在农业结构调整中要重视提高广大农民的综合素质水平，具体做法有：首先大力发展农村的职业技术培训和职业技术教育，提高农民的科技素质。其次大力发展农村高等农业教育，鼓励并吸引高素质、高学历的技术人才到农村从事农业技术推广和农业经济管理工作。最后，对于农业技术风险的防范，不仅要提高农民的农业文化素质，还要培养其理性的市场分析和生产决策能力。在引进新技术时，要考虑因地制宜的因素，理性分析市场前景，切不可盲目跟风，轻易改变生产结构；当出现"被跟风"现象时，要依据市场行情和自身条件作出决策，当弃则弃，以便寻求新的发展出路。

（四）建立有效的绿色农业产品价格保护机制

农业的特殊地位和农产品的特殊属性，决定了政府必须要通过适当的方式对农产品市场加以调控。一是建立绿色农产品收购价格保护制度，保障农民能够承受的风险底线；二是建立绿色农产品的储备制度，通过在市场价格低于保护价格时增加农产品储备，在市场价格高于保护价格时抛售储备的方法来平衡市场供需和价格波动。此外，考虑到农业市场信息的滞后性，政府对农民的扶持不应是在农产品供不应求而价格高昂之际，而应是在供过于求而价格低迷之时。通过建立规范的农产品价格保护机制，尤其对于农业市场风险的化解有着重要的现实意义。

（五）建立绿色农业风险专项基金制度

中国应建立由政府牵头的农业风险专项基金制度，即设立专项的绿色农业风险基金用于救助和补偿遭遇风险的农民，有效转嫁农业风险，减少受灾农民的损失，具体内容包括：政府根据每年的年度财政预算按照一定的比例从当年财政收入中提取资金用于建立专门的农业风险基金，基金规模可由各地的经济发展情况来定，并成立规范的农业风险基金委员会，负责农业风险基金的使用和管理。此外，为了实现农业风险基金数量的累积增加，除了随着财政收入的增长逐年扩大基金规模外，还可以将暂时闲置的基金用于一些风险较小的投资，既避免了资金的闲置浪费又实现了风险基金的保值增值。

（六）完善绿色农业保险机制

总结美国、加拿大、日本、法国等农业发达国家的经验，不难得出，农业保险已经成为农民分散和转移农业风险的重要工具。相对于灾后救济，农业保险不会扭曲市场价格，也减轻了政府直接财政支出的负担，同时它又属于 WTO 规则中规定和允许的"绿箱政策"范畴，对于防范农业风险和稳定农民收入具有重要作用。因此，政府应为农业保险提供法律、经济和行政等方面的支持，加快完善农业保险机制，大力发展农业保险事业。在经济上，一是政府可向农户提供保费补贴，这是影响农民投保的首要诱因；二是政府可向保险公司提供其经营农业保险业务的费用补贴；三是政府可在农业保险业务单独核算的基础上对农业保险收入免征营业税、所得税。在行政上，政府应加强对农业保险机构的领导与管理，对农业保险进行有效地监管，提高农业保险理赔服务水平。

（七）加快发展绿色农业产品期货市场

国内外实践经验表明，农产品期货市场是分散农业风险的有效工具。理论研究得出，期货市场的功能主要体现在价格显示和风险转移两个方面，发展农产品期货市场可以平抑农产品市场价格，减少市场价格波动和市场风险，且不会扭曲市场价格，有利于减轻政府的财政负担，此外，利用期货市场的套期保值和保证金制度等功能，可以有效地防范、分散和降低违约风险。但目前中国期货市场体系不健全，其防范农业风险的作用尚未得到广大农民和农业企业的高度重视和普遍应用。因此，应大力发展农产品期货市场，尽快完善农产品期货市场体系。[①]

（八）创新绿色农业巨灾风险分散机制

由于中国农业发展较为落后，再加上农业自有的高风险性和弱质性，导致农业生产极易受到洪水、干旱、地震等农业巨灾风险的影响而遭受巨大损失。目前中国尚未建立完善的农业巨灾风险管理体系，其应对措施主要是政府救济、社会捐助、农民自主管理和农业保险等传统方式。前三种措施在时间上属于灾后管理，是被动的风险管理方式。而承保能力有限的农业保险在应对赔付率超高的农业巨灾风险时，往往入不敷出、资不抵债，严重者甚至破产，保险公司为弥补偏高的成本不得不提高保费抑制农民的保险需求。因此，中国迫切需要创新农业巨灾风险分散机制，运用科学有效的管理方式化解农业巨灾风险。成立专业的农业再保险公司。针对农业巨灾风险的高赔付率，应在政策的支持下，鼓励成立专业的农业再保险公司，为保险公司提供价格合理的再保险业务，有效分担巨灾风险带给保险公司的经济压力。

二、绿色农业发展风险规避体系建设

构建现代农业风险管理的根本途径是建立一个贯穿现代农业经营全过程的多层次、多元化、全方位的符合社会主义市场经济要求的农业风险保障体系。构建一个健全、完善的农业风险保障体系可以从以下七个方面着手：

（一）扩大宣传力度，提高农民的风险防范意识

在农业市场中，绝大多数农户都是风险的规避者。为了增强农户的抗风险意识，政府相关部分需加大宣传力度，让农户能够自觉地认识到风险的潜在性和危害性，使其能客观地对待，并采取相应的措施尽早地预防，

---

① 王宏伟:《农业风险分析及防范体制构建》,《农业经济》2013 年第 8 期。

把风险损失降到最低。

（二）建设与发展绿色农业产品期货市场

期货市场的主要功能是转移风险和价格显示，特别是发展套期保值业务，能在一定程度上尽可能地减少农业所遭受的损失。如期货市场上购进商品，现货市场上销售商品，当这种商品价格波动时，农民通过现货市场和期货市场可以减少价格波动所带来的风险。此外，为进一步满足农户的需求，需不断增加农产品期货市场的品种种类与数量，以充分发挥期货市场在分担农业市场风险方面的作用。

（三）发展科技农业，提高绿色农业从业人员的素质

现代农业的一个重要的着力点是科学技术的普遍运用。因此，政府首先应着力构建科技创新机制，不断深化农业科研机构改革；其次，进一步加强农业新技术的研发以及成果的推广工作，重点抓好农村产业结构的关键点，培育农业新产业的生长点，发展改造传统农业的新技术；再次，根据市场经济的原则不断地推广已经物化的农业技术，对于未经物化的还停留在知识或信息形态的技术，可以建立以农户为中心由社会进行的农业技术推广；最后，通过科研院校以及农技站等，做好农业人才培养工作。

（四）组建专门的绿色农业风险保证基金

利用政府的财政补贴和基本农作物的保险费收入，建立重大灾害风险基金，在发生大范围的不可抗拒的重大自然灾害时，给予受灾农民一定的资金救济和保险补偿，能够使他们在大灾之后生活有保障，生产不受到太大影响。另外，还可以以政府为发起人，成立一些政策性的农业风险投资基金，通过直接投资、参股、提供贷款或贷款担保等方式，扶持农村第三产业、科技农业和风险农业的发展，达到利用社会力量，分散经营风险的目的。

（五）建立现代绿色农业风险预警系统

相关的部门应对涉及农业的各方面信息进行收集、整理和加工，分析和预测农业风险的可能性，通过市场风险预警、气候、政策风险预警等，

定期向农业部门和农户发出报警信号，来增强农民决策的正确性。

（六）建立与完善现代绿色农业商业保险体系

在现代农业中，农业保险赔付率高问题一直是许多国家和政府面临的问题。面对农业中风险高的保险产品，商业化经营的后果是保险公司根本没有利润，农业保险成了保险公司保不起、农民也买不起的摆设。为了降低农业风险带来的灾难性后果，需建立一个从中央到地方、完整的农业商业保险组织体系，具体负责组织和管理针对农业的保险业务，向广大农民、农产品经营者以及农业信贷机构提供各种形式的保险服务，为他们提供转移风险的有效途径，扩大农业保险范围，增加保险险种，充分发挥保险转移风险、分散损失、实施补偿的功能，为现代农业的发展提供一个可靠的安全保障。[1]

（七）加强绿色农业的政策性引导，健全信息网络传播

在政府的政策引导中，首先，政府在制定相关农业政策时，必须突出透明度，及时地让农户了解政府的有关政策；其次，针对某些农产品做好价格保护制度，以及与之相配套的缓冲储备与补贴等措施；再次，加大对农业的投入，做好农业基础设施建设，增强农业抵御自然风险的能力；最后，制定相关法规，定期做好农业信息的披露制度。此外还要加强农业信息网络传播建设，增加政府对农业的信息化投入，使农业信息得到及时传播，农民可以依据全面的信息进行正确决策，避免风险。

三、绿色农业发展的风险控制途径

绿色农业的风险控制是指对风险进行识别和衡量后总结出的风险问题而采取一定的方法进行控制和处理，它是风险管理工作的一个关键性环节。从目前中国绿色农业风险的现状来看，政府应在以下方面采取一定的措施进行有效控制。

---

① 琚向红：《现代农业风险管理体系的构建》，《农业经济》2012 年第 2 期。

（一）发展高科技农业，调动各方积极因素

据统计，目前农业人口的素质还很低，农业科技人员还很缺乏。一方面，政府应该着力于构建科技创新机制，通过不断深化农业科研机构改革，改善广大农业科技工作者的待遇，大量培养农业科技人才，办好各类农业科研院校，合理配置科研院所，提高农业科研整体水平和创新能力等，为高科技农业的发展提供支撑。另一方面，应进一步进行农业新技术的研发以及成果的推广应用，要抓住农村产业结构的关键点，培育新产业的生长点，发展改造传统农业的新技术。在农业技术推广方面，应该将已经物化的技术根据市场经济的原则去运作，而对于未经物化的还停留在知识或信息形态的技术，可以建立以农户为中心的由社会进行的农业技术推广应用机制，通过技术人员的服务进行推广。对这些技术的研发与推广要集中力量重点突破，争取时效，强调效益，依靠科技的力量使农业发展步入良性循环的轨道。此外，还应不断健全资金投入机制，逐步形成以政府为主导的多元投资主体。

（二）发展绿色农业的产业化、多元化经营

农业产业化是指农业的市场化、社会化、集约化，其基本内容是以市场为导向、以提高经济效益为中心，对当地农业的主导产品和主导产业，按照农工贸一体化的要求实行生产要素多层次、多形式、多样化的配置，并由此实现农业生产的市场化、社会化和集约化。农业产业化可以把分散的农户组织到主导产业系统中，形成农业的规模化经营，产出大批量和标准化的农产品，增强农产品在国内市场与国际市场的竞争能力。此外还应发展多元化的农业生产，因为农业受自然因素的影响较大，如果变单一的农业种养生产模式为多种经营，那么当一种产品出现损失时，可由其他产品来弥补。另外，随着农业商品化的提高，与农业有关的制造业、加工业、运输业和贸易也将随之发展起来。当农业经济发展到一定的程度，农业抵御风险的能力就会大大增强。

（三）加强绿色农业的政策性保护，健全信息传播网络

首先，政府应进一步实行价格保护，价格保护是包括最低价格、缓冲

储备、风险基金和补贴等等一系列互相配套的措施在内的政策体系；其次，政府应该增加对农业的投入，兴修水利，植树造林，增强农业抵御自然风险的能力；再次，政府还应该制定相应法规，规范农贸市场秩序，确立农业信息定期披露机制，建立各层农产品批发市场，降低农业的市场风险。此外，政府应以政策支持期货市场的发展，为农产品的交易提供一个相对安全的空间，利于农产品的保值。从信息传播网络的建设上来看，在信息化建设成为时代潮流的 21 世纪，很多国家的农业信息都已经全面地加入了本国的信息网和互联网，这些信息包括农产品的生产、流通、市场价格、农业灾害、农业科技及农业的环境资源等等。中国的信息产业虽然近年来发展很快，但还主要集中在经济发达地区，边远地区信息产业还没有得到发展，甚至还有许多农村电视和广播这些最基本的信息传播渠道都未能建立。如果政府能够加大对农业的信息化投入，使农业信息得到及时传播，农民就可以依据全面的信息进行正确决策，避免风险。

（四）加强对绿色农业保险的扶持

就世界范围而言，农业保险赔付率高的问题是普遍存在的。如加拿大在过去 30 年中的农作物保险累积赔付率 110%，美国 1981～2000 年农作物保险累积赔付率达 150%，如果没有政府补贴，各国的保险公司都会不同程度地出现亏损。在中国，保险为农业提供的保障程度很低，只提供农作物保险，其保险责任也很窄，主要是雹灾、水灾、风灾、冻害等，且在保险金额的确定上遵循的是低保额、低保费、基本保障的原则，如 2000 年中国农业保险保费收入只占农业总产值的 0.043%，平均每个农户缴纳的农业保险保费约为 0.31 美元，获得的农险赔款约为 0.22 美元。当然，中国农户是小农经济，在绝对数量上的差距是正常的，但从相对数来看，差距甚大，如农险保费占农业总产值的比重不到美国的 3%，且中国农险的赔款额低于保费，起不到扶持农业的作用，反而成为农业的负担。为了缩小差距，中国应大力发展农业保险，充分发挥其经济补偿职能，为农业生产提供经济保障。但由于农业保险作为一种准公共物品，带有明显的社会效益性，在市场经济条件下受到了严峻的挑战，大多数地方出现了"大办大赔，小办小赔，不办不赔"的现象，如 1991 年、1993 年、1994 年的赔付率都超过了

100%，产生了上千万元亏损，再加上 20%费用率，实际亏损更多。[①] 在这种状况下，一般的商业保险公司不愿涉足农业保险领域也属正常，如果没有有力的措施，中国的农业保险发展可堪忧虑，因此政府首先应加强农业政策保险的立法工作，以法律形式明确政府及农业保险经营者在农业保险经营中的职能，保证政府对农业保险支持的常规性。其次可建立专门的政策性保险公司，如果由目前国有独资的中国人民保险公司经营的话，也应该给予政策上的支持，可对其实行税收上的优惠措施或者适当地对其进行管理费补贴和亏损补贴。再次应从政策上鼓励农业保险的再保险经营，为原保险提供强有力的支持。最后，针对中国农业经营者收入偏低的情况，可对农民实行保险费补贴。

[①] 王晓燕：《浅谈农业风险的识别及控制》，《现代化农业》2003 年第 8 期。

第十章 绿色农业管理的 国际合作

经济全球化背景下的绿色农业要发展壮大，仅仅利用国内市场和资源远远不够。充分利用国际市场和资源，在保证粮食安全的战略目标下，拓展绿色农业国际化合作道路，通过尝试不同的合作模式，探索建立国际化合作机制，不断完善绿色农业国际合作体系建设，实现绿色农业的国际化经营，是促进中国农业现代化的重要途径，也是经济全球化发展的客观要求。本章从粮食安全监管的国际合作入手，重点探讨了绿色农业管理国际合作的合作原则、合作机制、合作模式以及合作体系建设等。其主要内容包括粮食安全监管的国际合作框架，绿色农产品安全的国际合作，绿色农业管理的国际合作基本原则，绿色农业管理的国际合作机制，三种国际合作模式，绿色农业管理国际合作体系建设的原则、目标及主要内容等。

第一节 粮食安全与绿色农业国际合作

一、粮食安全的国际合作框架

（一）粮食安全的国际合作内涵

世界粮食首脑会议的定义，粮食安全是指所有人在任何时候都能够获得充足的、安全的、有营养的粮食。具体而言，粮食安全可概括为两个层次、三重含义和四项内容。① 两个层次即宏观层次的国家粮食安全和微观层次的家庭粮食安全。国家粮食安全主要取决于该国的粮食生产量、粮食储备量、食物净进口量（包括国际粮食援助）；家庭粮食安全主要取决于该家庭的可支配收入。家庭获取粮食的途径包括自家生产、市场购买等。三重含义指供给的充足性、供给的稳定性、食物的可获得性。四项内容则是具体解释，一是指粮食总量要能够满足人们不断增长的粮食需求；二是指粮食价格要能够保证所有人都买得起；三是指粮食营养要能够满足人们实现积极和健康生活的需要；四是指粮食获取要注重生态环境的保护和资源利用的可持续性。由于全球化进程加速，国际市场对国家粮食安全的影响越来越大，因此，在制定国家粮食安全政策时必须将国际市场同本国基本国情相结合。中国拥有世界五分之一的人口，粮食安全较其他国家而言尤其重要。而在当前改革开放的环境下，如何紧跟国际粮食市场的行情，依据自身长久的经济社会发展要求来制定粮食安全政策，从而充分保障国内粮食稳定、充分、快速供给，调控粮食进出口结构，确保社会稳定乃至国家安全，这是当前粮食安全战略的总体目标。

（二）粮食安全的国际合作变迁

粮食安全问题从来都是一个全球性的问题。全球化趋势使这一问题变得更加复杂多变，由粮食安全问题引发的"蝴蝶效应"促使世界各国在国际合作中协同合作，建立并完善国际粮食安全的法律法规，保障全人类的健康和发展。除主要的粮食贸易合作外，世界各国在粮食安全领域的交流合作不断加深，在探索粮食安全合作机制的过程中，制定了双边、三边乃至多边的国际合作协定，用以协调国际经贸中的种种关于粮食安全的矛盾，避免突发连锁的粮食安全事件，促进各国经济持续健康快速发展。目前，国际食品安全合作机制大概经历了三次较大改革，机制制定重点从注重行为规范（Practices），到实施危害分析关键控制点（HACCP）②，再到强调整个食品贸易链条上的全程安全规制（ISO22000）。第一次变革的行为规范包

①　田野：《影响我国粮食安全的主要隐患及对策建议》，《粮食问题研究》2004年第2期。
②　HACCP是确保食品在消费的生产、加工、制造、准备和食用等过程中的安全，在危害识别、评价和控制方面是一种科学、合理和系统的方法。

括良好卫生规范（Good Hygiene Practices，GHP）、良好生产规范（Good Manufacturing Practices，GMP）和卫生标准操作程序（Sanitation Standard Operating Procedures，SSOP），世界卫生组织（WHO）的十大金色法则，世界卫生组织保障安全事务的五个关键以及美国 USDA/FDA 粮食安全的四步法。第二次变革的核心是发现危害性和控制关键点。这一概念被世界卫生组织引入国际化，并适用于中小企业的危害分析关键控制点应用策略。当前，危害分析关键控制点提供的预测关键点的方法来消除食品微生物或化学危害被公认为是科学的、系统的预防办法。ISO22000 的出台标志着第三次食品安全规制的变革。国际标准化组织（ISO）发布的这一全新食品安全国际标准从整个食物安全监管体系的角度对食物链中的所有相关者提出了相应的责任，其具备全球普适性。除此之外，ISO22000 食物安全国际标准的出台使全球企业或组织在构建食品安全监管网络时有了衡量标准和具体办法，并且在执行关于食品卫生的危害分析关键控制点系统时更容易，而不会因国家或涉及的食品不同而不同。[①]

食品安全国际合作机制的数次变革关注重点各不相同，首次变革目的是为了形成生产规范[②]，制定农产品生产加工时的安全准则；再次变革则侧重于甄别、筛选出食品生产可能出现的危险因素，并加以控制；最近一次变革的核心则是从人类粮食贸易以及食物链健康状况来制定。良好生产规范保证危害分析关键控制点有效实行，而 ISO22000 则致力于减少食物可能引发的不健康几率，这三次变革层层递进，互为补充。

（三）粮食安全的国际合作协定

《实施动植物卫生检疫措施的协议》（简称 SPS 协议）和《技术性贸易壁垒协议》（简称 TBT 协议）是 WTO 法律框架内设计粮食安全责任规制的两个多边协议。这两个协议旨在为 WTO 成员国提供关于国际粮食贸易中的食品安全、技术性贸易壁垒规定等法律依据，维护国际市场粮食贸易的自由化。但是因为协议中指导执行措施的条款不够明晰，且原则性规定过多，

---

① 周一鸣：《论食品安全监管的国际合作机制》，《西北工业大学学报（社会科学版）》2013年第 2 期。

② GMP 要求制药、食品等生产企业应具备良好的生产设备，合理的生产过程，完善的质量管理和严格的检测系统，确保最终产品质量（包括食品安全卫生）符合法规要求。

而成员国之间参与国际粮食贸易程度有显著差异，这就导致协议在具体实施过程中对发展中国家和欠发达国家而言，产生了一些负面影响。

1. SPS 协议

SPS 协议制定的出发点是保护人类的生命健康权，在全球农业污染治理、营造健康的国际粮食贸易环境中发挥作用。但是由于协议标准是依据发达国家在保障食品安全中的经验而来，这就意味着经济实力欠缺的发展中国家在执行 SPS 协议时面临过高的成本和执行力要求，造成不公平，甚至是难以完成。另一方面，发达国家常常依靠自身的资本和技术优势滥用 SPS 协议，针对协议中保护本国食品行业的技术手段制定了十分苛刻的食品进口安全标准，进而限制了其他国家食品的流入，阻碍国际食品贸易的自由化。因此，WTO 成员国中的非发达国家往往会认为 SPS 协议是专门保护发达国家国际贸易优势的制度性工具。按照 SPS 协议规定，所有国家在贸易活动中承担同样的义务，且发展中国家承担的义务分阶段履行。但值得关注的是，给发展中国家的宽限期往往很短，许多阶段性义务已经到期，这对于当前阶段发展中国家的粮食进出口贸易仍旧是不利的。发达国家与发展中国家在供求之间差别十分明显，尽管 SPS 协议要求发达国家向发展中国家提供技术援助，但是完全自由的国际粮食贸易很难实现。这其中的原因在于虽然协议中规定，当发展中国家为满足协议标准而投资改善粮食生产的安全卫生环境时，粮食进口国有义务考虑提供相应的技术援助，但这种类型的技术援助相对于整个贸易行为而言是极少的。另外，根据协议内容，在准备和实施动植物卫生检疫措施时，各成员方政府应该考虑到发展中国家成员的特殊需要。当一国政府采用一项新的卫生检疫措施时，如条件可行，应允许利益相关的发展中国家有更多的适应调节时间，维持其原有的出口机会。只是，发达国家在实际贸易活动时很少履行这些义务。所以，需要对发达国家滥用 SPS 协议的行为加以约束，改善发展中国家在国际粮食贸易活动中的弱势处境，促进公平贸易。

2. TBT 协议

TBT 协议制定的初衷在于保护生态环境的同时，防止 WTO 成员国采取的技术性保障措施变成技术性贸易壁垒。协议中仅规定成员国的保护措施不能超过必要限度，但是并没有区别发达国家和发展中国家的"必要限度"的程度，因为成员国之间技术优势、资本优势、管理优势以及贸易环境差别很大，这就很难判断成员国的保护措施是否合理，容易导致技术性贸易壁垒。尤其是对发达国家而言，往往可以借 TBT 协议来限制发展中国家的粮食出口。2008 年中国三鹿奶粉被查出含三聚氰胺，意大利立即规定所有进口食物都应提供不含任何中国牛奶成分的证明，如无法证明，则意大利政府授权海关存留进口食物 60 天将其销毁。意大利在三鹿事件未有明确调查报告出来之前即采取如此严格的技术性处理，这一措施是否符合 TBT 协定还有待商榷，但是对中国出口其他国家的衍生产品造成了严重损失是毫无争议的。因而，为实现 TBT 协议的初衷，避免不必要的贸易损失，必须明确各成员国采取技术保护措施的限度，统一认定标准并强化监督，使得 TBT 协议下的食品贸易保护法律机制不会阻碍食品贸易的自由化。

二、绿色农业产品数量安全的国际合作

（一）国际粮食危机

自 2007 年下半年始，国际粮食市场爆发了一场持续一年半之久的严重粮食危机，全球主要农产品贸易都受到强烈波及。这是自 20 世纪 70 年代粮食危机以来最严重一次全球性粮食安全事件，其后期影响至今存在。从短期看，本次粮食危机主要冲击了粮食进口国以及低收入群体，同时对整个国际社会造成影响；从长期来分析，这一轮空前的粮食危机暴露出的全球粮食安全问题，并因此引发的国际社会对全球粮食安全问题的关注，以及许多国家和地区采取的粮食政策调整都深深地影响着未来世界的粮食安全发展趋势。粮食价格大幅上涨在第二次世界大战后的国际贸易中多次出现，但是因价格上涨引发成为粮食危机的，就只有 1973~1974 年和 2007~2008 年这样两次。两次粮食危机都是粮食价格从地位大幅升高后又快速回落。据统计，1973 年小麦、玉米、稻米和大豆的农场价较 1971 年分别上涨了 206%、180%、110% 和 120%，而 2008 年小麦、玉米、稻米和大豆的农场价较 2005 分别上涨了 98%、103%、120% 和 76%。[①] 不同的是，2007~2008

---

① 王士海、李先德：《全球粮食危机与后危机时代的国际粮食市场》，《郑州大学学报（哲学社会科学版）》2010 年第 4 期。

年这次粮食价格上涨背景是粮食价格整体连续几年呈上升趋势，"蓄势"更明显一些。

将粮食价格的大幅提升称之为粮食危机的深层次原因在于粮食价格问题关系全球粮食安全。统计文献中虽然未查出 20 世纪 70 年代因粮食危机而死亡的人口数据，但是粮食危机前后人口死亡率偏差则具有一定参考价值，非官方据此估计死亡约 500 万人。到了 2007～2008 年的全球粮食危机，全球饥饿人口不断增加。据统计，2007 年全球饥饿人口达到 9.23 亿，2008 年扩大到 9.63 亿人。经济危机与粮食危机叠加，导致饥饿状况持续恶化，到 2009 年，全球饥饿人口猛增至 10.2 亿。而在此之前的 2003～2005 年的统计中，国际社会将饥饿人口减少到了 8.5 亿人以下。

粮食价格大起大落，许多国家在粮价上涨时采取了限制和禁止粮食出口政策，在一些低收入缺粮国引发了社会动荡。目前，对于爆发粮食危机的原因，似乎还没有得出一个被广为接受的结论。但一般认为影响粮食价格上涨的因素有：原油价格的上涨、生物燃料的发展、低粮价导致的生产不足、中国和印度等新兴国家增加的粮食需求、美元贬值、市场投机和主要出口国的贸易政策等诸多方面。国际粮食价格在 2008 年中期开始大幅回落，2008 年 12 月份跌至低谷，至此，这一轮粮食危机基本结束。

（二）绿色农产品的数量安全

确保重要农产品有效供给，始终是国家粮食安全的首要任务。人类生存与发展，离不开粮食供给。因供给不足所引发的粮食危机，往往是社会动荡产生的主要根源。尤其是发展中国家，一旦粮食供给无法满足需求，粮食价格的上涨就会增加人民群众的生活费用，诱致工资水平上升，从而降低近现代产业部门的利润，最终制约整个国民经济的发展。从粮食供给角度来看，现代科学技术逐渐成为提高农业综合生产能力的主要推动力，在农业生产中发挥着越来越重要的作用。研究表明，与制度变迁和市场化改革一样，研发投入对中国农业增长极为关键，并且随着时间的演进，这种关键性的作用呈现出增加的势头。当前，土地资源、水资源的日渐稀缺、劳动力的大量转移、环境资源的不断恶化等，逐渐成为制约粮食供给的限制性因素，粮食供给能力的提高面临着新的更加严峻的挑战。从粮食需求角度来看，国民经济高速增长所带来的收入水平的提高，特别是消费结构的转换与升级，成为粮食需求强劲增长的主要推动力；粮食需求的广度和深度呈现出前所未有的加速势头。在人口持续增长、工业化和城市化不断推进的背景下，中国的粮食需求呈现出刚性增长的态势。

在中国，粮食数量安全还有一个重要指标是粮食自给率必须保持在95%以上，这是中国粮食安全的红线。按照粮食自给率定义，是指在一定时期内一个国家或地区自己生产和储备的能够用来满足消费的粮食数量与粮食总需求之比。粮食自给率有狭义自给率和广义自给率，狭义自给率就是指即期的粮食产量、粮食储备与粮食需求之比；广义的自给率还应包括不纳入粮食范畴，但是可以作为粮食的替代物品。[①] 分析 2001 年以来中国粮食进出口统计数据，谷物直到 2008 年还是净出口，但从 2009 年开始转为净进口，而且进口速度增长很快。2009 年中国谷物净进口 183 万吨，2012 年则上升到 1302 万吨，增长 6 倍多。如果按照谷物口径计算，也就是狭义粮食自给率定义，2009 年中国狭义粮食自给率为 97.9%。[②] 按照中国粮食自给率 95% 的安全红线判断，中国的粮食供给应该是安全的。但是如果把大豆纳入粮食的范围来计算广义的粮食自给率，则是另一种结论。

如果把大豆纳入粮食口径来计算广义的粮食自给率，那么，2012 年中国广义粮食自给率则只有 88.7%。按照中国粮食自给率 95% 的安全红线判断，粮食供给安全则处于红线之下。且从 2003 年起，除 2005 年和 2007 年两年勉强超过 95% 以外，中国粮食自给率已经处于安全红线之下，见表 10-1。

表 10-1　2001~2012 年中国主要粮食自给率变化表

年份	总产量（万吨）		净进口量（万吨）		粮食自给率（%）	
	谷物	大豆	谷物	大豆	谷物	含大豆
2001	39648.2	2052.8	−532	1369	101.4	98.0
2002	39798.7	2241.2	−1197	1103	103.1	100.2
2003	37428.7	2127.5	−1986	2047	105.6	99.8

---

① 张启良：《"十连增"后我国粮食安全面面观》，《调研世界》2014 年第 6 期。

② 在此，把粮食贮备看作常量，粮食自给率＝自产粮食总产量÷粮食消费量×100，其中粮食消费量＝自产粮食总产量＋净进口量。

年份	总产量（万吨）		净进口量（万吨）		粮食自给率（%）	
	谷物	大豆	谷物	大豆	谷物	含大豆
2004	41157.2	2232.1	501	1990	98.8	94.6
2005	42776.0	2157.7	-387	2619	100.9	95.3
2006	45099.2	2003.7	247	2786	99.5	94.0
2007	45632.4	1720.1	-831	3036	101.9	95.6
2008	57847.4	2043.3	-27	3697	100.0	94.2
2009	48156.3	1930.3	183	4220	99.6	91.9
2010	49637.1	1896.5	451	5464	99.1	90.0
2011	51939.4	1908.4	429	5243	99.2	90.5
2012	53934.7	1730.5	1302	5806	97.6	88.7

资料来源：根据《中国统计年鉴》统计数据整理，谷物包括稻谷、小麦和玉米。

随着经济增长，粮食供给与粮食需求之间的矛盾日益尖锐。尖锐的矛盾使得中国粮食缺口逐步加大，粮食供需平衡压力逐步增大。如果不对粮食数量安全问题给予充分的重视，中国或许会因为粮食缺口深陷国际粮食危机，从而使得世界粮食危机再次成为可能。因而，必须从战略高度重视粮食生产发展，在这个意义上，如何强调粮食生产持续增长的重要性和必要性都不过分。

（三）绿色农产品贸易国际合作机制

1. 粮食安全的政府间双边合作

国家拥有丰富的公共资源，且垄断相应的公共权利，所以粮食贸易的国家间合作是粮食国际合作的最重要构成部分。同时，各国政府在合作过程中多采用双边协商、多边合作的模式。一方面，各国相互之间可以签订各种贸易协定、粮食安全监管合作协定，并且努力协调贸易与粮食安全之间的关系。各国在双边交流、合作和谈判过程之中应该努力兼顾自由贸易与粮食安全这两种不同领域的价值目标。按通行做法，为了增强合作交流的有效性，更高水平地实现预期目标，粮食贸易伙伴国家之间往往通过制定具体的有关粮食安全的贸易条款和合作谅解备忘录等，对合作的方式、内容以及范围作出明确规定。以中国为例，由于幅员辽阔人口众多而成为国际粮食贸易的重要成员，与许多贸易伙伴国家签订了相关的双边进出口协定，以解决两国国内相关政策和要求方面存在的分歧或冲突，使双方的要求能够协调一致，保障进出口粮食安全。

另一方面，各个国家的政府部门、司法机构和标准制定单位存在多层面、定向的面向贸易与监管策略的协商合作。这类合作模式不属于通常意义上的国与国之间的协商合作，其深入到粮食安全负责部门的直接对话与合作，成果更容易达到预期目标。但与此同时，由于发展中国家普遍存在市场制度不完善，保障粮食安全的能力有限，而发达国家则由于内部对话机制完备、保障粮食安全基础好等特点导致双方部门在合作过程中解决问题的能力有限，持续的深度合作往往不易进行。当前，中国国家质量监督检验检疫总局在粮食安全国际合作加强这一大背景下，已与美国、欧盟成员国、日本、韩国等国家在不断的磋商下建立了有效的对话机制，并先后与美国、加拿大、日本、韩国、泰国、越南、巴西、阿根廷、智利、欧盟及其多个成员国之间建立了粮食安全合作机制，并签订了有关粮食安全的检验检疫议定书。

2. 粮食安全的全球性合作组织

世界卫生组织于 2004 年创建了国际粮食安全网络，目的是为了改善国家和国际层面的粮食安全主管部门之间的合作。该网络对国际上各国粮食安全主管部门间进行日常粮食安全信息交换起重要作用，同时为粮食安全紧急事件发生时迅速获取相关信息提供载体。迄今为止，已有 160 多个国家或地区成为系统注册成员。

以 2014 年在北京召开的食品安全标准与风险管理国际研讨会为例，这是国际食品安全最高级别研讨会，由联合国粮农组织、世界银行和世界卫生组织，以及中国食品安全的主管机构国务院食品安全委员会、食药监总局和卫生计生委共同发起和主办，多方组织通力合作下，会议涉及议题包括国内外食品安全形势、食品安全标准以及食品行业安全管理等热点问题。与会组织代表认为，对于中国来说，清理和整合食品安全标准是当前的重要任务。中国目前有食品类国家和行业标准数千项，食品标准存在交叉重叠的问题，甚至"标准一大堆不知用哪个"。目前中国在食品安全领域正在抓紧食品安全国家标准整合工作，2013 年完成了 5000 个食品标准的清理，计划到 2015 年年底，形成基本完备的食品安全体系。① 诸如此类的国际合作组织对于相关国家食品安全问题的探讨在国际合作中亦十分重要。

积极参与食品安全的国际合作对于粮食贸易大国中国而言，十分必要。通过国与国之间合作，国际组织的配合，中国同世界各国关于粮食贸易及安全方面的合作越来越多。运用国际规则，沟通国际合作组织，通过双边或者多边的国际协定来缓和粮食贸易矛盾、提升粮食安全管理水平、促使国家粮食进出口贸易健康发展，中国在世界粮食贸易市场上逐渐担当起自身的责任。

三、绿色农业产品质量安全的国际合作

（一）绿色农业产品质量安全的内涵

毋庸置疑，单纯追求数量平衡的供给导向型粮食安全战略，有效地解决了粮食产量不高、供给不足的难题，为粮食可获得性提供了充足的数量保证。不过，随着生产力水平和人民生活水平的逐步提高，生态环境的日趋恶化，经济社会发展阶段的演进，拓宽了粮食安全的价值维度，使之呈现出多元性，粮食安全不再仅仅表现为数量安全维度，而是表现为数量安全维度、品质安全维度、生态安全维度与健康安全维度的有机统一。②

品质改变世界，安全铸就未来。国民收入水平提高，提升了居民粮食消费观念。居民不再仅仅局限于粮食数量的可获得性，而是更加重视粮食品质的提高。收入水平提高让城市居民对粮食的质量、专用性以及稳定性提出了更高的要求，农业生产的标准化逐渐成为居民粮食消费过程中的关键性问题。居民粮食需求逐步由温饱阶段的追求数量转向了富裕阶段的追求品质，更加关心粮食营养的优质化和多样化，更加注重粮食结构的优化。

现今，国家安全的内涵不再局限于以军事安全为主体的传统安全，而是更加注重于将人作为安全主体性和目的性，把人与人、人与社会、人与自然的和谐相处视为本质。与此相适应，粮食安全成为实现非传统安全的

---

① 张卫：《食品安全标准终迎大"瘦身"》，《中国食品》2014 年第 3 期。
② 高帆：《粮食的产品特征及其对粮食安全实现的启示》，《调研世界》2006 年第 11 期。

重要主体。在非传统安全理念支配下，品质安全成为粮食安全与时俱进的重要价值维度。缺失品质安全的粮食安全，既不能满足人作为主体实现可持续发展的需要，又不能满足安全内涵的与时俱进要求。

（二）粮食质量安全国际合作的欧盟经验

当今世界对粮食安全进行监管的效果最好的是欧盟对其成员内的粮食安全规制，形成了完善的区域性粮食安全法律体系，对保障欧盟内部粮食安全、促进欧盟内部粮食贸易的发展起到了不可忽视的作用，值得世界上其他区域性组织借鉴。欧盟有关食品安全的法律法规主要集中体现在两个层面：一是规定了保障食品安全的原则性准则，二是围绕这些准则要求的具体标准与政策制定。

1. 风险评估机制

风险评估机制是欧盟食品安全法律体系里面最基础的部分，其主要由三个方面的内容组成。首先，欧盟食品安全机构委托相关科研机构对待测食品进行风险预测，将其评估结果提交给欧盟及其成员国；其次，欧盟成员国及相关机构根据评估结果，结合本国基本国情，选择对应的政策规制，即完成风险管理部分；最后，食品生产加工企业、行业协会以及普通民众等与该食品相关的群体会收到来自欧盟食品安全局的风险评估报告以及本国政府和专业机构对该食品的立法和相关举措，这一过程被称为风险交流。

2. 快速预警系统

当欧盟成员国内部潜在的食品安全威胁出现时，其具体情况将被相关组织以预警通报或者信息通报的形式发送给各成员国，信息的及时通报有利于欧盟成员国快速反应，采取适当措施保证民众的饮食安全。

3. 可追溯制度

欧盟是最早建立并实施食品可追溯制度①的国际组织。自20世纪90年代的欧洲疯牛病危机以来，食品可追溯制度强化了对食品"从田间到餐桌"全面的监管，也保证在爆发食品安全事件后，有关机构能迅速准确查明食品来源，从而避免更大的损失。

---

① 在食品供应的整个过程中，记录和存储食品构成与流向和食品鉴定与证明等各种信息的质量保证体系。

4. 关键控制点体系

食品生产主体在生产过程中对潜在危害进行分析、管控的行为，构成了欧盟的食品安全控制体系。整个食品安全控制体系里各职能部门责任清晰，管理效率高。其具体的管控方法为，首先，成员国将本国国情结合欧盟标准制定出相应法律并实施，或者在欧盟食品安全控制体系内实施具体细则。其次，欧盟对成员国在食品安全方面法律的实施情况进行协调，对未遵循欧盟食品安全法的成员国向欧洲衡平法院提起诉讼。最后，对于成员国内出现的食物安全摩擦，相关国家可将其提交至欧盟委员会来协调，亦可以到欧洲法院起诉，其裁决结果对欧盟成员具有强制性。

（三）质量安全国际合作的策略

依据欧盟经验，中国在确保粮食品质安全的国际合作中，应从绿色农业生产经营环节入手，健全粮食生产经营质量监督体系，确保粮食品质安全。一要在生产环节推行标准化生产，规范农药、化肥的施用量，确保粮食品质安全的可控性。二要在流通环节健全品质安全追溯体系，提高相关经济主体的品质安全意识，确保粮食品质安全的可追溯性。三要在监督环节优化监督细节，强化执法力度，对危及品质安全的生产、流通行为给予严惩，让事件主体承担应有的责任，确立粮食品质监督的法规可依性。四要充分发挥人民群众参与监督的积极性，构建维护人民群众粮食品质安全的监督机制，采取举证倒置的方式，维护民众的品质安全权利，确立粮食品质安全监督的社会广泛性。

从人类追求幸福的高度出发，科学界定粮食生产、加工、储存、运输安全标准，实现粮食全产业链安全。一要树立粮食提升人的幸福指数理念，将实现人的幸福作为粮食生产的出发点和落脚点，绝不能轻视粮食品质安全和营养丰富在人类追求幸福过程中所发挥的作用。二要从提高健康水平入手，构建科学的粮食品质安全评价体系，对粮食品质安全进行分类管理，严格监督考核体系，对危及人的健康的不法行为严惩不贷。三要优化化肥农药施用，减轻环境污染。既要完善农业技术推广体系，引导农民科学合理施肥用药、提高化肥农药利用率；又要加强化肥农药市场监督力度，规范化肥农药市场秩序；还要加强滥用化肥农业危害的宣传，积极推广生态技术，提高农民的环保意识，努力提高人民群众健康水平。

绿色农业发展道路是实现粮食生态安全的基础和前提。其活动价值目标更加注重经济价值、生态环境价值和生活价值融于一体。这种综合性的价值目标取向，旨在强调农业生产活动与自然的共生与协调，追求农业生产活动对生态环境的友好性、避免对大自然界的破坏性，从而通过物种的多样性实现农业生产的可持续性。重视农业生产活动与自然界的和谐相处、确保粮食生产充分满足人对粮食多样化需要，是粮食安全之生态维度的应有之义。无公害、绿色、有机是生态安全依次递进的三个层次。基于绿色农产品生产可持续性和对人的生存环境以及健康水平的综合考虑，可以认为，粮食生产不应仅仅是关注生产什么，还应该关注依赖什么样的生产环境以及能否持续生产。良好的生态环境是粮食生产得以持续的充要条件。[1]没有优良的生态环境，粮食生产的可持续能力势必受到制约。并且绿色农产品生产更应从生态多样性维度全方位地促进人的全面自由发展并不断拓宽人的自由选择范围，提升生活品质。

第二节　绿色农业管理的国际合作机制

一、绿色农业管理的国际合作基本策略

为保障粮食安全，2007 年中国政府提出了农业"走出去"的发展战略，[2] 2008 年进一步提出要"统筹利用国际国内两个市场、两种资源"。绿色农业管理的国际合作即是在这样的大环境中被提出，其基本策略也统一于农业"走出去"的战略背景。

农业"走出去"战略确立了"政府搭台、企业唱戏"的原则，即在农业"走出去"的过程中主要依靠企业自身，政府为企业提供必要支持。在农业"走出去"战略形成之前，中国部分企业已经开展了境外农业资源开发的工作，国家"走出去"战略的提出进一步促进了中国企业进行境外粮

---

① 杨万江：《粮食安全形势与思考》，《广东农业科学》2013 年第 25 期。
② 张晶、周海川、张利庠：《农业"走出去"的经验分析、机遇和挑战》，《农业经济》2012年第 11 期。

食开发的进程。农业"走出去"是当前国际经济活动的一种重要形式。在内容上，农业"走出去"既包含产品"走出去"，又包含要素"走出去"。①其中，产品"走出去"主要侧重农产品出口贸易；要素"走出去"主要指资本、技术、劳动等生产要素对外输出。从内容角度来看，主要指要素"走出去"，从形式角度主要指农业对外合作、农业对外援助、农业直接投资。在国内国际两种资源以及国内国际两个市场的共同作用下，本国或本地通过农业"走出去"，与国外共同进行农业开发及粮食生产，实现两国在土地、资本、技术、劳动、企业家才能等多项资源领域的交错利用及优势互补。产出的粮食，一方面，可以满足合作国当地的粮食需求；另一方面，也可以通过返销进口到本国，保障国内粮食供应。在此进程中，中国农业"走出去"所采取的具体策略主要包括以下几点：

（一）争夺国际市场农产品的定价权

前文中提到农业"走出去"的概念不限于产品的输出，更重要的是资本、技术、劳动、企业家才能等多项资源领域的交流，并参与到国际市场的竞争中去，争夺国际市场农产品的定价权。国际农产品贸易市场上，中国作为最大的农产品消费国，却没有进口农产品的定价权。拥有技术和资本优势的跨国公司控制着农产品产业链的主要利润。以美国邦吉公司（BUNGE）和中粮集团有限公司为例，两公司规模不相伯仲，但前者通过资本控制生产地在巴西的大豆产业链，而后者依靠垄断地位控制中国国内市场，因此，中粮集团有限公司在国际农产品贸易中无法拥有定价权。显而易见，资本在争夺国际市场农产品定价权的过程中举足轻重。当前，中国国内金融资本的结构性不均等激发了大规模对外直接投资的需求。

加之中国处于全球消费终端的地位，外汇储备支撑资本的对外投资等一系列有利因素，中国企业应该运用资本参与到国际农业产业链的上游竞争中去，获得国际农产品价格定价权。②

（二）开发海外国家丰富的农业资源

日韩等国家由于自身农业资源的稀缺在开辟海外农业时十分积极，且

---

① 杨易、何君、张晨：《资源利用与粮食安全路径选择》，《农村经济》2012 年第 6 期。
② 倪国华、张璟、郑风田：《对农业"走出去"战略的认识》，《世界农业》2014 年第 4 期。

经验丰富。南美洲国家和幅员辽阔的俄罗斯成为其争夺资源的主战场。与之相比，中国的海外农业发展历史短，经验不足。但中国的优势在于廉价的劳动力和独特的地理环境。以黑龙江农垦集团为例，该集团利用跨国劳工，在与黑龙江省一江之隔的俄罗斯远东阿穆尔平原地区租田种地，发展海外农业。在探索开发海外国家丰富的农业资源的过程中，中国以互利互惠的双边经贸合作为基础，缓解了国内就业压力和环境压力，保障了本国的粮食进出口安全。

（三）开拓对农业基础薄弱国家的投资建设

非洲土地肥沃，可耕地面积辽阔。但过低的农业生产水平导致了非洲成为全球饥荒最严重的地区。其过低的农业生产率一方面是受经济发展状况限制，另一方面则是受非洲各国政治、文化等因素限制。发达国家诸如美法日都曾尝试帮助其提高农业生产水平，但由于政治、文化因素的过度干扰，导致发达国家的努力不见成效。中国则因与非洲多数国长期以来同为第三世界国家的原因，在非洲地区拥有高度的战略互信。在此背景下，中国通过多种形式的农业援助，提升了非洲的农业生产水平，同时也提升了中国在非洲农业发展中的话语权，有利于国家粮食安全战略的实施，增强中国的国际影响力。具体而言，经过多年发展，中非农业合作不断深入，实现从强调非洲政治解放、民族独立向关注中非双方互利共赢、共同发展的转变。正是在这种策略的驱使下，政府间农业国际合作机制逐步建立起来。而所谓政府间的农业国际合作机制是指为适应农业国际合作发展的需要，政府间在调整农业合作关系中通过一定程序形成的旨在规范政府合作行为，协调不同利益与汇合共同利益，促进农业合作的一系列有机联系的正式制度安排。完善的农业国际合作机制至少包括合作制度、合作组织机构、参与主体及渠道、合作项目或行动、保障措施等构成要素。农业国际合作机制主要分为多边合作机制包括区域合作机种和双边合作机制，发起成员为中央政府、地方政府或国际官方组织等。中国农业国际合作机制目前呈现以双边机制为主，双边、多边机制并存的局面，参与主体多元化，合作逐步深化。

二、绿色农业发展的双边国际合作机制

农业双边国际合作机制主要由农业部发起和主导，与外国政府签订合作协议并牵头落实。据不完全统计，截至 2011 年 6 月，中国已与世界 91 个国家和地区建立了长期稳定的双边农业合作关系，签订各类农业国际合作双边协议 189 个，组建农业联委会或工作组 64 个，双边国际合作机制不断拓展。总体来看，东南亚、欧洲、北美洲国家与中国建立双边国际合作机制的国家较多，形成的工作组较多，时间较早，而非洲、南美洲及大洋洲国家相对较少。

绿色农业的双边国际合作依托农业国际合作而发展，就其执行结果而言，绿色农业的双边国际合作由农业部主导，在包括商务部、外交部、海关总署、国家质量监督检验检疫总局在内的多个部门的联手配合下，满足了协议国双方的需求。双边绿色农业合作涉及领域广泛，如种植业、畜牧业、渔业和水产养殖等领域都有合作。而其合作内容也各有不同，在与欧美国家合作中以科技研讨、技术交流为主，在与亚非国家合作时则选择项目试验示范、派遣专家指导、信任互访等形式。合作资金除了双方共同承担以外，还有诸如亚洲开发银行等国际组织的资金援助。当前，中国的绿色农业国际合作向制度化和机制化转变，农业对外开放水平越来越高；政府与国际组织的合作越来越密切、默契，在处理地区之间、国与国之间的绿色农业经济贸易活动时，管理水平和能力有较高层次的提升；拓展了国际合作领域和合作深度，双方的沟通机制日渐完善，绿色农业对外经济贸易活动有了制度保障。

三、绿色农业发展的多边国际合作机制

农业多边国际合作机制中，有的是农业部主导的农业多边国际合作机制，有的是农业部参与的农业多边国际合作机制。中国与东盟、大湄公河次区域 CGMS 成员①、上海合作组织、联合国粮农组织（FAO）、世界银行

---

① 是指湄公河流域的 6 个国家和地区，包括柬埔寨、越南、老挝、缅甸、泰国和我国云南省。1992 年，在亚洲开发银行的倡议下建立。

（WB）、联合国世界粮食计划署（WFP）、非洲联盟等组织或国家建立了长期稳定的农业合作关系，签订了多个农业多边合作协议，形成了东盟与中日韩（"10+3"）农业合作、上海合作组织农业合作、中国与 FAO "粮食安全特别计划"框架下的南南合作①、中国与中东欧国家农业合作论坛等机制。目前"金砖国家"农业合作机制正在形成。从多边机制参与方看，中国参与部门有农业部、外交部、商务部、海关总署、国家质量监督检验检疫总局等部门。

从多边机制执行效果分析，区域性的绿色农业合作效果显著、影响范围广。多边合作机制下，众多参与主体需要默契配合才能完成相关条款，实现绿色农业的高效合作，因此，需要统一的组织来处理日常管理活动。如东盟合作设置了东盟秘书处；针对具体开展的合作项目，农业部设置了南南合作项目办公室；联合国粮农组织在北京设置了办事处，同时中国在联合国粮农组织里设置了代表处，方便双方乃至多方的沟通对话，促使各种形式各个领域的绿色农业合作项目高效运行。目前，中国建立了涉及农业经贸、信息技术、人力资源管理等多领域深层次的绿色农业多边国际合作机制，依托各种绿色农业合作项目展开的经贸活动效果显著，信息技术合作发展迅猛，人力资源管理合作成果丰富。在此基础上，中国致力于吸引更多参与主体，通过更高水平的科技、人力、经贸合作，将各方交流活动从一般事务性合作转向专项合作、政策对接合作，巩固多边合作机制；对于已经在人力、科技等领域有合作的参与方，中国将向农业投资方向发展，拓展不同的合作模式；对于取得阶段性成果的多边合作机制参与方，中国将向制度性合作转向，多方磋商共同规划合作领域及内容，进一步深化多边合作机制。

四、绿色农业发展的地区合作机制

据不完全统计，1991~2010 年，黑龙江、辽宁、浙江、江西、山东、湖北、湖南、广西、海南、云南、新疆等 11 个重点省份与国外农业部门或政

---

① 南南合作发展中国家间的经济技术合作。因为发展中国家的地理位置大多位于主要发达国家的南方，因而发展中国家间的经济技术合作被称为"南南合作"。

府部门签署 45 个农业合作协议与备忘录。合作对象主要涉及美国、德国、日本、韩国、加拿大、越南、老挝等国相关地方州、省政府，或外国农业部所属种植业司、农业厅、农业局，或农业行业组织等。合作领域包括农资、农业机械、种植、畜牧、动物检疫等多个方面，合作形式主要为建设农业示范基地、互访和考察、互派研修生、科技合作研究、技术培训等，资金常由合作双方共同承担，或独自承担，或按每个项目个别情况处理。

各省份签署的合作协议中，有的能按照合作内容条款扎实推进、加以落实，但是也有的协议推进落实较为困难。开展合作活动较多的省份主要有广西、云南、黑龙江、海南等。从地区合作执行效果分析，中国的合作主导方为省（自治区）级政府或农业主管部门，协助方为地方行业协会、国际商务主管部门等。在已签订的合作协议中，能较好完成协议内容的合作方占比较高，同时也存在无法完成协议的情况。就合作项目量比较而言，广西、云南、海南以及黑龙江等省份参与项目较多。在巩固和完善"旧"机制的同时，中国将努力促进建立新的合作机制。现有合作机制将会从现有合作区域、国家或地区不断向其他区域、国家或地区延伸、辐射和扩展。

因此，不断构建一些新机制来推动重大合作，这是农业国际合作事业发展的必然趋势，多区域、多类型、多层次农业国际合作机制在不同层面发挥作用的格局将长期存在。在既定国际合作机制被不断巩固和完善的条件下，中国将现有合作参与方向其他地区、国家拓展，合作内容与形式也不断创新，宽领域、深层次、多类型的绿色农业国际合作机制不断构建，这是农业国际合作事业发展的必然趋势。

总之，中国农业国际合作机制发展面临良好机遇，同时也面临挑战，如机制复杂性增强、机制整体性规划、全球性布局和中国角色定位要求提高等，总的来说，机遇大于挑战。简而言之，健康发展的农业国际贸易市场为中国绿色农业管理的国际合作机制发展提供了很好的机遇；同时，由于国际合作越来越深入，合作机制将越来越复杂，这对中国整体规划绿色农业管理的国际合作机制提出了挑战。新的农业国际贸易环境下，中国需要对本国的绿色农业管理活动进行重新定位、规划和布局，把握良好的发展机遇。

第三节　绿色农业发展的国际合作模式

一、基于不同区位优势的绿色农业国际合作模式

这种模式主要是利用各国和各地区所处的地理位置上带来的交通运输、信息传递方面的优势，来促进绿色农产品出口和利用外资，以及绿色农业国际交流与合作。如中国沿海、沿边地区充分发挥其区位优势，充分发挥其丰富的水域资源，大力发展各种优质绿色水产品出口，以较低的运输成本和快捷的市场信息迅速占领国（境）外绿色农产品市场。珠江三角洲地区进入港澳绿色农产品市场，辽宁、山东、江苏抢占韩国、日本绿色农产品市场，都是在绿色农业国际化发展中充分发挥了各地区的区位优势。

（一）沿海及沿边地区

以辽宁沿海经济带的绿色农业国际合作为例，辽宁海毗邻黄海与渤海，与经济活动交流活跃的泛太平洋区域联系紧密。其与东北亚朝鲜半岛、日本海上贸易便利，同俄罗斯、蒙古国陆路接壤，坐拥东北地区农业生产和加工优势，与160多个国家和地区通航，航运功能完备，物流能力强劲，从事绿色农业国际贸易活动的区位优势明显。[①]

（二）珠江三角洲地区

以珠三角与东盟各国的农业国际合作为例，其采用"政府+企业+科研院所"型农业国际合作模式，效率很高，成果显著。这种模式是由开展绿色农业管理国际合作的双方政府、科研教学单位与企业多方联动配合来实现合作，具体而言就是"政府搭台，企业唱戏，研学支撑与服务"。这其中，政府由领导型角色转变成"牵线搭桥，构建平台，提供保障"的服务型角色，这样更能发挥企业的主导作用，同时能给予科研院所足够的空间来从事技术支持、人才交流等工作，将先进的农业科技、农业管理理论应

---

① 丁岩、葛立群：《辽宁沿海经济带农业发展战略研究》，《农业经济》2011年第1期。

用到市场中，增强企业产品的市场竞争力，促进农民增收，提升合作参与方在农业国际贸易的优势，推进参与方国家的农业现代化进程，实现各方互利共赢。①

（三）云贵边境地区

以云南与东盟各国开展的农产品贸易为代表的农业国际合作模式。在农业"走出去"的战略背景下，云南省充分利用资源、地缘和产业基础优势，依托产品"走出去"、生产"走出去"、加工"走出去"、防疫"走出去"、生产链"走出去"等主要模式进行农产品贸易、农业科技示范与推广、边境动物疫病联防联控、境外替代种植及农业投资，逐渐打开了农业对外经济合作的新局面。

二、基于不同资源禀赋的绿色农业国际合作模式

（一）资源过剩出口型

一些农业发达的国家，如美国、加拿大等，大量出口农产品是缓解农业产能过剩、促进农业经济发展的重要途径。这些国家充分发挥本国的资本优势、资源优势以及经营管理优势等，促使本国的大宗农产品出口贸易占据农产品国际贸易的重要地位。以小麦和玉米的国际贸易为例，全球超过80%的贸易出口量来自美国、加拿大、阿根廷、澳大利亚和欧盟；而这几个国家在全球肉类食品的出口贸易比重也高达72%。另外，在全球油料贸易活动中，仅美国、巴西、阿根廷、加拿大4个国家的油料出口就占到总量的90%以上，因此，这些国家在国际农产品贸易中优势明显。

（二）资源稀缺保护型

一些农业资源贫乏的国家，如日本，由于较低的农产品生产率限制本国绿色农业的发展，多采用关税配额、出口补贴等措施，从而减少了国际

---

① 骆芳芳、李智军、曾祥山、韩福光、郑锦荣：《广州—珠三角与东盟农业国际合作模式研究》，《广东农业科学》2014年第2期。

廉价的粮食进入国内，保证本国粮食安全，保护本国的农业发展，保障本国农民生活。

（三）资源转换出口型

一些国家土地贫瘠、资源匮乏且劳动力短缺，但同时又具备资本优势、技术密集的特征，这样的国家往往选择将自身资本转换成农业资源来发展本国农业，参与国际农业竞争。以荷兰为例，其利用本国的资本优势，大量获取利用国外的廉价肥料、饲料等，又通过自身的技术优势和得天独厚的地理环境优势，发展本国的畜牧养殖业、花卉产业以及农产品加工业，使荷兰占据国际市场中重要农产品出口国的地位。

（四）资源有限配置型

资源有限的国家通过调整本国农业产业结构，提升农业生产效率，有所选择地发展绿色农业产业，进而在国际农产品贸易活动中获得较高的比较利益，这种模式被称为资源有限配置型模式。以色列农业资源有限，在建国初期，为实现主要农副产品的自给而选择发展本国的粮食生产，结果反而更依赖粮食及其他农副产品的进口，农业发展缓慢。自20世纪70年代以来，以色列政府按照比较优势原则，对国内资源重新配置，促使本国农业优势明显，发展迅速。具体办法是增加对比较优势明显的水果、花卉及蔬菜的投入；减少粮食及棉花的生产；充分依靠资本和技术优势，发展绿色农业；通过优质的农产品在国际市场中获取外汇资源，进而换取谷物、棉花、食糖等，满足国内粮食安全战略。

三、基于不同生产效率的绿色农业国际合作模式

由于各国和地区对不同生产要素依赖程度不同，绿色农业管理国际合作模式可分为土地密集型、资本密集型、技术密集型和信息密集型等。

（一）土地密集型

粮、棉、油等大宗农作物产品关系国计民生，是重要的战略性资源。而土地资源要素和水资源要素决定了大宗农产品产量和质量，因此大宗农

产品是典型的土地密集型农产品。中国虽然耕地面积广大，但人均耕地面积不足，属典型土地资源有限而劳动力富余的国家。随着经济发展和城镇化建设推进，可耕地数量会有一定程度缩减，因而利用人力资源优势发展劳动密集型农产品才是符合中国的国际贸易经济效益的。但由于一方面保证粮食自给率对于国家粮食安全十分重要，而另一方面中国农户作为人口基数最大的群体，保障他们的农业经营收入十分必要。这就要求中国在WTO体制下应不断提高土地密集型农产品的国际竞争力，获取经济、社会效益。

（二）资本密集型

美国在农业方面具备资本及技术的双重优势，同时其资源禀赋也相当丰富。但由于其劳动力成本过高等原因，美国的农业劳动力要素在全球竞争中处于劣势。因为全球化进程中资本要素和技术要素较资源要素来说容易流动，所以美国在发展本国农业产业时，多选择依赖资本及技术。在拓展国际农产品贸易市场方面，美国利用本国资本采取对外投资或者援助的形式扩大自身农业的影响力。

美国农业部海外农业局（Foreign Agricultural Service）负责美国农业对外援助和对外农业合作，是美国农业对外经济合作的主要管理服务机构。海外农业局的主要作用在于收集全球农业信息来分析全球农产品贸易状况，促进开展国际合作与国际交流，提升美国农业国际竞争力和影响力，保证美国农业的国际利益以及涉农经济的健康与活力。同时，海外农业局还负责组织协调美国在签订国际农产品贸易条款时的谈判工作，也负责监督相关条款的执行情况、项目的进展程度，协助解决WTO贸易机制下的对外涉农贸易纠纷。另外，该部门还负责为国内企业提供与美国有农产品贸易往来国家的政策与技术标准信息，对涉及生物技术的贸易活动提供政策指导。

（三）技术密集型

法国受益于本国先进的农业技术，制定了合理的农业发展规划，推行稳健的农业结构调整，利用小额贷款支持农户发展农业经济，筛选高产值的经济作物和蔬菜来发展。同时在国外推行技术合作和援助路线：对外技术合作包括建立研究和技术推广服务中心、对农业人员进行技术培训、出让实用的农业科技、改良作物品种等；对外援助则包括修建农田水利基础设施、改善农村交通运输条件等。①

（四）信息密集型

同美国一样，日本在资本要素和技术要素方面具有很强的优势，但不同之处在于，日本人多地少，土地及淡水资源十分稀缺，国内农产品供给无法满足自身需求。因此，日本主要通过国际贸易市场购买所需农产品。除此之外，日本还开发出适应本国国情的对外农业投资模式——利用信息优势按自身需求来开发海外农业资源。具体做法为将农业资源丰富的海外国家作为投资对象，提供贷款或补贴等政策优惠来引导日本企业对境外农业资源进行开发与合作，同时配以农业对外援助政策，以日本国内消费需求为准则导向来生产并进口农产品。这种战略既保证了本国的农产品需求市场，又通过国际合作的方式促使日本涉农企业参与国际贸易活动，从中获得巨大利益，提高了日本农企的国际竞争力。在日本构建的农业国际合作模式中，涉农企业及相关利益团体具有十分显著的影响力。日本在进行对外农业经济合作活动时，往往倚靠综合商社强大的海外信息情报网络，通过他们的国际销售渠道和日积月累的海外合作经验，直接或间接帮助本国中小企业的国际扩张；在援助其他国家的同时，也利用境外农业资源服务本国市场。日本农业对外投资的目的和模式是不断调整、与时俱进的。如 20 世纪 70 年代，日本为确保本国需求，直接从国外获取所需农业资源；到 20 世纪 80 年代，调整为通过贸易手段来满足本国市场；自 20 世纪 90 年代以来，日本随全球进程的加快，将地区贸易扩展到全球性贸易，农业投资依据掌握的信息不断细分、精确。通过对信息的收集处理，日本不断调整自身的农业发展模式，保证了国内粮食安全和市场供需。

第四节 绿色农业管理的国际合作体系建设

绿色农业国际合作是农业经济健康发展和保障中国国家粮食安全的重

---

① 蔡亚庆、陈瑞剑、仇焕广：《农业对外经济合作国际经验及其对中国农业"走出去"的启示》，《世界农业》2011 年第 11 期。

要组成部分。在中国经济结构不断优化升级的新常态下，绿色农业管理的国际合作面临更复杂的国内国际环境，这就要求中国的农业经济发展必须在现有基础上转变发展方式，合理利用国内农业，完善国内农产品贸易市场，积极调整绿色农业管理的国际合作模式和机制，推动绿色农业的"走出去"发展；把握国际农产品贸易趋势，吸引国际农业资源，将国外先进的技术和管理方法"引进来"；同时运用对外农业援助的方式，拓展农业领域外交成果，实现农业"走出去"和"引进来"的互补配合，为新常态下中国农业经济的发展不断助力。

一、绿色农业管理的国际合作体系建设原则

（一）以我为主、合作共赢

按"十二五"发展规划要求，绿色农业管理国际合作应围绕农业农村经济发展工作，依托农业企业与涉农国际合作组织，推动农业增产、农户增收，提升农业国际竞争力；统筹国内农业发展、国家粮食安全、农户诉求以及国际市场，把握合作平衡点，务实合作，实现产业结构转变，各参与方互利共赢。

（二）突出重点、合理布局

根据不同阶段中国农业农村经济发展状况及涉农领域外交状况的基本国情，结合自身优势农业产业的区域发展战略，立足产业结构调整、区域发展优势，对参与国际农产品市场贸易中的重点产品和区域进行阶段性战略布局；对于技术优势和资本要素集中的农业领域和农业发展方向进行合理规划、重点布局。

（三）协调配合、共同推进

在国内农产品市场方面，要完善涉农国际合作政策，探索新的沟通协调机制与模式，提高农业公共服务水平。将地方优势配合国家目标来发展，有的放矢开展区域性合作，提升地方在协调合作过程中的效可操作性及效率。强化省部联动机制，促进涉农科研院所、绿色农业企业、相关利益团

体的交流合作，共同推进绿色农业管理国际合作机制的完善、合作模式多元化发展。

（四）分类指导、循序渐进

在全面深化绿色农业产业改革、转变农业农村发展方式的新时期，要根据不同的农业国际合作模式、内容和参与国家，因地制宜，分类调整，区别指导。充分考虑国际国内各方面的资源条件、发展优势，紧抓项目管理，推动试点示范，有计划有步骤推进绿色农业管理国际合作的发展。

二、绿色农业管理的国际合作体系建设目标

（一）农产品进口多元化战略

农产品多元化进口，可以分散风险，减少集中进口引发的不利结果。而要实现农产品多元化进口，则需要采取拓展进口渠道、发展进口区域、增加进口品种等方式。当前，中国面临绿色农产品进口品种单一、进口来源相对集中、进口网络渠道窄的实际问题，实施绿色农产品进口多元化战略，是农产品进口转型的现实要求。面对当前阶段农产品进口的种种矛盾，中国需要依据国际国内两个市场的供需变化趋势，厘清全球农业贸易结构，利用日益增长的资本优势，从战略上强化境外绿色农业直接和间接投资；通过技术合作和援助项目，培育海外市场，发展农业资源丰富国家的农业综合开发能力，帮助相关合作国家提升农业生产水平，保证本国所需农产品的有效外部供给，为进口多元化的实现奠定坚实的战略基础。实施农产品进口多元化，是今后中国更加灵活高效地利用国际农业资源及农产品进口调节国内供需的基本路径。

（二）境外农业投资战略

就中国境外农业投资现状而言，投资方向要紧跟国际市场，涉农企业作为投资主体，通过有政府支撑的项目，以亚非拉广大发展中国家尤其是

"一带一路"① 周边区域为重点投资合作区域，来生产结构性短缺的农产品，构建其绿色农产品国际产销加工运输体系。要加大直接和间接投资的力度，通过企业在海外对农业综合开发、产运销加工体系的投资，构建适合中国绿色农业安全的农产品进口供应链。

支持涉农企业到境外从事农业投资，运用政策手段支持和鼓励农业企业在海外创建绿色农产品进口供应网络和全球农业资源供应链。从企业角度分析，实施境外农业投资有助于提升企业跨国经营管理能力，能够获取产业链上游的高额利益，并且可以积极影响原料生产和物流渠道，促使公司更好地参与国际贸易，提升企业国际竞争力；从国家层面来看，确保绿色农产品进口渠道的稳定、多样、高效，是实施国家粮食安全战略的重要举措，符合 WTO 体制下的中国国际利益，也是统筹国际资源与市场同国内需求相结合的重要举措。因此，紧跟全球农产品贸易市场精细化分工的国际趋势，利用技术和资本优势，加强境外绿色农业投资力度，是绿色农业管理国际合作的重要目标。

（三）新型农业国际合作战略

实施新型农业国际合作战略，是以统筹国内国际两个大局，提高农业对外开放水平、服务国家粮食安全战略为要求，以互惠互利共赢为原则，通过经济技术援助和商业投资，重点支持发展中国家提高农业综合生产能力、缓解贫困，改善粮食安全状况，促进建立公平合理的全球粮食安全与市场秩序。

根据全球经济格局的动态变化，中国应在已经积累的农业国际合作经验下，制定并实施与国家新常态经济状况相适应的新型绿色农业管理国际合作战略。其重点在于帮助发展中国家尤其是"一带一路"周边国家提升粮食综合生产能力，完善全球粮食供给市场，改善国家粮食安全形势，缓解国际投资基本炒作带来的全球粮食生产风险与市场风险。除此之外，通过农业领域的外交手段，加强不同国家间的绿色农业合作，扩大对外农业

---

① 一带一路是"丝绸之路经济带"和"21世纪海上丝绸之路"的简称，依靠中国与有关国家既有的双多边机制，借助既有的、行之有效的区域合作平台，旨在借用古代"丝绸之路"的历史符号，高举和平发展的旗帜，主动地发展与沿线国家的经济合作伙伴关系，共同打造政治互信、经济融合、文化包容的利益共同体、命运共同体和责任共同体。

援助范围，有助于提升农业领域的对外开放水平，符合农业"走出去"和"引进来"的战略要求，是推动构建全球农业贸易机制、履行中国大国责任、提升中国农业整体国际地位的有效途径。

（四）建立持续稳定的农业战略贸易伙伴关系

在今后相当长的时间内，直接贸易仍然是中国从国外进口农产品的主要方式。因此，在推动境外投资与新型农业国际合作的同时，要采取多种措施，与有关农产品供应国、跨国企业等建立持续稳定、可预见、具有战略性的农业贸易伙伴关系。具体办法包括在双边协定或多边合作框架下签订长期贸易合约，保障主要绿色农产品的稳定进口；根据新的境外绿色农业投资的战略需求，深化中国与"一带一路"家和地区的经贸合作关系，搭建战略性紧密贸易伙伴关系；推动 WTO 等多边谈判，完善全球农业治理机制。从战略上看，今后实现中国农产品贸易的利益最大化，需要中国调整全球定位和角色，改善农业国际投资与贸易环境，约束出口限制等不公平贸易行为，制定全球规则，有效约束生物能源、投机炒作等对全球农产品市场的冲击，促进实现全球农产品投资与贸易自由化。

（五）创建全球大宗商品交易中心

风险管理和价格影响是期货市场等大宗商品交易中心的主要功能。国际一般认为，虽然不是定价中心在哪里，哪个国家或者地区就有相关产品的定价权，且掌控价格制定话语权的国家也并不能最终决定产品价格；但拥有大宗商品价格制定发言权的国家，对市场会有显著的影响。如有研究报告指出，美国农业部发布的农产品展望报告，就对芝加哥期货交易所（Chicago Board of Trade，简称 CBOT）① 期货价格有强烈的影响。除此之外，掌控价格制定发言权的国家，能够利用本国或者国际法律法规来约束期货交易中的投机行为，避免某项产品价格的显著波动，这对国内相关行业的持续积极发展有着深远影响。

---

① 芝加哥期货交易所，2007 年 7 月 12 日，该交易所已经与 CME（芝加哥商品交易所的简写）合并成为全球最大的衍生品交易所即芝加哥商品交易所集团（CME Group Inc.），该所以上市大豆、玉米、小麦等农产品期货品种为主，这些品种是目前国际上最权威的期货品种，其价格也是最权威的期货价格。

中国是世界上最大的农产品进口国，尤其是大豆、棉花等大宗农产品的进口，在全球农产品贸易市场中比重较大。2007 年粮食危机以来，全球粮食市场价格波动频率越来越高，市场风险日益增强，在现有期货交易市场基础上建立更大的大宗商品交易中心的需求越来越明显。这也成为中国统筹国际国内两个市场与资源配置、建立全球农产品进口供应链的基础性支持平台的一个重要契机。

三、绿色农业发展的国际合作体系建设内容

（一）提升绿色农业对外开放水平

当前，改革开放进入深水区，农业经济变革加快，绿色农业产业发展需要从新常态下的经济变革全局出发，进一步扩大绿色农业对外开放战略认识，以保障国家粮食安全为核心要求，以保证绿色农产品市场供给为标准，以统筹国际国内两个市场、两种资源能力为目标导向，提升绿色农业管理的国际合作水平，扩展绿色农业对外开放的深度。

1. 制定扩大绿色农业对外开放、实施全球绿色农业战略的总体规划

从中国粮食安全复杂的实际情况考量，深刻把握中国绿色农业资源不足而市场需求旺盛的实际矛盾，在保证主要粮食自给率 90% 的条件下，统筹国内国际两个市场、两种资源，确保绿色农产品的市场供应，促进中国绿色农业现代化、信息化建设。从国家层面对绿色农业境外投资战略进行全面规划部署，重点关注全球绿色农产品多元化进口网络的构建，指导涉农企业及相关利益团体参与全球绿色农业资源的投资开发项目的竞争。

2. 深化绿色农业管理体制改革、完善绿色农业对外开放支持政策体系

绿色农业管理体制的问题在于部门分割、权责不清等矛盾，因此，要改革绿色农业管理体制，同时统筹规划绿色农业管理的国际合作战略；对关系国家粮食安全的主粮产品，通过出台政策支持、强化国际贸易与投资保护机制等办法，进一步明确纳入国家粮食安全战略保障范畴。建立健全针对国家粮食安全战略而设立的绿色农产品贸易政策体系，重点关注绿色农产品的贸易管理；完善涉农外资准入制度和农产品质量安全监督机制。

3. 建立健全绿色农产品贸易投资协调机制

把握国际国内市场对绿色农产品的供求变化规律以及价格波动趋势，探索构建绿色农产品进口与国内供应快速稳固衔接响应机制，及时调控相关绿色农产品的进口，避免国际绿色农产品价格波动对国内市场的强烈冲击；完善绿色农产品进口监测管理体系，建立相关危害因素预测与快速响应机制，合理利用保障政策、反倾销、反直补等贸易协调措施，建全应对境外绿色农产品高补贴的响应机制。

4. 改善绿色农业对外开放环境

绿色农业对外开放环境包含三个方面的内容：一是积极参与 WTO 构架下的多方谈判，促进全球绿色农业的治理，推动公正的绿色农业管理的国际合作机制、绿色农业发展的国际贸易新的秩序的建立；同时制定规则来有计划开发使用生物能源，约束绿色农产品投机贸易行为，促成建立良好国际农业投资环境。二是积极拓展双边和多边协作，与重点合作国家或地区磋商建设自由贸易区，加强与亚非拉等发展中国家的深度农业经贸合作，与主要粮食出口国或者地区建立互信的政府间务实合作关系，努力推动区域经济一体化发展。三是配合国际组织、非政府机构等，围绕国际绿色农业发展的项目，开展一些援助、政策咨询等工作。

（二）健全绿色农业国际合作的政策支持和保障机制

全面实施全球绿色农业发展战略，统筹规划国际国内两种资源、两个市场，是构建积极、稳固、安全、高效的全球绿色农产品多元化进口网络，保证国家绿色农产品供给和国家粮食安全的必然选择。健全绿色农业管理的国际合作必须强化政府规划功能、明确政府服务责任，实行有效的绿色农业政策支持、体制保障和机制创新。[①]

1. 建立市场导向、企业主导、政府支持的境外农业投资与合作机制

涉农企业是实施海外绿色农业投资战略的参与主体，政府的主要功能是营造合适的绿色农业投资环境，以服务者的角色为企业提供必要的政策支持和外交协助。大道至简，政府应系统厘清涉农投资，尤其是境外绿色农业投资相关的行政管理制度，简化各项行政审批手续，通过风险预测机

---

① 程国强：《全球农业战略：构建和实施》，《中国经济报告》2013 年第 10 期。

制确保投资安全，减少行政行为对企业境外涉农投资合作的种种限制。鼓励中国涉农企业依照市场规律，运用市场化的办法，参与国际绿色农产品贸易，实行境外农业投资与合作。与全球主要产粮国搭建绿色农产品贸易网络，推动企业—政府共建的全球绿色农产品贸易供应链机制的运行。保证国内市场绿色农产品的充足供给，创新农业对外援助模式，将涉外农业投资与项目合作机制同农业对外援助有机结合，发挥对外援助资本、政策优势，重点援助有绿色农业投资与合作的相关领域。

2. 加强和完善政策支持体系

运用国家财政、金融、税收政策等手段，支持满足条件的国内涉农企业参与国际绿色农业投资与管理合作，可以从以下六个方面展开：

（1）加大财政投入。一些绿色农业发达的国家，包括相关的国际机构等，都设有农业投资建设基金。中国可依据国际经验，通过设立国际绿色农业投资与管理合作建设基金的方式，增加对企业的资金支撑，如涉农企业资本金、国际市场开拓费用、境外涉农投资亏损保险等。与此同时，还可采用直接投资、提供长期免息贷款或主权基金入股等方式为涉农企业海外并购、开拓市场提供资金支持。

（2）强化金融支撑。对涉外农业基础建设投资方面，尤其是农业企业自建或并购农产品加工、运输、仓储等物流设施的行为，在贷款额度与还款期限上予以支持，同时放宽贷款利率；鼓励商业投资公司对涉外绿色农业生产加工基地建设的企业提供信誉担保，协助解决境外农企融资受阻等问题；激励企业在境外上市，直接在国际资本市场进行融资，解决企业发展困难。

（3）构建保险体系。依托政策性保险为主导，配合农业商业保险，建立与中国国情相符的涉外绿色农业投资与管理合作的保险机制。开设面向涉外绿色农业投资与管理项目的专项险种，帮助承担农业企业在参与境外农业投资项目中潜在的经营风险，如货币兑换风险、自然灾害及次生灾害风险、农业投资所在国政治运动导致的风险，还有因合作国家或地区政府违约收回或非法侵犯投资企业及投资者的经营权益所导致利益发生损害的风险。加强对涉外绿色农业投资尤其是种养殖基地基础设施建设保险的财政支持力度，探索建立境外涉农投资损失准备金机制。对涉外农业投资与合作项目，实施部分所得税减免的策略。

（4）改良税收优惠政策。主要手段是避免重复征税，积极研究制定在WTO贸易规则下针对涉农企业对外投资的税收优惠政策。

（5）培育境外农业投资主体。首先，要鼓励现有农业企业迅速成长，支持其参与全球重要绿色农产品产运销加工全程产业链；其次，发挥行业协会功能，组建涉外绿色农业投资行业协会，强化协会在价格沟通、缓解贸易纠纷、统一行业标准、抵御海外贸易风险等方面的协商交流作用，为涉农企业的境外投资营造良好的内部沟通氛围。

（6）制定促进境外农业投资与管理合作的配套政策措施。针对国际市场和企业实际需求，制定相应的涉农国际合作项目的支持政策并施行，对参与绿色农业国际合投资合作的企业，在金融服务、相应农产品进口配额、绿色农产品进口经营权等具体内容上，予以优先配合支持。对于战略性绿色农业国际投资项目，或者投资回收期相对较长的涉外农业投资项目，在企业考核办法上予以优惠对待。

3. 强化涉外农业投资与管理合作的公共服务

提升驻外领事馆对于农业投资项目的服务水平，在农业合作密切的国家，如驻老挝、缅甸、泰国、俄罗斯等国家大使馆，可考虑增设农业参赞，为中国企业在相应国家中的农业合作提供功能更加完备的公共服务。在涉外农业投资协调、投资秩序规范方面扎实工作，推动与农业合作密切的国家签订双边或多边的互惠投资协议，打开中国农业企业在海外的投资经验局面。建设和完备绿色农业投资、农业技术应用以及绿色农产品进出口纠纷反馈机制和绿色农产品争端应诉机制。

4. 对"一带一路"辐射国家的绿色农业发展实施战略支持政策

对一带一路辐射国家，尤其是中国周边发展中国家实施农业战略性支持，加快实施与周边国家的互联互通农业基础设施建设；在边境地区组建自由贸易区，增设相应边境口岸，升级优化边境农贸条件和设施扩大绿色农业管理国际合作的内容，与重点国家就绿色农产品与农用物资在技术试点、运输物流、安全检疫、进口展销等方面签订双边或多边协定，对涉外农业投资投入的生产资料和相关设备等，提供运输通关优惠；竞争国际市场大宗农产品价格话语权，从根本上维护中国绿色农产品国际贸易权益乃至中国经济社会的安全。

总之，20世纪80年代以来，绿色农业国际合作逐渐形成。而且，绿色农业模式的兴起与农业国际合作密不可分，产量导向的集约型现代农业模式在发展中国家的推行是在国际社会的共同努力下进行的，作为这种努力代表的"绿色革命"，在缓解发展中国家粮食安全上的贡献值得肯定，与此同时带来的农业环境污染也逐渐引起国际社会的广泛关注，在以联合国机构为主的国际力量的协调与努力下，绿色农业国际合作机制开始建立与完善。

在新形势下，国际、区域层次的绿色农业合作项目数量明显增长，这一趋势体现出国际社会开始意识到绿色农业国际合作在缓解全球农业污染中所起到的重要作用。不适当的农业生产所带来的环境问题逐渐引起处于国际合作中心地位的全球环境外交和联合国会议的关注，这也推动了绿色农业国际合作进程。作为世界上最大的发展中国家，中国的农业环境问题已经到了无法忽视的地步。而加强绿色农业国际合作，借助国际合作平台，将有利于中国向发达国家寻求绿色农业资金与技术资源，以推动中国集约式农业生产方式向绿色农业转型，进而缓解中国农业污染问题。

第十一章 绿色农业组织与管理的国家战略

政府对绿色农业的组织和发展需要进行一定的引导和管理。而政府的管理则需要有明确的目标来引导绿色农业的发展，因此便需要研究其定位、管理思路和具体政策。本章从政府在绿色农业组织与管理中的重要作用入手，重点阐述了绿色农业组织与管理的政策思路与战略政策。其主要内容包括绿色农业组织与管理政策的战略目标、战略任务，绿色农业组织与管理的国际政策思路、国家政策思路、区域政策思路，绿色农业组织与管理的战略政策框架、战略政策重点、战略政策措施等。

第一节 绿色农业组织与管理的战略定位

市场的力量虽然可以促进绿色农业生产组织与流通组织的进化，提高绿色农业的组织化程度，但农业本身的弱质性和绿色农业的高成本在强大的市场面前日渐凸显，单纯靠市场机制无法推动绿色农业组织的稳定发展。另外，市场经济本来就有外部性，作为市场经济中的各个利益主体，可能为了自身的利益而损害环境和放大经营的负外部性。市场主体对于其他主体释放的外部性只能承受而无法、无权解决，只能依靠市场的宏观调控来校正和解决。而一个政策在制定前，必须确定政策的定位，它的目标是什么，它要怎么完成什么，谁来制定政策。只有做好这些工作，才能对将要制定的政策有更好的了解，才能制定出更符合发展要求的政策。为了更加明确对于绿色农业发展的组织与管理政策定位，必须明确绿色农业组织与管理政策的基本目标、主要任务和实施者的角色定位。

一、政府在绿色农业组织与管理中的重要作用

农业作为一个特殊的经济部门，具有公共物品属性，可能出现"市场失灵"，因此需要政府以政策和投资为手段加以补偿，推动农民和农业企业发展绿色农业，生产更多的绿色农产品。

（一）农业的绿色化需要政府的扶持

发展绿色农业，存在着对人类和环境的外部效应，单独依靠农民和农产品生产企业来承担"绿色化"的成本是不公平的，需要政府的投入来消除这种外部性。政府对绿色农业投资的回报有：改善生态，增加农民收入，保障农民利益，实现经济社会协调均衡发展。

（二）农业的区域化布局需要政府来规划

只有各级政府才有能力根据管辖范围内的比较优势的总体情况因地制宜地规划某一地区的农业发展方向和生产形态，调整农业结构，形成区域特色，实现农业劳动生产率的增长和市场竞争力的提高。

（三）农业的产业化需要政府来引导

中国农业生产关系是以"分田"模式为基础的小规模生产方式，这决定了规模化在中国的实施存在制度上的限制，土地流转是农业走向市场化，实现专业化和规模化的重要条件，是提高土地生产力的必须手段，只有政府才有权限通过制度创新促进土地合理流动。

（四）农业的集约化需要政府来培育

集约化所依赖的农业技术投入、科技成果推广都需要政府动用其所掌握的资源从政策和制度层面进行支持；农业劳动力素质的提高和农业人力资源的培育更需要从宏观层面上进行长期规划和积累；对绿色技术的使用和农产品的全程控制还需要法律、制度上的约束加以规制。

（五）农业的标准化需要政府来促进

国外绿色农业标准体系绝大多数体现为标准和合格评定程序，这些标

准往往以高科技含量的技术为基础，这些技术涵盖的范围大，甚至还具有一些不确定性，农民和农产品生产企业受自身技术水平的限制，没有能力也很难从全局的角度判断新标准是否符合技术发展轨迹，面对国外经常变化的农产品标准往往无所适从。政府可以动用其掌握的资源（如信息渠道、科研机构等）对新的标准和新的技术进行判断，为农民和农产品生产企业正确应对国外标准的变化提供指导。

（六）农业的信息化需要政府来构建

农业的信息化从本质上属于政府公共服务的范畴，信息网络的建设实际也是公共基础设施的一部分。政府拥有信息化建设所需要的资源，它不仅具有广泛的信息搜集的通道和各种专业人才，还拥有传递信息的渠道。发展绿色农业是一个资源优化配置问题，需要对现存资源重新组合，只有资源的掌控者才有权力、有能力调配和组合资源，保证系统目标的实现；同时，发展绿色农业是一个复杂的系统工程，只有政府才能从整体和全局的角度出发，根据消费者利益、国家利益和生产者利益的权重的不同，选择正确的发展策略谋求整个社会利益的最大化。

二、绿色农业组织与管理政策的战略目标

（一）确保农产品安全

农产品安全主要包括数量和质量这两个方面。从数量安全上来说，近年来，随着经济的发展和科技的进步以及对外开放的深化，农产品的数量已经逐渐能够跟上消费需求，但是保证数量充足始终是国家的主要任务。从质量安全上来说，近十几年来，爆发了很多有关于农产品质量的问题，使得人们将视线转移到农产品的质量安全上来，国内外的消费者对农产品的质量要求也在不断提高，农业生产和农产品加工、流通的各个环节也要顺应这种趋势。之所以要发展绿色农业，就是因为发展绿色农业可以有效地解决资源紧张和人口增长的矛盾，利用有限的资源保障农产品有足够的数量的同时，提高农产品的质量，以此来满足人民的要求。因此在制定政策时，就要将保证农产品安全作为其首要目标。

（二）维护生态平衡，确保生态安全

在生态系统中，能量流和物质循环在通常情况下总是平稳地进行的，与此同时生态系统的结构也保持相对稳定状态，这就是生态平衡。农业的自然再生产是农业生产的基本特征，其过程必须在农业生态系统中进行，其过程受到各种自然因素的影响和制约，而在现代化学农业中，由于使用化学肥料等原因，影响了能量流和物质循环，导致生态系统的结构出现失衡，造成生态环境恶化。而绿色农业本来就是以有利于环境为前提的一种现代农业发展形态和模式，可以尽量减少农药和化肥的使用数量，保护耕地资源和水资源等生产要素，实现农业可持续发展，推进农业现代化进程，同时为当代人和后代人的生存和发展创造良好的生态环境。

（三）提高农业的综合经济效益

农业综合经济效益包括农业的经济效益、生态效益和社会效益三个方面，由于农业连接着农民这个社会的弱势群体，而且农业也同时担负着人类生存和发展的物质基础的生产。提高农民的收入，改善目前中国农村的落后状况，缩小农村和城市的差距是建设和谐社会和实现可持续发展的重要人文目标。要通过发展绿色农业带动农民致富和鼓励农民的生产积极性，就需要丰富农产品的价值及其附加价值，倡导农产品加工，加强农产品的国际流通，提高农业的综合经济效益，最终提升农民的生活水平和科技文化水平，进而从根本上改善他们的生活水平。

三、绿色农业组织与管理政策的战略任务

（一）积极进行计划指导

一个计划的开始需要对其内容进行设计和指导，其主要体现在政府管理目标、任务、各项宏观平衡和各种基本比例关系，需要运用相应的指标体系和政策措施引导微观单位去执行和完成。在政府下达计划后，各部门、地方和企业可以根据市场情况和自身条件进行合理的调整和修改。例如，中国2001年开始启动"无公害食品行动计划"，按照"选好一个项目、建

立一个体系（标准体系）、形成一个龙头、创立一个品牌、带动一个产业、致富一方百姓"的思路，组织制定了各类农业地方标准和技术规程。[①]

（二）努力构建绿色农业发展的良好环境

农业本来就是弱质产业，而绿色产业由于附加了更加严格的安全和环保的责任，对投入和管理要求都更高，相对的市场竞争力就会比传统化学农业差。因此在科技研发推广系统、市场运销系统、信息系统、监控系统、评估系统的构建等方面需要实施一系列的政策支持，同时加大对于农业人员管理、农业信息管理、农业质量管理等方面建设的投入，以形成绿色农业发展的良好环境。

（三）对于绿色农业的发展过程进行调控

目前中国的市场机制不完善，农村市场更是发育不全，如农产品流通体制、价格机制、市场信息反馈机制等都有待完善。加之中国的自然灾害严重且有多发性，而农业其自身性质决定了对外界自然环境的依赖性极大，在自然灾害面前，其性质决定了农业会因此受到极其严重的损失。因此，在市场风险和自然风险交织在一起的时候，外界环境所存在的风险对绿色农业生产构成了巨大威胁。在面对以上问题时，市场机制将难以解决这些问题，因此需要政府对其进行调控。

第二节　绿色农业组织与管理的政策思路

一、绿色农业组织与管理的国际政策思路

（一）绿色农业组织与管理国际发展的原则

中国的绿色农业想要走向国际，不仅要考虑国外的，也应充分考虑中国自身国情，遵循以下四个原则：

---

① 刘连馥：《绿色农业的初步实践》，中国农业出版社 2009 年版，第 34 页。

1. 保证基本口粮自给原则

中国的绿色农业想要走出去，向国外出口，必须兼顾中国自身的粮食安全，立足于国内保障供给的绝对安全，再去考虑对外出口的问题。①

2. 坚持运用商品的原则

要根据价值规律、供求规律和竞争规律的要求，紧密结合国内市场和资源优势，利用国际市场和国际资源，解决自身国内基础设施薄弱、技术落后的缺陷，开发和引进先进技术，增强农业综合生产能力，增加农民收入。

3. 绿色农业国际化"调控性"原则

政府在农业国际化过程中的职能是预测市场变化趋势，发布市场供求信息，制定和实施有关农业国际化政策法规，有效引导和调控农业国际化。

4. 绿色农业国际化推进"渐进性"原则

中国作为一个体制变革和经济转型的发展中大国，考虑中国农业现状，农业国际化的推进速度和开放闸门的节奏只能是有计划、分阶段地进行。

在遵循以上四个原则之后，为了推进中国绿色农业的发展，还需要制定和实施提高中国农产品在国际市场上竞争力的长期发展战略，提升相关投入和实施科教兴农战略。

（二）具体的国际政策思路

从 2006 年起，中国农产品进出口贸易额保持快速增长（见表 11-1），但同时中国也成为"绿色贸易壁垒"限制进口最多的国家；欧盟对中国茶叶的检验项目已从过去的 6 种农药残留的检验增加到 62 种，2011 年还新增对于部分农产品进口限制；日本也颁布了新的《肯定列表制度》，其中仅《暂定标准》一项就涉及 734 种农业化学品、51392 个限量标准、364 种食品，比之前的标准涨了数倍，其限量标准更是严格。这些标准都严重影响了中国的农产品出口，使得贸易逆差逐年扩大，据不完全统计，每年中国有近 100 亿美元的农产品受到绿色贸易壁垒的影响。究其原因，就是因为中国的标准生产体系落后，相关认证和标准都跟不上发展需要。因而，需要建立和完善一套新的符合国际要求的标准生产体系和相关的质量认证体系。

---

① 刘濛：《国外绿色农业发展及对中国的启示》，《世界农业》2013 年第 1 期。

表 11-1　2007~2014 年中国农产品进出口贸易额

单位：亿美元

	2007	2008	2009	2010	2011	2012	2013	2014
进出口总额	775.9	985.5	913.8	1207.9	1556.2	1757.7	1866.9	1928.2
出口	366.2	402.2	392.1	488.8	607.5	632.9	678.2	713.4
进口	409.7	583.3	521.7	719	948.7	1124.8	1188.7	1214.8

资料来源：中国海关信息网计算整理。

第一，制定农产品国家标准化战略，将标准化作为发展绿色农业、增强农产品竞争力，实施"走出去"战略中极为重要的一部分。要积极建立农产品质量安全标准体系，包括农产品的品种、生产、质量、安全、包装、保鲜等方面的国家标准，农产品的产前、产中、产后的每个环节的技术标准；加大农业标准制定和修订的投入，尽快实现中国农业和农产品的动态标准化。

第二，加速国内标准与国际标准接轨。中国原有的农产品标准体系很不规范，有国家标准、地方标准、行业标准、企业标准等多个级别的标准，它们的基准水平不统一，要求参差不齐，更新缓慢，管理比较混乱，急需梳理和统一。国际标准是世界各国协调的产物，它反映了国际上普遍达到的先进的科学技术水平，得到各国的认同，是国际贸易的主要条件和处理国际纠纷的重要基础，也是 WTO 规则中所倡导使用的，因此要尽可能与国际标准接轨。[①]

第三，积极参与有关国际标准的制定、修订或协调工作。农产品有极强的地域性特征，许多特色农产品没有现行国际标准，因此要积极制定自己的标准并努力将这些标准变为国际标准。对于普通农产品，也要参与国际标准的制定、修订或协调工作，这将有助于中国先进的技术标准纳入国际标准的制定、修订和协调的工作中去。

第四，鼓励企业积极申请国际认证。国际认证不仅可以使中国农产品获得进入国际市场的"身份证"和"通行证"，而且申请和获得国际认证的过程也是提升农产品生产企业技术水平、管理水平的有效工具，有利于企业品牌的塑造，增加企业的无形资产，引导企业经营从粗犷型向集约型发展，进

① 李正东：《世界农业问题研究》（第八辑），中国农业出版社 2006 年版，第 58 页。

而提升整个产业竞争力。政府应设立专门的基金，为农产品开展国际认证提供资金支持；也可以为企业申请国际认证提供咨询服务；还应加强与国外相关机构的交流与合作，实行互认，避免因重复认证而产生的额外费用。

第五，构建自身的标准体系。国际竞争的格局已从产品竞争发展到标准竞争，谁掌握了标准的制定权，谁就获得了竞争力。在农产品领域，中国有更多的可能性构建自身的标准体系。根据 WTO 相关协议的规定，为了国家安全、保护人类及动植物的生命与健康，保护环境，以及合理有效地保护国内幼稚产业的发展，中国政府有权利建立自己的技术标准体系。

二、绿色农业组织与管理的国家政策思路

（一）树立正确的"发展观"

在对绿色农业发展的国家层次的建设前，要优先树立正确的发展观。正确的发展观是"以人为本"的发展观。包括四个方面：一是在重视产量增长的同时重视农产品质量和安全，保证人的健康和环境安全；二是重视农业的效率，要通过优化农业资源配置发挥中国农业的比较优势，构建竞争优势，从根本上改善农民的生活；三是在重视当期人的健康、安全的同时，还要顾及"后人"的安全，不能破坏性地开发利用土地、水、森林等自然资源，而要适度地、有计划、有节制地、集约地利用资源，实现可持续发展；四是建立"发展成本"的理念，重视考核农业发展产生的外部效应，对正外部效应要加以补偿，对负外部效应要加以抑制。要认清自身的角色和责任，政府的核心职能是构建制度环境，建立有利于资源优化配置的机制。在发展绿色农业上，政府的核心作用是利用其掌控的资源，包括法律法规、制度政策、舆论导向等工具手段规制并引导社会资源向发展绿色农业的各个环节进行配置，最终构建出健康的绿色农业的产业链条，形成符合中国国情的农业和农产品独特的竞争力。如果没有制度的支撑，绿色农业根本无法实现。

（二）加强绿色农业组织与管理法律制度建设

制度影响人们的行为选择。发展绿色农业最为关键的前提条件是政府

设定有利于绿色农业发展的制度，在这种制度环境下，社会资源会自发地向绿色农业的方向进行配置。制度创新是发展绿色农业的最佳选择，它既可以跳出中国农业发展原有的路径依赖，又可以最大限度地降低交易成本。

由于农业的外部性、公共产品性、弱质性和不稳定性，政府必须围绕保护农业、提高农民收入、培育农业市场体系、提高农业劳动生产率、满足社会对农产品数量和质量的需求，保护农业资源、改善生产环境等目标进行宏观调控。在整个国民经济运行过程中，政府的产业政策、经济发展规划和经济立法是宏观调控的核心。政府对农业的宏观调控的主要领域包括：农业质量标准和农产品质量检测、检验体系建设领域；农业信息体系建设与服务领域；农业科研、教育和推广领域；农业基础设施建设领域；粮食专项储备领域；区域性贫困与扶贫开发领域；农业自然资源和生态环境保护与治理；农业政策法制化与法律化领域。

追求收益最大化的本能会驱使农产品提供者采取各种有利于提高产出和收益的手段，而很多时候这些手段对人类健康或环境形成危害。这种因追求利益产生的负外部效应需要政府通过规制的设计来控制和减少。立法是其中一个重要而有效的手段，没有完备的法律规制的震慑作用，产品提供者就会有恃无恐地采取各种手段实现其利益最大化的目标，这些行为很多会对社会造成极大的危害。立法的本质是通过设定生产者和各相关参与者行为的边界和底线来规范社会秩序，如果他们的行为跨越这一边界和底线，则要受到惩罚。

（三）建立绿色 GDP 考核体系

政府作为生态环境的主要负责人，是社会生态环境及公共物品的主要提供者，明确政府生态责任机制是规范政府行为的重要保障，是促使其有效行使生态环境保护职能的重要动力。政府绩效考核具有推进中国政治体制改革、发挥政府管理政治功能等作用，因此，要建立绿色 GDP 核算体系，将生态环境要素纳入国民经济核算体系，以创建新的、符合科学发展观的国内经济核算体系，是政府应该行使的重要职能。所谓绿色 GDP 是指绿色国内生产总值，它是对 GDP 指标体系的一种调整，是扣除经济活动中投入的环境成本后的国内生产总值，其数据反映了国家的真实发展水平，能够为决策提供客观、准确的依据。绿色 GDP 意味着发展观的深刻转变，意味着全新的发展观与政绩观。GDP 是单纯的经济增长观念，它只反映出国民经济收入总量，不包括环境污染、生态环境破坏所造成的损失。绿色 GDP 则力求将经济增长与环境保护统一起来，综合性地反映国民经济活动的成果与代价，包括生态环境的变化情况。各级政府的政绩观要将经济增长与社会发展、环境保护放在一起综合考评。随着绿色 GDP 核算方式的不断完善和实施，环境保护情况的好坏，必将成为考核政府、干部的一项重要标准。绿色 GDP 核算方式的推行，对绿色农业的发展也将注入强大的推动力。

三、绿色农业组织与管理的区域政策思路

正如波特在《国家竞争战略》一书中所言，不同的产业在国家之间分工和集聚，是塑造国家竞争力的主要力量。同样道理，不同的农业产业在国内不同地区间的分工与聚集，也是塑造各地农产品竞争力的主要力量。为了避免同质农产品低水平重复生产造成的农业资源的浪费，要以市场为导向，优化区域布局，按照区域比较优势发展有市场竞争力的农产品，满足国际、国内不同层次的消费需求。

针对东西部绿色农业不同的实际要求，中国对西部绿色农业的支持政策应由价格补贴转向对西部生态资源的开发和利用的补贴上来。应该以生态扶贫、生态补偿为主，帮助实现绿色农业生态资本的货币化。在临近发达地区、交通便利的地区，或者特征和优势十分突出的地区，绿色农业生态资本实现货币化相对容易，政府应大力促进这类地区的绿色农业生态资本运营，支持其启动绿色农业生态资本货币化外，尽可能给予政策上的支持。应充分利用东部地区绿色农业发展的区域优势以及生态资本优势和东部独特科研实力，加快东部地区绿色农业生态资本运营。中国农业发展的地区不同，所拥有的绿色农业生态资本也不同，发展绿色农业所匹配的区域政策也应该不同。政府应根据地区差异采取不同的区域政策，重视绿色农业生态资本的运营，促进绿色农业生态可持续发展。

由于农业的生物特性，其生产活动的地理分布格外重要。农产品的竞争力很大程度上与要素禀赋有着非常直接的关系，农业的定位与农产品的选择与地理位置、地形条件、气候条件都有着非常密切的关系。中国幅员辽阔，地形复杂，各地地理、气候条件差异度大，为发展各种特色农业提

供了基本条件。而长期以来，由于人口众多、土地稀缺而导致的对粮食数量安全的过度重视和几十年计划经济思维的影响，中国各地区农业普遍重视粮食产量，轻视粮食质量和特色农业的发展，许多地方不论是否适合种植粮食，都硬性发展粮食种植，结果导致资源利用极不经济，各地农业规划大而全，缺乏特色，造成由产业结构、产品结构、区域结构趋同而引起的农产品恶性竞争。如中国仅小麦、玉米在全国有二十多个省进行生产，许多省市的农业产业结构雷同现象严重。

而国际农业发展的大趋势是根据区域优势形成规模化、特色化、专业化的产业区。以欧盟农业为例，荷兰已形成花卉与牛奶的产业区，比利时精于养鸡与产蛋，法国专门生产小麦，丹麦在养猪方面很出色；美国整个国家的农业发展都是按区域来分工的，其中苹果生产主要集中于华盛顿等东北 5 个州，葡萄生产集中在加州，棉花集中于南部几个州，小麦集中于中部几个州，玉米集中于玉米带覆盖的几个州。并不是其他州不能生产，而是根据比较优势布局，形成区域专业化的分工，提高效率和竞争力。

区域化的定位首先要立足于当地的资源禀赋，即比较优势。必须根据当地的实际情况重新对资源利用方式进行整合，使稀缺资源集中到最能发挥比较优势的方向，发挥更高的效用；其次，通过区域化的分工形成差异化的产品，提供差异化的效用，赋予产品独特的竞争优势，通过这种专业化分工提高劳动生产率；再次，这种区域化定位可以克服农民由于兼业，不得不了解多种农作物的生产知识的弊端，使农民把精力集中于某一种作物上，更容易获得专门的知识，提高生产效率，并形成了某一专业领域的进入障碍，从而提高并不断强化自身的竞争优势；复次，区域化发展有助于形成规模经济，有利于进行技术的创新。这是由于，小农户的分散导致他们对于技术创新的固定资产投资成本、弥补知识和经验技能的差距成本都会较大，这让小农户难以独自承受，从而阻碍了小农户进行技术创新，其农业发展就因此被锁定在了低水平的重复劳动上，区域化分工则在处理这种局面上有较为良好的克服方法，不仅通过提高规模和产量来降低技术的推广成本，还能有利于扩大再生产和进行深加工；最后，在经营模式上，区域化分工对于农村的发展和社会的进步是一个根本性的推动，它使得人们脱离了自给自足的原始生活方式，进入了专业化和相互依赖的生活方式。

第三节　绿色农业组织与管理的战略政策

一、绿色农业组织与管理的战略政策框架

政府是绿色农业发展的组织与管理的重要主体，其主要任务是对于其过程进行宏观管理，指导和引导绿色农业的前进方向。而宏观调控中，有三个重要的组成元素：政府本身、市场和社会调控，需要从这三个元素着手对绿色农业的发展进行宏观调控。其具体框架如图 11-1 所示。

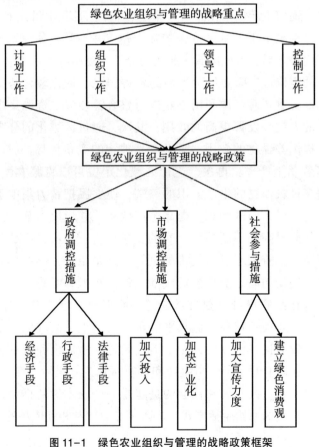

图 11-1　绿色农业组织与管理的战略政策框架

二、绿色农业组织与管理的战略政策重点

在绿色农业发展中，政府需要对绿色农业的各个方面进行管理，在其中扮演了一个管理者的角色，其职能包括计划、组织、领导、控制这四种基本职能。

（一）计划工作

计划工作表现为确立目标和明确达到目标的必要步骤之过程，包括估量机会、建立目标、制定实现目标的战略方案、形成协调各种资源和活动的具体行动方案等。简单地说计划工作就是要解决两个基本问题，在计划上，要优先考虑粮食安全，将粮食安全放在首位，同时还要考虑到国内外环境差异、技术差异等因素，作出一份可以长久持续的发展前途广大的计划。

（二）组织工作

组织工作是为了有效地实现计划所确定的目标而在组织中进行部门划分、权利分配和工作协调的过程。它是计划工作的自然延伸，包括组织结构的设计、组织关系的确立、人员的配置以及组织的变革等。在组织工作和领导工作上，要科学分工，厘清责任，明确关系，同时还要与农民保持沟通，了解农民的所需，调动农民的积极性，带领农民走向小康的道路。

（三）领导工作

领导工作就是管理者利用职权和威信施展影响，指导和激励各类人员努力去实现目标的过程。当管理者激励他的下属、指导下属的行动、选择最有效的沟通途径或解决组织成员间的纷争时，他就是在从事领导工作。领导职能有两个要点：一是努力搞好组织的工作；二是努力满足组织成员的个人需要。领导工作的核心和难点是调动组织成员的积极性，它需要领导者运用科学的激励理论和合适的领导方式。

（四）控制工作

控制工作包括确立控制目标、衡量实际业绩、进行差异分析、采取纠

偏措施等。它也是管理活动中的一个不可忽视的职能。在控制工作上，要确定一个科学的指标，用以衡量其数据的真实和科学性，并根据差异调整工作内容，同时还要加强事前事中事后监督，鼓励社会公众参与到监督工作中来。

上述四大职能是相互联系、相互制约的，其中计划是管理的首要职能，是组织、领导和控制职能的依据；组织、领导和控制职能是有效管理的重要环节和必要手段，是计划及其目标得以实现的保障。只有政府统一协调这四个方面，使之形成前后关联、连续一致的管理活动整体过程，才能保证管理工作的顺利进行和组织目标的完满实现。因此在绿色农业发展中，政府作为一个管理者，需要将这四项职能完整的实施才能更好地发挥管理者的角色，不仅需要建立一个长期完整的规划，还有对于绿色农业发展的方向的引导和对整体实施过程的一种控制工作。

三、绿色农业组织与管理的战略政策措施

（一）绿色农业组织与管理的政府调控政策措施

1. 经济手段

目前，绿色农业组织正处于发展初期，产业规模不足且获益能力有待加强，增加政府投入是绿色农业组织得以顺利发展的重要支撑。政府应通过对绿色农业技术研究与开发直接投资和实施专利制度、税收制度等政策，鼓励民营资本向绿色农业技术的研究开发投资。

财政投入是政府导向经济手段中的重要内容。政府财政投入应主要集中在公共产品项目方面，对于一些营利性的、非公共产品项目的，建立起多层次、全方位、多形式的投入机制；确保预算内支持绿色农业的支出增长幅度高于经常性财政收入增长幅度，发行绿色国债，发行绿色农业彩票等，吸引国有民营工商企业投资绿色农业项目，加大绿色农业利用外资、股份集资和行业内部资金融通的工作力度。各级财政可以专门安排一定规模的绿色农业发展专项基金，主要用于绿色农业组织在技术研发、基地建设、技术培训、龙头企业改造等方面，带动形成政府、企业、农民共同投入的机制。政府投入可以支持创办绿色农产品加工企业和培育各类农民专

业合作组织，起到引导企业和社会投资的带动作用，按照市场经济发展的要求，积极鼓励引导有实力的企事业单位的资金向绿色农业产业流动，以提高生产的集约化水平。

农田是绿色农业生产的基础，保护农用土地是绿色农业生态环境保护的重要内容。首先，有必要把土地使用税、耕地占用税、土地增值税合一纳入资源税中并适当提高税率，借助价格机制抑制对土地的过度需求。配合行政管制手段，严格控制商用、民用建筑占用基本农田，从而达到土地资源的合理配置。其次，引导绿色农业生产趋向环境保护目标，亦需要合理安排税式支出。对有助于减少污染的设备、工艺制作等采取纳税扣除、税收减免、优惠税率、加速折旧、盈亏相抵、延期纳税等多种税收优惠方式。鼓励利用废旧物资进行再生产，优先考虑有降低污染功用的农用生产资料的生产与发展，对利于环境的耕作技术、科学研究成果的应用可予以免税，鼓励其推广使用。最后，对过度捕捞、砍伐、放牧等行为，通过产权安排，并辅以重税措施，减少对自然资源的过度消耗，保证绿色农业持续发展。

信贷投入是政府导向经济手段的另一重要表现形式。政府通过充分发挥金融部门的职能作用，扩大绿色农业组织发展贷款的比重，在税收政策、利率政策方面给予一定的优惠，积极探索增加绿色农业投入的新形式，比如通过有效的贴息方式增加绿色农业政策性信贷资金投入，通过配套奖励等办法引导绿色农业发展主体对绿色农业的投入，还可以向所有因生产和消费而造成外部不经济的纳税人课征生态税或免征绿色农产品消费税，使之与常规农产品相比具有竞争力，将农业综合开发和农业技术推广、扶贫贷款等资金向绿色农业组织发展上倾斜，不断加大对绿色农业组织的投入力度。政府通过财税、金融加大对绿色农业组织的扶持力度，还可以鼓励民间资本投入绿色农业产业。

绿色农业基础设施薄弱，无论是生产领域的生态环境差，水利基础不坚实，抗御自然灾害的能力不强，还是市场领域的信息化程度低，技术落后等，这些都是影响绿色农业组织发展的重要因素。而绿色农业组织对生产资料市场、信息市场、技术市场等基础设施的要求比较高，而这些基础设施建设的投入较大，不可能单纯依靠绿色农业组织的能力。绿色农业组织发展所需的基础设施作为公共产品，需要政府给予一定的扶持，强化绿色农业的灾害忧患意识，把支持绿色农业基础设施建设作为财政支持农业的重要内容，如保证绿色农业示范基地的良性发展，畅通绿色农产品运销及市场开拓，加大对绿色农业生态环境改善与建设支持力度等，坚持经济效益、生态效益和社会效益的统一。

农村的基础设施包括农村电力、通信、灌溉设施和农村的道路、学校、医院等公共设施；农业公共品投入主要指农业研发、农业教育和生态建设的投入。发展绿色农业，需要一定的农业基础设施条件，也需要政府在下述方面建立完善的投入机制。首先，加大农村基础设施的投入，构建发展绿色农业的基础条件，降低农产品生产经营的外部成本。如加大农田水利基础设施的投入，改善灌溉方式；大中型防旱防洪排灌改造项目；改良农田，改善土壤项目；支援畜产粪尿处理设施建设，提高转化为有机肥料的比率，减少直接排放；加强粮库、棉库、糖库、保鲜库建设；加强大型绿色农产品生产基地建设；发展农产品加工配送中心，特别是连锁超市所需配送食品的加工配送；建立产地、销地农副产品批发市场等。其次，加大科技投入，用于绿色农产品的研发和推广。以国际市场为导向，兼顾社会效益、生态效益和经济效益，开发生产更多的绿色农产品；加强农业优良品种、生物工程防疫防病、储运加工工艺及农用生产资料科研；调整农药结构，积极开发高效、低毒、低残留的农药和化肥，寻找和利用害虫天敌、微生物等生物技术防治病虫害，逐步淘汰对人体危害很大的高毒、高残留农药；大力推广有机肥工程，减少无机肥的用量，逐步改变偏施、重施化肥的习惯；研究开发并引进农药降解技术和农产品去农残技术；加强农业技术应用推广体系，建立农业试验站和农业推广站等。最后，建立并完善农业保险制度和农村社会保障制度。建立针对自然灾害和农民收成的各种保险，保证农业生产持续、稳定的进行；将农民纳入社会统筹保险的范围，为他们提供养老、医疗保险，增加农民的人力资本和可持续发展的后劲。还要加大对农村教育事业的支持力度。一方面加大对农村基础教育的投入，提高农村人口国民教育水平，提高农村人口素质；另一方面加大农村人才培训。建立从基础教育到职业培训、技术推广、进修深造的完整体系。

2. 行政手段

政府的行政手段主要是制定相应的政策、制度和法规来引导和管理绿色农业组织的发展。例如，多年来，湖北省政府根据当地自然条件、经济状况和技术水平，详细制定了区域规划，统一部署，制定了相关政策和法规，着力推进绿色农业组织的发展。

政府的行政手段主要应在统筹规划、制定优惠政策、制度建设与监督管理、市场培育、引导消费等方面下功夫。政策支持手段多样，作用范围较广，主要表现在构建绿色农业组织发展的良好环境，比如在科技研发推广系统、市场运销系统、信息系统、监控系统、评估系统的构建等方面实施一系列支持政策，以利于绿色农业组织发展目标的实现。政府应认真制定和贯彻系列配套政策，支持绿色农业产业发展，充分利用国家的产业政策，认真布局绿色农业发展的区域布局、规划和产业规划。政府要制定扶持、促进绿色农业组织发展的优惠政策，鼓励支持绿色农业组织的发展。

完善绿色农业社会化服务体系，提高农民组织化程度。绿色农业是广泛参与市场、进行专门化协作的新型农业模式，仅仅依靠一家一户的力量几乎不可能将绿色农产品的包装、运输、储藏、加工、销售等环节有机地联结起来，而这种联结对绿色农业生产尤其是鲜活绿色农产品的生产是非常重要的。因此，需要不断完善绿色农业社会化服务体系，提高农民组织化程度，减少交易环节，降低绿色农业生产的各项成本。鉴于中国农村的现实情况，各级政府应通过财政补贴的方式支持各种绿色农业专业协会的发展。绿色农业是高度市场化、专业化、标准化、社会化的农业形态，市场化程度的提高和分工的细化使农民的协作水平和组织程度在绿色农业生产中的重要性日益提高。鉴于此，中国应大力发展为农民提供各种服务的综合性服务组织，从绿色农业生产的各种生产资料的供应到绿色农产品的包装、运输和销售等环节提供各种市场信息、资金借贷等方面的服务，而这需要政府大力的财政支持，对向农民提供服务的组织在财税方面进行一定补贴或实行一定的优惠政策。

绿色农业作为基础产业，与知识经济和高新技术企业相比，都不具备市场吸引力，因此，需要政府在新的市场环境和农业发展条件下，进行市场化的政策、制度改革，对鼓励绿色农业组织有所倾斜，以促进劳动力、资金、技术和管理等资源要素有效地向绿色农业组织流转和配置，鼓励科研机构把一些高新技术向绿色农业产业延伸和转化，激发农业科研单位、农业生产者、农产品加工企业等相关主体投入绿色农业发展中来，提高绿色农业组织发展的速度和效率。

3. 法律手段

国家通过立法不断加大对农业支持的力度。美国政府十分重视对农业的支持和保护，通过经济立法，把各种农业政策规定都形成法律条款，为政府不断调整和加大对农业的支持提供法律保障。农业支持政策法律化，确立了政府的行为准则，使政府有法可依，避免了政策执行过程的随意性。美国立法过程具有公开性，公民可以听证国会法案讨论，有机会了解国会对法案讨论的全部过程和全部情况。同时，由于每一部法案都制定了对农业支持的详尽而具体的措施和量化规定，从而使农民能够依据农业法规定估算出自己所得的补贴，不仅增加了农业支持政策的透明度，而且提高了农业支持政策的绩效。中国改革开放以来，实施了一系列对农业支持的政策措施，极大地促进了中国农业的发展，提高了农民收入。但中国对农业支持的政策多以政府文件形式发布，一些重大支农政策的形成过程缺乏必要的透明度，不少政策规定缺乏系统性和连续性，不仅增加了地方政府执行政策的难度和随意性，而且农民对政策的认可度不高，影响了政策的贯彻执行。因此，今后国家有必要逐步通过经济立法，把农业政策目标和支持措施法律化，形成保护农业的法律体系，并且在法律框架下，国家不断调整完善和加大对农业的支持力度。

绿色农业组织的良好运转需要政府完善相应的法律法规体系，以保障良好的外部环境。在绿色农业全程监管上，加紧对绿色农业相关的法律、法规、规章和标准进行清理、评估，抓紧做好制定、修订工作，借鉴国内外绿色农业各种立法，结合具体情况，全面考虑绿色农业组织的正常利益，认真制定与农业有关的比如生产资源和生产环境等涉及绿色农业发展的各个方面的法律、法规、标准、程序、办法等，还应继续制定新的相关的实施细则，以补充和完善相关法律法规体系。在贯彻实施上，要搞好绿色农产品和农业生产资料的登记管理和动态跟踪监测，按照政府认定的无公害农产品生产基地规范、标准化流程、绿色农产品质量标准和生产管理办法等，指导绿色农业组织严格按照规程进行生产经营活动。同时，仍要继续加大对绿色农业生态环境治理力度，按照一定法律法规依据，对违反者实施相应的惩罚。此外，要进一步明确公民环境权，使公众充分享有决策参与、监督参与、投资参与等方面的权利，完善民众参与环境污染防治制度。

国家通过立法不断加大对农业支持的力度。美国政府十分重视对农业的支持和保护，通过经济立法，把各种农业政策规定都形成法律条款，为政府不断调整和加大对农业的支持提供法律保障。农业支持政策法律化，确立了政府的行为准则，使政府有法可依，避免了政策执行过程的随意性。美国立法过程具有公开性，公民可以听证国会法案讨论，有机会了解国会对法案讨论的全部过程和全部情况。同时，由于每一部法案都制定了对农业支持的详尽而具体的措施和量化规定，从而使农民能够依据农业法规定估算出自己所得的补贴，不仅增加了农业支持政策的透明度，而且提高了农业支持政策的绩效。中国改革开放以来，实施了一系列对农业支持的政策措施，极大地促进了中国农业的发展，提高了农民收入。但中国对农业支持的政策多以政府文件形式发布，一些重大支农政策的形成过程缺乏必要的透明度，不少政策规定缺乏系统性和连续性，不仅增加了地方政府执行政策的难度和随意性，而且农民对政策的认可度不高，影响了政策的贯彻执行。因此，今后国家有必要逐步通过经济立法，把农业政策目标和支持措施法律化，形成保护农业的法律体系，并且在法律框架下，国家不断调整完善和加大对农业的支持力度。

（二）绿色农业组织与管理的市场机制政策措施

市场机制政策应涵盖绿色农产品开发、生产、流通、贸易、消费及绿色农业投入品生产等全过程，其目的是促进绿色农业生态系统结构合理、功能完善与动态平衡。① 重点从以下几方面着手：一是调整和优化绿色农业产业结构。在对多年来中国绿色食品产业进行总结、扩展和延伸的基础上，构建合理的包括绿色种植业、绿色林业、绿色畜牧业和绿色渔业在内的大绿色农业生态系统及其发展模式。二是完善绿色农业资金投入政策，保持绿色农业资金投入政策的系统性和稳定性，明确绿色农业产业资金投入重点，并激励农户和金融机构对绿色农业投入的积极性，拓宽绿色农业融资渠道。三是从保障供给、富裕农民、改善环境的角度出发，建立宏观调控与微观协调相结合的资源、生产、经济、社会与环境良性循环的绿色农业产业生态系统，因地制宜、分类指导，保护绿色农业生态资本，形成绿色农业可持续发展的合理生态结构和生态基础。四是通过建立绿色农业生态

---

① 李维炯：《农业生态工程基础》，中国环境科学出版社 2004 年版，第 15 页。

补偿机制，对绿色农业生产者使用环保型的投入品实行一定补偿，弥补在经济等方面的损失，运用市场手段推动绿色农业生态资本积累，使环保型投入品的市场份额不断提高，逐步使广大农业生产者认识、掌握先进的绿色农业技术并成为其自觉行动。五是大力推进绿色农业产业化经营。要实现中国绿色农业发展、农村繁荣与农民致富，只能在发展思路方面寻求突破，在体制机制创新方面增添动力。绿色农业产业化经营是切实转变农业发展方式、改革农业经营机制和管理体制、统筹工农关系和城乡关系的必然要求。在加强绿色农业产业化经营龙头企业、生产基地、主导产品开发和主导产业培育的基础上，搞好绿色农业产业化经营的规划布局，采取合理的区域发展模式，完善绿色农业产业化经营的组织形式和运行机制，运用财政、金融手段给予绿色农业产业化经营资金支持，制定绿色农业产业化经营的国家战略，并使之走向国际化。

绿色农产品国际贸易是国家间的绿色农产品及其生态要素和技术的交换，是联结区域绿色农业生态资本积累与全球绿色农业可持续发展的纽带。在这个全新的时代，绿色农产品贸易已成为一个重要的贸易分支。中国是个农业大国，生态资本对农业可持续发展的限制越来越明显，要使中国的绿色农产品突破国际贸易绿色壁垒，在国际市场上更具竞争力，就要顺应21世纪绿色消费的大趋势，积极开展生态可持续的绿色农产品贸易。一是通过绿色农产品国际贸易节约集约利用绿色农业生态资本。要积极开发对绿色农业生态资本消耗少的产品，又要适当进口中国绿色农业生态资本不足而又急需的绿色农产品。中国是世界上缺水严重的国家之一，水资源时空分布极不均匀，而农业是用水大户，因此，为确保农业水资源安全，有必要在大力提高农业水资源利用率的同时，开展绿色农产品虚拟水贸易，利用国际贸易手段节约中国的绿色农业生态资本。二是将绿色农产品环境成本内在化，即把环境成本纳入到绿色农产品的市场价格中，这些成本包括绿色农产品开发、生产、流通、消费等各个环节所产生的生态环境成本。绿色农产品环境成本内在化不仅有利于绿色农业生态资本的有效配置和高效利用，还有利于推行绿色农业生产全过程污染控制和清洁生产。三是政府宏观调控要积极引导微观经营主体采用绿色农业经营模式，培育绿色农产品特色品牌。根据WTO农产品协议规定的"绿箱"政策，增加对农业生态环境治理、绿色农业科技研发和技术推广的投入；扩大绿色农业经营规模；给予绿色农业经营主体以生态补偿。尤其要发挥区域 "绿色" "无污染" 等生态优势，打造一批在国内甚至国际市场上具有较强竞争力的绿色农产品品牌，将潜在的绿色农业生态资本优势转化为现实的绿色农产品竞争力。

建立健全国际农产品信息发布机制，成立专门机构对国际农产品生产动态、需求动态以及政策动态进行搜集整理、分析研究和及时发布，以便为国内企业和农户调整结构、安排生产提供真实可靠的参考；建立农产品进出口预警机制，密切跟踪贸易对象国的技术性措施，指导和帮助国内加工出口企业提前适应国外技术标准变化的要求，有效保护国内生产、出口企业以及广大农民的切身利益。

市场机制的完善主要有七方面：一是建立市场的公平机制，对一切企业和个人打破歧视性和不公平的待遇，保障公平性这一市场的基本原则。二是规范市场的信息机制，通过市场信息的公开化和透明化来消除市场障碍，降低交易成本。三是规范市场准入机制，对不同加工程度的农产品实行分级的市场准入制度，严把入口，将不符合资格的企业排除在市场之外。四是规范检验检疫机制，逐步建立与国际标准接轨的农产品安全质量标准和生态环境标准，对农产品实施严格的检验，尤其对农药残留、放射性残留和重金属含量这些重要指标格外不能放松，通过严格的检验和检疫将不合格产品排除在市场之外。五是规范监督检查机制和安全预警机制，建立完善的农产品安全和环境安全监督检查系统，保障农产品安全，同时建立安全预警机制，改变那种安全事故发生后或媒体曝光后才处理的情况。对于已经发生的安全事故，除对当事人严肃查处，还要对其上级主管部门实行倒查追究制度。加大对售假者的处罚力度，令其无力再生，永远逐出本行业。六是建立农产品企业信用考核机制，对生产质量不合格农产品的企业记录在案，影响其企业信用的评级。七是将农产品打破区域界限，鼓励龙头企业横向联合或兼并，建立大型股份公司，加速农产品加工行业的资本集中。

（三）绿色农业组织与管理的社会参与政策措施

社会公众崇尚简朴生活、追求绿色消费是绿色农业生态资本经营之根本。"简朴节制" 与 "市场绿化" 是绿色农业生态资本供给与收益的最终决定因素。就整个社会而言，人们必须认识到只有通过节制今天的消费才能保证未来长久的消费。以简朴为时尚，把储蓄下的资金供给那些他们认为预期回报较高的企业使用，企业的资本循环才成为可能。反过来，只有绿色农业企业从绿色消费市场获取的收益高于或至少不小于社会平均利润率时绿色农业生态资本市场才会逐渐形成。实践表明，消费的"绿化"迫使绿色农业企业采用更生态化的技术，保证产品对环境和人体无害，投消费者所好。

1. 确保绿色资金的投入，加大绿色食品开发力度

确保资金的投入，是绿色食品开发的重要支撑和基本保证。以绿色食品加工龙头企业和农民投入为主体，财政投入和信贷投入为导向，广泛吸引国内外资金对绿色食品开发，鼓励农民增加对绿色食品生产的投入，提高生产的集约化水平，支持那些市场前景广阔、科技含量高、区域牵动能力大的绿色食品加工龙头企业，拓宽融资渠道，鼓励和扶持产品市场前景好、科技含量高并已形成绿色经济特色食品高新技术企业或企业集团改制融资上市。

2. 在各种层面上开展绿色食品知识教育，提高全民族绿色消费意识

在各种层面上开展绿色食品知识教育，不断提高全民族绿色食品意识、环保意识、绿色文明意识。通过广播、影视、报刊等各种形式宣传环保和绿色农业知识。在有条件的大中专院校职业高中和农村中学开设绿色教育课。各级绿色食品管理机构要进一步加强绿色农业和绿色食品培训工作，全面提高各级领导干部、管理人员、生产者、经营者的绿色意识与技术业务。在农业技术培训和科技下乡等活动中，增加绿色技术与绿色食品方面的内容，把绿色农业知识直接送到生产者手中，推动绿色农业生产向更高水平迈进。同时，面向广大消费者、媒体要利用它的传播效应，对消费者进行绿色消费和人类健康的知识教育，使消费者对绿色食品的健康性、安全性以及怎样识别绿色食品都有彻底的了解。同时，企业应主动宣传产品，要树立自己绿色产品的品牌概念，从而营造一个绿色消费高潮。培养和建立一支素质高、业务精的农业生态保护技术人才及执法队伍。

政府在宣传教育、引导社会大众方面承担着不可替代的主导作用。当前，要充分利用大众传媒和各种舆论工具，全面加大宣传力度，力争在全社会范围内培育起绿色消费与健康意识。主要通过各种有效手段，重点围

绕绿色农产品的特点，通过媒体的传播效应加强对公众的引导，提高消费者对绿色农产品的认识力和接受度，增强公众健康意识、环境意识、绿色意识，使消费成为生产的原动力，以有利于形成生产和消费的良性循环。同时，企业应主动宣传产品，树立绿色农产品品牌意识，营造一个良好的绿色消费环境。要充分利用各种有效途径提供绿色农产品的详细信息，做好质量咨询和售前服务，为大型商场和超市销售绿色农产品提供方便，指导社会大众识别绿色农产品，这样才能有效地完善并扩大绿色农产品的消费市场，培育现在和未来消费主体的绿色农产品消费意识，为绿色农业的发展奠定坚实的基础。

3. 各级政府要转变观念，高度重视绿色农业发展

要从提高农业综合生产能力和增加农民收入大局出发，以科学发展观统领绿色农业发展，将其纳入本地区农业和农村经济工作的重要议事日程上来。地方各级农业主管部门要加强绿色农业区域生产总体规划，在引导农民正确决策上多下功夫，将政府的宏观引导与农民的微观决策有机结合起来，为农民发展生产、增加收入提供必要的条件，要切实加大环保投资，确保农产品生产基地拥有良好的生态环境。

4. 要强化对农业生产者的宣传教育，树立绿色生产观念和环境意识

农民是农业生产经营的主体，发展绿色农业，要求农民具备相应的环保意识和绿色生产观念。为此，必须强化对农民的绿色环保教育，使农民认识到保护环境、节约资源、开发绿色农业对当地经济发展和提高人民生活水平的重要性和迫切性，非持续发展行为给其家庭收入增长、身体健康以及社会带来的危害和政府发展绿色农业的坚定决心，逐步消除各种认识上的误区，进而使农民和企业意识到发展绿色农业的重大意义。由此树立起质量意识、精品意识、生态意识、效益意识，正确处理好当前利益和长远利益以及经济效益、社会效益和生态效益的关系，从而增强人们参与绿色农业开发的信心和自觉性。

总之，绿色农业是充分运用先进科学技术、先进工业装备和先进管理理念，以促进农产品安全、生态安全、资源安全和提高农业综合经济效益的协调统一为目标，以倡导农产品标准化为手段，推动人类社会和经济全面、协调、可持续发展的农业发展模式。未来中国农业的发展，必须走"可持续发展"的道路，而绿色农业则是当今世界各国实施持续农业目标被

广泛接受的模式。

21 世纪是绿色消费的世纪，人类已逐步进入保护环境、崇尚自然、促进可持续发展的"绿色时代"，越来越多的人需要绿色食品和环保产品。[①]当前中国农业处于由非持续农业发展模式向绿色农业（可持续农业）发展模式的转变时期，农民的质量意识和环保意识也已大大增强，大力发展绿色农业的基本条件也已具备，因此，21 世纪绿色农业发展战略注定是中国农业发展的必然选择。

① 程国强：《全球农业战略：构建和实施》，《中国经济报告》2013 年第 10 期。

参 考 文 献

［1］［德］马克思：《资本论》第三卷，人民出版社 2004 年版。

［2］［美］黄宗智：《华北的小农经济与社会变迁》，中华书局 2000 年版。

［3］［美］西奥多·舒尔茨：《改造传统农业》，梁小民译，商务印书馆 2006 年版。

［4］［英］卡尔·波兰尼：《大转型：我们时代的政治与经济起源》，冯刚、刘阳译，浙江人民出版社 2007 年版。

［5］［英］亚当·斯密：《国富论》，唐日松译，华夏出版社 2005 年版。

［6］帅传敏：《中国农业国际化机理研究》，华中科技大学，博士学位论文，2002 年。

［7］［俄］A. 恰亚诺夫：《农民经济组织》，萧正洪译，中央编译出版社 1996 年版。

［8］［美］黄宗智：《长江三角洲小农家庭与乡村发展》，中华书局 2000 年版。

［9］毕于运：《对农业区域规划的认识》，《中国农业资源与区划》1986 年第 2 期。

［10］卞云青：《关于农业科研项目经费绩效评价的分析》，《现代商业》2012 年第 35 期。

［11］蔡根女：《农业企业经营管理学》（第二版），高等教育出版社 2009 年版。

［12］蔡海龙：《农业产业化经营组织形式及其创新路径》，《中国农村经济》2013 年第 11 期。

［13］蔡亚庆等:《农业对外经济合作国际经验及其对中国农业"走出去"的启示》,《世界农业》2011年第11期。

［14］曾小红、王强:《国内外农业信息技术与网络发展概况》,《中国农业通报》2011年第27期。

［15］常清文:《论农业组织化》,《农村经济与技术》1995年第2期。

［16］晁团光:《陕北绿色农业模式研究》,西北农林科技大学,硕士学位论文,2009年。

［17］陈建伟、孙世芳:《产权合作:我国农业组织化主体模式》,《河北学刊》2003年第6期。

［18］陈健:《我国绿色产业发展研究——以珠三角为例》,华中农业大学,硕士学位论文,2008年。

［19］陈克明、陈国良、曹和光编:《农业系统工程应用与效益》,山东科学技术出版社1988年版。

［20］陈立新:《我国农村合作经济组织的发展进程及启示》,《渤海大学学报(哲学社会科学版)》2006年第5期。

［21］陈丽琳、喻法金:《我国农产品质量安全可追溯体系建设现状探析》,《农产品质量与安全》2012年第4期。

［22］陈良根:《镇江现代农业示范园区建设透视》,《江苏农村经济》2010年第7期。

［23］陈楠、郝庆升:《国外农业组织化模式比较分析及对中国的启示》,《世界农业》2012年第2期。

［24］陈司谨:《农业合作经济组织内部治理法律制度完善》,《海南大学学报(人文社会科学版)》2010年第5期。

［25］陈晓华:《农业信息化概论》,中国农业出版社2011年版。

［26］陈晓梅:《我国农产品电子商务发展研究》,《北方经贸》2007年第7期。

［27］陈意新:《美国学者对中国近代农业经济的研究》,《中国经济史研究》2001年第1期。

［28］成新华:《我国农业组织的创立、成长与发展——基于280个农业组织的调查分析》,《科学经济社会》2008年第1期。

［29］程国强:《全球农业战略:构建和实施》,《中国经济报告》2013

年第 10 期。

［30］程金根、闫石等:《农产品质量安全监管创新与实践》,法律出版社 2013 年版。

［31］楚汴英:《我国农业保险现状与农业保险制度供给》,《河南财政税务高等专科学校学报》2006 年第 6 期。

［32］党银侠:《我国绿色农业制约因素分析与发展对策研究》,西北农林科技大学,硕士学位论文,2008 年。

［33］邓春霞:《绿色农业经济发展的现状前景分析及对策建议》,《南方农业》2011 年第 4 期。

［34］邓远建、赫文杰、蔡运涛、徐丽:《财政支持绿色农业发展问题探讨》,《山东财政学院学报》2009 年第 5 期。

［35］刁柏青、李学军、王建:《物流与供应链系统规划与设计》,清华大学出版社 2003 年版。

［36］丁岩等:《辽宁沿海经济带农业发展战略研究》,《农业经济》2011 年第 1 期。

［37］董建军、王翠萍、赵海军、刘晓、徐绍建、张伟:《新型农业生产经营组织发展与科技支撑研究》,《农业科技管理》2014 年第 3 期。

［38］董树亭:《山东省农业专业技术职务资格业务考试基础理论读本》,山东科学技术出版社 2006 年版。

［39］方天堃:《国外农业合作社概况》,《现代畜牧兽医》2009 年第 9 期。

［40］冯蕾:《中国农村集体经济实现形式研究》,吉林大学,博士学位论文,2014 年。

［41］冯云:《国际环保型农产品认证标准和认证制度研究》,南京农业大学,硕士学位论文,2009 年。

［42］付春红:《如何完善我国的农业保险制度》,《农业经济》2008 年第 1 期。

［43］高春雨、李宝玉、邱建军:《中国生态农业组织管理研究》,《中国农学通报》2009 年第 24 期。

［44］高启杰:《农业推广学》(第 2 版),中国农业大学出版社 2008 年版。

［45］高倚云：《分散农业风险的对策》，《辽宁大学学报》2008 年第 1 期。

［46］龚明强、陈国平、詹婷：《长江现代农业园区产业模式探讨》，《上海农业科技》2009 年第 5 期。

［47］苟家强：《关于加强乡镇农技推广服务体系建设的探讨》，《四川科技报》2014 年 2 月 21 日。

［48］关付新：《我国现代农业组织创新的制度含义与组织形式》，《山西财经大学学报》2005 年第 3 期。

［49］管丽娟：《现代农业园区规划设计研究》，西北农林科技大学，硕士学位论文，2010 年。

［50］郭飞、周秉根、韩钦臣：《生态庄园——新农村建设的现实选择》，《中国农村小康科技》2007 年第 10 期。

［51］郭伟顺：《完善企业信息管理系统建设》，《魅力中国》2008 年第 12 期。

［52］郭仲儒：《新农村建设与农业现代化》，中原农民出版社 2007 年版。

［53］郭作玉：《中国农村市场信息服务概论》，中国农业出版社 2005 年版。

［54］何官燕：《现代农业产业链组织创新研究》，西南财经大学，博士学位论文，2008 年。

［55］何君、冯龙扬、刘启明：《对国际金融组织贷款农业项目绩效评价的探讨》，《世界农业》2011 年第 6 期。

［56］何森林、范国斌：《舒城县农技推广体系存在的问题与对策》，《安徽农学通报》2008 年第 16 期。

［57］何翔：《食品安全国家标准体系建设研究》，中南大学，硕士学位论文，2013 年。

［58］何兆美：《现代农业技术推广的改革与发展》，《现代农业科技》2009 年第 8 期。

［59］侯富强：《论农业技术推广体制改革》，《现代农业科学》2008 年第 5 期。

［60］侯胜鹏：《中部地区现代农业的发展模式及运行机理研究》，湖南

农业大学，硕士学位论文，2013 年。

[61] 胡昌平：《面向用户的信息资源整合与服务》，武汉大学出版社 2007 年版。

[62] 胡剑锋、黄祖辉：《建立我国农业行业协会的思路与方案研究》，《浙江学刊》2004 年第 1 期。

[63] 胡剑锋：《中国农业组织的产生、演变及协调互动机制研究——理论解释与比较分析》，浙江大学，博士学位论文，2006 年。

[64] 胡振虎：《美国农产品期货市场的借鉴与思考》，《中国财政》2010 年第 13 期。

[65] 胡知能、徐玖平：《运筹学：线性系统优化》，科学出版社 2003 年版。

[66] 黄安才：《雅安市新农村建设省级示范片循环农业绩效评价研究》，四川农业大学，硕士学位论文，2012 年。

[67] 黄延廷、崔瑞：《家庭农场长期存在的原因探讨》，《浙江农业学报》2013 年第 5 期。

[68] 纪永茂、陈永贵：《专业大户应该成为建设现代农业的主力军》，《中国农村经济》2007 年第 S1 期。

[69] 姜长云：《农业产业化组织创新的路径与逻辑》，《改革》2013 年第 8 期。

[70] 蒋慧：《论我国食品安全监管的症结和出路》，《法律科学（西北政法大学学报）》2002 年第 4 期。

[71] 琚向红：《现代农业风险管理体系的构建》，《农业经济》2012 年第 2 期。

[72] 李彬、范云峰：《我国农业经济组织的演进轨迹与趋势判断》，《改革》2011 年第 7 期。

[73] 李光恒、竺开华：《农业系统工程》，科学普及出版社 1989 年版。

[74] 李敬锁、牟少岩、赵芝俊：《国外经验对中国农业科技计划绩效评价的启示》，《世界农业》2014 年第 2 期。

[75] 李俊英：《中国生态农业发展的现状分析》，《商场现代化》2009 年第 2 期。

[76] 李凌、何君、耿大立：《国际视野下农业建设项目绩效评价指标设

计》,《山西农业大学学报（社会科学版）》2013 年第 7 期。

[77] 李培哲:《县域农业循环经济发展模式与对策的研究》,《中国农学通报》2012 年第 8 期。

[78] 李维炯:《农业生态工程基础》,中国环境科学出版社 2004 年版。

[79] 李艳霞、赵庆祯:《农产品供应链管理信息系统构建方案》,《信息技术与信息化》2005 年第 4 期。

[80] 李哲敏、信丽媛:《国外生态农业发展及现状分析》,《浙江农业科学》2007 年第 3 期。

[81] 李正东:《世界农业问题研究》(第八辑),中国农业出版社 2006 年版。

[82] 林杰、戴秀英:《我国农产品供应链管理信息系统地构建》,《产业与科技论坛》2012 年第 11 期。

[83] 林希、胡昌川、任雁、刘俊华:《浅谈农产品质量追溯与标准化》,《标准科学》2010 年第 4 期。

[84] 林毅夫:《技术、制度与中国农业发展》,上海三联书店 1992 年版。

[85] 刘东红、周建伟、莫凌飞:《物联网技术在食品及农产品中应用的研究进展》,《农业机械学报》2012 年第 43 期。

[86] 刘基勇:《电子商务环境下客户关系管理的应用与发展》,《企业导报》2013 年第 1 期。

[87] 刘连馥:《绿色农业的初步实践》,中国农业出版社 2009 年版。

[88] 刘濛:《国外绿色农业发展及对中国的启示》,《世界农业》2013 年第 1 期。

[89] 刘顺意、张玲、黄珊珊:《龙头企业加合作社农户新型农业产业化模式研究——以浙江省平湖市为例》,《农业与技术》2013 年第 8 期。

[90] 刘晓利:《吉林省农业标准化问题研究》,吉林农业大学,硕士学位论文,2012 年。

[91] 刘旭瑞:《中国公共管理》,中共中央党校出版社 2004 年版。

[92] 刘影:《目前农业技术推广中存在的问题及其对策》,《养殖技术顾问》2010 年第 3 期。

[93] 刘源:《国外家庭农场发展情况介绍》,《中国畜牧业》2014 年第

3 期。

[94] 刘长华、李益博：《湖北农产品标准化生产检测体系建设》，《湖北绿色农业发展研究报告 2010》，湖北人民出版社 2011 年版。

[95] 卢秀茹、杨伟坤：《日本农业风险管理对中国的启示》，《世界农业》2011 年第 2 期。

[96] 罗海平：《农业风险管理：美国、加拿大实例分析》，《国外农业经济》2013 年第 3 期。

[97] 罗元青、王家能：《对我国农业产业组织形式创新的思考——基于分工与专业化视角》，《农村经济》2008 年第 6 期。

[98] 骆芳芳等：《广州—珠三角与东盟农业国际合作模式研究》，《广东农业科学》2014 年第 2 期。

[99] 吕晓英、李先德：《美国农业政策支持水平及改革走向》，《农业经济问题》2014 年第 2 期。

[100] 马光文、王黎：《水资源大系统优化技术》，陕西科学技术出版社 1992 年版。

[101] 马赛平：《我国农产品质量安全保障体系建设研究》，湖南农业大学，硕士学位论文，2006 年。

[102] 马士华、林勇：《供应链管理》，机械工业出版社 2011 年版。

[103] 马晓丽：《我国农产品信息不对称问题研究》，山东农业大学，博士学位论文，2010 年。

[104] 孟宪文：《现代农业产业布局规划研究》，山西大学，硕士学位论文，2012 年。

[105] 苗雨君、盛秋生：《绿色农业可持续发展的障碍及对策研究》，《生态经济》2012 年第 1 期。

[106] 倪国华、张璟、郑风田：《对农业"走出去"战略的认识》，《世界农业》2014 年第 4 期。

[107] 牛旭斐、吕萍：《国外农业风险管理经验及其对我国的启示》，《甘肃科技》2012 年第 1 期。

[108] 农民科技培训编辑部：《专业大户与家庭农场经营之道》，《农民科技培训》2014 年第 12 期。

[109] 彭代武、戴化勇、李亚林：《提高农产品竞争力的对策建议》，

《企业导报》2009 年第 3 期。

［110］彭吉萍、高泉：《我国农民专业合作社发展中存在的问题及对策研究》，《全国商情·理论研究》2013 年第 6 期。

［111］祁艳：《西安市农产品质量安全监管体系问题研究与探讨》，西北农林科技大学，硕士学位论文，2010 年。

［112］钱学森：《论系统工程》（新世纪版），上海交通大学出版社 2007 年版。

［113］屈四喜：《美国农业部海外农业局在提高其农产品国际竞争力中的作用》，《世界农业》2001 年第 6 期。

［114］邵立民：《我国绿色农业与绿色食品战略选择及对策研究》，沈阳农业大学，硕士学位论文，2002 年。

［115］申红芳、王志刚、王磊：《基层农业技术推广人员的考核激励机制与其推广行为和推广绩效——基于全国 14 个省 42 个县的数据》，《中国农村观察》2012 年第 1 期。

［116］时允昌、何津、王德海：《世界农业推广体制模式的类型、发展趋势及启示》，《江苏农业科学》2012 年第 9 期。

［117］史豪：《农业标准化理论与实践研究》，华中农业大学，硕士学位论文，2004 年。

［118］税尚楠：《世界农产品市场和贸易环境的新变化及中国面临的挑战》，《农业经济问题》2010 年第 6 期。

［119］宋磊：《新时期深化农村综合改革的思考》，《改革探索》2012 年第 9 期。

［120］孙碧荣：《日本农业区域规划发展分析》，《世界农业》2013 年第 6 期。

［121］孙光堂：《生态庄园经济：发展现代农业的一条新路》，《求是》2013 年第 11 期。

［122］孙伟、张国富、邹宛言：《农业经营风险预警机制研究》，《黑龙江八一农垦大学学报》2012 年第 3 期。

［123］孙莹：《浅谈农业技术推广体系发展的新途径》，《吉林蔬菜》2012 年第 4 期。

［124］谭英智、谭华：《试论生态农业的微观组织——生态农庄模式》，

《科技进步与对策》2003年第9期。

[125] 汤尚颖、朱雅丽:《中国农业组织形式创新研究》,《理论月刊》2003年第10期。

[126] 唐斯斯:《财政部和我国利用国际金融贷款农业项目绩效评估实践》,《中国外资》2012年第16期。

[127] 田伟、皇甫自起:《农业推广》,化学工业出版社2009年版。

[128] 田野:《影响我国粮食安全的主要隐患及对策建议》,《粮食问题研究》2004年第2期。

[129] 汪本福、黄金鹏、李大为:《论农业标准化与发展绿色农业的关系》,《湖北绿色农业发展研究报告》,湖北人民出版社2011年版。

[130] 王朝全:《农业产业组织创新:动因、目标与路径》,《科技进步与对策》2003年第8期。

[131] 王大生:《绿色农业区域发展模式及指标体系研究》,《甘肃农业》2007年第12期。

[132] 王敦清:《国外生态农业发展的经验及启示》,《江西师范大学学报(哲学社会科学版)》2011年第1期。

[133] 王丰:《中国特色农产品安全及其取向把握》,《改革》2011年第4期。

[134] 王福林:《农业系统工程》,中国农业出版社2006年版。

[135] 王宏伟:《农业风险分析及防范体制构建》,《农业经济》2013年第8期。

[136] 王惠:《完善我国农业保险制度的思考——兼评浙江省农业保险试点方案》,《经济师》2006年第4期。

[137] 王建华、李俏:《我国家庭农场发育的动力与困境及其可持续发展机制构建》,《农业现代化研究》2003年第5期。

[138] 王金成:《深化农业技术推广体制改革之我见》,《长三角》2009年第10期。

[139] 王敬华、丁自立、马洪义、钟春艳:《关于农业科技成果转化资金绩效管理的思考与对策》,《科技进步与对策》2013年第3期。

[140] 王敏、翟耀、王鹏飞:《河南神农高效农业生态园规划研究》,《湖南农业科学》2011年第2期。

［141］王宁、黄立平：《基于信息网络的农产品物流供应链管理模式研究》，《农业现代化研究》2006 年第 26 期。

［142］王庆：《基于交易成本视角的农民合作经济组织发展分析》，《湖北农业科学》2013 年第 17 期。

［143］王士海：《中国粮食价格调控政策的经济效应——基于政策工具有效性的分析》，中国农业科学院，博士学位论文，2011 年。

［144］王文亮：《新时期培养高层次农业科技管理人才思路探析》，《农业科技管理》2010 年第 1 期。

［145］王晓燕：《浅谈农业风险的识别与控制》，《现代化农业》2003 年第 8 期。

［146］王亚星、耿天鹏、王悦：《山西生态庄园经济的战略创新探析》，《现代管理科学》2014 年第 9 期。

［147］王艺华：《新形势下我国供销合作社模式创新研究》，天津大学，博士学位论文，2011 年。

［148］王勇、邓旭东：《农产品供应链信息系统集成管理》，《中国流通经济》2014 年第 1 期。

［149］王勇、李平、游泽宁：《北上深"菜联网"终端客户需求状况实证研究》，《中国电子商务》2013 年第 1 期。

［150］王振友、徐建新、张和平主编：《中国农业产业化道路——廊坊市实证分析》，社会科学文献出版社 2001 年版。

［151］王志丹、吴敬学、毛世平：《不同科技创新主体农业科技成果转化绩效研究》，《中国科技论坛》2013 年第 12 期。

［152］魏文迪：《农业风险的认识与管理对策》，《安徽农业科学》2007 年第 11 期。

［153］温琦：《我国农业生产经营组织化：理论基础与实践方略》，西南财经大学，博士学位论文，2009 年。

［154］温琦：《我国农业组织化研究：一个文献回顾与评析》，《新疆农垦经济》2009 年第 1 期。

［155］文军：《从生存理性到社会理性选择：当代中国农民工外出就业动因的社会学分析》，《社会学研究》2001 年第 6 期。

［156］文天植：《谈经济高速增长时期日本的农业组织管理现代化》，

《华章》2012 年第 29 期。

[157] 吴德礼:《农业经营组织形式的新探索》,《人民论坛》2007 年第
3 期。

[158] 吴玲、杨成乐:《我国农业生产经营组织创新的基本思路与保障
体系》,《江西农业大学学报（社会科学版）》2008 年第 3 期。

[159] 吴学凡:《我国新型农业组织化：现实的必然选择》,《石家庄学
院学报》2006 年第 5 期。

[160] 夏雯、施媛、谭春兰:《农民专业合作社发展进程研究》,《中国
市场》2013 年第 40 期。

[161] 向国成、韩绍凤:《分工与农业组织化演进：基于间接定价理论
模型的分析》,《经济学（季刊）》2007 年第 2 期。

[162] 肖富义:《土地股份合作存在的法律问题与应对方略》,《农村经
济与科技》2009 年第 3 期。

[163] 肖元安:《绿色农业——我国现代农业发展的方向》,《江西农业
大学学报（社会科学版）》2008 年第 3 期。

[164] 熊伟编:《运筹学》,机械工业出版社 2005 年版。

[165] 徐进:《构建农产品供应链确保食品安全》,《财贸研究》2006 年
第 3 期。

[166] 徐勇、邓大才:《社会化小农：解释当今农户的一种视角》,《学
术月刊》2006 年第 7 期。

[167] 徐长勇:《中国主要生态功能区绿色农业发展模式研究》,《生态
经济》2009 年第 6 期。

[168] 许开录:《农业组织创新的路径选择与对策研究——基于现代农
业视角》,《中国城市经济》2011 年第 17 期。

[169] 薛亮:《提高我国农业竞争力的战略思考》,《管理世界》2003 年
第 3 期。

[170] 闫芳:《中国农村合作经济组织的演进逻辑研究》,上海交通大
学,博士学位论文,2013 年。

[171] 闫钰、高国云:《构建现代农业财政支出绩效评价指标体系》,
《农业经济》2014 年第 5 期。

[172] 严立冬、邓远建、蔡运涛、徐丽:《绿色农业发展的外部性问题

探析》,《调研世界》2009 年第 8 期。

[173] 严立冬、邓远建、李胜强、杜巍:《绿色农业产业化经营论》,人民出版社 2009 年版。

[174] 严立冬、孟慧君、刘加林、邓远建:《绿色农业生态资本化运营探讨》,《农业经济问题》2009 年第 8 期。

[175] 严立冬、屈志光、邓远建:《现代农业建设中的绿色农业发展模式研究》,《农产品质量与安全》2011 年第 4 期。

[176] 严立冬、张亦工、邓远建:《绿色农业理论体系与组织管理方法初探》,《中南财经政法大学学报》2007 年第 6 期。

[177] 严立冬等:《绿色农业导论》,人民出版社 2008 年版。

[178] 杨丽萍:《农业技术推广中的几个问题与对策》,《安徽农学通报》2007 年第 2 期。

[179] 杨易、何君、张晨:《中国农业国际合作机制的发展现状、问题及政策建议》,《世界农业》2012 年第 8 期。

[180] 杨易、何君、张晨:《资源利用与粮食安全路径选择》,《农村经济》2012 年第 6 期。

[181] 杨轶:《论我国生态农业及其发展对策》,太原科技大学,硕士学位论文,2012 年。

[182] 杨荫:《我国农业合作经济组织及其运行机制研究》,南昌大学,博士学位论文,2007 年。

[183] 姚富俊、苏红霞:《深化农业技术推广体系改革的对策》,《农村实用科技信息》2009 年第 8 期。

[184] 姚文飞、邱延昌、于守超等:《现代农业生态园规划设计初探》,《聊城大学学报(自然科学版)》2011 年第 3 期。

[185] 姚延婷、陈万明、李晓宁:《环境友好农业技术创新绩效评价研究》,《西北农林科技大学学报(社会科学版)》2013 年第 6 期。

[186] 尤春媛:《我国农业风险预警机制及应急处理》,《安徽农业科学》2007 年第 35 期。

[187] 余凌:《湖北省财政支农绩效管理问题研究》,华中农业大学,硕士学位论文,2013 年。

[188] 喻法金、严立冬、邓远建等:《湖北绿色农业发展研究报告

2010》，湖北人民出版社 2011 年版。

［189］喻法金、张琳琳：《低碳经济视角下的绿色农业标准化问题研究》，《湖北绿色农业发展研究报告》，2010 年。

［190］喻建中：《现代农业建设与农业组织体系创新》，《农业现代化研究》2008 年第 5 期。

［191］岳正华、杨建利：《我国发展家庭农场的现状和问题及政策建议》，《农业现代化研究》2013 年第 4 期。

［192］翟耀：《农业生态园规划设计探讨》，河南农业大学，硕士学位论文，2011 年。

［193］张春华：《城乡一体化背景下农业产业化组织形式研究》，华中师范大学，博士学位论文，2012 年。

［194］张德骏等：《农业系统工程》，机械工业出版社 1987 年版。

［195］张海成：《县域循环农业发展规划原理与实践》，西北农林科技大学，硕士学位论文，2012 年。

［196］张郝峰：《关于在新型农业社会化服务体系中农技协组织模式与运行机制的思考》，经济发展方式转变与自主创新——第十二届中国科学技术协会年会（第四卷），2010 年。

［197］张吉国：《农产品质量管理与农业标准化》，山东农业大学，博士学位论文，2004 年。

［198］张磊：《我国农业组织化发展路径研究》，《经济纵横》2014 年第 10 期。

［199］张连刚、支玲、谭泽飞：《林业专业合作组织绩效研究进展及趋势分析》，《林业资源管理》2013 年第 2 期。

［200］张琳琳、叶锦皓：《低碳经济视角下的绿色农业标准化问题浅析》，《中国农学通报》2007 年第 1 期。

［201］张萍：《关于深化农业技术推广体制改革的思考与对策》，《新疆农业科技》2007 年第 2 期。

［202］张启良：《"十连增"后我国粮食安全面面观》，《调研世界》2014 年第 6 期。

［203］张启良：《我国粮食自给率到底有多高?》，《统计与咨询》2014 年第 2 期。

［204］张蕊、翁凯、罗先元：《我国农产品电子商务发展研究》，《企业科技与发展》2009 年第 2 期。

［205］张绍华：《盐津县土地资源的利用和保护》，《云南农业》2009 年第 11 期。

［206］张象枢：《农业系统工程概论》，山东科学技术出版社 1987 年版。

［207］张晓宁、惠宁：《新中国 60 年农业组织形式变迁研究》，《经济纵横》2010 年第 3 期。

［208］张友青：《健全四大体系　实现农产品质量全程监管》，《现代农村科技》2014 年第 4 期。

［209］张真和、张互助：《我国农业推广体系的问题与对策建议》，《中国基层农业推广体系改革与建设——第六届中国农业推广研究征文优秀论文集》，中国农业科学技术出版社 2009 年版。

［210］张志鹏、李静：《保定市绿色农业发展模式研究》，《经济研究导刊》2008 年第 7 期。

［211］张中：《对提高农业项目资金绩效管理水平的几点建议》，《行政事业资产与财务》2013 年第 24 期。

［212］赵大伟：《中国绿色农业发展的动力机制及制度变迁研究》，《农业经济问题》2012 年第 2 期。

［213］赵海燕：《现代农业背景下农业风险问题研究》，《农村经济》2009 年第 2 期。

［214］赵佳荣：《农民专业合作社"三重绩效"评价模式研究》，《农业技术经济》2010 年第 2 期。

［215］郑杭生、汪雁：《农户经济理论再议》，《学海》2005 年第 3 期。

［216］郑军、史建民：《我国生态农业研究述评》，《山东农业大学学报（社会科学版）》2007 年第 1 期。

［217］钟雨亭：《绿色农业是现代农业的主导模式》，《中国报道》2007 年第 5 期。

［218］周飞舟：《制度变迁和农村工业化：包买制在清末民初手工业发展中的历史角色》，中国社会科学出版社 2006 年版。

［219］周旗、李诚固：《我国绿色农业布局问题研究》，《人文地理》2004 年第 1 期。

［220］周倩妮、刘玮:《美国推广农业风险管理教育》,《中国保险报》2012 年 8 月 27 日。

［221］周一鸣:《论食品安全监管的国际合作机制》,《西北工业大学学报（社会科学版）》2013 年第 2 期。

［222］朱绍格:《试论中国大力发展农业合作经济组织的必要性》,《黔东南民政师范高等专科学校学报》2004 年第 5 期。

［223］朱艳苹、尉京红、曹靖:《财政农业支出绩效评价指标构建的理论探讨》,《商业会计》2013 年第 5 期。

［224］朱艳苹:《财政支农项目绩效评价指标体系研究》, 河北农业大学, 硕士学位论文, 2013 年。

［225］左义河:《山西省农产品质量安全监督管理体系研究》, 西北农林科技大学, 硕士学位论文, 2006 年。

［226］Arrow, K., Kurz, M., *Public Investment: The Rate of Return and Optimal Fiscal Policy*, Baltimore: John Hopkins University, 1997.

［227］Brander, James A., Qianqian Du, and Hellmann, Thomas F., "The Effects of Government-Sponsored Venture Capital: International Evidence", *NBER Working Papers*, 2010.

［228］Coase, R. "The Problem of Social Costs", *Journal of Law and Economics*, 1960.

［229］Coleman, J. S., *Foundation of Social Theory*, Cambridge: Belknap Press of Harvard University Press, 1990.

［230］Floud, R., and McCloskey, D., *The Economics History of Britain Since 1700*, Cambridge: Cambridge University Press, 1981.

［231］Granger, C. W., "Investigating Causal Relations by Economic Models and Cross-Spectral Methods", *Econometric*, 2009, No. 37.

［232］Hayami and Ruttan, *Agricultural Development: An International Perspective*, The Johns Hopkins University Press, 1985.

［233］Hazell, Peter B. R., "The Appropriate Role of Agricultural Insurance in Developing Countries", *Journal of International Development* 4, 1992.

［234］Lence, S. H. & Misira, A. K., "The Impacts of Different Farm Programs on Cash Rents", *American Journal of Agricultural Economics*, 2003, No. 85.

[235] Marmolo, E., "A Constitutional Theory of Public Goods", *Journal of Economic Behavior & Organization*, 1999, No. 38.

[236] Platteau, J. P. and Abraham A., "An Inquiry into Quasi-Credit Contract: The Role of Reciprocal Credit and Interlinked Deals in Small-scale Fishing Communities", *Journal of Development Studies*, 1987, 23.

[237] Rosegrant, M. W., Peter B. R. Hazell, *Transforming the Rural Asian Economy: The Unfinished Revolution*, Oxford University Press, 2002.

[238] Ruthenberg, H., "Specific Experience, Household Structure, and Intergenerational Transfers: Farm Family Land and Labor Arrangements in Developing Countries", *Quarterly Journal of Economics*, 1971, 100.

[239] Schrankwe E., "Subsidies for Fisheries: An Overview of Concepts FAO Fisheries Report", No. 638 (Supp l.), 2001.

[240] Scott, J. C., *The Moral Economy of the Peasant: Rebellion and Subsistence in Southeast Asia*, New Haven: Yale University Press, 1976.

[241] Sedik, D., Lerman, Z., Uzun, V., "Agricultural Policy in Russia and WTO Accession", *Post-Soviet Affairs*, No. 6, 2013.

[242] Yoshida, Kentaro, "Economic Valuation of Multifunctional Roles of Agriculture in Hilly and Mountainous Areas in Japan", *Journal of Political Economy*, 2001, No 5.

后　记

　　绿色农业是实现中国农业现代化和绿色发展、循环发展、低碳发展的必然要求和途径，而高效合理的组织形式、方式和体系是绿色农业发展的基础和保障，科学的管理理念、工具和方法是实现绿色农业综合效益的基本手段。《绿色农业组织与管理论》作为绿色农业发展理论的重要内容之一，在国内首次系统地研究探讨了绿色农业组织与管理的基本问题，从根本上确立了绿色农业的组织与管理理论，从而为进行现代化的绿色农业组织与管理提供理论支撑。本书揭示了绿色农业组织与管理在绿色农业科学研究与示范中的重要作用，以倡导绿色农业产品标准化为手段，对绿色农业产业的方方面面进行计划、控制、组织、协调、领导，以此达到绿色农业可持续发展的目标，推动人类社会和经济全面、协调与可持续发展。本书主要反映绿色农业管理层面对绿色农业发展的引导与管理的有关问题，其内容主要包括绿色农业组织与管理的理论基础、绿色农业组织与管理系统、绿色农业的发展规划、绿色农业的模式设计、绿色农业的组织形式、绿色农业推广组织与人员管理、绿色农业发展的信息供求与管理、绿色农业产品的质量监测与管理、绿色农业的综合评价与绩效管理、绿色农业发展的风险应对与管理、绿色农业发展的国际合作与国家战略等问题。

　　本书是绿色农业武汉研究中心（中南财经政法大学）承担的国家社会公益性专项基金项目"绿色农业基本理论研究"（2060302200701）的重要成果之一，同时也得到了国家自然科学基金项目"生态脆弱地区生态资本运营式扶贫研究"（71303261）、中央高校基本科研业务费专项资金资助项目"主体功能区规划背景下绿色农业生态补偿研究"（2012063）的支持。全书基本框架由课题负责人严立冬、邓远建设计拟定，课题组重要成员屈志光、肖锐、赵玮、陈胜、罗毅民等对写作提纲进行了讨论后定稿。撰写分工如下：绪论由严立冬、赵玮撰写，陈胜、陈超等参加了该部分的资料收集、文字组织及撰写工作；第二章、第三章、第四章、第七章、第九章、第十章由邓远建撰写，罗毅民、李平衡、朱邦伟、李淑君、张源、黄岚等参加了该部分的资料收集、文字组织及撰写工作；第一章、第五章、第六章由屈志光撰写，杨珣、曲聪睿、王雅悦等参加了该部分的资料收集、文字组织及撰写工作；第八章、第十一章由肖锐撰写，罗梦丽、邓力等参加了该部分的资料收集、文字组织及撰写工作；严立冬、邓远建对全书进行了最后的统稿与定稿，屈志光、肖锐、赵玮、张陈蕊等在全书最后的定稿中协助做了大量的工作。

本书的出版是课题组成员集体智慧的结晶，凝聚了许多人的辛勤劳动和汗水。作为《绿色农业发展理论论丛》丛书总主编的刘连馥研究员对本书的写作提纲及全书的内容多次提出过具有建设性的修改意见和建议。徐丽、麦瑜翔、窦营、刘翔、阙菲菲、周古月、汤玉慧、梁腾、孔帅超、田甜、周莉、阮馨叶、梅怡明等课题组成员，多次参加课题研究与本书的写作讨论，在此，对他们所作出的积极贡献表示感谢！还要感谢人民出版社经管编辑部的吴焰东编辑在本书的编审中所付出的辛苦劳动！

在撰写过程中，本书参阅并引用了许多专家、学者的相关研究成果，并以注释、参考文献等形式予以注明，在此表示诚挚的谢意！绿色农业理论体系的构建是一个全新的课题，其理论观点还处在初创与形成阶段。因此，本书写作难度较大，书中界定的核心概念、基本原理、框架体系等是我们对绿色农业组织与管理理论探索的阶段性总结，提出的一些新观点和新主张不一定完全正确，尚需进一步研究与探索。书中难免存在一些错误与缺点，恳请同行及广大读者批评指正。

作者

2015 年 9 月于武汉

策划编辑:吴焰东
责任编辑:吴焰东
封面设计:肖　辉

图书在版编目(CIP)数据

绿色农业组织与管理论/严立冬 邓远建 屈志光 肖锐 著.
　-北京:人民出版社,2015.11
(绿色农业发展理论论丛/刘连馥　主编)
ISBN 978-7-01-015387-2

Ⅰ.①绿…　Ⅱ.①严…　Ⅲ.①绿色农业-农业发展-研究　Ⅳ.①F303.4

中国版本图书馆 CIP 数据核字(2015)第 244570 号

绿色农业组织与管理论
LÜSE NONGYE ZUZHI YU GUANLILUN

严立冬　邓远建　屈志光　肖　锐　著

人民出版社 出版发行
(100706　北京市东城区隆福寺街 99 号)

北京龙之冉印务有限公司印刷　新华书店经销

2015 年 11 月第 1 版　2015 年 11 月北京第 1 次印刷
开本:710 毫米×1000 毫米 1/16　印张:27
字数:440 千字

ISBN 978-7-01-015387-2　定价:66.00 元

邮购地址 100706　北京市东城区隆福寺街 99 号
人民东方图书销售中心　电话 (010)65250042　65289539